나남출판 원고지

나남출판 원고지

공론장의 구조변동

부르주아 사회의 한 범주에 관한 연구

나남
nanam

한승완
고려대학교 독어독문학과 및 동대학원 철학과 졸업
독일 브레멘대학 철학박사
고려대, 국민대, 경희대, 한양대, 한림대 강사
국가안보전략연구원 연구위원 역임

저서
Marx in epistemischen Kontexten
"비판적 사회이론의 방법론적 전략"
"합리성에 관하여: '비상대주의적 다원주의'의 가능성"
"통일 민족국가 형성을 위한 시론"

나남신서 869
공론장의 구조변동
부르주아 사회의 한 범주에 관한 연구

2001년 10월 5일 발행
2024년 7월 5일 11쇄

저 자 Jürgen Habermas
역 자 한승완
발행자 趙相浩
발행처 (주) 나남
주소 10881 경기도 파주시 회동길 193
전화 (031) 955-4601 (代)
FAX (031) 955-4555
등록 제 1-71호(1979. 5. 12)
홈페이지 http://www.nanam.net
전자우편 post@nanam.net

ISBN 978-89-300-3869-0
ISBN 978-89-300-8001-9 (세트)

책값은 뒤표지에 있습니다.

나남신서 · 869

공론장의 구조변동

부르주아 사회의 한 범주에 관한 연구

위르겐 하버마스 / 한승완 역

나남
nanam

Strukturwandel der Öffentlichkeit
Untersuchung zu einer Kategorie der bürgerlichen Gesellschaft

by Jürgen Habermas

역자 서문

하버마스의 《공론장의 구조변동》은 원래 그의 교수자격논문을 후에 일부 가필하여 1961년에 출판되었다. 이 책은 독일에서 꾸준히 팔리는 스테디셀러이기는 했지만, 하버마스의 다른 초기 저작에 비해 크게 각광을 받은 책은 아니었다고 할 수 있다. 어쩌면 '시민사회'에 관한 논의가 본격적으로 시작되기 이전에 시대를 앞질러 태어난 탓이라 할 수 있을 것이다. 이 점에서 이 책에 대한 주목은 '시민사회론'과 운명을 같이한다고 할 수 있다. 1980년대에 일기 시작한 시민사회에 대한 관심은 서구 학계에서 이 책을 재발견하게 하였고, 더욱이 1989년 영역본이 출간되면서 '공론장' 혹은 '공공영역'에 대한 논의는 본격적으로 활성화된다. 우리 학계에서도 사회의 민주화와 현실 사회주의의 붕괴라는 세계사적 사건을 경험하면서 이 책에 대한 관심이 증대되었으나, 이제야 그 한글본이 세상에 빛을 보게 되었다.

하버마스의 다른 저작이 그렇듯이 이 책도 쉽게 읽히는 책이 아니다. 다양한 인문사회과학 분과와 사회·정치철학을 통합하는 그야말로 학제적 연구의 전형이어서, 학문의 깊이가 일천한 역자로서는 번역의 일이 고통 자체였다. 가능한 한 원래의 뜻을 살리면서 해독 가능하게 우리말을 다듬으려 했으나, 결과물은 '번역은 창작이다'는 이상으로부터 멀리 떨어져 있는 것처럼 보인다. 여러 동학들의 비판과 조언을 기대하며, 현재 인문사회과학의 사정상 그럴 기회가 주어지리라 확신은 없지만 앞으로 계속 수정해 나가겠다는 약속은 해야하겠다.

여기서 일부 번역용어에 대한 몇 가지 해명이 필요할 것이다. 우선 역자는 일반적으로 많이 사용되는 '공공영역' 대신에 '공론장'(公論場)이라는 용어를 사용하였는데, 그것은 하버마스 자신의 이론체계 내에서 용어사용의 혼란을 방지하는 한편 제도적 차원을 포함하지만 그것을 넘어서 공공적으로 토론하는 마당이라는 의미를 살리기 위해서였다. 그에 대한 역자 나름의 자세한 논변은 역주를 참조하기 바란다. 또한 역자는 '부르주아 사회'(*bürgerliche Gesellschaft*)와 '시민사회'(*civil society*)를 구분해서 번역하였다. 이는 사실 영어와 독어의 단순한 언어차이가 아니라 여기에는 중요한 의미차이가 있기 때문이다. 하버마스가 논하고 있는 공론장 자체가 사실 '시민사회'라고 해야 할 것이다. 반면 '부르주아 사회'는 헤겔과 맑스가 사용하는 의미 전통 속에 들어있다. 즉 그것은 사적 개인이 경제적 이해관계에 따라 행위하며 사법으로 조직되어 있는 '경제사회'라는 의미를 갖는다. 이런 이유에서 두 용어를 분별하여 번역하였다.

나아가 역자는 논의적 형태를 띠는 부르주아 공론장이 성립하기 이전 중세의 공공성을 '과시적 공공성'(*repräsentative Öffentlichkeit*)이라는, 독자들에게 다소 생소한 느낌을 주리라 예상되는 용어로 번역했다. 여기서 'repräsentativ'라는 말은 '특정한 위임을 대표한다'는 뜻이 아니라 '어떤 신적이거나 고귀한 것을 체현하여 나타내 보인다'는 의미이며, 그것도 높은 지위가 갖는 권위를 낮은 지위의 사람들에게 과시한다는 의미를 지니고 있다. 따라서 그것이 비록 공공성의 특성을 보인다 해도 평등한 공중이 공적으로 논의에 참여하여 여론을 형성한다는 '부르주아 공론장'의 이념형과는 전혀 다른 이질적인 것이다. 이러한 용어의 뜻을 살리기 위해 서양어가 지니고 있는 양의성을 희생시키는 한이 있더라도 '과시적 공공성'이라는 역어를 채택하였다.

하버마스의 저작이나 입장에 대해 생소한 독자라면 본문을 읽고 난 이후 신판의 서문을 읽기를 추천한다. 신판의 서문은 1950년대에 서술한 원 저작에 대한 하버마스 자신의 최근의 반성을 담고 있으며, 그것은 그후 30여 년의 이론적 숙고를 밑바탕으로 하고 있기 때문이다. 이러한 이론적 반성과 수정을 통해 볼 때, 그의 현실 진단은 본문에서 서술된 부르주아 공론장의 '재봉건화'라는 어두운 그림보다는 그것의 비판적 잠재력과 가능성을 긍정적으로 보는 측면이 부각될 것이다.

끝으로 난삽한 원고를 읽고 평을 해준 동학들, 특히 이우관에게 빚진 것을 밝혀야 하겠고, 역자의 게으름과 일신상의 이유로 수 년간 진행과 중단을 반복하며 지연된 번역작업을 예외적인 인내심을 가지고 지켜봐 주신 조상호 사장님과 방순영 부장님께 감사하는 마음 표하고 싶다.

2001년 9월

한 승 완

나남신서 · 869

공론장의 구조변동

부르주아 사회의 한 범주에 관한 연구

차 례

1990년 신판의 서문

이 책의 신판을 내게 된 동기는 외적인 이유에서였다. 나의 초기 저작들을 고맙게도 출판해 주었던 루흐터한트(Luchterhand) 출판사가 매각되었기 때문에 출판사를 바꾸는 일이 필요하게 되었다.

거의 30년이 지난 후 책을 처음 다시 읽으면서 문장을 바꾸고 삭제하고 보충하려는 유혹에 빠질수록, 나는 이러한 시도가 실행 불가능하다는 것을 더욱더 뚜렷하게 의식하게 되었다. 내가 손을 대었더라면, 나는 내가 왜 책 전체를 다시 쓰지 않는가에 대해 설명해야만 했을 것이다. 이는 다시금 그 동안 다른 연구분야에 관심을 두어 사방으로 뻗어나간 이 분야의 연구문헌을 따라갈 수 없는 저자로서는 힘에 부치는 과중한 일이었을 것이다. 이미 그 당시 이 연구는 다수의 학문분야에서 거의 서로를 묶어낼 수 없을 만큼 많은 문헌들을 종합한 결과였다.

절판된 제17쇄를 개정하지 않고 다시 출판하려고 결정한 이유는 두 가지이다. 한편으로 여러 교과과정에서 일종의 교과서로 통용된 이 책의 출판에 대한 지속적 요구가 있었다. 다른 한편으로 지금 우리 눈앞에서 펼쳐지는 중부와 동부 유럽에서의 만회하는 혁명(*nachholende Revolution*)으로 공론장*의 구조변동에 관심이 모아지고 있기 때문이다.1) 또한 지난 해에야 뒤늦게 영어본2)이 나온 미국에서 이 책이 수용되는 것도 이 주제의 — 그리고 이 주제에 대한 다양한 전망으로부터 출발하는 연구의 — 시사성을 말해 주고 있다.[3)]

나는 이 책의 신판을 기회로 삼아 한 세대의 거리를 뛰어넘기보다는 명확히 보여줄 논평을 하고자 한다. 1950년대 말, 60년대 초의 태동기 이래로 나의 연구와 이론적 문제제기는 사소하게나마 변화하여 왔다. 사회과학적 연구작업이 그 전망을 끌어오는 현대사의 경험지평

---

* 역주 : 독일어 'Öffentlichkeit'는 영역본에서는 '공공성'(*publicness*) 혹은 '공공영역'(*public sphere*)으로, 일역본에서는 공공성(公共性) 혹은 '공공권'(公共圈)으로 주로 번역되었다. 우리말에서는 그 동안 이 개념에 대해 '공공영역', '공공권역', '공론영역', '공론장'(公論場), '공개장', '여론', '공론' 등의 용어가 사용되었다. 일반적으로 '공공영역'이라는 용어가 가장 많이 사용되고 있음에도 불구하고 역자는 '공론장'이라는 역어를 선택했다. 우선 하버마스가 '공공영역'(*die öffentliche Sphäre, Bereich*)을 국가, 혹은 공권력의 영역으로 특칭해서 사용하는 반면, 'Öffentlichkeit'는 그 자체 사적 부문에 속하는 것이지만 공공영역으로서의 국가와 사적 영역으로서의 사회 사이에서 양자를 매개하는 것으로 정의하고 있으므로 용어의 혼란을 피하기 위한 것이 일차적인 이유이다. 그 밖에도 'Öffentlichkeit'가 제도적으로 고착된 어떤 특정한 영역으로 한정되기보다는 '사적 개인으로서의 공중이 논의하여 여론을 형성하는 마당'이라는 의미에서 장(場)의 개념과, '토론하고 논의한다'는 개념 — 론(論) — 이 들어 있는 '공론장'이라는 용어가 적합하다고 생각했기 때문이다. 그 외에도 'Öffentlichkeit'는 맥락에 따라서 '공공성' 혹은 '여론'으로 번역하기도 하였다.

1) J. Habermas, *Die nachholende Revolution*, Ffm. 1990.

2) *The Structural Transformation of the Public Sphere*, MIT Press, Boston 1989.

3) 이를 기회로 1989년 9월 채플 힐(Chappel Hill)에 있는 노스캐롤라이나(North Carolina) 대학에서 활발하고 나에게는 매우 교훈적이었던 학술대회가 열렸는데, 이 회의에는 사회학자, 정치학자, 철학자 외에도 역사학자, 문예학자, 커뮤니케이션 연구자, 인류학자가 참여하였다. 나는 이 참가자들이 나에게 자극을 준 것에 대해 감사한다.

이라는 과학외적 맥락은 그 종말에 다가가고 있는 아데나워 정권 시기 이래로 변화하였다. 마지막으로 나 자신의 이론이 물론 기본골격에서는 아니지만 그 복잡성의 정도에 있어 변화하였다. 내가 해당 주제영역에 대해 최초로 확실히 피상적인 인상을 갖게 된 이후, 나는 이 변화들을 최소한 예시적으로 — 그리고 후속되는 연구에 자극을 주기 위해 — 상기하고자 한다. 내가 이 서문에서 우선 부르주아 공론장의 역사적 발생과 그 개념을 다루고(1장에서 3장), 다음으로 사회복지국가적 전화와 대중매체에 의한 의사소통구조의 변화라는 두 관점에서 공론장의 구조변동을 다루는(5장과 6장) 한에서 나는 책의 전체 구조를 따른다. 이어서 나는 서술의 이론적 전망과 그것의 규범적 함축을 논하고자 한다(4장과 7장). 여기서 나는 이 연구가 오늘날 다시 중요하게 된 민주주의 이론에 기여할 수 있는 부분에 관심을 가지고 있다. 이러한 관점에서 이 책은 무엇보다도 처음 출판되었을 때보다 학생들의 저항과 그것이 불러일으킨 신보수주의적 반동이라는 맥락 속에서 수용되었다. 그러면서 이 책은 좌우를 막론하고 때로는 논쟁적으로 소화되었다.[4]

---

4) W. Jäger, *Öffentlichkeit und Parlamentarismus. Eine Kritik an Jürgen Habermas*, Stuttgart 1973. 서평에 대해서는 R. Görtzen, *J. Habermas: Eine Bibliographie seiner Schriften und der Sekundärliteratur 1952~1981*, Ffm. 1981, 24쪽 이하 참조.

1. 부르주아 공론장의 발생과 그 개념

(1) 초판의 서문에서 알 수 있는 것처럼 나는 18세기와 19세기의 영국, 프랑스, 독일의 발전으로부터 부르주아 공론장의 이념형을 전개하는 것을 제일 목표로 삼았다. 시대에 고유한 어떤 개념을 만들어 내는 일에는 매우 복잡한 사회현실로부터 중요한 특징들을 추상화하여 강조하는 것이 요구된다. 모든 사회학적 일반화에서와 마찬가지로 역사적 경향과 사례들의 선택, 통계적 중요성, 평가가 문제이다. 이 문제는 만일 역사가처럼 원천자료에 의거하는 것이 아니라 이차 문헌에 의거할 경우 특히 큰 위험을 지니고 있는 문제이다. 역사가의 편에서는 정당하게도 나의 '경험적 결함'을 따지고 든다. 조프리 엘리(Geoffrey Eley)가 앞서 언급한 학술대회에서 발표한 상세하고도 조목조목 전거를 내세운 논문에서 행한 다음과 같은 호의적 판단은 나에게는 따뜻한 위안을 뜻한다.

> 그 당시 이용할 수 있는 문헌이 적었음을 고려할 때, 책을 읽으면서 논증이 얼마나 확실하고도 상상력이 풍부하게 역사적으로 밑받침되고 있는가를 보고 놀라웠다.[5)]

광범위한 문헌에 의거하고 있는 벨러(H. U. Wehler)의 요약적 서술

---

5) G. Eley, *Nations, Publics, and Political Cultures, Placing Habermas in the Nineteenth Century*, Ms. 1989.

은 내 분석의 기본골격을 확인해 주고 있다. 독일에서는 18세기 말까지 '작지만 비판적으로 토론하는 공론장'이 형성되었다.[6] 무엇보다도 지식인 공화국을 넘어서 도시민과 부르주아로 구성된 일반 독서공중이 소수의 기본 서적만을 언제나 집중적으로 읽는 것이 아니라 새로 출판되는 책들에 대한 지속적 독서습관을 갖게 되면서, 사적 영역의 한가운데에서 상대적으로 두터운 공공적 의사소통망이 형성되었다. 서적, 잡지, 신문의 현저한 생산확대, 문필가, 출판사, 서점의 증가, 대본(貸本) 도서관과 열람실의 설립, 그리고 무엇보다도 새로운 독서문화의 사회적 구심점으로서 독서회의 설립에 상응하여 독자수가 비약적으로 증가한다. 독일의 후기 계몽주의에 출현한 협회제도의 중요성도 또한 그 사이 인정되었다. 협회는 그 조직형태를 통해서보다는 그것의 현저한 기능을 통해 미래를 기약하는 의의를 얻게 되었다.[7] 계몽회, 교양협회, 프리메이슨 비밀결사, 광명회(*Illumiatenorden*)는 창립회원들의 자유로운, 다시 말해 사적 결의에 의해 구성된 결사체로서 자유의사에 따라 회원을 충원하였고 내부적으로는 평등한 교류형식, 토론의 자유, 다수결 등을 실천하였다. 미래사회의 정치적 평등규범은 이렇게 아직은 부르주아들이 배타적으로 결집한 공동체(결사, *Sozietät*)에서 실행될 수 있었다.[8]

---

6) H. U. Wehler, *Deutsche Gesellschaftsgeschichte Bd. 1*, München, 1987, 303~331쪽.

7) R. v. Dülmen, *Die Gesellschaft der Aufklärer*, Ffm. 1986.

8) K. Eder, *Geschichte als Lernprozeß*? Ffm. 1985, 123쪽 이하.

그 후 프랑스 혁명은 원래 문예적이고 예술비평적이었던 공론장의 정치화 물결을 불러일으켰다. 이는 프랑스에서만이 아니라[9] 독일에서도 그랬다. '사회생활의 정치화', 신문의 증가, 검열에 대한 저항투쟁과 언론자유를 위한 투쟁은 19세기 중반까지 확장되어 가는 공공적 의사소통망의 기능변화를 특징짓고 있다.[10] 독일국가연합이 1848년까지 지연된 정치적 공론장의 제도화를 저지하기 위해 펼쳤던 검열정책은 문학과 비평을 더욱 더 정치화의 소용돌이에 끌어들일 뿐이었다. 페터 호헨달(Peter U. Hohendahl)은 나의 공론장 개념을 이용하여 이 과정을 상세히 추적하고 있다. 그러나 그는 1848년 혁명의 실패를 이미 초기 자유주의 공론장의 구조변동이 시작되는 시점으로 보고 있다.[11]

엘리는 영국 사회사의 새로운 연구들에 주목하였는데, 이 연구들은 내가 제안한 공론장 분석의 이론적 틀에 잘 맞는다. 왜냐하면 이 연구들은 계급형성, 도시화, 문화의 활성화, 새로운 공공적 의사소통 구조의 발생과정을 18세기에 구성된 자발적 결사들(*voluntary associations*)을 축으로,[12] 그리고 19세기 영국의 대중적 자유주의(*popular*

9) 에티엔느 프랑수아(Etienne Francois), 잭 센서(Jack Censer), 피에르 르타(Pierre Rétat)의 논문을 참조. in: R. Koselleck, R. Reichardt(Hg.), *Die französische Revolution als Bruch des gesellschaftlichen Bewußtseins*, München. 1988, 117쪽 이하.

10) H. U. Wehler, *Deutsche Gesellschaftsgeschichte Bd. 2*, 520~546쪽.

11) P. U. Hohendahl, *Literarische Kultur im Zeitalter des Liberalismus 1830~1870*, München, 1985. 특히 2장과 3장 참조.

12) J. H. Plumb, "The Public, Literature and the Arts in the Eighteenth Century," in: M. R. Marrus(Ed.), *The Emergence of Leisure*, N.Y. 1974.

liberalism)를 빌려[13] 연구하고 있기 때문이다. 원래 교양 부르주아적이고 문예적이었으며 문화를 논했던 공론장이 대중매체와 대중문화에 의해 지배되는 공론장으로 전화하는 데 대한 설명으로는 무엇보다도 레이몬드 윌리암스(Raymond Williams)의 의사소통 사회학적 연구가 있다.[14]

이와 동시에 엘리는 내가 부르주아 공론장을 과잉 추상화하여 부당한 이상화에 빠지고 있다는 이의를 반복해서 제기한다. 이러한 이상화는 독서에 의해 매개되고 대화를 통해 초점이 모아지는 공공적 의사소통의 합리적 측면을 과장하여 표현하는 것에만 그치지 않는다는 것이다. 정당들간의 투쟁시에—아무리 분파로 갈려 있다 해도 종국에는—공동의 계급적 이해를 토대로 원칙상 합의에 도달할 수 있는 부르주아 공중의 일정한 동질성으로부터 출발한다 해도, 단수로서의 공중에 대해 말하는 것은 오류라는 것이다. 시각적 거리에 변화를 준다면 내 모델 내에서도 성립 가능한 부르주아 공중 내부에서의 분화를 차치하더라도, 처음부터 경쟁관계에 있는 공론장들을 고려하고 지배적 공론장으로부터 배제된 의사소통과정들의 역동성을 생각하면, 다른 그림이 나타난다는 것이다.

(2) 이때 특정한 공론장의 형성에 본질적 역할을 하는 집단이 문제

---

13) Patricia Hollis(Ed.), *Pressure from without*, London 1974.

14) R. Williams, *The Long Revolution*, London 1961; ders., Communications, London 1962.

가 된다면, 푸코의 의미에서 '배제'를 말할 수 있다. 반면 동일한 의사소통 구조들 내에서 동시에 다수의 경연장이 형성되고 여기서 헤게모니를 잡고 있는 부르주아 공론장과 나란히 다른 구조 또는 다른 계급 특유의 공론장들이 그들 고유의 비타협적 전제들을 가지고 등장한다면, '배제'는 보다 덜 급진적인 다른 의미를 갖게 된다. 나는 전자의 경우(푸코의 의미에서의 배제 — 역자)를 전에는 전혀 고려하지 않았다. 후자의 경우 나는 서문에는 언급하였으나 본문에서 다루지 않았다.

나는 프랑스 혁명의 자코뱅 시기와 차티스트 운동에 관하여 '평민적' 공론장의 단초를 말했으며, 이를 역사과정 속에서 억압된 부르주아 공론장의 변종으로 무시해도 된다고 생각하였다. 그러나 그 사이 톰슨(E. Thompson)의 획기적인 저작 《영국 노동계급의 형성》[15]에 뒤이어 프랑스와 영국의 자코뱅주의자들, 로버트 오웬(Robert Owen)과 초기 사회주의자들의 실천, 차티스트들, 19세기 초엽 프랑스의 좌익 대중주의에 관한 다수의 연구가 출판되었다. 이들 연구는 농촌의 하층계급들과 도시 노동자들의 정치적 동원을 다른 시각으로 보았다.

귄터 로테스(Günter Lottes)는 나의 공론장 개념과 직접 논쟁을 벌이면서 18세기 말엽 영국 급진주의의 이론과 실천을 런던의 자코뱅주의자들의 경우를 들어 연구하였다. 그는 급진적 지식인들의 영향과 근대적 의사소통의 조건하에서 어떻게 전통적 민중문화로부터 특유의 조직형태와 실천을 지닌 새로운 정치문화가 발전했는가를 보여주었다.

15) E. Thompson, *Making of the English Working Class*, London 1963.

그러므로 평민적 공론장의 발생은 소부르주아 계층과 하층 부르주아 계층의 생활연관이 역사적으로 발전하는 과정에서 특유한 국면을 표시한다. 그것은 한편으로 그것의 모범을 지향하기 때문에 부르주아 공론장의 한 변종이다. 다른 한편 그것은 이것 이상이다. 왜냐하면 그것은 부르주아 공론장의 해방적 잠재력을 새로운 사회적 맥락에서 전개하기 때문이다. 평민적 공론장은 일정한 의미에서 그것의 사회적 전제조건이 지양된 부르주아 공론장이다.[16]

문화적, 정치적으로 활력을 갖게 된 하부계층의 배제는 이미 발생 과정에 있던 공론장의 다원화를 가져온다. 헤게모니를 잡은 공론장과 나란히 이와 교차하여 평민적 공론장이 형성된다.

민중의 배제는 전통적 형태의 과시적(誇示的) 공공성(*repräsentative Öffentlichkeit*)에서 다른 방식으로 작동한다. 여기서 민중은 지배신분, 귀족, 교회의 고위 성직자, 왕 등이 자기 자신들과 그들의 지위를 나타내는 배경을 형성한다. 민중은 과시적 지배에 의해 배제됨으로써 이 과시적 공공성의 구성조건에 속한다.

나는 이러한 (1장 2절에서 스케치한) 공론장 유형이 근대적 형태의 공공적 의사소통의 역사적 배경을 형성한다고 여전히 생각하고 있다. 이러한 대비에 주목했더라면 리처드 세네트(Richard Sennett)는 부르주아 공론장의 붕괴를 진단하면서 잘못된 모델에 의존하지 않았을 것

16) G. Lottes, *Politische Aufklärung und pleijbische Publikum*, München. 1979, 110쪽. 또한 O. Negt, A. Kluge, *Erfahrung und Öffentlichkeit. Zur Organisationsanalyse bürgerlicher und proletarischer Öffentlichkeit*, Ffm. 1972 참조.

이다. 즉, 세네트는 과시적 공공성의 특징을 고전적 부르주아 공론장에 끼워 넣는다. 그는 부르주아적 내면성과 공공성의 특유한 변증법, 즉 부르주아의 친밀영역의 공중과 연관된 프라이버시와 함께 18세기에는 문예적으로도 유효하게 되는 변증법을 인식하지 못하고 있다. 그는 이 두 유형의 공론장을 충분히 구별하지 못하기 때문에, 일정한 거리를 두고 비개인적으로 행하는 의식화(儀式化)된 자기표현이라는, 미적인 역할연기의 형식붕괴를 자신이 진단한 '공공적 문화'의 종말의 증거로 들 수 있다고 생각한다. 그러나 사적인 감정, 주관적인 것 일체를 보여주지 않는 가장된 연출은 고도로 양식화된 과시적 공공성의 틀에 속한다. 이러한 공공성의 관행은 부르주아적 사적 개인이 공중으로, 따라서 새로운 유형의 공론장의 담지자로 형성되는 18세기에 이미 붕괴된다.[17]

그러나 바흐친(M. Bachtin)의 대작으로 꼽히는 《라블레와 그의 세계》(Rabelais und seine Welt, Ffm. 1978)가 민중문화의 내적 역학에 대해 최초로 나에게 눈을 뜨게 해주었다. 민중문화는 확실히 단순한 배경, 지배문화의 수동적 테두리만은 아니다. 그것은 나름의 공식적 축제와 일상적 규율을 갖는 위계적 지배세계에 대항한 반대기획의 폭력적 저항으로서 주기적으로 되돌아오며 억눌린다.[18] 이러한 입체적 시

17) R. Sennett, *The Fall of Public Man*, N.Y. 1977.

18) N.Z. Davis, Humanismus, Narrenherrschaft und Riten der Gewalt, Ffm. 1987. 특히 제4장 참조. 르네상스 훨씬 이전으로 거슬러 올라가는 반(反)문화 축제의 전통에 관해서는 J. Heers, Vom Mummenschanz zum Machttheater, Ffm. 1986.

선을 통해서 비로소 제외하고 억압하는 배제의 메커니즘이 어떻게 동시에 중립화할 수 없는 반작용을 낳았는가를 알 수 있다. 우리가 부르주아 공론장을 이와 동일한 시선으로 주목한다면, (다시금) 남성이 지배하는 세계로부터의 여성의 배제는 내가 이전에 보았던 것과는 다르게 나타난다.

(3) 부르주아 사회 사적 영역의 핵심을 이루는 동시에 자기 자신에로 향한 주체성의 새로운 심리학적 경험의 출현장소이기도 한 핵가족의 가부장적 성격에는 어떤 의심도 있을 수 없었다. 그러나 여성들이 함께 영향을 미쳤으며 곧 독서공중을 넘어서 성장하여 정치적 기능을 떠맡았던 공론장 자체의 가부장적 성격에 대한 우리의 인식은 그 동안 증대된 페미니즘 관련문헌에 의해 첨예화되었다.[19] 여성도 과연 노동자, 농민, '천민'(*Pöbel*), 즉 '비자립적' 남성들과 동일한 방식으로 부르주아 공론장으로부터 배제되었는가 라는 물음이 제기된다.

이 두 범주에 속한 사람들에게는 정치적 여론형성과 의사결정에 동등하게 적극적으로 참여하는 것이 거부되었다. 계급사회의 조건하에서 부르주아 민주주의는 처음부터 자기 이해의 본질적 전제들과 모순에 빠지게 되었다. 이 변증법은 맑스주의의 지배 비판과 이데올로기

19) C. Hall, "Private versus Public Someones: Class, Gender and Politics in England, 1780~1850", in: C. Urwin, V. Walkerdine(Eds.), *Language Gender and Childhood*, London 1985, 10쪽 이하; J. B. Landes, *Women and the Public Sphere in the Age of the French Revolution*, Ithaca 1988.

비판의 개념들로 파악될 수 있다. 나는 이러한 관점에서 계급 고유의 불이익에 대한 사회복지국가적 보상과 민주적 참여권을 확대하는 과정에서 어떻게 공론장과 사적 영역의 관계가 변화하였는가를 연구하였다. 그럼에도 불구하고 공론장의 이러한 구조변동은 사회 전체의 가부장적 성격과는 상관없이 진행되었다. 20세기에 비로소 획득된 국민으로서의 남녀평등은 그때까지 소외되었던 여성들에게 사회적 지위의 개선을 쟁취할 수 있는 기회를 열어주었다. 그러나 이로써 정치적 평등권을 넘어서 사회복지국가적 개선도 향유하려는 여성들에게 귀속(歸屬)적 성 차이에서 자명하게 유래하는 소외가 변화한 것은 아직 아니다.

2백 년 동안 페미니즘이 투쟁한 결과 이제 광범위하게 진척된 해방의 물결은, 임금예속적 노동자의 사회적 해방과 마찬가지로 시민권의 보편화라는 경향과 궤를 같이한다. 그러나 성관계의 변화는 계급갈등의 제도화와는 달리 경제체계뿐만 아니라 핵가족의 내부공간이라는 핵심적인 사적 영역에까지 침투해 들어간다. 여기서 나타나는 것은, 정치적 공론장이 단지 우연히 남성에 의해 지배되었던 것이 아니라 그 구조와 사적 영역과의 관계에서 성적으로 고유하게 규정되어 있다는 의미에서도 여성의 배제가 정치적 공론장에 본질적 의미를 지닌다는 점이다. 소외된 남성의 배제와는 달리 여성의 배제는 구조를 형성하는 힘을 가지고 있었다.

캐롤 페이트맨(Carol Pateman)은 1983년에 처음 공개된 영향력 있는 논문에서 이 테제를 주장한다. 그녀는 민주적 법치국가의 계약론적 정당화를 해체하여, 이성법이 가장(家長)의 지배권 행사를 비판하는 것은 단지 가부장제를 형제적 지배의 형태로 근대화하기 위한 것에 불과함을 입증한다.

> 가부장제는 아버지(아버지/아들)와 남성(남편/아내)이라는 두 가지 차원을 지니고 있다. 정치이론가들은 이론적 투쟁의 결과를 계약이론의 승리로 표현할 수 있다. 왜냐하면 그들은 비정치적이거나 자연적인 것처럼 보이는 가부장제의 성적 관계 혹은 부부관계의 측면에 대해 침묵하기 때문이다.

페이트맨은 정치적 공론장에 여성들이 동등하게 통합되리라는 것에 대해 회의적이다. 그것은 이 공론장의 구조가 공공적 토론의 주제로부터 벗어나 있는 어떤 사적 영역의 가부장적 특성에 여전히 사로잡혀 있기 때문이다.

> 이제 페미니즘의 투쟁은 여성들이 거의 형식적인 시민적 평등자가 되는 지점에 도달했다. 남성상에 따라 만들어진 평등과 여성의 여성으로서의 실질적인 사회적 지위 간의 상반성이 주목된다.[20]

---

20) C. Pateman, "The Fraternal Social Contract," in: J. Keane(Ed.), *Civil Society and the State*, London 1988, 105쪽/122쪽. 굴드너도 동일한 의미에서 다음과 같이 쓰고 있다. "가부장적 가족체계와 사유재산 체계의 통합은 사적인 것의 근본적인 토대였다. 이 사적인 영역은 자신의 행위에 대한 정보를 제공하거나 그것을 정당화함으로써 일상적으로 자신을 설명할 필요가 없는 영역이다. 따라서 사유재산과 가부장제는 간접적으로 공적인 것을 위한 토대였다." A. W. Gouldner, *The*

물론 이러한 설득력 있는 고찰은 자유주의적 공론장의 자기이해에 들어 있는 무제한적 포용권과 평등권을 부정하는 것이 아니라 이를 요구한다. 푸코는 지배담론의 형성규칙을 언제나 그 자신의 '타자'를 구성해 내는 배제 메커니즘으로 파악한다. 이 경우 내부와 외부 간의 의사소통은 존재하지 않는다. 담론에 참여하는 사람들이 저항하는 자들과 함께하는 공통적 언어는 존재하지 않는다. 전통적 지배의 과시적 공공성이 민중의 거부된 반문화와 맺는 관계는 이런 방식으로 파악될 수 있다. 즉 민중은 다른 우주로 이동하여 자신을 표현해야 했다. 따라서 거기에서는 문화와 반문화가 서로 결합되어 있어, 둘 중 하나가 다른 하나와 함께 몰락하였다. 이와 반대로 부르주아 공론장은 논의(*Diskurs*)에서 표현되었는데, 부르주아 공론장과 공론장 자체의 구조를 내부로부터 변형시키기 위해 노동운동뿐만 아니라 페미니즘운동도 이 논의에 참여할 수 있었다. 부르주아 공론장의 보편주의적 논의들은 처음부터 자기준거적 전제들 하에 있었다. 이 논의들은 내부로부터의 비판에 면역되지 않았는데, 그 이유는 그것들이 자기변형의 잠재력을 지닌다는 점에서 푸코식 유형의 담론들과는 다르기 때문이다.*

Dialectic of Ideology and Technology, N.Y. 1976, 103쪽.

* 역주 : 이런 점에서 Diskurs라는 동일한 용어를 사용하지만, 이에 대한 푸코와 하버마스의 이해는 상당히 다르다. 기본적으로 타자의 배제를 통해 형성된다는 푸코의 이해가 '담론'이라는 용어로 정착된 만큼, 이와 대조하여 하버마스의 용어는 이하에서 논의(論議)로 번역하였다.

(4) 엘리가 경고한 두 결함은 부르주아 공론장 모델에 대한 이념형 파악에 영향을 미쳤다. 근대의 공론장이 인쇄물, 즉 교육, 정보 및 환담을 통해 매개되며 대체로 논의적으로 진행되는 의견충돌의 여러 장(場) 들을 포괄한다면, 그리고 이 장들에서는 느슨하게 연합한 사적 개인들의 다양한 분파들이 서로 경쟁할 뿐만 아니라 지배적 부르주아 공중이 처음부터 평민적 공중과 마주친다면, 나아가 배제된 타자의 페미니즘적 역동성을 심각히 고려한다면, (3장 2절에서) 발전된 부르주아 법치국가에 있어 공론장의 모순적 제도화 모델은 이전에 너무 융통성없이 구축되었다. 자유주의적 공론장에서 분출되는 긴장들이 자기변형의 잠재력으로 더 명확히 강조되어야 한다. 이렇게 될 때 한편으로 19세기 중반까지의 초기 정치적 공론장과 다른 한편으로 복지국가의 대중민주주의에 유산으로 계승된 공론장 간의 대조는, 관념론적으로 지나치게 높이 평가된 과거와 문화 비판적으로 왜곡된 현재 간의 대립이라는 특성을 상실하게 될 것이다. 여기에 함축된 규범적 경향에 대해 많은 평자들이 이견을 제기하였다. 이는 내가 뒤이어 언급할 이데올로기 비판의 단초 그 자체에 기인할 뿐만 아니라, 내가 언급은 하였으나 그 중요성을 과소평가했던 측면들이 희미하게 제시되었기 때문이기도 하다. 물론 그 중요성을 잘못 평가하였다 해서 내가 서술한 변동과정의 대강(大綱)이 반증되는 것은 아니다.

2. 공론장의 구조변동: 세 가지 수정

(1) 공론장의 구조변동은 국가와 경제의 변형에 편입되어 있다. 나는 헤겔의 법철학에서 밑그림이 그려지고, 청년 맑스에 의해 그 세부 작업이 진행되었으며, 로렌쯔(Lorenz) 이래 독일의 헌법 전통에서 그 특유한 형태를 지니게 된 이론적 틀에서 당시 이 변형을 구상하였다. 자유를 보장하는 공권력이 사법(私法)적으로 조직된 경제사회와 맺는 관계에 대한 헌법적 구상은 한편으로 3월 혁명 이전의 자유주의적 기본권론에 힘입은 것인데, 이 기본권론은 뚜렷한 정치적 의도를 가지고 공법과 사법 간의 분리를 고수했다. 다른 한편으로 이 구상은 "1848/49년의 독일 이중혁명"(벨러의 표현)의 좌초 결과, 즉 민주주의 없는 법 발전에 따른 것이다. 뵉켄푀르데(E. W. Böckenförde)는 국민적 평등이 단계적으로 수립되는 과정에서 독일에 특유한 지연을 다음과 같이 지적하고 있다.

> '국가'와 '사회' 간의 대립이 형성됨에 따라 사회가 국가의 결정권과 그것의 행사에 참여하는 문제가 발생한다. … 국가는 개인과 사회를 시민적으로 자유롭게 한다. 국가는 새로운 일반적 법질서의 창출과 보장에 의해 개인과 사회가 이 자유 속에 있도록 한다. 그러나 개인과 사회는 어떤 정치적 자유도 획득하지 못했다. 다시 말해 국가에 집중된 정치적 결정권에 어떤 참여도 하지 않으며, 이 결정권에 대해 적극적으로 영향력을 행사할 어떤 제도화된 가능성도 갖고 있지 못했다. 지배조직으로서의 국가는 어떤 의미에서 자립적이었다. 다

시 말해 사회학적으로 보면 국가는 왕, 관료, 군대, 그리고 부분적으로는 귀족에 의해 지지되고 있었다. 그리고 국가는 그 자체 시민들에 의해 대표되는 사회로부터 조직적, 제도적으로 '분리'되었다.[21]

이러한 역사적 배경 또한 공론장에 특별한 관심을 갖게 하는 맥락이다. 경제적 주체로서의 시민이 국민으로서 자신들의 이해관계를 조정 내지는 일반화하여 국가권력이 사회의 자기조직화의 매체로 유동화(流動化) 되도록 효과적으로 영향력을 행사함에 따라, 공론장은 정치적 효력을 발휘하게 된다. 이것이 청년 맑스가 국가를 그 자체 정치화된 사회에로 환수한다는 이념으로 말하려 했던 것이다. 자유롭게 연합한 사회구성원의 공공적 의사소통을 통하여 인도되는 자기조직의 이념은 앞서 뵉켄푀르데가 묘사한 국가와 사회의 '분리'의 극복을 요구한다.

이러한 헌법적으로 구성된 분리는 보다 일반적인 다른 의미와 결부되어 있다. 그것은 초기 근대 이래 자본주의적 생산양식이 점진적으로 관철되고 근대적 국가관료제가 형성됨에 따라 시장을 통해 조절되는 경제가 정치적 지배라는 근대 이전의 질서로부터 분화되는 것이다. 자유주의를 회고해 보면 이러한 발전은 헤겔과 맑스의 의미에서 '부르주아 사회'의 자립성, 즉 사법으로 조직되어 있고 헌법으로 보장된 경제사회의 경제적 자기제어로 모아진다. 국가와 사회의 지속적

---

21) E. W. Böckenförde, "Die Bedeutung der Unterscheidung von Staat und Gesellschaft im demokratischen Sozialstaat der Gegenwart," in: ders., *Staat, Gesellschaft, Freiheit*, Ffm. 1976, 190쪽 이하.

분리에 관한 이 모델은 19세기 독일 국가들의 특유한 발전에 반응한 것이 아니라 오히려 영국식 발전에서 그 원형을 볼 수 있다. 그리고 이 모델이 내가 19세기 후반에 시작된 방향전환을 분석한 배경이었다. 국가와 경제의 이러한 교착은 바로 시민적 사법과 자유주의적 기본권 상황이라는 사회모델의 토대를 제거하였다.[22] 나는 국가와 사회의 경향적 분리의 실질적 지양을, 그것의 법률적 반영을 기반으로 해서 한편으로는 '국가의 사회화'로, 다른 한편으로는 이제 적극적으로 된 국가 간섭주의 정치의 결과 등장한 '사회의 국가화'라는 방식으로 개념화하였다.

이 모든 것은 그동안 매우 정확히 연구되었다. 여기서는 국가와 경제사회의 분리를 급진 민주주의적으로 지양하는 사회의 자기조직화라는 규범적 의미를 실제로 등장한 두 체계의 기능적 교착이라는 관점에서 검토할 때 생기는 이론적 전망만을 상기해 보자. 나는 정치적 공론장에 내재하는 사회적 자기조직화의 잠재력의 관점을 따랐으며, 서구적 유형의 사회에서 진행된 복지국가 및 조직화된 자본주의에로의 복잡한 발전이 지닌 반작용들에 관심을 가졌다. 무엇보다도 그것은 첫째, 사적 영역과 사적 자율성의 사회적 토대에 미친 반작용, 둘째, 공론장이 구조 및 공중의 구성과 행태에 미친 반작용, 마지막으로, 대중민주주의 정당화과정 자체에 미친 반작용이다. 이 세 측면 중에 제5장에서 제7장에 이르는 나의 서술은 몇 가지 약점을 드러낸다.

22) D. Grimm, *Recht und Staat der bürgerlichen Gesellschaft*, Ffm. 1987.

(2) 근대의 자연법이론이나 스코틀랜드 도덕철학의 사회이론에서 시민사회(*civil society*)는 전체적으로 사적 영역으로서 항상 공권력과 정부에 대립하는 것이었다.[23] 직업 신분적으로 층화된 초기 근대 부르주아 사회의 자기이해에 따르면 상품교환과 사회적 노동의 영역 및 생산적 기능의 부담이 없는 가정과 가족이 무차별적으로 '부르주아 사회'의 사적 영역에 속하는 것으로 선언되었다. 이 둘은 동일한 구조를 지녔다. 즉, 생산과정에서 사적 소유자의 지위와 처분의 자유가 사적 자율성의 토대를 이루었는데, 이 자율성은 핵가족의 친밀영역에서 말하자면 그것의 심리적 이면을 갖고 있었다. 경제적으로 예속된 계급에게는 구조적으로 밀접한 이러한 연관이 존재한 적이 없다. 그러나 19세기에 하층계급의 사회적 해방이 시작되고, 계급대립이 대량으로 정치화되면서 시민사회 계층의 생활세계에서도 두 영역, 즉 가족적 친밀영역과 직업체제의 반대방향으로의 구조화가 의식되었다. 후에 '조직사회'(*Organisationsgesellschaft*)로 나아가는 특성, 즉 단순한 상호작용망(網)에 대한 조직 차원의 자립화로 파악되는 것을 나는 제 5장 4절에서 '사회영역과 친밀영역의 양극화'로 묘사하였다. 가족, 이웃 간의 접촉, 사교 등 비형식적 관계를 통해 규정되는 사적 생활영역은 분화

---

23) J. Habermas, "Die klassische Lehre von der Politik in ihrem Verhältnis zur Sozialphilosophie"와 "Naturrecht und Revolution," in: ders., *Theorie und Praxis*(1963), Ffm. 1971, 48쪽 이하와 89쪽 이하; J. Keane, "Despotism and Democracy. The Origins of the Distinction between Civil Society and the State 1750~1850," in: ders., *Civil Society and the State*, London 1988, 35쪽 이하.

되기만 하는 것이 아니다. 동시에 이 영역은 도시화, 관료화, 기업집중 및 점증하는 여가시간에 따른 대중소비의 변화 등과 같은 장기적 경향의 진행 속에서 사회계층에 고유한 방식으로 변화한다. 그러나 내가 관심을 갖는 것은 경험세계의 이러한 구조전환이 갖는 보충되어야 할 경험적 측면이 아니라, 사적 영역의 위상변화를 서술하는 나의 이론적 관점이다.

국민의 평등권이 보편화된 이후 대중의 사적 자율성은 부르주아 공론장의 결사체를 통해 국민적 공중으로 결합했던 사적 개인들과 같이 사유재산에 대한 처분권에 그것의 사회적 토대를 둘 수 없었다. 문화적, 정치적으로 활성화된 대중들은 확대되어 가는 공론장에서 이 안에 들어 있을 잠재력이 발산될 때 그들의 의사소통권과 참여권을 효과적으로 요구해야만 했을 것이다. 그러나 이상적으로 유리한 의사소통조건에서도 경제적으로 비자립적 대중들이 자발적으로 여론과 의사결정에 기여하는 것은, 그들이 사적 소유자들의 사회적 자립성에 상응하는 것을 획득한 정도 만큼만 기대할 수 있을 것이다. 무소유의 대중들은 사법으로 조직화된 재화 및 자본교환에 대한 참여를 통해 더 이상 그들의 사적 생존의 사회적 조건을 획득할 수 없었다. 그들의 사적 자율성의 보장은 복지국가의 신분보장에 의존하고 있었다. 그러나 복지국가의 고객으로서의 시민이 민주적 국민으로서 스스로에게 부여한 신분보장을 향유하는 정도에서만, 이렇게 파생된 사적 자율성은 사유재산에 대한 처분권에 뿌리를 두는 본래의 사적 자율성에 상응하는 것일 수 있다. 그 당시 나에게 이것은 다시금 민주적 통제를 경제

과정 전체로 확장함으로써 비로소 가능한 것처럼 보였다.

나의 이러한 생각은 에른스트 포르스트호프(Ernst Forsthoff)와 볼프강 아벤트로트(Wolfgang Abendroth)를 대변자로 하여 1950년대에 확산되었던 헌법 논쟁의 맥락 속에 있다. 이 논쟁에서 법이론적 문제는 전래된 법치국가의 건축술에 복지국가의 원칙을 삽입하는 문제였다.[24] 칼 슈미트 학파[25]는 복지국가적 보장의 요구에 앞서 고전적 자유권의 보장을 무조건 우선시함으로써만 법치국가의 구조를 유지할 수 있다고 생각하였다. 반면에 아벤트로트는 복지국가의 원칙을 헌법해석에 대한 우선적 해석준칙과 동시에 정치적 입법기관에 대한 구성준칙으로 이해하였다. 복지국가에 대한 생각은 최소한 민주적 사회주의로의 이행의 전망을 열어놓는 급진 민주주의적 개혁의 지렛대로 이용되어야 한다는 것이다. 아벤트로트의 생각에 따르면, 독일연방공화국의 헌법은 "실질적 민주주의 법치국가 사상, 무엇보다 평등원칙 및 평등원칙의 참여사상과의 결합을 자결권 사상으로서 경제질서와 사회질서에로 확장해야" 하는 것을 목표로 하고 있다(이 책 395쪽). 물론 이러한 전망에서는 정치적 공론장이 이론적, 헌법적으로 예단된 입법기관의 앞마당으로 축소된다. 이 입법기관은 민주국가가 어떤 방식으로 '사회적 질서의 실질적 구성'이라는 자신의 소명을 따를지 처음부

24) E. Forsthoff(Hg.), *Rechtsstaatlichkeit und Sozialstaatlichkeit*, Darmstadt 1968.

25) E. Forsthoff, "Begriff und Wesen des sozialen Rechtsstaates"; E. R. Huber, "Rechtsstaat und Sozialstaat in der modernen Industriegesellschaft"; in: Forsthoff(1968), 165쪽 이하/589쪽 이하.

터 알고 있기 때문이다. 즉 그 방식은 "대규모 생산수단에 대한 사적 처분권과 이로써 경제적이거나 사회적인 권력지위에 대한 민주적으로 정당화되지 않은 지배를 가능하게 하는… 저 소유권에 대한 국가의 개입을 통한" 방식이다.[26]

자유주의적 법치국가의 도그마를 고집하는 것이 변화된 사회상황에 맞지 않듯이, 아벤트로트의 매혹적 프로그램도 헤겔적 맑스주의 사상이 갖는 총체성 개념의 약점을 드러내고 있다. 그 동안 이러한 시도에 대해 내가 취하는 거리가 증대되었다 하더라도, 이러한 상황으로 내가 헌정사에 밝힌 볼프강 아벤트로트에 대한 나의 지적이고 개인적인 채무가 감소하는 것은 아니다. 다만 내가 확인하고자 하는 것은 기능적으로 분화된 사회가 전체주의적 사회관으로부터 벗어난다는 사실이다. 우리가 오늘날 목도하는 국가사회주의의 파산은, 시장에 의해 조정되는 근대의 경제체제에서 화폐를 행정권력과 민주적 의사결정으로 임의대로 치환하는 경우 그 능률을 위협할 수밖에 없다는 사실을 다시금 확인시키고 있다. 그 밖에도 그 한계에 이른 복지국가의 경험이 관료화 현상과 법제화 현상을 감지하게 해주고 있다. 이러한 병리적 효과들은 국가가 법률·행정적 통제양식을 거부하게끔 구조화된 행위영역에 간섭한 결과로 나타난다.[27]

26) W. Abendroth, "Zum Begriff des demokratischen und sozialen Rechtsstaates," in: Forsthoff(1968), 123쪽 이하.

27) F. Kübler(Hg.), *Verrechtlichung von Wirtschaft, Arbeit und sozialer Solidarität*, Baden-Baden 1984; J. Habermas, "Law and Morality," in: *The Tanner Lectures Vol. VIII Camr.*, Mass., 1988, 217~280쪽.

⑶ 이 책의 나머지 절반의 중심주제는 국가와 사회의 통합에 편입된 공론장 자체의 구조변동이다. 공론장의 내부구조는 확장되고 전문화되며, 새로운 독서층을 지향하는 책 생산, 그 내용이 변화한 신문과 잡지의 조직, 유통 및 소비형태와 함께 변화한다. 그리고 전자매체의 발전, 광고의 새로운 중요성, 오락과 정보의 점증적 융합, 모든 영역에서 강화된 집중, 자유주의적 결사체의 붕괴 및 이전에는 전체를 개관할 수 있었던 지방자치단체 공론장의 붕괴 등과 함께 공론장의 내부구조가 다시 한번 변화한다. 이러한 경향들은 그 동안 자세한 연구들이 나왔음에도 불구하고 내가 이전에 올바로 파악했었다.[28] 의사소통망의 상업화와 밀집화, 언론매체 설립자본의 증가와 언론매체의 조직화 정도의 증가를 통해 의사소통의 통로는 점차 강하게 유도되고, 공적 의사소통에의 접근기회는 더욱 더 선택압력에 맡겨졌다. 이로써 새로운 범주의 영향력이 생겨났는데, 그것이 바로 언론권력이다. 이 권력이 여론 조작적으로 행사될 때 공개성의 원리가 갖는 순수함은 강탈당했다. 대중매체에 의해 선(先)구조화된 동시에 지배당하는 공론장은, 화제와 기고문을 통해 영향력을 쟁취하기 위해서뿐만 아니라 전략적 의도를 가능한 한 은폐하고 행위에 영향을 미치는 의사소통적 영향력의 조종을 위해 싸우는 권력화한(*vermachtete*) 투기장으로 성장하였다.

28) R. Williams, *Television: Technology and Cultural Form*, London 1974; ders., *Keywords: A Vocabulary of Culture and Society*, London 1983; D. Prokop(Hg.), *Medienforschung Bd. I, Konzerne, Macher, Kontrolleuer*, Ffm. 1985.

권력화한 공론장을 다만 사실적으로 기술하고 분석한다면, 이로써 확실히 평가적 관점들이 통제되지 않고 혼합되는 것은 방지될 것이다. 그러나 이는 중요한 차이들을 경험적으로 평준화하는 대가를 치러야 하는 일이다. 그래서 나는 한편으로 자기 조절적이고 약한 제도들에 의해 수행되며 수평적인 망을 이루고 포용적(*inklusiv*)이며 어느 정도 논의에 의해 형성되는 의사소통과정의 비판적 기능들과 다른 한편으로 구매력, 충성심, 우호적 태도를 동원하기 위해 대중매체의 공론장에 개입하는 조직들이 소비자, 유권자, 고객들의 결정에 영향력을 행사하는 기능들을 구분하였다. 각기 고유한 체계의 환경으로만 인지되는 공론장에 대한 이러한 표본추출적(*extrahierend*) 개입들은 생활세계적 원천으로부터 자생적으로 재생되는 하나의 공공적 의사소통과 대립한다.[29] 나는 이를 "복지국가의 조건하에서 기능하는 공론장은 자기생산의 과정으로 파악되어야 한다"는 테제로 주장하였다.

> 이 공론장은 거대하게 확장된 공론장 영역에서 공공성의 원리를 자신에게 대항하게 하여 그것의 비판적 효력을 축소시키는 다른 경향들과 경쟁하면서 단계적으로 스스로 자리잡아가야 한다(이 책 403쪽).

권력화한 공론장의 변화된 내부구조에 대한 서술의 대부분을 고수하는 반면에, 무엇보다 변화된 공중의 행동에 대한 나의 평가는 수정

29) W. R. Langenbucher (Hg.), *Zur Theorie der politischen Kommunikation*, Mü. 1974 참조.

하는 것이 적절하겠다. 되돌아보면 이 수정에는 여러 이유가 있다. 선거시 유권자의 행태에 관한 사회학이 그 당시 적어도 독일에서는 시작 단계에 있었을 뿐이었다. 나는 그 당시 마케팅 전략에 따라 여론조사에 기초하여 진행된 선거운동에 관한 나 자신의 일차적 경험을 자료로 삼았다. 동독 주민도 자신들의 영토에 침입해 들어온 서독 정당들의 캠페인에 대해 비슷하게 놀라운 경험을 했을 것이다. 또한 그 당시 서독에서 텔레비전은 아직 뿌리를 내리지 못하고 있었다. 나는 몇 년 후 미국에서 그것을 알게 되었고, 나의 독서는 직접 경험에 의해 조절되지 못했다. 나아가 (이전의 내 이론에서는—역자) 아도르노의 대중문화 이론의 강력한 영향을 어렵지 않게 인식할 수 있다. 게다가 바로 그 당시 완결된 《학생과 정치》[30]에 대한 경험적 연구가 우울한 결과였다는 것이, 형식적 학교교육, 특히 확산되던 2차 학교교육이 비판의 장려와 문화적 동원에서 갖는 영향력을 내가 과소평가했던 이유의 하나였다. 물론 파슨스가 후에 '교육혁명'이라 불렀던 과정이 독일에서는아직 시작되지 않고 있었다. 마지막으로 오늘날 '정치문화'라는 말로 큰 주목을 받는 현상의 모든 차원이 없었다는 점이 눈에 띈다. 알몬드(G. A. Almond)와 버바(S. Verba)는 1963년에 이미 몇 가지 태도변수를 가지고 '시민문화'(*civic culture*)를 파악하려 했다.[31] 로날드 잉글하르

---

30) J. Habermas, L. v. Friedeburg, Chr. Oehler, F. Weltz, *Student und Politik*, Neuwied, 1961.

31) *The Civic Culture: Political Attitudes and Democracy in five Nations*, Princeton, 1963; G. Almond, S. Verba (Eds.), *The Civic Culture Revisited*, Boston, 1980.

트(Ronald Inglehart)의 《무언의 혁명》(*The Silent Revolution*, Princeton, 1977)에서 시작하여 널리 전개된 가치변화에 대한 연구조차도 대중 반응의 역사적 뿌리인 문화적 통념으로 고착된 정치적 성향에까지는 아직 전면적으로 나아가지 못하고 있었다.[32)]

간단히 말해서 정치적으로 적극적 공중에서 개인주의적 공중으로, '문화비평적 공중에서 문화소비적 공중으로의' 직선적 발전이라는 나의 진단은 단견이었다. 나는 문화적 관습에 있어 계급적 한계로부터 벗어나 다원주의적이며 내부적으로 상당히 분화된 대중의 저항능력과 비판적 잠재력을 그 당시 과도하게 비관적으로 평가하였다. 통속문화와 고급문화 간의 경계가 애매하게 허물어짐과 동시에 이와 마찬가지로 애매하고, 정보를 단순히 오락에만 적응시키지는 않는 '문화와 정치 간의 새로운 내밀한 관계'가 등장함에 따라 평가의 기준 또한 변화하였다.

나는 정치행태의 사회학에 관한 광범위한 문헌을 다만 간헐적으로 추적하였기 때문에, 이를 한 번도 지적할 수 없었다.[33)] 마찬가지로 공론장의 구조변동에서 중요한 것은 대중매체의 연구, 특히 텔레비전의 사회적 효과에 대한 의사소통 사회학적 연구이다.[34)] 나는 그 당시

32) 이에 반하여 R. N. Bellah et. al., *Habits of the Heart*, Berkely, 1985 참조.

33) 예를 들어 S. H. Barnes, Max Kaase(Eds.), *Political Action-Mass Participation in Western Democracies*, Beverly Hills, 1979.

34) *Journal of Communication Vol. 33, Ferment in the Field*: 기념호, 1983, 참조. 수십 년간 대중매체와 대중문화의 사회학영역에서 작업한 롤프 마이어존스(Rolf Meyersohns)의 문헌에 관한 지적에 감사한다.

라자스펠드(Lazarsfeld)가 세운 연구전통,[35] 즉 그것의 개인주의적이고 행태과학적이며 소집단의 심리학에 제한된 시도 때문에 1970년대에 강한 비판을 받았던 연구전통에 의존하였다.[36] 다른 한편으로 이데올로기 비판적 시도는 보다 경험적 강세를 가지고 진행되었으며,[37] 일부에서는 대중매체의 제도적 맥락에,[38] 다른 일부에서는 수용의 문화적 맥락에 의사소통연구의 주안점을 두었다.[39] 시청자의 세 가지 상이한 해석전략에 대한 스튜어트 홀(Stuart Hall)의 구분, 즉 제공되는 구조에 종속되거나 그것에 저항하거나 아니면 제공물을 자신의 독자적 해석과 합성하는 전략의 구분은 아직도 선형적 결과 연쇄를 생각하였던 과거의 설명모델에 대해 관점전환을 보여주고 있다.

---

35) 이 전통을 요약적으로 보여주는 것은 J. T. Klapper, *The Effects of Mass Communication*, Glencoe, 1960이다.

36) T. Gitlin, "Media Sociology: The Dominant Paradigm," in: *Theory and Society*, Vol. 6, 1978, 205~253쪽; 이에 대한 변호로는 E. Katz, "Communication Research since Lazarsfeld," in: *Publ. Op. Quart.*, Winter, 1987, 25~45쪽 참조.

37) C. Loziak, *The Power of Television*, London, 1986.

38) T. Giltin, *The Whole World is Watching*, Berkeley, 1983; H. Gans, *Deciding What's News*. N.Y., 1979; 전체를 조망하는 것으로는 G. Tuckmann, "Mass Media Institutions," in: N. Smelser(Ed.), *Handbook of Sociology*, N.Y., 1988, 601~625쪽. 사회 전체의 전망에서 교훈적인 것은 C. Callhoun, "Populist Politics, Communications Media and Large Scale Societal Integration," in: *Social Theory*, Vol. 6, 1988, 219~241쪽.

39) St. Hall, "Encoding and Decoding in the TV-Divourse," in: ders., (ed.), *Culture, Media, Language*, London 1980, 128~138쪽; D. Morely, *Family Television*, London 1988.

(4) 이 책의 마지막 장에서 나는 두 노선을 결합시키려 시도하였다. 한편으로 자유주의적 공론장의 붕괴를 경험적으로 진단함과 아울러, 다른 한편으로 말하자면 참여자와 상관없이 진행되는 국가와 사회의 객관적인 기능적 결합을 급진 민주주의적으로 만회하고 해결하는 규범적 관점을 확보하려 했다. 이 두 관점은 각각 '여론'을 상반되게 개념화하는 데서 반영된다. 헌법적 허구로서의 여론은 규범적 민주주의 이론에서 어떤 반(反)사실적 실재로서 통일된 모습을 유지한다. 매체연구와 의사소통 사회학의 경험적 연구에서 이러한 실재는 이미 오래 전에 해체되었다. 그러나 공공적 의사소통의 자생적(*autochthon*) 과정과 권력화된 과정의 구분을 희생시키지 않고 사회복지국가의 대중민주주의에서 실제로 작동하는 정당화 양태를 파악하고자 한다면, 두 가지 측면을 함께 고려해야 한다.

상반되는 경향들이 서로 충돌하며 대중매체에 의해 지배되는 격투장이라는 책의 마지막에 잠정적으로 제기된 모델은 위와 같은 의도에서 설명된다. 권력화의 정도는 다음의 기준에 따라 평가되어야 한다. 비공식적, 비공공적 의견, 다시 말해 생활세계적 맥락과 공공적 의사소통의 지반을 형성하는 문화적 통념이 대중매체를 통해 형성된 공식적, 준(準)공공적 의견(경제와 국가는 이런 의견에 대해 체계환경의 사건들로서 영향을 미치려 시도한다)과 얼마나 직접 연결되어 있는가 또는 두 영역이 어느 정도 비판적 공개성에 의해 매개되는가가 그 기준이다. 나는 그 당시 비판적 공개성의 담지자로서 내부적으로 민주화된 단체들과 정당들만을 생각할 수 있었다. 정당과 단체 내부의 여론이

나에게는 여전히 재생능력을 갖춘 공공적 의사소통의 잠재적 구심점으로 보였다. 이런 결론은 조직사회의 특징으로부터 나온다. 조직사회에서는 연합된 개인들이 아니라 조직화된 집단의 구성원들이 다중심적 공론장에서 수동적 대중의 동의를 얻으려 경쟁한다. 이 과정에서 그들은 권력조정과 이익조정을 둘러싸고 서로 경쟁하는 동시에 무엇보다도 국가관료의 거대한 복합체에 대항해 겨룬다. 가령 노베르토 보비오(Noberto Bobio)는 1980년대에 이미 이와 동일한 전제하에서 민주주의 이론을 전개했다.[40]

그러나 이 모델과 함께 이미 자유주의 이론가들을 '다수의 전제'(專制)에 대한 이의 제기로 옮겨가도록 만든 화해될 수 없는 이해관계들의 다원성이 다시금 등장했다. 토크빌(Tocqueville)과 밀(J. St. Mill)이 논의적 여론형성과 의사결정에 관한 초기 자유주의적 견해에서 단지 다수의 은폐된 권력만을 재인식했다고 생각했다면, 그들은 아마도 그렇게 잘못 본 것은 아닐 것이다. 그들은 규범적 관점에서 여론을 권력을 제한하는 기관으로 허용하려 했지만, 결코 여론을 권력을 합리화할 매체 일반으로 보지는 않았다. "구조적으로 지양할 수 없는 이해관계들간의 적대로 인해 … 그것의 비판적 기능에 있어 재조직화된 공론장은 그 활동의 여지가 제한된다"(이 책 405쪽)는 것이 사실이라면, 내가 제4장 4절에서 했던 것과 같이 자유주의 이론이 여론을 양가적으로 파악하고 있음을 입증하는 것만으로 충분하지 않다.

40) N. Bobio, *The Future of Democracy*, Oxford 1987.

3. 변화된 이론적 틀

그럼에도 불구하고 나는 본 연구 전체를 인도한 지향점을 이전과 같이 고수한다. 사회복지국가의 대중민주주의는 그것의 규범적 자기이해에 따를 때 그것이 정치적으로 기능하는 공론장의 요청을 진지하게 받아들이는 한에서만 자유법치국가의 헌법과 연속될 수 있다. 그렇다면 "조직에 의해 예속화된 공중이 이 조직을 뚫고 비판적 공공적 의사소통 과정을 진행시키는"(이 책 402쪽) 것이 우리와 같은 사회유형에서 어떻게 가능한가가 제시되어야 한다. 이러한 문제제기로 인해 나는 이 책의 말미에서 내가 건드리기는 했지만 충분히 다루지 못한 문제로 되돌아왔다. "경합하는 이해관계들의 지양 불가능한 다원성으로 인해 그로부터 어떤 일반 이익이 출현하여 이것이 여론의 기준이 되는 것이 … 의심스러워"(이 책 405쪽) 진다면, 《공론장의 구조변동》이 현재의 민주주의 이론에 기여한 바는 의심스러운 상황에 처할 수밖에 없다. 그 당시 내가 가졌던 이론적 수단으로 이 문제를 해결할 수 없었다. 내가 문제를 재정식화하고 최소한 간략한 답을 제시할 수 있는 이론적 틀을 세우기 위해서는 다른 조치가 필요했다. 나는 이 길의 단계들을 몇 가지 어휘들로 상기하려 한다.

(1) 일견 《공론장의 구조변동》은 막스 베버의 전통에 따르는 서술적 사회사의 스타일로 서술된 것처럼 보일 수 있다. 그러나 이 책의 구조를 규정하는 부르주아 공론장의 변증법은 이데올로기 비판적 측

면을 드러낸다. 친밀영역과 공론장의 자기이해를 각인하면서 주체성, 자기실현, 합리적 여론형성과 의사결정, 인격적 자결 및 정치적 자결과 같은 중심개념들에서 나타나는 부르주아 인본주의의 이상들은 법치국가의 제도들에 깊숙이 침투하였다. 그 결과 유토피아적 잠재력으로서의 이 이상은 그것을 동시에 부인하는 헌법적 현실도 넘어서게 된다. 역사 발전의 역동성 역시 이념과 현실 간의 이러한 긴장에 의해 명맥을 유지하는 것이겠다.

물론 이런 사고방식이 이념형으로 개념을 구성한다는 이상화의 방법적 의미를 넘어서 부르주아 공론장의 과도한 이상화에 현혹되지는 않는다. 이러한 이상화는 적어도 함축적으로 배후의 역사철학적 전제에 근거하는데, 이 전제는 늦어도 20세기의 문명화된 야만에 의해 반박되었다. 부르주아적 이상이 은퇴할 때, 의식이 냉소적으로 될 때, 이데올로기 비판이 그에 호소하고자 한다면, 이데올로기 비판이 그에 대한 동의를 전제해야 하는 그런 규범과 가치정향은 타락하게 된다.[41] 이런 이유로 나는 비판적 사회이론의 규범적 기초를 보다 깊은 곳에 놓아야 한다고 제안하였다.[42] 의사소통 행위이론은 일상적 의사소통의 실천 자체에 담겨 있는 이성의 잠재력을 발굴해 내야 한다. 이로써 이 이론은 동시에 재구성적 방법의 사회과학을 위한 길을 열어놓는데, 이런 사회과학은 문화적 합리화 과정과 사회적 합리화

41) 맑스의 이데올로기 비판에 대해서는 J. Keane, *Democracy and Civil Society. On the Predicaments of European Socialism*, London 1988, 213쪽 이하 참조.
42) S. Benhabib, *Norm, Critique, Utopia*, N. Y. 1987.

과정을 그 전 영역에 걸쳐 인식하고 그것을 근대사회의 한계 배후에 이르기까지 추적하는 사회과학이다. 이렇게 되면 우리는 단지 어떤 시대에 특유하게 등장하는 공론장 구성체에서 규범적 잠재력을 추적할 필요가 더 이상 없게 된다.[43] 그리고 제도적으로 체현된 의사소통적 합리성이 원형적으로 표현된 개체들을 단순화하여 묘사해야만 하는 강제가 사라지고, 규범과 현실 간의 추상적 대립의 긴장을 해소하는 경험적 포착이 가능하게 된다. 나아가 사적 유물론의 고전적 가정과는 달리 문화적 해석체계와 전승의 구조적 완고함과 그것의 내적 역사가 드러나게 된다.[44]

(2) 내가 공론장의 구조변동을 연구한 민주주의 이론의 관점은 민주적, 사회적 법치국가의 사회주의적 민주주의로의 발전이라는 아벤트로트의 구상에 빚지고 있었다. 전반적으로 이 관점은 그 사이 의심스럽게 된, 사회와 사회적 자기조직에 대한 총체성 구상에 사로잡혀 있었다. 이 구상에 따르면 계획입법을 통해 경제적 재생산을 포함한 모든 생활영역의 프로그램을 짜고 자율적으로 관리하는 사회가 주권적 민중의 정치적 의지에 의해 통합되어야 한다는 것이다. 그러나 일반적으로 사회 전체를 대중매체의 권한과 정치권력을 통해 자체적으

43) J. Habermas, *Theorie des kommunikativen Handelns*, Ffm. 1981, Bd. 2, 548쪽 이하.

44) J. Habermas, "Historischer Materialismus und die Entwicklung normativer Strukturen," in: ders., *Zur Rekonstruktion des Historischen Materialismus*, Ffm. 1976, 9~48쪽.

로 영향을 미칠 수 있는 하나의 결사체로 생각할 수 있다는 가정은, 기능적으로 분화된 사회의 복잡 정도를 볼 때 완전히 그 개연성을 상실했다. 특히 사회화된 개인이 마치 포괄적 조직의 구성원과 같이 그에 속하는 사회 전체라는 전체론적 관점은, 시장에 의해 조절되는 경제체계와 권력에 의해 조절되는 행정체계라는 현실에 부딪치게 된다. 나는 《이데올로기로서의 기술과 과학》(1968)에서 국가와 경제의 행위체계들을 행위이론적으로 서로 분리하려 하였는데, 정확히 말하자면 한편으로 합목적적 혹은 성공지향적 행위와 다른 한편으로 의사소통적 행위라는 기준에 따라 분리하려 시도했었다. 행위체계와 행위유형을 이렇게 동일시함으로써 일련의 모순이 초래되었다.[45] 이런 이유로 해서 나는 이미 《후기자본주의의 정당성 문제》(1973)에서 《사회과학의 논리》(1967)에서 도입한 생활세계 개념을 경계를 유지하는 체계 개념과 결합시키려 하였다. 이로부터 《의사소통 행위이론》(1981)에서는 생활세계와 체계의 2단계적 사회관이 출현하게 되었다.[46] 그리고 이것이 마침내 민주주의관에 결정적 결과를 가져다주었다.

그 이후 나는 경제와 국가기구를 체계적으로 통합된 행위영역으로 보았다. 그것은 내부로부터 민주적으로 변형되는 것이 아니다. 다시 말해 그것의 체계적 완고함이 손상되어 그것의 효력이 장애를 받지 않고는, 그것이 어떤 정치적 통합양식에로 전환되는 일이 일어날 수

45) A. Honneth, *Kritik der Macht*, Ffm. 1985, 265쪽 이하.

46) 이의제기에 대한 나의 답변은 "Entgegnung," in: A. Honneth, H. Joas (Hg.), *Kommunikatives Handeln*, Ffm. 1986, 377쪽 이하 참조.

없다. 국가사회주의의 붕괴가 이를 입증하고 있다. 오히려 급진적 민주화의 추진방향은 원칙적으로 유지되는 '권력분립' 내에서 세력의 이동이라는 특징을 갖는다. 이로써 국가권력들 사이에서가 아니라 사회통합의 여러 자원들 사이에서 새로운 균형이 형성된다. 자본주의적으로 자립화된 경제체계와 관료적으로 자립화된 지배체계의 '지양'이 더 이상 목표가 아니다. 목표는 체계명령이 생활세계 영역으로 식민적으로 침범하는 것을 민주적으로 저지하는 것이다. 이로써 객관화된 본질력의 소외와 점유라는 실천철학적 관점과 결별한다. 사회통합의 연대력('의사소통의 생산력')[47]이 다른 두 개 조정자원의 '권력'들, 즉 화폐와 행정권력에 대항해 자신을 관철시켜 사용가치를 지향하는 생활세계의 요구를 관철시킬 수 있도록, 정당화과정의 급진 민주주의적 변화는 사회통합의 권력들간의 새로운 균형을 목표로 한다.

(3) 의사소통행위의 사회 통합력은 우선 각기 구체적 전승 및 이익상황과 결부되는 특수한 생활형식과 생활세계에 — 헤겔의 용어로는 '인륜성'(*Sittlichkeit*)의 영역에 — 위치하고 있다. 그러나 이런 생활연관의 연대를 만들어내는 에너지가 권력조정과 이익조정을 위한 민주적 절차의 정치적 차원으로 직접 이전되는 것은 아니다. 근본적 신념의 동질성이 전제되지 않으며, 서로 경쟁하는 평등한 생활형식들의 전체를 개관할 수 없는 다원주의가 이제까지 추정되어 왔던 공통의 계급

47) 나의 H. P. Krüger와의 인터뷰 in: J. Habermas(1990), 82쪽 이하 참조.

이해의 자리를 대신한 탈전통사회에서는 더 더욱 그렇다. 비판가능한 타당성 요구 및 귀책능력을 지닌 개별화된 주체의 부정능력과 결부된 연대성 개념에 대한 상호주관주의적 파악에서는 확실히 통일과 전체성의 관례적 함축은 이미 사라진다. 그러나 이렇게 추상적으로 파악한 '연대성'이란 표현도 루소적 의사결정이라는 잘못된 모델의 인상, 즉 개별 시민의 경험적 의지가 도덕적 국민의 공익을 지향하는 이성적 의지로 직접 전화될 수 있는 조건들을 확정한다는 모델의 인상을 불러일으켜서는 안 된다.

루소는 자립적 국민의 지위를 위해 경제적 자립과 기회평등을 전제로 삼는 '시민'(*bourgeois*)과 '공민'(*citoyen*)의 역할분리에 근거하여 이런 (어디까지나 환상적인) 미덕을 추정하고 있다. 그러나 사회복지국가는 이 역할분리를 부정한다.

> 서구의 근대 민주주의에서 이 관계는 역전되었다. 민주적 의사결정은 사회적 생산물을 개인들에게 가능한 한 평등하게 분배한다는 의미에서 사회적 평등을 촉진하기 위한 도구가 된다.[48]

프로이쓰(U. Preuss)가 정당하게 강조하듯이, 오늘날 정치과정에서 국민의 공적 역할은 복지국가 관료의 고객이라는 사적 역할과 밀접히 교착되어 있다.

---

48) U. Preuss, "Was heißt radikale Demokratie heute?," in: Forum für Philosophie(Hg.), *Die Ideen von 1789 in der deutschen Rezeption*, Ffm. 1989, 37~67쪽.

> 복지국가의 대중민주주의는 '사회화된 사적 개인'이라는 역설적 범주를 출현시켰다. 우리는 이를 일반적으로 고객이라 지칭하며, 그것이 사회적으로 보편화될수록 더욱 더 국민의 역할과 융합된다(같은 책, 48쪽).

민주적 보편주의는 '일반화된 특수주의'(*Partikularismus*)로 전화된다. 나는 이 책 제4장 1절에서 루소가 일반의지를 "논증보다는 오히려 심정의 합의"로 파악하고 있기 때문에 이미 그의 '비공공적 의견의 민주주의'를 비판한 바 있다. 대신에 루소가 국민이 가지고 있다고 추정하며 개인의 동기와 덕에 집어넣고 있는 도덕이 공공적 의사소통 과정 자체에 뿌리를 내려야 한다. 매닌(B. Manin)은 이 점을 정확히 표현하고 있다.

> 자유주의 이론과 민주주의적 사유 모두에 공통되는 관점을 근본적으로 바꾸는 것이 필요하다. 정당성의 원천은 개인들의 선결된 의지가 아니라 그것의 형성과정, 즉 토의(*deliberation*) 자체이다. … 정당한 결정은 모든 사람의 의지를 표현하는 것이 아니라, 모든 사람의 토의로부터 귀결된 의지이다. 결과에 정당성을 부여하는 것은 이미 형성된 의지의 총합이라기보다는 모든 사람의 의지를 형성하는 과정이다. 토의적 원칙은 개인주의적인 동시에 민주적이다. … 오랜 전통에 반하는 위험을 무릅쓰고서라도 우리가 확인해야 하는 것은, 정당한 법이 일반의지의 표현이 아니라 일반적 토의의 결과라는 사실이다.[49)]

---

49) B. Manin, "On Legitimacy and Political Deliberation," in: *Political Theory*, vol. 15, 1987, 351쪽 이하. 매닌은 명확히 '정당성의 문제'가 아니라 '구조변동'을 지적하고 있다. 367쪽 주 35 참조.

이로써 시민의 도덕을 입증하는 부담은 이성적 결과를 가능하게 하는 추측의 근거를 제시할 민주적 여론형성과 의사결정의 방법에 이전된다.

(4) 따라서 국민대중이 논의를 통해 여론을 형성하고 의사를 결정할 의사소통적 조건의 총체로서 '정치적 공론장'은 규범적으로 설정된 민주주의론의 기본개념으로 적합하다. 이런 의미에서 코헨(J. Cohen)은 '토의적 민주주의'(*deliberative democracy*) 개념을 다음과 같이 정의한다.

> 토의적 민주주의 개념은 민주적 결사에 대한 직관적 이상에 뿌리를 두고 있는데, 여기에서는 결사조건의 정당화가 평등한 시민들간의 공적 논증과 논의(*reasoning*)를 통해 수행된다. 이런 질서 속에서 시민들은 집단적 선택의 문제를 공적 논의를 통해 해결하겠다는 약속을 분담하며, 기본 제도들이 자유로운 공적 토의를 위한 틀을 수립하는 한에서 그것들이 정당하다고 간주한다.[50)]

이러한 논의적 민주주의 개념은 의사소통적 생산력의 정치적 활성화와 활용을 신뢰한다. 그러나 우선 갈등을 지니고 있는 사회적 대상들이 합리적으로, 즉 당사자들의 공동이익에 따라 조정될 수 있다는

---

50) J. Cohen, "Deliberation and Democratic Legitimacy," in: A. Hamlin, Ph. Pettit(Eds.), *The Good Polity*, Oxford 1989, 12~34쪽. 코헨은 여기서 《공론장의 구조변동》이 아니라 내가 그 이후에 영어로 쓴 글들을 지적하고 있다. 위의 책 33쪽, 주 12 참조.

것을 보여야 한다. 그리고 둘째로 왜 공적 논증과 토의라는 매개체가 이런 이성적 의사결정에 적합한가가 설명되어야 한다. 그렇지 않다면 화해할 수 없이 충돌하는 이해의 '조정'은 전략적으로 수행된 투쟁의 결과일 뿐이라고 전제하는 자유주의적 모델이 올바를 것이다.

지난 20년 동안 롤즈(J. Rawls), 드워킨(R. Dworkin), 액커만(B. Ackermann), 로렌첸(P. Lorenzen), 아펠(K.-O. Apel)은 실천적·정치적 문제들이 도덕적 성격을 지니는 한에서, 그것이 어떻게 합리적으로 결정될 수 있는가에 관한 논증에 기여해 왔다. 이들은 무엇이 항상 일반 이익을 따르는 것인가를 비당파적으로 결정할 수 있게 하는 '도덕적 관점'을 해명하였다. 보편화원칙과 도덕원칙들이 어떤 식으로 정식화되고 근거지어지든지간에, 이런 확장된 토론을 통해 명백해진 것은, 이익의 일반화가—그리고 그런 일반이익을 체현하는 규범의 적절한 적용[51]이—정당한 근거에 기초할 수 있다는 것이다. 나아가 나는 아펠과 함께[52] 논의윤리학을 발전시켰는데,[53] 그것은 논증이 도덕적·실천적 문제의 해결을 위해 적합한 방법이라 특징짓는다. 이로써 앞서 제기한 두 가지 물음의 두 번째 것에 대한 답이 제시되었다. 논의윤리학은 논증 일반에 필수적인 화용론적 전제들의 규범적 내용으로부터 일반적 도덕원칙을 획득할 수 있다고 주장하는 데 그치지 않

51) K. Günther, *Der Sinn für Angemessenheit*, Ffm. 1987.

52) K. O. Apel, *Diskurs und Verantwortung*, Ffm. 1973, 140쪽 이하.

53) J. Habermas, *Legitimationsprobleme der Spätkapitalismus*, Ffm. 1973, 140쪽 이하; ders., *Moralbewußtsein und kommunikatives Handeln*, Ffm. 1983.

는다. 오히려 이 원칙 자체가 규범적 타당성 주장들을 논의를 통해 해결하는 것과 관계한다. 정확히 말하자면 이 원칙은, 가능한 모든 당사자들이 논증참여자의 역할을 맡는 한, 이들의 근거 있는 동의 가능성에 규범의 타당성을 결부시킨다. 이런 독해방식에 따르면 정치적 문제의 해결은, 그것이 도덕적 핵심과 관련되는 한 공적 논증실행의 구축에 좌우되는 것이다.

물론 정치적 기본문제들이 거의 언제나 도덕적 측면을 건드린다 하더라도, 제도적 정의(定義)상 정치기관에 의한 결정을 필요로 하는 모든 문제들이 결코 도덕적인 성격의 것은 아니다. 정치적 논쟁들은 종종 경험적 문제들, 사태의 해석, 설명, 진단 등과 관계된다. 다른 한편으로 중요한 의미를 갖는 문제들, 이른바 생존의 문제들은 자주 정의(正義)의 문제가 아니라 훌륭한 삶의 문제로서 그것이 사회 전체이든 개별구조이든 간에 윤리적·정치적 자기이해와 관련된다. 마지막으로 대부분의 갈등은 집단이익의 충돌에 의해 발생하며, 타협과정을 통해 해결될 수밖에 없는 분배문제와 관련된다. 그러나 정치적으로 결정할 필요가 있는 문제제기의 영역 내에서 이런 세분화가 도덕적 숙고의 우위에 반하거나 정치적 의사소통 전체의 논증적 형태에 반하는 것은 아니다. 경험적 문제들은 종종 평가의 문제들과 분리될 수 없으며, 당연히 논증적 가공을 필요로 한다.[54] 우리가 어떤 특정한 집단의 구성원으로서 어떻게 살고자 하는가에 관한 윤리적·정치

54) J. Habermas, "Towards a Communication Concept of Rational Collective Will-Formation," in: *Ratio Juris*, Vol. 2, July 1989, 144~154쪽.

적 자기이해는 최소한 도덕적 규범과 일치해야 한다. 협상은 논증의 교환에 기초해야 한다. 그리고 협상이 공정한 타협에 이르는가 아닌가의 문제는 본질적으로 도덕적으로 평가될 수밖에 없는 절차적 조건에 좌우된다.

논의이론적 시도는 여러 형태의 논증과 협상에서 그러한 논의의 결과가 합리성을 예상하려면 충족시켜야 할 의사소통의 조건을 특화시키는 장점을 지닌다. 이로써 이 시도는 경험적이고 사회학적 연결가능성에 대한 숙고를 열어놓는다.

(5) 논의적 민주주의 개념은 우선 규범적 이론의 틀 내에서 해명되고 납득되어야 하므로, 계몽된 자기이해와 공공복지 지향 간의 차이, 고객과 국민 간의 차이에 다리가 놓일 수 있도록 복지국가의 대중민주주의의 조건에서 어떻게 논의적 여론형성과 의사결정이 구축되어야 하는가는 열려 있는 문제이다. 참여자가 그들 각자의 선호를 의문시하고 초월할 수 있으리라는 기대 및 비당파성의 요구는 모든 논증적 실행의 의사소통적 조건에 속한다. 심지어 이 두 가지 전제의 충족은 일상적으로 되풀이되는 일이어야 한다. 이 문제에 대한 근대의 자연법적 대답은 정당한 법적 강제의 도입이었다. 그리고 법적 강제를 위해 요구되는 정치권력이 어떻게 도덕적으로 제어될 수 있는가 라는 후속문제를 칸트는 법치국가의 이념으로 대답한다. 이제 이 이념의 논의이론적 전개는 법을 다시 한 번 자기 자신에 적용한다는 생각으로 흘러간다. 나아가 논증의 조건하에서 법적 프로그램의 산출과 적용이

수행되는 논의적 양태가 법에 의해 보증되어야 한다. 이는 공정한 협상과 강제 없는 논증을 위한 까다로운 의사소통적 조건에 근접할 정도로 그것의 충족을 보장하는 법적 절차의 제도화를 의미한다. 이 이상적 전제조건들은 가능한 모든 당사자의 완전한 포용, 당파들간의 평등, 상호작용의 비강제성, 주제와 기고의 개방성, 결과의 수정가능성 등을 요구한다. 이러한 맥락에서 법적 절차는 현실 사회에서 등장하는 공간적·시간적·사실적인 종류의 선택 강제를 이상적으로 가정된 의사소통공동체 내에서 관철시키는 데 유용하다.[55]

그래서 가령 다수결의 규칙은 그 가능성에 있어 논의적이고 궁극적으로는 진리를 지향하는 여론형성을 시간적으로 기한이 정해진 의사결정의 강제와 결합시키는 장치로 이해될 수 있다. 논의이론적 독해방식에 따르면 다수결은 논증적 실행과 내적 관계를 유지하는데, 이로부터 (논증의 강제, 증명부담의 분배규칙, 법안의 반복적 심의 등과 같은) 여타의 제도적 안전대책이 따라나온다. 어떤 문제의 올바른 해결이 무엇이냐에 대해 결정할 수밖에 없는 조건에서 잠정적으로 종결된 토론의 합리적으로 동기화된, 그러나 오류가능한 결과로 다수결의 내용이 간주되는 방식으로만, 다수결은 진행되어야 한다. 논의적 의사결정을 위한 일반적 의사소통 조건의 법적 제도화라는 동일한 관점에서 다른 제도들도 이해될 수 있다. 가령 국회의 구성과 작업방식에 대한 규정, 선출된 대표자들의 책임과 면책특권에 대한 규정, 다수당 체제

55) 나의 《탠너 강의》(*Tanner-Lectures*, 1988) 246쪽 이하 참조.

의 정치적 다원주의, 다양한 이익층을 강력적으로 묶어내는 국민정당의 강제 등이 그것이다.

나아가 기존 제도들의 규범적 의미를 논의이론적으로 해독하면, 국민의 고객화를 저지할 수 있는 새로운 장치들의 도입과 실험을 위한 전망이 열린다. 이 제도들은, 한편으로 각자의 특유하고 직접적인 선호와 다른 한편으로 결사체 형식으로 조직화된 이익의 일반화된 특수주의 간의 잘못 추론된 순환을 분쇄함으로써 두 역할간의 거리를 좁혀야 한다. '다원적 선호 서열화'(*multiple preference ordering*)를 투표와 결합시킨다는 독창적 생각도 여기에 속한다.[56] 이러한 착상들은 국민을 비정치적으로 복종하게끔 만들고 단기적 자기이익에 대한 자각을 넘어서 반성적으로 생각하는 것을 방해하는 기존 장치들에 들어 있는 통념에 대한 분석에 기초해야 한다. 다른 말로 하면, 법치국가적 제도들의 민주적 의미를 논의이론적으로 해독하는 일은, 복지국가의 대중민주주의에서 작동하는, 정치적 과정으로부터 시민의 소외 메커니즘에 대한 비판적 연구에 의해 보완되어야 한다는 것이다.[57]

---

56) 오페(C. Offe)는 R. E. Goodin, "Laundering Preferences," in: J. Elster, A. Hylland(Eds.), *Foundations of Social Choice Theory*, Cambridge 1986, 75~101쪽에 근거하여 그의 착상이 풍부한 논문에서 이러한 생각을 전개하고 있다. C. Offe, "Bindung, Fessel, Bremse. Die Unübersichtlichkeit von Selbstbeshränkungsformeln," in: A. Honneth, Th. McCarthy, C. Offe, A. Wellmer, *Zwischenbetrachtungen*, Ffm. 1989, 739~775쪽.

57) C. Offe, U. K. Preuss, "Can Democratic Institutions make efficient Use of Moral Resources?"(수고, 1989)

(6) 공공적 의사소통에서 논의적 형태의 가치 및 규범의 형성과정과 결부된 민주주의 개념의 규범적 내용이 물론 민주적 법치국가의 차원에서 적절한 제도적 장치로 다 드러나는 것은 아니다. 그것의 규범적 내용은 오히려 형식적으로 제도화된 의사소통 및 결정과정을 넘어선다. 책임 있는 결정을 가져오는 단체로 조직된 여론형성이 협업적 진리추구라는 목적에 부합할 수 있는 것은, 여론형성이 그것을 둘러싸고 있는 정치적 의사소통의 자유로이 떠도는 가치들, 주제들, 기고 및 주장들에 대해 융통성이 있는 한에서이다. 이것은 헌법적으로 가능해야 하지만, 그러나 그것이 전체적으로 조직화될 수는 없다. 오히려 논의이론적 근거를 가지고 합리적 결과를 기대하는 것은, 한편으로 제도적으로 구조화된 정치적 의사결정과 다른 한편으로 의결이 아니라 발견과 문제해결을 기약하는, 이런 의미에서 비조직화된 공론장의 자발적이고 권력화되지 않은 의사소통의 흐름이 협력하는 것에 기초하고 있다. 국민주권의 이념이 고도로 복잡한 사회에도 실제 적용되어야 한다면, 그것은 물리적으로 현존하며 참여하고 공동 결정하는 한 집단의 부분들의 체현이라는 구체주의적 해석으로부터 벗어나야 한다.

형식적 공동결정 및 참여가능성의 직접적 확장이 상황에 따라서는 단지 '일반화된 특수주의'의 강화만을 초래할 수 있다. 즉, 그러한 확장은 지역적이고 집단에 고유한 특수이익의 특권적 관철을 초래할 수 있는데, 이는 버크(Burke)로부터 베버(Weber), 슘페터(Schumpeter), 오늘날의 신보수주의자들에 이르기까지 그들에게 민주적 엘리트주의를 위한 주장의 근거를 제공했던 것이다. 논의적 형태를 띠는 공공적 의사소통과정을 가능하게 하는 조건의 총괄개념으로서 국민주권을 절차적으로 파악할 때, 이와 같은 것을 예방할 수 있다. 완전히 분산된 국민주권은 그 오류가능한 결과에 대해 실천적 합리성을 추정할 수 있도록 정치적 여론형성과 의사결정의 흐름을 규제하는, 주체 없는 의사소통 형식, 물론 까다로운 의사소통 형식에서만 '체현'될 수 있다.[58] 의사소통적으로 유동화된 주권은 사회 전체에 중요한 주제를 발견하고 가치를 해석하며 문제해결에 기여하고 적절한 근거를 산출하고 좋지 못한 근거를 제거하는 공공적 논의권력에서 관철된다. 물론 이런 여론은 민주적으로 제도화된 단체의 결의를 통해 구체화되어야 한다. 실천적 결과를 갖는 결의에 대한 책임은 제도적 귀책을 요구하기 때문이다. 논의는 지배하지 않는다. 논의는 행정권력을 대체하는 것이 아니라 그에 영향력을 행사하는 의사소통적 권력을 낳을 뿐이다. 이 영향력은 정당성의 부여와 박탈에 국한된다. 의사소통적 권력은 그것이 '포위의 양태로' 영향력을 행사하는 공적 관료제도의 체계적 완고함을 대체할 수 없다. 국민주권이 이와 같은 방식으로 절차에로 해소된다면, 1789년 이래로, 즉 가부장적 지배형태의 혁명적 철폐 이래로 진공상태를 이루었던 권력의 상징적 장소 또한 여전히 비어 있게 되며, 뢰델(U. Rödel)이 르포르(C. Lefort)에 기대어 말하듯, 그 장소가 국민이나 민족 같은 새로운 동질적(*identitär*) 상징화에 의해 채워지지 않는다.[59]

---

58) J. Habermas, "Volkssouveränität als Verfahren. Ein normativer Begriff der Öffentlichkeit?" in: *Die Ideen von 1789*(1989), 7~36쪽.

4. 시민사회와 정치적 공론장

우리는 이렇게 정밀화되고 변화된 전제에서 결국 정치적 공론장을 다시 서술할 수 있는데, 이 정치적 공론장에서는 최소한 두 과정이 서로 교차한다. 그것은 한편으로 정당한 권력의 의사소통적 창출이고, 다른 한편으로 체계의 명령에 대한 대중의 충성, 수요 및 '순종'을 조달하기 위한 여론매체 권력의 조작적 이용이다. 자율적 공론장들에 있어 비공식적 여론형성의 기초와 원천에 관한 열려진 물음에 대해 이제 더 이상 복지국가의 신분보장을 지적하고 사회의 정치적 자기조직을 전체론적(*holistisch*)으로 요구함으로써 답할 수 없다. 대신에 오히려 의사소통행위이론에서 생활세계의 합리화로 파악되는 장기적 경향과 공론장의 구조변동 간의 고리가 완결된다. 정치적으로 기능하는 공론장은 법치국가적 제도들의 보장만을 필요로 하는 것이 아니다. 그것은 또한 문화적 전승과 사회화 양식, 자유에 익숙해진 주민의 정치적 문화에 대한 흔쾌한 수용에 달려 있다.

이 책의 중심적 문제제기는 오늘날 '시민사회(*Zivilgesellschaft*)의 재발견'이라는 표제로 받아들여지는 것이다. 분화된 생활세계와 그것의 반성적 잠재력의 '흔쾌한 수용'을 전반적으로 지적하는 것으로 충분하지 않다. 그것은 사회화 양식과 문화적 전승에 관련해서만 구체화될 필요가 있는 것이 아니다. 동기와 가치지향으로부터 우러나온 자유주

59) U. Rödel, G. Frankenberg, H. Dubiel, *Die demokratische Frage*, Ffm. 1989, 제 4 장.

의적 정치문화는 확실히 자생적인 공적 의사소통에 유리한 토대를 형성한다. 그러나 더욱 중요한 것은 교류형태와 조직형태, 권력화되지 않은 정치적 공론장의 담지자들의 제도화이다. 최근 오페(Offe)의 분석은 여기에서 시작하고 있다. 그는 "논의윤리학에 대해 사회적 받침돌을 보장할 생활형식과 생활세계라는 전지구적 범주를 사회학적인 범주들과 대결시키려는" 의도에서 '결사관계'(*Assoziationsverhältnisse*) 라는 개념을 사용한다.[60] 결사관계라는 애매한 개념이 과거 부르주아 공론장의 사회적 성층(成層)을 형성했던 '결사'와 결부되는 것은 우연이 아니다. 또한 이 개념은 '시민사회'라는 표현의 일반화된 의미, 헤겔과 맑스 이래 '시민사회'(*societas civilis*)를 '부르주아 사회'(*bürgerliche Gesellschaft*) 라고 일상적으로 번역한 근대적 의미와는 다른 의미, 즉 노동, 자본, 재화시장을 통해 조정되는 경제영역을 더 이상 포함하지 않는 의미도 연상시킨다. 해당 저술들에서 그에 대한 명확한 정의를 찾으려 한다면, 그것은 물론 헛된 일이다. 여하튼 '시민사회'의 제도적 핵심을 이루는 것은 자발적 토대 위에서 이루어진 비국가적이고 비경제적인 결사이다. 그것들의 예를 체계 없이 든다면 교회, 문화단체, 학술협회, 독립적 여론매체, 스포츠 및 레저협회, 토론회, 시민광장, 시민운동, 직업연합, 정당, 노동조합, 대안기관 등이다.

킨(J. Keane)은 "사회적 평등 및 자유의 확대와 국가의 구조전환 및 민주화라는 두 개의 독립적이고 동시적인 과정을 통해 시민사회와 국

60) Offe in: Honneth(1989), 755쪽.

가 간의 경계를 유지하고 재정의하는" 과제 내지는 기능을 이러한 결사들에 부여한다.[61] 따라서 문제는 여론을 형성하는 결사들이다. 이것들은 극도로 국가화된 정당들과 같이 행정체계에 속하지는 않지만, 공공적(*publizistisch*) 영향력 행사를 통해 정치적 효과를 가져온다. 왜냐하면 이 결사들은 공공적 의사소통에 직접 참여하거나, 아니면 가령 대안의 기획과 같이 그 활동의 프로그램적 성격으로 인해 자신들이 모범을 보임으로써 공공적 토론에 함축적으로 기여하기 때문이다. 이와 비슷하게 오페도 좋은 주장을 통해 시민들로 하여금 '책임 있는 행위'를 하도록 하는, 정치적 의사소통에 적합한 맥락을 형성하는 기능을 결사관계가 충분히 가지고 있다고 본다.

> 책임 있게 행동한다는 것은 행위자가 자신의 행위에 대해 방법적으로 전문가, 일반화하는 타자 및 미래완료의 자기 자신의 관점을 동시에 취하고, 이로써 행위의 기준을 사실적, 사회적, 시간적으로 확인한다는 것을 의미한다.[62]

시민사회라는 개념의 유행은 무엇보다 국가사회주의 사회 출신의 반체제 인사들이 정치적 공론장의 전체주의적 파괴에 대해 가했던 비판에 힘입은 것이다.[63] 여기서 한나 아렌트(Hannah Arendt)가 전개한

61) Keane, *Democracy and Civil Society*(1988), 14쪽.

62) C. Offe, in: Honneth(1989), 758쪽.

63) J. Rupnik, M. Vajda, Z. A. Pelczynski의 논문을 참조. in: Keane(Ed.), *Civil Society and the State*(1988), 제3부.

의사소통이론적 전체주의 개념이 중요한 역할을 한다. 그것을 둘러싸고 자율적 공론장이 결정(結晶)화될 수 있는, 여론을 형성하는 결사들이 왜 시민사회에서 뛰어난 위치를 점하는가는 이러한 배경에서 이해될 수 있다. 전체주의적 지배는 바로 시민의 의사소통적 실천을 비밀정보기관의 통제하에 예속시켰다. 중·동유럽에서의 혁명적 변화는 이러한 분석을 확인해 주고 있다. 이들 변화가 그 깃발에 '글라스노스트'를 새긴 개혁정치에 의해 촉발된 것은 우연이 아니다. 동독에서 전형적으로 드러나듯이, 거대한 사회과학적 실험에서와 같이 지배기관은 평화적으로 행동하는 시민운동의 점증하는 압력에 의해 혁명적으로 붕괴되었다. 그리고 국가 사회주의의 폐허에서 이미 나타나고 있었던 새로운 질서의 하부구조는 이들 운동으로부터 우선적으로 형성되었다. 혁명의 선도그룹은 교회, 인권단체, 생태학적이고 페미니즘적 목표를 추구하는 재야권에서의 자발적 결사들이었다. 이들의 잠재적 영향력에 대항해서 전체주의적 공론장은 언제나 폭력적으로 안정화되어야 했었다.

서구적 유형의 사회에서는 사정이 다르다. 여기서는 자발적 결사들이 민주적 법치국가의 제도적 틀 내에서 형성되었다. 그리고 여기서는 다른 문제가 제기되는데, 이에 답하기 위해서는 상당한 경험적 작업이 필요하다. 다른 문제란, 대중매체가 지배하는 공론장이 시민사회의 담지자들에게 정치적, 경제적 침입자들의 매체권력과 성공적으로 경쟁할 기회, 즉 외부로부터의 영향에 의해 조종된 가치, 주제 및 근거의 스펙트럼을 변화시키고 혁신적으로 제한하며 비판적으로 여과

할 기회를 어느 정도 부여하는가 라는 문제이다. 나는 이 문제를 다루기 위해서는 《공론장의 구조변동》에서 전개된, 정치적으로 기능하는 공론장 개념이 여전히 적절한 분석적 전망을 제공한다고 생각한다. 이런 이유에서 아라토(A. Arato)와 코헨(Jean Cohen)은 시민사회 개념을 현재의 민주주의론에 유용하게 만들려고 시도하면서, 의사소통행위이론에서 기획된 '체계와 생활세계'라는 구조에 기대고 있다.[64)]

전자매체가 단순한 상호작용의 구조변화에 미친 영향을 대상으로 하는 독창적 연구를 지적하는 것으로 글을 마치겠다. 사회화된 개인이 그 속에서 이제까지 그들의 사회적 현위치를 자각하고 자신을 위치지었던 구조들이 융해되어 버렸다는 주장이 '장소에 대한 무감각'(*No Sense of Place*)이라는 표제로 대변되고 있다. 이때 역사적 시간과 공간이라는 생활세계의 기본 좌표를 형성했던 사회적 경계들조차 유동적이게 된다.

> 우리의 '정보시대'의 많은 모습들은 우리를 가장 원시적인 사회적, 정치적 형태와 유사하게 만든다. 수렵인과 채집자는 유목민으로서 영토에 대해 충성하는 관계를 가지고 있지 않다. 그들은 또한 '장소에 대한 감각'을 거의 가지고 있지 않다. 특정한 활동이 특정한 물리적 환경에 단단히 고정되어 있지 않다. 수렵과 채집에 있어 경계의

64) A. Arato, J. Cohen, "Civil Society and Social Theory," in: *Thesis Eleven*, Nr. 21, 1988 (Special Issue on 'Civil Society versus The State') 40~67쪽; dies, "Politics and the Reconstruction of the Concept of Civil Society," in: Honneth (1989), 482~503쪽.

결여와 전자사회에서의 경계의 결여는 많은 놀라운 유사점을 가져온다. 수렵과 채집사회는 우리 이전의 알려진 사회유형 중에서 남성과 여성, 어린이와 어른, 지도자와 피지도자의 역할에서 보면 가장 평등한 사회유형인 경향이 있다. 많은 분리된 장소나 분할된 사회영역을 유지하는 데 따른 어려움으로 인해 누구든 다른 모든 사람의 일에 관여하게 되는 경향이 있다.65)

1989년의 혁명적 사건들이 이런 강조된 테제를 예기치 않게 다시금 확증하고 있다. 동독, 체코슬로바키아, 루마니아에서의 변혁은 일련의 연쇄과정을 이루고 있는데, 이 과정은 단지 텔레비전이 중계하는 역사적 사건만이 아니라 텔레비전 중계라는 방식에서 수행된 과정이었다. 대중매체는 세계적 융합의 전염효과에서만 결정적인 것이 아니었다. 광장과 거리에서 데모하는 대중의 물리적 현존 역시 19세기와 20세기에서와는 달리 그것이 텔레비전을 통해 도처에 현존하는 것으로 전화되는 한에서만, 혁명적 힘을 발휘할 수 있었다.

서구사회의 정상성을 볼 때, 사회적으로 정의되는 경계의 제한이 대중매체에 의해 해체된다는 마이로위츠(J. Meyrowitz)가 주장하는 테제는 물론 너무 직선적이다. 이에 대한 반박은 분명하다. 전자적으로 만들어진 전지구적 사건의 편재(偏在) 및 비동시성의 동시화(同時化)와 함께 우리의 생활세계에 등장한 탈분화와 탈구조화는, 사회적 자각에 확실히 엄청난 결과를 가져왔다. 그러나 이런 제한의 해체는 그와 동시에 특화된 역할의 다양화, 생활형식의 다원화, 삶의 계획의

65) J. Meyrowitz, *No Sense of Place*, Oxford 1985.

개성화와 함께 진행된다. 뿌리뽑힘(*Entwurzelung*)은 특유의 지역 공동체적 귀속 및 출신지의 구성과 함께하며, 평등화는 꿰뚫어보지 못하는 체계적 복잡성에 대한 무력감과 함께 진행된다. 이것들은 오히려 서로 맞물려 있는 상보적인 발전들이다. 따라서 대중매체 또한 다른 차원에서는 반대의 효과를 낳는다. 전자적 대중소통의 점증하는 선택강제에 의해 그 하부구조가 각인되는 공론장의 민주적 잠재력이 양가적이라는 사실을 많은 점이 말해 주고 있다.

이로써 내가 말하려는 것은, 내가 오늘 다시금 공론장의 구조변동을 연구한다면 그것이 민주주의론에 어떤 결과를 가져올 것인가를 알 수 없으리라는 점이다. 아마도 그것의 한 결과는 과거보다 덜 회의적인 평가와 덜 저항적인, 단지 요청적 전망으로 나아가는 기회를 제공하는 것일 것이다.

프랑크푸르트, 1990년 3월

위르겐 하버마스

초판 서문

이 연구의 과제는 '부르주아 공론장'이라는 유형에 대한 분석이다.

연구대상의 특유한 어려움으로 인해 특정한 연구방법이 요구된다. 우선 연구대상의 복잡성으로 단 하나의 전문분과에 고유한 방법에 의존하는 것이 금지된다. 오히려 공론장이라는 범주는 과거 전통적 '정치학'의 관점이 지녔던 넓은 영역에서 추적되어야 한다.[1] 사회과학의 특정한 개별분과의 한계 내에서 그 자체로만 본다면, 이 연구대상은 해체되어 버린다. 사회학, 경제학, 헌법학, 정치학, 사회사 및 사상사 측면들의 통합으로부터 발생하는 문제성은 분명하다. 사회과학이 분화되고 특화되는 현상태에서 어떤 사람도 이 모든 분과과학은 차치하고라도 다수의 분과과학에 '통달'할 수는 없을 것이다.

방법의 다른 특유함은 사회학적인 동시에 역사적 방법을 취해야만 하는 강제로부터 따라나온다. 우리는 '부르주아 공론장'을 시대 유형적 범주로 파악한다. 그것은 유럽의 중세 전성기에 출현한 '부르주아 사회'의 독특한 발전사로부터 분리될 수 없으며, 이념형으로 일반화하여

1) V. Hennis, "Bemerkungen zur wissenschaftsgeschichtlichen Situation der politischen Wissenschaft," in: *Staat, Gesellschaft, Erziehung*, Bd. 5, 203쪽 이하, ders, *Politik und praktische Philosophie*, Neuwied 1963 참조. 이에 대해서는 내 논문, "Die klassische Lehre von der Politik in ihrem Verhältnis zur Sozialphilosophie," in: *Theorie und Praxis*, Neuwied 1963, 13쪽 이하 참조.

임의의 역사적 상황의 형식적으로 동일한 형세에 적용시킬 수 없다. 후에 보여주듯이 17세기 후반기 영국과 18세기 프랑스에서 비로소 고유한 의미에서의 '여론'을 말할 수 있다는 점에서, 우리는 '공론장'을 하나의 역사적 범주로 다루려 한다. 이 점에서 우리의 방법은 오늘날 그것의 가장 발전된 상태로서 이른바 구조기능이론으로 특징되는 형식사회학의 시도와 처음부터(*a limine*) 구별된다. 다른 한편으로 역사적 경향에 대한 사회학적 연구는 일반적 수준에서 진행되는데, 여기서는 일회적 과정과 사건이 다만 예증적으로 인용될 수 있을 뿐이다. 다시 말해 그것은 개별 경우를 넘어서는 사회발전의 사례로 해석된다. 이러한 사회학적 접근방식은 그것이 역사적 자료에 대해 더 많은 자유재량권을 갖는 것처럼 보인다는 점에서 엄밀한 역사학의 관행과 구별된다. 그러나 이 접근방식은 전체 사회적 연관에 대한 구조분석에서는 마찬가지로 엄밀한 기준을 따른다.

이런 두 가지 방법론에 관한 예비적 언급 이후, 주제에 대한 유보를 지적해야 하겠다. 우리의 연구는 부르주아 공론장의 자유주의적 모델의 구조와 기능, 그것의 발생과 변형에 제한된다. 따라서 연구는 하나의 역사적 형태의 지배적 특징과 관계하며, 역사과정에서 말하자면 억압되었던 평민적 공론장이라는 변종은 다루지 않는다. 로베스피에르라는 이름과 결부된 프랑스혁명의 단계에서 그 문예적 외관을 벗어던진 공론장, 즉 그것의 주체가 더 이상 '교양을 갖춘 신분'이 아니라 교양이 없는 '민중'인 공론장이 말하자면 잠시 동안 작동하였다. 그럼에도 불구하고 차티스트운동과 무엇보다도 대륙 노동운동의 무정부주의적 전통에서 언더그라운드 형태로 존속하였던 이 평민적 공론장은 부르주아 공론장의 의도를 지향하고 있다. 정신사적으로 보면, 이 공론장은 후자와 마찬가지로 18세기의 유산이다. 따라서 이 공론장은 산업사회적으로 고도로 발전한 독재국가에서 행해지는 통제된 공론장의 국민투표적 동의형태와는 엄밀히 구분되어야 할 것이다. 이 둘은 형식적으로 일정한 특징을 공유하고 있다. 그러나 이들은 이성적으로 논의하는 개인들이라는 공중이 갖는 문예적으로 규정된 공론장과는 각기 다른 방식으로 구별된다. 독재국가의 국민투표적 동의형태가 문맹적(*illiterat*)인 반면, 저 평민적 공론장은 탈문예적(*postliterarisch*) 공론장이다. 둘 다 일정하게 국민투표적 현상형태를 보인다는 점에서 일치한다고 해서, 우리의 논의에서 함께 도외시하는 부르주아 공론장의 이 두 변종이 사회발전의 상이한 단계에서 상이한 정치적 기능을 담당한다는 것이 망각되어서는 안 된다.

우리의 연구는 부르주아 공론장의 자유주의적 요소들과 그것의 복지국가적 변형을 양식화하여 표현하고자 한다.

나는 이 연구에 대한 독일연구재단(Deutsche Forschungsgemeinschaft)의 아낌없는 지원에 감사한다. 이 책 제3장 6절과 7절을 제외하고 이 연구는 마부르크(Marburg) 대학의 철학부에 교수자격논문으로 제출되었다.

프랑크푸르트, 1961년 가을

위르겐 하버마스

제 1 장

서 론: 부르주아 공론장의 한 유형에 대한 예비적 구획

1. 서두의 물음

'공공적'이라는 말과 '공론장'이라는 말의 사용은 서로 경쟁하는 의미들의 다양성을 드러내고 있다. 이 말들은 상이한 역사적 시기에 생겨났으며, 산업적으로 발전하고 복지국가 체제를 갖춘 부르주아 사회에 동시적으로 적용될 때 불투명하게 결합된다. 그러나 전래적 언어 사용에 저항하는 이 동일한 상황이 비록 아무리 혼란스럽다 하더라도 이 말들의 사용, 심지어 전문용어의 사용을 요구하는 것처럼 보인다. 왜냐하면 무엇보다 관료제와 대중매체의 속어에 의해 이미 각인된 일상어만이 이러한 사용을 고집하는 것이 아니기 때문이다. 과학, 무엇보다도 법학, 정치학, 사회학 역시 확실히 '공공적', '사적', '공론장', '여론'과 같은 전통적 범주들을 보다 정확한 규정으로 대체할 수 없기 때문이다. 이러한 딜레마는 명백히 여론을 자신의 대상으로 삼는 분과에서 아이러니컬하게도 보복한다. 여론조사가 본래 파악해야 할 것은 경험적 기술을 사용할 때 파악 불가능한 실재로 해소되어 버린다.[1] 그럼에도 불구하고 사회학은 이 범주들 일반을 포기한다는 결론을 도출하려 하지 않는다. 사회학은 여전히 여론을 연구한다.

우리는 공공장소나 공공건물에 대해 말할 경우처럼 어떤 행사가 닫힌 모임과는 반대로 모든 사람에게 열려 있을 때, 이 행사를 '공공적'이라 부른다. 그러나 '공공건물'이라는 말은 이미 단지 그것의 일반적 접근가능성만을 의미하지는 않는다. 그 건물이 공공적 내왕에 열려 있을 필요는 없다. 그곳에는 단순히 국가기관이 거주한다는 점에서 그 건물은 공공적인 것이다. 국가는 '공권력'이다. 국가는 모든 법적 구성원의 공공복리, 공동의 복리를 보살핀다는 과제로 인해 이 공공성의 속성을 갖는다. 그러나 가령 '공식 영접'이라 말할 때 이 말은 다시금 다른 의미를 갖는다. 이러한 경우에 대표의 힘이 펼쳐 보여지는데, 이 대표의 '공공성'에는 공공적 인정과 같은 어떤 것이 속한다. 그럼에도 불구하고 어떤 사람이 공적으로 유명해졌다고 말할 때, 말의 의미는 전이된다. 명성 또는 명예의 공공성은 '상류사회'의 시대와는 다른 시대에 발생하였다.

그러나 이 모든 것에도 불구하고 이 범주의 가장 흔하게 사용되는 의미는 여론, 격분한 여론 혹은 적절한 정보를 갖춘 여론, 그리고 공중(公衆, *Publikum*), 공개성(公開性, *Publizität*), 발표하다(*publizieren*)와 연관된 의미이다. 이 공공성의 주체는 여론의 담지자로서의 공중이다. 여론의 비판적 기능과 연관된 것이 공개성, 가령 공판에서의 공공성이다. 물론 대중매체의 영역에서는 공개성의 의미가 변화하였

1) 이 책 413쪽 이하 참조.

다. 또한 여론의 한 기능이었던 공개성은 여론의 주목을 끄는 것의 속성이 되었다. 선전활동(*public relations*), 최근에 '여론환기작업'(*Öffentlichkeitsarbeit*)이라고 불리는 노력은 이러한 공개성의 산출을 목표로 한다. 공공성 자체가 하나의 영역으로 나타난다. 사적 부문에 대하여 공공영역이 대립한다. 때로는 공공영역이 공권력에 대립하는 단순히 여론의 영역처럼 보인다. 상황에 따라 국가기관을 '공공기관'으로 보거나 혹은 신문과 같이 공중의 의사소통에 복무하는 매체를 공공기관으로 본다.

'공공적'과 '공공성'의 의미증후군을 사회사적으로 분석해 보면, 상이한 역사적 언어층의 사회학적 개념화가 가능할 것이다. 공공성에 관한 최초의 어원적 지적이 이미 많은 것을 시사한다. 독일에서 보다 오래된 형용사 '공공적'(*öffentlich*)으로부터 불어 *publcité*와 영어 *publicity*와 유사하게 그것의 명사형(*Öffentlichkeit*)이 형성된 것은 비로소 18세기에 들어서였다.[2] 18세기 말에도 아직 이 말이 거의 사용되지 않아서, 하이나츠(Heynatz)는 이 말에 이의를 제기할 정도였다.[3] 공론장이 비로소 이 시기에서 자신의 이름을 요구했다면, 여하튼 독일에서는 이 영역이 그 당시 처음으로 형성되어 그 기능을 맡게 되었다고 가정할 수 있다. 이 영역은 자신의 고유한 법칙에 따른 사회적 노동과 상품교환의 영역으로 동시대에 형성된 '부르주아 사회'에 고유하게 속한다. 그렇지만 '공공적'과 공공적이지 않은 것, 즉 '사적'이라는 말은 이미 오래 전에 있었다.

여기서 문제되는 범주는 로마어에 의해 각인되어 우리에게 전해진,

---

2) *Deutsches Wörterbuch der Brüder Grimm, Bd. VII*, Leipzig 1889, Art. 'Öffentlichkeit', 1183쪽.

3) *Weigends Deutsches Wörterbuch*[5], Gießen 1910, Bd. II, 232쪽.

그리스어에 그 원천을 두고 있는 범주이다. 완전히 발전된 그리스 도시국가에서 자유시민에게 공통된(*koine*) 폴리스(*Polis*) 영역은 모든 개인에게 고유한(*idia*) 오이코스(*Oikos*) 영역과 분리되었다. 공공생활, 즉 비오스 폴리티코스(*bios politikos*)는 광장(*agora*)에서 이루어졌지만, 지역적으로 제한되지 않았다. 공론장은 협의와 재판의 형태를 띨 수도 있는 대화(*lexis*)를 통해 구성되거나, 마찬가지로 전쟁수행이나 전투적 놀이도 될 수 있는 공동행위(*praxis*)를 통해 구성되었다. (입법을 위해서는 종종 외지인을 초빙하기도 했다. 입법은 본래 공공 과제에 속하지 않았다.) 잘 알려져 있듯이 정치질서는 세습형태의 노예경제를 기초로 하였다. 시민들은 생산노동으로부터 벗어나 있었다. 그러나 공공생활에의 참여는 가장으로서의 시민의 사적 자율성에 의해 좌우되었다. 사적 영역은 단지 그것의 (그리스어) 이름에 있어서만 가정(家政)에 묶여 있는 것이 아니었다. 부동산과 노동력에 대한 처분권이 가계(家計)와 가족에 대한 권력을 대체해줄 수 없었으며, 역으로 노예를 소유하지 않았다는 것과 빈곤이 그 자체로 폴리스에 대한 참여에 장애가 되지 않았다. 추방, 몰수, 가정의 파괴는 같은 것이었다. 폴리스에서의 지위는 따라서 오이코스 전제자(*Oikosdespot*)의 지위에 기초하고 있었다. 이 전제자의 지배의 우산 아래에서 삶의 재생산, 즉 노예노동과 여성의 서비스가 이루어졌으며, 삶과 죽음이 일어났다. 필연과 무상함의 왕국은 사적 영역의 그늘에 가려져 있었다. 이에 반하여 공공성은 그리스인에게는 자명하게도 자유와 영속의 왕국으로 두드러져 보였다. 존재하는 것은 공공성의 빛을 통해 비로소 현상하게 되고, 모든 이에게 모든 것이 보이게끔 하는 것이었다. 시민들 상호간의 대화에서 사물은 언어화되고 형태를 얻게 되었다. 동등한 사람들 상호간의 경쟁에서 가장 뛰어난 사람이 나오며, 그것의 본질인 명성의 불멸성을 획득하게 된다. 오이코스의 한계 내에서는 삶의 곤궁과 생활에 필수불가결한 것의 유지가 부끄럽게 은폐되었다면, 폴리스는 명예로운 상을 위한 자유로운 경기장을 제공하였다. 동등한 사람들로서 시민들은 동등한 사람들과 교류하였다(*homoioi*). 그러나 모든 사람은 자신이 남보다 뛰어나 보이도록 노력한다(*aristoiein*). 아리스토텔레스가 그 목록을 확정한 바 있는 덕(德)들은 오직 공론장에서만 검증될 수 있으며, 여기에서만 인정된다.

그리스인의 자기해석에 의해 양식화되어 우리에게 전해 내려온 헬레니즘 공론장의 이런 모델은 르네상스 이래로 오늘날에 이르기까지 이른바 모든 고전적인 것과 함께 고유하게 규범적 힘을 가지고 있다.[4] 이 모델의 근저에 놓여 있는 사회구성체가 아니라 이데올로기적 범형 자체가 지속성, 바로 수세기에 걸쳐 역사적 지속성을 유지하였다. 우선 중세 전체에 걸쳐 공적인 것과 사적인 것이라는 범주가 로마법의 정의에 존속하였으며, 공공성은 공사(公事, *res publica*)로 전승되었다. 물론 근대국가와 그로부터 분리된 부르주아 사회의 영역이 출현할 때, 비로소 이들 범주는 법기술적으로 효과적으로 다시 이용된다. 이 범주들은 고유한 의미에서의 부르주아 공론장의 정치적 자기이해와 법적 제도화에 기여한다. 그러나 현대로 넘어오는 사이 부르주아 공론장의 사회적 기초가 대략 1세기 전부터 다시 해체되기 시작했다. 공론장의 붕괴경향은 명백하다. 공론장의 영역이 계속해서 대규모로 확장되는 반면, 그것의 기능은 더욱 더 무력화된다. 그렇지만 공론장은 여전히 우리의 정치질서의 조직원리로 남는다. 그것은 확실히 사회민주주의가 아무런 해를 입지 않고 털어버릴 수 있는 자유주

4) 최근 것으로는 H. Arendt, *The Human Condition*, Chicago 1958 참조.

의 이데올로기 단편 이상의 것이며, 그것과는 다른 것이다. 우리가 오늘날 '공론장'이라는 이름으로 혼란스럽게 받아들여야 하는 복잡한 사태의 구조를 역사적으로 이해하는 데 성공한다면, 우리는 이 개념의 사회학적 설명을 넘어서 우리 자신의 사회를 그 중심범주로부터 체계적으로 파악할 수 있을 것이다.

2. 과시적 공공성의 유형

유럽 중세에 푸블리쿠스(*publicus*)와 프리바투스(*privatus*) 간의 로마법적 대립은 비록 통용되기는 했으나 어떤 구속력을 갖는 것은 아니었다.[5] 봉건적 장원제와 봉토제의 법적 관계에 이것을 적용하려는 불안정한 시도가 바로 고대(또는 근대) 모델에 따른 공론장과 사적 영역 간의 대립이 그 당시 존재하지 않았다는 것을 부지불식간에 입증하고 있다. 물론 그 당시에서도 사회적 노동의 경제적 조직화로 영주(領主)의 가계가 모든 지배관계의 중심이 된다. 그럼에도 불구하고 생산과정에서 영주의 지위는 오이코스 전제자나 가부장(*pater familias*)의 '사적' 처분권과는 비교가 되지 않는다. 장원제와 그것에서 파생된 봉토제가 모든 지배자의 개인권으로서 재판권(*jurisdictio*)으로 파악될 수는 있을 것이다. (그러나) 그것은 사적 처분권(*dominium*)과 공공적 자율권(*imperium*)의 대립에 따르지는 않는다. 높거나 낮은 통치권과 특권이 존재하기는 했다. 그러나 사적 개인이 그로부터 공론장으로 나아갈 수 있는, 어떻게든 사법(私法)적으로 고정가능한 지위는 존재하지 않았다. 중세 전성기에 완전히 발전된 장원제(莊園制)는 독일에서 18세기에 들어와 농민해방과 봉건적 부담으로부터의 장원 해방의 과정에서 비로소 사적 소유가 되었다. 영주의 가계권력은 고전적 민법의

---

5) 이에 대해서는 Kirchner, *Beiträge zur Geschichte des Begriffs 'öffentlich' und 'öffentliches Rechts'*, Diss. Göttingen 1949, 2쪽 참조. 레스 푸블리카(*res publica*)는 주민(*populus*)에게 일반적으로 허용되는 소유, 즉 사적 개인들(*privati*)과 그들의 재산에 관해 유효한 법으로부터 제외된 것(*res extra commercium*)이다. 예를 들면 공용하천(*flumen publicum*), 공공도로(*via publica*) 등이 그것이다(같은 책, 10쪽 이하 참조).

의미에서든 근대적 민법의 의미에서든 사적 지배가 아니었다. 공공영역과 사적 부문의 분리를 위한 아무런 사회적 토대도 제공하지 않는 사회적 관계에 민법의 범주들이 전용될 때, 어려움이 발생한다.

> 우리가 국가를 공공영역으로 파악한다면, 우리는 가정 및 영주가 행사하는 권력을 2차적 공권력이라 보아야 할 것이다. 이 권력은 국가와 비교할 때 확실히 사적 권력이지만, 근대의 사법적 질서와는 매우 다른 의미에서 사적 권력으로, '사적' 지배권과 '공공적' 지배권이 분리가 불가능하게 융합되어 있다. 이 둘은 하나의 통일적 권력의 결과물이며, 대지에 고착되어 있으며, 제대로 상속된 사적 권리처럼 다루어져야 한다고 이해될 수 있는 것처럼 보인다.[6]

그러나 고대 게르만의 법 전통으로부터 고전적 라틴어, 'publicus'와 'privatus'에 일정하게 상응하는 독일어, 'gemeinlich'와 'sunderlich', 'common'과 'particular'가 출현하였다. 이러한 대조는 봉건적 생산관계 에서 존속하던 동업조합적 요소와 관계된다. 공유지는 공공적이다(*publica*). 우물과 시장은 공동 사용을 위해 공공적으로 접근이 허용된다(*loci communes, loci publici*). 언어사적으로 보면 직접 공동복지 혹은 공공복지라는 말(*common wealth, public wealth*)로 나아간 이런 '공동적인 것'에 대하여 '특수한 것'이 대립한다. 이 '특수한 것'은 오늘날 우리가 특수이해와 사적 이해를 동일시하는 데서도 추적할 수 있는, 사적인 것이라는 의미로 분리되어 나온 것이다. 다른 한편으로 봉건제의 틀 내에서 특수한 것은 또한 특수한 권리, 즉 면책권과 특권을 지녔던 사람들과 관계된다. 이런 점에서 분리된 것(*das Sundere*), 면책 일반이

6) O. Brunner, *Land und Herrschaft*, Brünn 1943, 386쪽.

장원제와 동시에 '공공적인 것'의 핵심이었다. 게르만법과 로마법 범주들의 상호 대응은 이들 범주들이 봉건제에 의해 흡수되자마자 역전된다. 보통사람(*common man*)은 사적 인간(*private man*)으로 된다. '공공적'이라 해석되는 명령권과 같은 특수한 것을 갖지 않는, 계급이 없는 평민으로서 사병(私兵)이라는 의미에서 공병(公兵, *common soldier*)이라는 말을 사용하는 것이 이러한 상황을 상기시켜 준다. 중세의 문헌들에서는 '지체 높은 영주에 속하는'(*herrschaftlich*)이라는 말과 '푸블리쿠스'가 동의어로 사용되었다. publicare는 '영주에게 독점되다'는 뜻이었다.[7] 'gemein'(*common*)이라는 말의 이중의미, 즉 한편으로 공동적이라는 의미, 모든 사람에게 (공공적으로) 접근이 허용된다는 의미와 다른 한편으로 평범하다는 의미, 말하자면 영주권과 같은 특권, (공공적) 권리 일반으로부터 배제되었다는 의미가 오늘날에 이르기까지 장원제에 토대를 둔 사회구조에 동업조합 조직의 요소를 통합했던 사정을 반영하고 있다.[8]

사적 영역으로부터 분리된 독자적 영역으로서의 공론장이 중세 전성기의 봉건사회에 존재했다는 것은 사회학적으로, 다시 말해 제도적 기준으로 보면 입증될 수 없다. 그렇지만 통치권의 속성, 가령 군주의 인장(印章)이 '공공적'이라 불린 것은 우연이 아니었다. 영국의 왕이 공공성(*publicness*)을 누렸던 것은 우연이 아니었다.[9] 다시 말해 통치권의 공적 과시가 존재했던 것이다. 이러한 과시적(誇示的) 공공성

7) Kirchner, 위의 책, 22쪽.

8) 우리는 중세 후기의 도시제의 문제를 무시한다. 대부분 군주의 영지에 속했던 도시는 '영토'의 차원에서 보면 봉건제에 통합된 하나의 구성요소였다. 그러나 초기 자본주의에서 자유도시들은 부르주아 공론장의 형성에 결정적인 역할을 한다. 아래 3절 89쪽 이하 참조.

9) *The Oxford Dictionary*, 1909, Bd. VII, 2.

(*repräsentative Öffentlichkeit*)은 하나의 사회부문으로, 하나의 공론장의 영역으로 구성되지 않는다. 오히려 그것은 용어를 그에 전용시키면 지위의 상징과 같은 것이었다. 장원영주의 지위는 그것이 어떤 단계이든 '공공적'인 것과 '사적'인 것의 기준에 대해 그 자체로 볼 때 중성적이다. 그러나 이 지위의 소유자는 이 지위를 공공적으로 과시한다. 그는 언제나 자신을 '보다 높은' 권력의 체화로 나타낸다.[10] 이러한 대표(*Repräsentation*) 개념은 최근의 헌법론에 이르기까지 유지되었다. 이에 따르면 대표는 "공공성의 영역에서만 일어날 수 있다. …'사적인 일'일 수 있는 대표는 존재하지 않는다".[11] 대표는 영주라는 공공적으로 존재하는 인격을 통해 볼 수 없는 존재를 보이게 한다고는 한다.

> (그러나) … 어떤 죽은 것, 어떤 저급한 것, 또는 가치 없는 것은 과시될 수 없다. 이것에는 공공적 존재로의 상승, 즉 현존의 능력을 갖춘 고귀한 존재가 결여되어 있다. 위대함, 통치자, 폐하, 명성, 품위, 명

---

10) '대표'(*Repräsentation*)의 개념사에 관해서는 가다머의 다음과 같은 지적을 참조할 것(H. G. Gadamer, *Wahrheit und Methode*, Tübingen 1960, 134쪽, 주 2). "로마인들에게 익숙한 이 말은 육화와 신비한 육체(*corpus mysticum*)라는 기독교사상에 비추어 완전히 새로운 의미변화를 겪는다. 대표는 더 이상 모사나 그림적 표현을 의미하지 않는다. … 그것은 이제 대리를 뜻한다. … repraesentare는 현전하게 함을 뜻한다. … 법률적 (세속법) 대표개념에서 가장 중요한 것은, 대표되는 사람(*persona repraesentate*)은 다만 표상되고 표현된 것에 불과하지만, 그의 권리를 행사하는 대표하는 사람이 그에 의존한다는 것이다." 그리고 이 책 476쪽의 보충적 언급도 참조. "무대 — 이것이 중세에서 의미하는 바는 오직 종교극이다 — 위에서의 표현이라는 의미에서의 repraesentatio는 13세기와 14세기에 이미 발견된다. … 그러나 그렇다고 해서 repraesentatio가 가령 공연을 의미하지는 않았다. 그것은 17세기에 이르기까지 신적인 것 자체의 현전(現前)을 의미했다."

11) C. Schmitt, *Verfassungslehre*[3], Berlin 1957, 208쪽 이하. 이러한 중세의 공공성 개념에 대한 정신사적 위치확인에 관해서는 A. Dumpf, *Sacrum Imperium*, Darmstadt 1964, 특히 제2장 21쪽 이하 "'공공성의 형태들'에 관해" 참조.

예는 과시능력을 갖춘 존재의 이런 특수성을 마주하려 한다.

영주라는 구체적 실존에 고착되어 있으며 그의 권위에 '아우라'(*Aura*)를 부여하는 이런 과시적 공공성은 국민이나 특정한 위임의 대표라는 의미에서의 대리와 아무 상관이 없다. 군주가 세속영주와 성직영주, 기사, 고위 성직자, 도시민을 자신의 주변에 불러모을 때, (또는 1806년까지 독일제국에서 아직도 그랬던 것처럼 황제가 영주, 주교, 제국백작, 제국도시, 수도원장을 제국의회에 초청할 때), 이는 어떤 사람이 다른 사람을 대리하는 대표회의가 아니었다. 영주와 신분들이 국가를 단지 대리하는 것이 아니라 '그 자체 국가라는' 특유한 의미에서 국가를 대표하는 것이었다. 그들은 자신들의 통치권을 민중을 위해서가 아니라 민중 '앞에' 과시하는 것이다.

과시적 공공성의 전개는 인물의 속성, 즉 표장(表章 ; 휘장, 무기), 용모(의복, 헤어스타일), 거동(인사형식, 몸짓), 수사(修辭 ; 말 거는 형식, 공식적인 인사말 일반),[12] 한 마디로 말해서 '고귀한' 행동의 엄격한 행위양식과 결부되어 있다. 이 행위양식은 중세 전성기 동안 궁정의 덕(德)체계로 결정체를 이루었는데, 이 체계는 영웅적인 것을 기사도적인 것, 군주적인 것으로 완화시킨, 아리스토텔레스의 기본도덕의

---

12) 슈미트(C. Schmitt)는 토론이 부르주아 공론장에 속하듯이 과시적 공공성에는 수사적 형식이 속한다고 말한다. "토론하고 이성적으로 논하는 것이 아니라 말하자면 과시적 연설이 바로 결정적(이다). … 과시적 연설은 논의에도 명령에도 변증론에도 빠짐이 없이 그것의 고유한 건축술에 따라 움직인다. 그것의 위대한 어법은 음악 이상이다. 그것은 형성중에 있는 말하기의 합리성에서 드러나는 인간의 품위이다. 이 모든 것은 위계질서를 전제한다. 왜냐하면 위대한 수사의 정신적 공감은 연설자 스스로가 대변한다고 주장하는 대표에 대한 믿음으로부터 나오기 때문이다."(*Römischer Katholizismus und politische Form*, München 1925, 32쪽 이하)

기독교화한 형태이다. 특이한 것은 이 덕들 중 어느 것에서도 물리적인 것이 완전히 의미를 상실하지 않았다는 점이다. 왜냐하면 덕은 체화되어야만 하고 공공적으로 표현되어야 하기 때문이다.[13] 특히 기병전의 모방인 마상무술경기에서 이런 과시가 나타난다. 그리스 폴리스의 공공성도 확실히 경기를 통해 덕(*arete*)을 전시하는 것이었다. 그러나 재판일보다는 오히려 축제일, '성축제일'(聖祝祭日)에 전시되는 궁정-기사적 과시의 공공성은 정치적 의사소통의 영역이 아니다. 그것은 봉건적 권위의 아우라로서 하나의 사회적 지위를 상징한다. 따라서 그것의 '장소' 제시가 불가능하다. 왕으로부터 반(半)농민적 최하위 기사에 이르기까지 기사의 행위양식은 모든 영주들에게 규범으로서 공통적이다. 그들은 오직 특정한 장소에서의 특정한 기회, 가령 어떤 하나의 공론장 '내에서'만 이 규범을 지향하지 않는다. 그들은 자신의 지배권을 과시할 때 언제 어디에서나 이 규범을 따른다.

영주들 중 성직자들만이 세속적 기회를 넘어서 그들의 과시장소를 가지고 있는데, 그것이 교회이다. 오늘날에도 교회의식, 예배의식, 미사, 의식행렬에서 아직 과시적 공공성이 살아 있다. 잘 알려진 속담에 따르면 영국의 의회, 프로이센의 참모부, 프랑스의 아카데미, 로마의 바티칸이 과시의 마지막 지주였다. 종국에는 교회만이 살아 남게 되었는데, 이 교회는 "너무도 고독해서 그것의 외형만 보는 사람은 그것이 다만 대표를 대표할 뿐이라는 풍자적 농담을 말할 수밖에 없을 정도였다".[14] 나아가 평신도와 성직자의 관계를 보면, 어떻게 '주변인물'이 과시적 공공성에 속하면서도 그로부터 배제되는가가 명백해진다. 이 주변인물은 앞에서 말한 사병이 대표, 즉 군사적 직위에 '속함'

---

13) A. Hauser, *Sozialgeschichte der Kunst und Literatur*, München 1953, I, 216쪽.
14) C. Schmitt, 위의 책, 26쪽.

에도 불구하고 그로부터 배제되었다는 의미에서 사적이다. 이러한 배제에 상응하는 것이 공공성 내부권의 비밀이다. 이 공공성은 비밀(*Arkanum*)에 기초하고 있다. 미사와 성경은 민중의 언어가 아니라 라틴어로 읽혀졌다.

궁정-기사적 공공성의 과시는 15세기 프랑스와 브르군트 궁정에서 그것의 마지막 순수형태에 도달한다.[15] 유명한 스페인의 의전(儀典)은 이 늦은 개화의 화석이다. 그것은 합스부르크 궁정에서 수백 년 동안 이러한 형태로 유지되었다. 과시적 공공성은 초기 자본주의의 북부 이탈리아의 도시 귀족문화로부터 출발하여 처음에는 플로렌스에서 후에는 파리와 런던에서 새로이 형성되었다. 그러나 이 공공성이 그 힘을 보장받을 수 있었던 것은 그것이 바로 인본주의(*Humanismus*)와 함께 이미 시작된 부르주아 문화에 동화되었기 때문이다. 인본주의적 교양세계는 처음에는 궁정생활에 통합되었다.[16] 16세기에 들어서야 비로소 문헌학적 비판술로 전개되는 인본주의는 초기 군주교육자의 활동 결과, 이미 1400년 경에 궁정생활의 스타일을 변화시키는 데 일조한다. 궁정인(宮庭人, *cortegiano*)의 영향하에 인본주의적 교양을 갖춘 궁신(宮臣)이 기독교 기사를 대체한다. 이러한 유형의 사람에 상응하는 것이 약간 후에 등장하는 고대 영국의 신사(*gentleman*)와 프랑스의 교양인(*honnéte homme*)이다. 이들의 밝고 유창한 사교성이 궁정을 그 중심지로 삼는 새로운 '상류사회'(*Gesellschaft*)를 특징짓는다.[17]

---

15) J. Huizinga, *Herbst des Mittelalters*, München 1928.

16) 야콥 부크하르트(Jacob Burckhardt)의 잘 알려진 해석과 반대로 브룬너(Brunner)의 서술을 참조할 것. Brunner, *Adeliges Landleben*, Salzburg 1949, 108쪽 이하.

17) 가다머는 이러한 초기 인본주의적 교양 전통이 공통감(*sensus communius*) 및 취미(*Geschmack*, 하나의 도덕철학적 범주)라는 고정 이미지와 맺는 정신사적

장원제에 뿌리를 둔 독자적인 농촌 귀족은 그 대표력을 상실한다. 과시적 공공성은 군주의 궁정으로 집중된다. 마침내 이 공공성의 모든 계기들은 바로크 축제에서 눈에 띄게 화려하게 다시 한 번 결합된다.

바로크 축제는 중세와 르네상스의 세속적 축제에 비해 말 그대로 공공성의 성격을 상실한다. 마상무술경기, 춤, 연극은 공공장소로부터 공원시설 안으로, 거리로부터 성(城)의 홀 안으로 들어가게 된다. 17세기 중반에 이르러 등장하는 성 내부의 공원은 프랑스의 세기 건축술 일반에 따라 급속히 전 유럽에 전파되었고, 중앙의 연회장을 둘러싸고 지어진 바로크 성과 마찬가지로 외부세계에 대해 차단된 궁정생활을 가능하게 하였다. 그러나 과시적 공공성의 기본은 유지될 뿐만 아니라, 심지어 더 두드러지게 나타난다. 드 스쿠데리(de Scudèry) 부인은 그의 《대화》(*Conversations*)에서 대연회의 스트레스에 대해 보고하고 있다. 대연회는 참가자의 재미를 위한다기보다는 위대함(*gran-*

연관을 전개하고 있다. 공통감과 취미의 사회학적 함축을 보면 궁정의 인본주의가 '공론장'의 형성에 대해 갖는 의미가 명백해진다. 가다머는 그리스의 교육이상에 대해 다음과 같이 말하고 있다.

"서양의 교육이상의 역사에서 이 교육이상의 뛰어난 점은 그것이 신분적 구속으로부터 자유롭다는 데 있다. 그것은 하나의 교양사회에 대한 이상이다. … '취미'는 새로운 사회가 제시할 이상만은 아니다. '훌륭한 취미'라는 이 이상의 영향 아래서 후에 '상류 사회'라고 불리는 것이 최초로 형성된다. 이 사회는 출생과 지위를 통해 더 이상 자신을 인식하고 정당화하지 않는다. 이 사회는 근본적으로 그 판단의 공통성을 통해, 아니 보다 정확히 말하자면, 편협한 이해관계와 사적 선호를 넘어서 판단에 대한 요구를 내세울 줄 아는 것을 통해서 자신을 인식하고 정당화한다. … 따라서 취미의 개념은 확실히 어떤 인식방식을 의미한다. 사람들이 자기 자신과 사적 선호에 대해 거리를 취하는 능력을 갖게 되는 것은 좋은 취미의 영향을 통해서 일어난다. 그러므로 취미는 그 고유한 본질에서 사적인 것이 아니라 최고의 사회적 현상이다. 심지어 취미는 마치 재판의 심급과 같이 자신이 의도하고 대변하는 일반성의 이름으로 개인의 사적 경향에 대해 반대할 수 있다."(Gadamer, 위의 책, 32쪽 이하)

deur), 바로 주최자의 위대함을 과시하기 위한 것이었다. 구경하는 것 이외에는 아무런 할 일이 없는 민중이 가장 재미를 느꼈다.[18] 여기서도 민중이 완전히 배제되는 것은 아니다. 민중은 골목길에서 항상 출연하고 있다. 과시는 그 앞에 자신을 과시할 주변인물에 여전히 의존하고 있다.[19] 닫힌 문 뒤에서 열리는 부르주아 재산가들의 연회에서야 비로소 연회는 배타적이게 된다.

> 부르주아 정서와 궁정의 정서를 구별짓는 것은, 시민의 집에서는 연회장도 거실식으로 꾸며져 있지만 성에서는 거실조차도 연회식으로 꾸며져 있다는 점이다. 그리고 베르사유 이후 실제로 왕의 침실이 성 설비의 두 번째 중심으로 발전된다. 우리가 여기서 침대가 마치 극장무대처럼 약간 높은 단 위에 놓여 있고 옷장에 의해 관중의 공간과 분리되어 누워 있는 왕관을 보게 된다면, 실제로 이 공간은 이런 식으로 가장 은밀한 것을 공공적으로 중요한 일로 고양시키는 아침 접견(*lever*)과 낮잠(*coucher*)의 의전이 매일 펼쳐지는 무대이다.[20]

루이 14세의 예법에서 과시적 공공성은 그것이 궁정에 집중되는 데 있어 가장 세련된 지점에 이르게 된다.

르네상스 시대의 상류사회로부터 출현한 귀족주의적 '상류사회'는

---

18) R. Alewyn, *Das große Welttheater, Die Epoche der höfischen Feste*, Hamburg 1959, 14쪽.

19) "모든 공공적인 일, 승리축제, 평화조약체결에서 조명과 불꽃놀이는 새벽에 모든 성탑에서 울려퍼지는 축포소리와 시의 적수(笛手)가 부는 피리소리로 시작된 하루의 종결일 뿐이다. 그리고 이날 시의 분수는 포도주로 채워지고 황소가 통째로 꼬챙이에 꿰어져 공적으로 구워지며, 멀리서 몰려든 군중들의 춤, 노래, 놀이가 늦은 밤까지 계속된다. 바로크 시대에 이는 과거와 다르지 않았으며, 부르주아 시대를 거치면서 비로소 점차 변화된다."(위의 책, 23쪽)

20) 위의 책, 43쪽.

자신의 통치권, 정확히 말해 자신의 장원에 대한 영주권을 더 이상 전혀 과시할 수 없거나 일차적으로 과시할 수 없다. 이 상류사회는 군주의 과시에 봉임하는 것이다. 초기 자본주의 교환경제의 토대 위에서 민족적이고 영토적인 권력국가들이 발생하고 지배의 봉건적 기초가 흔들리고 난 이후, 비로소 이 궁정귀족층은 모든 예법에도 불구하고 고도로 개별화된 사교들을 18세기에 특유하게 떠돌았던, 그러나 명확히 분리되었던 '상류사회'(*gute Gesellschaft*)의 영역으로 발전시킬 수 있었다.[21] 군주의 궁정 안으로 줄어든 동시에 강화된 형태의 마지막 과시적 공공성은 이미 국가로부터 분리되기 시작한 사회 안에서 예외지역이었다. 이제 비로소 고유하게 근대적 의미에서 사적 영역과 공공영역이 분리되기 시작한다.

라틴어 프리바투스(*privatus*)에서 차용한 독일어 'privat'라는 말은 16세기 중반 이후에야 발견되는데,[22] 그 의미는 당시 영어 'private'와 프랑스어 'privé'가 지녔던 의미였다. 이 말들은 '공적 관직을 갖지 않음'을 뜻했다(*ohne öffentliches Amt,*[23] *not holding public office or official position,*[24] *sans emplois, que l'engage dans les affaires publiques*[25]). '사적'이라는 말은 국가기관의 영역으로부터의 배제를 의미한다. 왜냐하면 '공공적'이라는 말은 그 동안 절대주의와 함께 완성된 국가, 즉 지배자의 인격에 반해 객관화된 국가와 관계되었기 때문이다. 공적인 것(*das Publikum, the public, le public*)은 '사적 존재'에 대립된 '공권력'(*öffentli-*

21) P. Jochaimsen, "Zur historischen Psychologie des deutschen Staatsgedankens," in: *Die Dioskuren, Jahrbuch für Geisteswissenschaften*, I, 1921 참조.

22) *Weigands Deutsches Wörterbuch*, 475쪽.

23) *Grimmsches Wörterbuch*, 2137쪽 이하.

24) *The Oxford Dictionary*, 1388쪽 이하.

25) *Dictionnaire de la Langue Francaise*, 1875, Bd. III, Art. "privé".

che Gewalt)이다. 국가 관리들은 공적 개인들(*öffentliche Personen, public persons, personnes publiques*)이다. 그들은 공적 관직을 가지고 있으며, 그들의 공무(公務)는 공적이다(*public office, service public*). 그리고 관청의 건물과 설비는 공공적이라 불린다. 다른 한편으로 사적 개인, 사적 직책, 사적 일, 사적 건물이 존재한다. 마지막으로 곳헬프(Gotthelf)는 사인(私人, *Privatmann*)에 대해 말한다. 관청으로부터 배제된 신민들이 관청과 대립하고 있다. 이른바 관청은 공공복지에 이바지하고, 신민은 그들의 사적 이익을 추구한다고 한다.

18세기 말까지 관철된 대략적 경향은 잘 알려져 있다. 과시적 공공성의 담지자였던 봉건권력, 교회, 제후국, 귀족신분은 양극화 과정에서 해체된다. 이들은 마침내 한편으로는 사적 구성성분으로, 다른 한편으로는 공적 구성성분으로 붕괴된다. 교회의 지위는 종교개혁과 연관하여 변화한다. 교회가 대표하는 신적 권위에의 속박, 즉 종교는 사적인 일이 된다. 이른바 종교의 자유는 역사적으로 최초의 사적인 자율성의 영역을 보장한다. 교회 자체는 다른 공법적 단체들 중 하나로 존속한다. 이에 상응하는 영주권력의 양극화는 공공예산이 우선 군주의 사적 소유로부터 분리되는 것에서 나타난다. 관료제와 군대, 그리고 부분적으로는 재판권과 더불어 공권력의 제도들은 점차 사적으로 되어가는 궁정영역에 반해 객관화된다. 마지막으로 지배신분의 성분들이 신분으로부터 공권력의 기관, 의회로, 그리고 다른 일부는 재판권으로 발전한다. 도시의 동업조합과 농촌신분의 일정한 분화에서 이미 조성되던 직업신분의 성분들은 진정 사적 자율성의 영역으로 국가에 대립하는 '부르주아 사회'의 영역으로 발전한다.

보 론
《빌헬름 마이스터》의 예를 통해 본 과시적 공공성의 종말

과시적 공공성의 형태는 19세기 문턱에 이르기까지 물론 강력한 힘을 발휘한다. 이는 그 당시 괴테가 《빌헬름 마이스터》(*Wilhelm Meister*)의 제 2 판을 쓰고 있던, 경제적으로나 정치적으로 후진적인 독일에서 바로 그랬다. 이 소설에는 빌헬름이 그의 매부인 베르너(Werner)가 체현하던 부르주아 활동을 그만두겠다고 선언하는 편지가 있다.[26] 그는 여기서 왜 무대가 그에게 있어 '세계', 즉 귀족의 세계, 상류사회의 세계를 — 과시적 형태의 공공성 — 의미하는지 설명한다.

> 시민으로 태어난 자는 업적을 낼 수 있고, 최고로 노력한다면 자신의 정신을 수련할 수 있겠지. 그러나 그가 아무리 발버둥친다 해도 그의 인격성은 상실되어 가지. 그러나 가장 고귀한 사람들과 교제하며 살아가는 귀족은 스스로 고귀한 예절을 갖출 의무가 있으며, 이 예절은 폐쇄적이지 않으므로 자유로운 예절이 되지. 요컨대 귀족은 궁정에서든 군대에서든 간에 자신의 인격으로 값을 지불해야 하므로, 이 인격을 중히 여기고 또 인격을 중히 여긴다는 것을 나타내지 않을 수 없는 거야.

귀족은 자신의 인격을 나타내 보임으로써 권위를 갖는다. 귀족은 인격을 보여주고, 그의 완성된 인격성을 통해 이 인격을 체현한다. 그러므로 "그는 공적 인격이라네. 그의 동작이 세련될수록, 그의 목소

26) 베르너 비티히(Werner Wittich)는 그의 논문에서 이 편지의 사회학적 측면에 주목하고 있다. W. Wittich, "Der soziale Gehalt von Goethes Roman 'Wilhelm Meisters Lehrjahre'," in: *Erinnerungsgabe für Max Weber*, München und Leipzig, 1923, Bd. II, 279쪽 이하.

리가 청아할수록, 그의 행동 전체가 신중하고 침착할수록 그는 더욱 더 완전한 인간이 되는 거지. … 그리고 그가 자신한테 그리고 자기 주위에 가지고 있는 다른 모든 것, 즉 능력, 재능, 부 등 모든 것이 단지 덤으로 주어진 것처럼 보이는 거지".

여기서 괴테는 다시 한 번 과시적 공공성의 여운을 파악하고 있다. 그 빛은 물론 프랑스 궁정의 로코코에서 이미 굴절되었고, 12제후의 독일식 모방에서 다시 한 번 굴절된 것이다. 따라서 개개의 빛은 더욱 더 부자연스럽게 나타난다. 과시를 통해 '공적'으로 되고, 이런 공공성에서 장엄하게 자신의 주위에 아우라(*Aura*)를 만드는 '신사'는 고상한 양식으로 등장한다. 괴테는 그 당시의 언어사용에서 이미 공권력의 봉임자, 즉 공복(公僕)이라는 최신 의미를 획득한 '공적 인격'이라는 말에 다시금 공공적 과시라는 전통적인 의미를 부가하고 있다. 그러나 '인격'은 즉각 '교양 있는 인격성'으로 그 의미가 전이된다. 정확히 말하면 이 편지의 맥락에서 귀족은 독일 고전주의의 신인본주의에 의해 이미 각인된 이념인 자유로이 발전된 인격성이라는 이념을 구실로 삼고 있다. 우리의 맥락에서는 시민계급이 더 이상 과시할 수 없다는 것, 자신의 본성에 기대어 과시적 공공성을 이루어낼 수 없다는 괴테의 관찰이 중요하다. 귀족은 그가 과시하는 것이며, 시민은 그가 생산한 것이다.

> 귀족이 자신의 인격을 현시함으로써 모든 것을 제시한다면, 시민은 자신의 인격성을 통해 아무것도 제시하지 않으며, 제시해서도 안 되지. 귀족은 자신을 드러내도 좋고 드러내야만 하지만, 시민은 단지 존재하는 것으로 만족해야 하네. 만약 시민이 무엇인가 드러내려 한다면, 그것은 우스꽝스럽거나 몰취미한 것이 되어버리지.

벼락부자가 갖추려 하는 과시적 현상은 단순한 가상의 코미디가 된다. 괴테는 따라서 "네가 누구인가?"가 아니라, 다만 "네가 무엇을 가지고 있는가?, 어떤 통찰, 어떤 지식, 어떤 능력, 어떤 재산을 가지고 있는가?"라고 묻기를 충고한다. 이 말이 바로 후에 니체의 귀족주의적 자부, 즉 인간은 그가 할 수 있는 것에서가 아니라 그가 누구인가에서 자신을 입증한다는 자부가 채용하게 될 말이다.

빌헬름은 매부에게 "공적 인격이 되어 보다 많은 사람들한테 호감을 사고 활동하고" 싶은 욕구를 고백한다. 그러나 그가 귀족도 아니고 또한 시민으로서 단지 그렇게 보이도록 하려는 헛된 노력을 하고 싶지도 않기 때문에, 그는 말하자면 공공성의 대체물인 무대를 찾는다. 이것이 그의 연극적 사명의 비밀이다. "교양 있는 사람은 무대 위에서는 마치 상류계급에 있는 것처럼 인격적으로 아주 찬란한 빛을 발하는 것이다." '교양 있는 인격성'이라는 비밀스럽고 모호한 말('나의 정신과 취미를 수련하려는 욕구'), 즉 귀족으로 기획된 인물에서 표현되는 부르주아적 의도를 통해 연극적 연기와 공공적 과시가 일치될 수도 있을 것이다. 그러나 다른 한편으로 부르주아 사회에서 과시적 공공성이 붕괴되었다는 것을 너무도 정확히 자각한 동시에 그럼에도 불구하고 그것에 속하려는 의향이 너무 강한 결과, 이러한 혼동으로 결코 끝날 수는 없다. 빌헬름은 햄릿 역할로 공중 앞에 서는데, 처음에 이는 성공적이었다. 그러나 공중은 이미 과시적 공공성과는 아무런 공통점도 없는 다른 공공성의 담지자들이었다. 이러한 의미에서 빌헬름 마이스터의 연극적 사명은 실패할 수밖에 없었다. 그의 사명은 연극을 이미 그 무대로 삼고 있는 부르주아 공론장과 보조를 맞추고 있지 못하기 때문이다. 보마르셰(Beaumarchais)의 피가로가 이미 무대에 등장하였고, 나폴레옹의 유명한 말에 따르면, 그와 함께 혁명이 무대 위에 등장하였던 것이다.

3. 부르주아 공론장의 발생

초기 금융자본주의와 상업자본주의가 13세기 이후 북부 이탈리아 도시들로부터 서유럽과 북유럽으로 전파됨에 따라, 처음에는 네덜란드의 상품 야적장(브루게, 뤼티히, 브뤼셀, 겐트 등)이, 후에는 장거리 무역로의 교차점에 거대한 견본시(見本市, *Messe*)가 발생하였다. 이러한 영향으로 새로운 사회질서의 요소가 형성된다. 그러나 그것은 아직 낡은 지배질서에 별 어려움 없이 통합되었다. 우리가 플로렌스의 르네상스 사회의 발생기에 대표적으로 관찰할 수 있는 귀족의 궁정문화에 부르주아 인본주의가 초기에 동화된 것은 이러한 배경에서 보아야 한다. 초기 자본주의는 보수적이다. 그것은 좀바르트(Sombart)가 그렇게 열정적으로 묘사한 경제적 정서, 즉 영리행위를 '명예로운' 소득의 표본으로 파악하는 독특한 이해방식에서[27] 뿐만 아니라, 정치적으로도 그렇다. 초기 자본주의가 낡은 생산양식(부자유 농민층이 봉건적으로 결합된 농업생산과 도시 수공업자가 직능조합적으로 결합된 소상품생산)을 변혁시키지 않고 그 열매를 먹고사는 한,[28] 그것의 특징은 양가적이다. 한편으로 이 자본주의는 신분적 지배관계를 안정시키며 다른 한편으로 이 지배관계를 언젠가 해체할 요소들을 만들어 낸다. 이것이 새로운 교류관계의 요소들, 즉 초기 자본주의적 장거리 무역이 창출한 상품교환과 뉴스교류이다.

---

27) W. Sombart, *Der moderne Kapitalismus*³, II, I, München und Leipzig 1919, 23쪽 이하.

28) M. Dobb, *Studies in the Development of Capitalism*, London 1954, 160쪽 이하. "여하튼 상업자본과 금융자본의 성숙한 발전이 그 자체 자본주의적 생산이 자신의 보호 아래 발전하리라고 보장하는 것이 아니라는 점은 명백하다."

물론 도시는 처음부터 지역시장을 가지고 있었다. 그러나 이 시장은 길드와 조합의 수중에서 엄격히 규제되었으며, 도시와 농촌 간의 자유로운 상품교환의 도구라기보다는 근거리 주변에 대한 지배도구였다.[29] 피렌네(Pirenne)의 고찰에 따르면 도시가 단지 그 조직적 기초에 불과했던 장거리 무역과 함께 새로운 종류의 시장이 발생한다. 그것은 정기적 견본시로 공고하게 되고, 금융자본주의적 기술의 발달〔신용장(*Messebrief*)과 어음은 샹파뉴(*Champagne*)의 장에서는 13세기에 이미 널리 통용되었다〕과 함께 증권거래소로 자리를 잡는다. 1531년에 앤트워프(Antwerp)는 '항구적 견본시'가 된다.[30] 이러한 교류는 확실히 정치권력에 의해 조종되는 규칙에 따라 전개된다. 그렇지만 광범위하게 퍼진 수평적인 경제적 의존망이 형성되는데, 이는 원칙적으로 폐쇄적 가정경제에 기초한 지배신분체제의 수직적 예속관계로 더 이상 편입될 수 없는 것이다. 물론 그 자체 기존의 틀을 벗어나는 이 새로운 과정은, 낡은 지배층이 오직 소비자로 여기에 참여하는 한, 정치질서를 위협하지 않는다. 이 과정이 장거리 무역에 의해 허용된 사치품을 위해 자국 생산물의 점점 더 많은 부분을 떼어낸다 해서 낡은 생산과 그것의 지배의 기초가 아직 새로운 자본에 종속되지는 않는다.

상품교환과 함께 전개된 뉴스교류도 사정은 비슷하게 진행된다. 시장을 지향하는 상인의 계산은 무역의 확장과 더불어 공간적으로 멀리 떨어진 사건들에 대한 더 정확한 정보를 자주 필요로 한다. 따라서 14세기 이후 상인들의 편지교류는 일종의 직업신분적 서신교환체제로 발전한다. 상인들은 일정한 날에 보내는 최초의 전령코스, 이른바 정규우편을 자신들의 목적에 맞게 조직한다. 대 무역도시들은 동시에 뉴

29) M. Dobb, 위의 책, 83쪽 이하.

30) H. Sée, *Die Ursprünge des modernen Kapitlaismus*, Wien 1948.

스교류의 중심이 된다.[31] 상품과 유가증권의 교류가 항구적이 될수록 뉴스교류의 항구성 또한 긴급하게 된다. 증권거래소의 발생과 거의 동시에 우편과 신문이 지속적인 접촉과 의사소통을 제도화한다. 그러나 상인들에게는 직업 신분적으로 비밀스러운 정보체계로 충분하였으며, 도시와 궁정의 관청을 위해서는 행정 내부의 정보체계로 충분하였다. 이들에게 정보의 공개성은 중요한 것이 아니다. 오히려 그들의 이익에 맞는 것은 '자필 시사회보', 즉 뉴스상인들이 영업적으로 조직한 사적 서신교환이었다.[32] 이 새로운 의사소통 영역에는 결정적 계기인 공개성이 결여되었기 때문에, 그것은 뉴스교류의 제도화와 더불어 기존의 의사소통 형식에 아무런 문제없이 순응하였다. 좀바르트의 규정에 따라 편지수송을 위한 정기적인 일이 공중에 일반적으로 허용될 때 '우편'을 말할 수 있듯이,[33] 정기적 뉴스제공이 공적으로, 다시 말해 공중에 일반적으로 허용된 이후 비로소 엄밀한 의미의 신문이 존재한다. 그러나 이는 17세기 말에 와서야 일어나는 일이다.[34] 이때까지 과시

31) 독일에서 그것은 무엇보다도 슈트라스부르크(Straßburg), 뉘른베르크(Nürnberg), 아욱스부르크(Augsburg), 프랑크푸르트(Frankfurt), 쾰른(Köln), 함부르크(Hamburg), 뤼벡(Lübeck), 라이프찌히(Leipzig)였다.

32) 이는 매우 일찍 베네치아에서 통지문 필사가(*scittori d'avisi*)에 의해 일어났다. 이들은 로마에서는 gazettani, 파리에서는 nouvellistes, 런던에서는 writers of letters, 독일에서는 Zeitunger 혹은 Novellisten으로 불렸다. 이들은 16세기를 경과하면서 형식적 주간뉴스, 바로 시사회보의 제공자가 된다. 독일에서는 이것의 전형적인 것이 이른바 《푸거회보》(*Fuggerzeitungen*)였다(1565년과 1605년 사이 4만여 통에 이르는 이 보고서들은 물론 이러한 뉴스 사무실이 쓴 것뿐만 아니라 푸거(Fugger)家의 사무원과 사업동료가 쓴 것도 있다).

33) W. Sombart, 위의 책, Bd. II, 369쪽.

34) 오랫동안 슈트라스부르크의 인쇄업자이자 상인인 요한 카롤루스(Johann Carolus)의 보고서가 가장 오래된 신문이라 여겨졌다. 그러나 헬무트 피셔 (Helmut Fischer)의 다음의 연구를 참조할 것. Helmut Fischer, *Die ältesten Zeitungen und ihre Verleger*, Augsburg 1936.

적 공공성의 낡은 의사소통 영역은 공개적 공공성의 새로운 의사소통 영역에 의해 근본적으로 위협을 받지는 않았다. 영리적으로 운영되는 뉴스는 아직 출판되지 않았다. 비정기적으로 출판되는 새로운 소식은 아직 뉴스로 사물화되지 않았다.[35] 초기 자본주의의 교류관계, 즉 상품교환과 뉴스교류의 요소들은 근대 국가와 동시에 민족경제와 지역경제가 형성되는 중상주의 시대에 비로소 그 혁명적 힘을 입증한다.[36] 1597년 독일의 한자동맹이 런던으로부터 완전히 추방되고 몇

35) 각기 '오랜 진리'로 여겨지는 것에 대한 서술능력과 해석능력도 전통적 지배형태에 속한다. 실제 사건에 대한 보고는 이런 전통적 지식과 결부되어 있다. 새로운 것은 다소간 경이로운 사건의 측면에서 나타난다. '새로운 사실'은, 그것이 일상의 일정한 문턱을 넘어설 때에만, '오랜 진리'의 궁정에서 '뛰어난 것', 상징과 기호로 전화된다. 사실이 암호와 교류한다. 전승이 보증하는 지식을 단지 대변할 때에만, 새로운 것과 새롭게 경험된 것은 수수께끼구조를 갖는다. 이때 역사적 사건들과 자연적 사건들은 구분되지 않는다. 자연의 파국과 역사적 자료는 똑같이 경이로운 역사에 적합하다. 15세기의 전단들과 '새로운 신문'이라 불렸던 16세기에 간헐적으로 등장하는 일면(一面) 인쇄물들은, 굴하지 않는 전통적 지식이 보고들을 동화시키는 힘을 입증해 보여준다. 그러나 이런 보고들의 점증하는 분출은 이미 새로운 형태의 공공성을 암시하고 있다. 이런 인쇄물들은 종교투쟁, 터키전쟁, 교황의 판결 및 피와 불의 비, 기형아, 메뚜기역병, 지진, 폭풍우, 유성, 그리고 칙서, 선거포기, 신대륙의 발견, 유태인 세례, 마녀 화형, 악마의 벌, 신의 심판, 사자 부활에 대한 보고를 무차별적으로 널리 유포시킨다. 과거의 전단과 같이 새로운 신문들은 종종 노래나 대화형식으로 씌어졌는데, 이야기, 낭독과 선창 또는 합창을 위한 것이었다. 이로써 새로운 것은 '뉴스'라는 역사적 영역으로부터 벗어나 기호와 기적으로서 과시의 영역으로 되돌아간다. 이 과시의 영역에서 민중은 공공성에 의식(儀式)적이고 의전(儀典)적으로 참여하며, 이는 독자적 해석능력이 없는 단순한 동의만을 허용할 뿐이다. 특이하게도 가령 그날의 정치적 사건을 영웅서사시의 영역으로 변화시키는 이른바 역사적 민중노래와 같은 노래들도 '새로운 신문'으로 인쇄되었다. E. Everth, *Die Öffentlichkeit in der Außenpolitik*, Jena 1931, 114쪽 참조. 일반적으로는 Karl Bücher, "Die Grundlagen des Zeitungswesens," in: *Ges. Aufsätze zur Zeitungskunde*, Tübingen 1926, 9쪽 이하 참조. 많은 전단의 내용은 오늘날까지 동요의 형태로 남아 있다.

36) G. Schmoller, *Umrisse und Untersuchungen*, Leipzig 1898, 37쪽.

년 후 모험상인회사(*Company of Merchant Adventurers*)가 함부르크에 자리를 잡았다는 것은 영국의 상업적이고 정치적인 향상뿐만 아니라 그 사이 자본주의가 새로운 단계에 도달했음을 보여주는 것이다. 16세기 이후 상품을 창고에 쌓아놓고 파는 과거 상인들과 같이 여전히 제한된 시장에 더 이상 만족하지 않는 무역회사들이 확대된 자본을 기반으로 조직된다. 이들은 대규모의 탐험을 통해 자신의 고유한 시장을 위해 새로운 영역을 개척한다.[37] 점증하는 자본의 필요를 충족시키고 증대하는 위험을 배분하기 위해 이 회사들은 곧 주식회사의 형태를 취한다. 그러나 이들은 그 밖에도 강력한 정치적 보장을 필요로 했다. 무역시장은 이제 정당하게도 '제도적 산물'로 여겨진다. 그것은 정치적 노력과 군사적 폭력으로부터 결과한 것이기 때문이다. 도시의 향토공동체라는 낡은 조직적 기초는 국가영토라는 새로운 조직적 기초로 확대된다. 헥셔(Heckscher)가 도시경제의 민족화라고 묘사한 과정이 시작된다.[38] 물론 이후 '민족'(*Nation*)이라 불리는 것, 즉 관료제와 점증하는 재정적 수요를 가진 근대국가가 비로소 형성된다. 이 국가는 다시 중상주의 정책에 가속적인 영향을 미친다. 군주와 자산가 간의 사적 대부계약이나 공채도 국가의 필요를 충족시키기에 충분하지 못했다. 효과적 조세체제만이 자본 수요를 충족시킬 수 있었다. 근대국가는 본질적으로 조세국가이며, 그것의 행정 일반의 핵심은 재무행정이다. 이로써 발생하는, 국유지로부터의 군주 개인소유지의 분리[39]는

37) '모험상인들'은 1553년 창립헌장에서 스스로를 미지의 영역, 지대, 섬, 장소를 발견하기 위한 모험상인조합과 회사라 불렀다. 위의 책, 67쪽 이하 참조.

38) E. F. Heckscher, *Merkantilismus*, Jena 1932, Bd. I, 108쪽 이하.

39) 로마법이 수용되어 적용된 지역에서 국고(國庫)라는 가상은 군주의 인격에 대해 독립된 국가예산이라는 법적 표현이 되며, 동시에 신민으로 하여금 국가에 대해 사법적 요구를 주장할 수 있다는 장점을 동시에 제공한다.

인격적 지배관계의 사물화를 예증적으로 보여준다. 지방행정은 영국에서는 중재재판소에 의해, 대륙에서는 프랑스의 범례를 따라 감독관에 의해 관청의 통제하에 놓이게 된다.

신분적 권위가 지방영주의 권위에 예속됨과 동시에 진행되는 과시적 공공성의 축소는, 근대적 의미의 공공성이라는 이름과 결부된 다른 영역, 즉 공권력의 영역을 가능하게 한다. 이 영역은 지속적인 행정과 상비군으로 객관화된다. 상품과 뉴스교류에서의 접촉의 항구성(증권거래소, 신문)에 지속적 국가활동이 대응한다. 공권력에 단지 종속될 뿐이고 그것에서 처음에는 다만 부정적 자기규정을 발견할 따름인 사람들에게는 이 공권력이 하나의 구체적 대립물이 된다. 어떤 관직도 가지지 못하기 때문에 공권력에 대한 참여로부터 배제된 사람들이 바로 사적 개인들이기 때문이다. 이런 좁은 의미에서의 '공공적'이라는 말은 '국가적'이라는 말과 동의어가 된다. 이 수식어는 권위를 부여받은 개인의 과시적 '궁정'과 더 이상 관계하는 것이 아니라, 오히려 정당한 권력행사의 독점권을 부여받고 권능에 따라 행사되는 국가기구의 운영과 관계한다. 영주권은 '내무 행정'(*Polizei*)으로 전화된다. 이 내무 행정에 포섭된 사적 개인들이 공권력의 수신인으로서 공중을 형성한다.

형식적으로 흑자를 지향하는 중상주의 정책은 관청과 신민의 관계에 특유한 형태를 부여한다. 특권을 가진 회사들이 정치적 압력을 이용하여 독점적 지위를 획득하는 무역시장의 개척과 확대, 한 마디로 말해서 새로운 식민주의는 잘 알려진 것처럼 점차 국내 기업경제의 발전에 기여하게 된다. 이와 더불어 상업자본의 이익에 대해 매뉴팩처자본의 이익이 관철되기 시작한다. 이러한 과정을 통해 초기 자본주의의 교류관계, 즉 상품교환이라는 한 요소가 이제 생산구조 또한 변혁시킨다.

수입된 원료와 국내의 완전가공물 및 반가공물의 교환은 낡은 생산양식이 자본주의적 생산양식으로 전화하는 과정의 함수로 파악되어야 한다. 돕(Dobb)은 17세기 말 중상주의시대 문헌에서 이러한 전환이 어떻게 그려지는가에 주목한다. 무역은 더 이상 그 자체로 부의 원천으로 여겨지지 않는다. 무역이 부의 원천으로 여겨지는 것은 그것이 국내 인구의 고용을 가능하게 하는 한에서이다. 무역에 의해 창출된 고용,[40] 행정조치는 점차 자본주의적 생산양식의 관철이라는 이러한 목적에 의해 규정된다. 직업 신분적 협업특권은 군주의 개인적 특권에 의해 대체되는데, 이 특권에 의해 기존의 생업이 자본주의적 생산으로 전환되거나 새로운 매뉴팩처가 창출되어야 했다. 개별 항목에까지 이르는 생산과정 자체의 규제는 이 특권과 결부되어 있다.[41]

관청의 대응물로 구성되는 것이 부르주아 사회이다. 이제까지 가정경제의 틀 내에 사로잡혔던 활동들과 예속들이 가정의 문지방을 넘어서 공공성의 빛에 들어온다. 슘페터(Schumpeter)는 이를 다음과 같이 확인하고 있다.

> 인격 전체를 초인격적 목적체계의 틀에 끼워넣었던 낡은 형태는 소멸하고, 모든 가족의 개인경제가 그 생존의 중심점으로 되며 이로써 사적 영역이 성립된다. 이제 이 사적 영역에 대립하여 공공영역은 분별 가능한 어떤 것으로 등장한다.[42]

---

40) Dobb, 위의 책, 218쪽. “더 많은 수출은 국내 수공업에 노동고용의 기회가 더 많아짐을 의미했다. 그리고 노동고용의 증대는 산업에 대한 자본의 투자기회의 확대를 대변했다.”

41) 섬유수공업의 산업기술에 대한 콜베르(Collbert)의 규정은 이를 고전적으로 보여주고 있다. 그러나 영국에서는 18세기 후반기에 이르기까지 원료, 원료가공방식, 완성품의 성질에 관계되는 규정들이 존속했다. Heckscher, 위의 책, Bd. I, 118쪽 이하, 201쪽 이하 참조.

그러나 이는 단지 과정의 한 측면, 즉 경제적 재생산과정의 사사화(私事化, *Privatisierung*)만을 지적하고 있을 뿐, 재생산과정의 새로운 '공공적' 중요성을 지적하지는 못한다. 사사화된 경제활동은 공공적 지도와 감독하에 확대되는 상품교환을 지향해야 한다. 상품교환이 수행되는 경제적 조건들은 각각의 가정(家政, *Haushalt*)의 한계 밖에 놓여 있기 때문이다. 이 조건들이 최초로 일반이익의 성격을 갖는다.

한나 아렌트(Hannah Arendt)가 공론장과 사적 영역의 근대적 관계를 고대적 관계와 달리 '사회적'인 것의 발생으로 특징지을 때, 그녀가 의미했던 것은 바로 이러한 공적으로 중요하게 된 사회의 사적 영역을 의미한다.

> 사회는 인간이 동류 인간들과 맺는 의존관계가 다른 어떤 것이 아니라 삶 자체를 위해서만 공적 의미를 갖는 공동생활의 형식이다. 따라서 여기에서는 단지 삶의 유지에 기여하는 활동들이 공론장에서 나타날 뿐만 아니라, 공적 공간의 외모를 규정할 수 있다.[43]

고대부터 내려온 경제학의 정치경제학으로의 전환은 이러한 변화된

42) J. Schumpeter, *Die Krise des Steuerstaates*, Leipzig 1918, 16쪽.

43) H. Arendt, 위의 책, 43쪽(독어본 *Vita Activa*, Stuttgart 1960에서 인용). 물론 18세기 언어사용에서 종종 '시민사회'(*Zivilsozietät*, *civil society*, *societé civile*)라는 말은 아직 '부르주아 사회'와 '국가'를 구분하지 않는 '정치학'의 오랜 전통을 드러내고 있다. 이에 대해서는 M. Riedel, "Aristotelestradition am Ausgang des 18. Jahrhunderts," in: *Festsschrift F. O. Brunner*, Göttingen 1962, 276쪽 이하와 ders., "Hegels Bürgerliche Gesellschaft und das Problem ihres Ursprungs," in: *ARS* Bel 48 1962, 539쪽 이하 참조.

사회적인 것이라는 새로운 영역은 매우 일찍 근대 자연법에서 그것의 적절한 비정치적 개념을 얻는다. 나의 논문, "Die klassische Lehre von der Politik in ihrem Verhältnis zur Sozialphilosophie," in: *Theorie und Praxis*, 위의 책, 13쪽 이하 참조.

상황을 반영한다. 17세기에 이르기까지 오이코스 전제자(*Oikosdespot*), 즉 가장(*pater familias*, *Hauswirt*)의 임무영역에 속박되었던 경제라는 개념 자체가, 수익성의 원칙에 따라 계산되는 사업경영의 실천에서 그것의 근대적 의미를 획득한다. 가장의 의무는 가계에서 절약하는 것으로 좁아지고 강화된다.[44] 근대 경제는 더 이상 오이코스를 지향하지 않는다. 가정은 시장에 의해 대체되며, 경제는 '상업 경제'(*Kommerzienwirtschaft*)로 된다. 18세기의 카메랄리스틱(Kameralistik, 그 이름이 지방영주의 금고인 camera에서 파생되었다)에서 정치경제학의 이러한 선구적 형태는 한편으로 재정학과 다른 한편으로 전통적 경제학으로부터 분리된 농업기술학과 나란히 '내무 행정', 즉 본래의 행정학의 부분으로 그 옆자리를 차지한다. 부르주아 사회의 사적 영역은 공권력의 기관과 이렇게 밀접하게 연관되어 있었다.

자본주의의 중상주의 시기 동안 이렇게 변형된 정치조직과 사회조직 내에서(정치적인 것과 사회적인 것의 계기들 일반이 여기서 서로 분리된다는 점에서 이 조직의 형태 대부분이 이미 표현되고 있다), 이제 초기 자본주의 교류관계의 두 번째 요소가 본래의 폭발력인 신문을 발전시킨다. 엄격한 의미에서 최초의 신문들, 아이러니컬하게도 '정치신문'이라 불렸던 신문들은 처음에는 주간으로, 17세기 중반 경에는 이미 일간으로 출판되었다. 그 당시 사적 서신교환은 제국의회, 전쟁사건들, 수확량, 세금, 귀금속 수송에 관한 그때그때의 자세한 뉴스와 무엇보다도 물론 국제무역거래 뉴스를 담고 있었다.[45] 그러나 인쇄된 신문에 이르기까지 이런 '자필' 시사회보의 필터를 통과한 것은 이런 뉴스

---

44) O. Brunner, *Adeliges Landleben*, 위의 책, 242쪽 이하.

45) K. Kempters, *Die wirtschftliche Berichterstattung in den sog. Fuggerzeitungen*, München 1936.

흐름에서 아주 작은 실개천에 지나지 않았다. 사적 서신교환의 구독자는 그 내용이 공개되는 데 아무런 관심이 없었다. 따라서 정치신문이 상인들을 위해 존재했던 것이 아니라, 역으로 상인들이 신문을 위해 존재했다. 바로 공적 뉴스제공이 이들 사적 뉴스교류에 의존하기 때문에 이들 신문은 동시대인들에게서 새로운 것의 보호자(*custodes novellarum*)라 불렸다.[46] 외국뉴스, 궁정뉴스, 보다 덜 중요한 무역뉴스는 기본적으로 대상인의 비공식적 뉴스통제와 행정의 공식적 뉴스 검열의 여과를 통과했다. 일면 인쇄물들의 레퍼토리로부터 온 기적적 치료, 호우, 살인, 전염병, 화형 등과 같은 전통적 '뉴스들'이 여전히 잔존하였다.[47] 따라서 출간된 정보는 실제로 사용 가능한 뉴스자료의 나머지 범주에 속한다. 그럼에도 불구하고 왜 이것들이 이제 일반적으로 유포되고 접근 가능하게 되었는가, 곧 이것들이 왜 공공적으로 되었는가에 대한 설명이 필요하다. 통지문 필사가(筆寫家)의 이익이 여기에 이르기까지 충분했다고 믿기는 어렵다. 그렇지만 여하튼 그들은 출판에 대한 관심을 가지고 있었다. 뉴스교류가 상품교환의 필요에 따라서만 발전한 것은 아니다. 뉴스 자체가 상품이 된다. 따라서 영리적 뉴스제공은 시장의 법칙과 동일한 법칙에 종속된다. 그리고 시장의 발생이야말로 이런 뉴스제공이 존재하게끔 한 원인이다. 이미 자필 시사회보를 제공하던 서신 사무실에서 바로 인쇄신문이 발전된 것은 우연이 아니다. 모든 서신 정보는 그 가격을 지니고 있다. 그러

46) Hermann Bode, *Anfänge der wirtschaftlichen Berichterstattung*, Heidelberg 1908, 25쪽. "신문이 이차적인 뉴스기관이었던 반면, 편지가 17세기에는 아직 일반적으로 보다 신뢰할 만하고 빠른 뉴스의 원천으로 여겨졌다." Heinrich Goitsch, *Entwicklung und Strukturwandlung des Wirtschaftsteils der deutschen Tageszeitung*, Diss. Frankfurt 1939도 참조.

47) O. Groth, *Die Zeitung*, Bd. I, Berlin-Leipzig 1928, 580쪽.

므로 판매를 확대함으로써 수입을 증대하려 했다는 것은 당연하다. 기존의 뉴스자료의 일 부분은 이런 이유로 해서 정기적으로 인쇄되어 익명으로 판매되었고, 이로써 공개성을 지니게 된다.

그러나 신문을 곧 행정목적에 활용하려는 관청의 새로운 관심이 더 중요하다. 관청이 명령과 칙령을 공표하기 위해 이 도구를 이용함으로써, 공권력의 수신인은 비로소 근원적으로 '공중'이 된다. 정치신문은 처음부터 군주의 여행과 귀국, 외국의 고위귀족의 도착, 축제, 궁정의 '장중한 의식', 임명 등에 대해 보도하였다. 과시가 새로운 형태의 공공성으로 일종의 변화를 겪는 것으로 파악될 수 있는 이러한 궁정보도와 연관하여 또한 '신민의 지복을 위한 군주의 칙령'이 발간되었다. 그렇지만 신문은 곧 행정의 이익에 체계적으로 봉사하게 된다. 1769년의 빈(Wien) 정부의 신문칙령도 이런 관행 스타일을 보여준다.

> 신문 필자가 어떤 국내 포고와 기관 및 다른 일어난 사태가 공중에 적절한지 알게 하기 위해, 관리는 이런 것들을 매주 요약하여 신문 발행자에게 제시하여야 한다.[48]

당시 파리 주재 스웨덴 공사였던 휴고 그로티우스(Hugo Grotius)의 편지에서 알 수 있듯, 리슐리외(Richelieu)는 이미 새로운 도구의 유용성에 대한 깨어 있는 감각을 가지고 있었다.[49] 그는 르노도(Renaudot)가 1631년에 창간한 국가신문을 후원한다. 이 신문은 찰스 2세 치하에서 1665년 이래 발간되는 *Gazette of London*의 모형이다. 이 보다 2년 전에 런던에서는 공식적으로 허가받은 *Intelligencer*가 발간되며, 이는

48) Groth, 위의 책, I, 585쪽에서 재인용.
49) E. Everth, 위의 책, 202쪽.

이미 1643년에 간헐적으로 발간되었던 *Daily Intelligencer of Court, City, Country*에 이어서 나온 것이다.[50] 처음 프랑스에서 주소와 정보중개의 보조수단으로 출현했던 이런 광고지는 도처에서 정부가 선호하는 도구가 된다.[51] 정보중개는 다양한 방법으로 정부가 담당하게 되고, 정보지들은 관보(官報)로 전환된다. 1727년의 프러시아 제후의 칙령에 따르면, 이런 제도를 통해 '공중에 유익하게' 되어야 하며, '교류가 촉진되어야' 했다. '경찰, 상업 및 수공업에 관한' 칙령과 공고 이외에 과일시장, 생필품에 대한 공정가격, 국내 및 수입 생산품의 가장 중요한 가격들이 발표되었다. 그 밖에도 증권시세, 교통뉴스, 수위뉴스 등이 발표되었다. 이런 점에서 팔츠-바이에른 지방정부는 '상업 공중에게' '상업과 일반인을 위해 이들이 때때로 내려지는 지방군주의 칙령 및 다양한 상품의 가격에 대해 알 수 있어 그들의 상품을 더 비싼 값에 팔 수 있도록' 정보지를 예고할 수 있었다.[52]

관청의 공표의 수신인은 '공중', 따라서 모든 신민이다. 그러나 공표가 이런 과정을 통해 '보통사람'에게 도달하는 것이 아니라, 기껏해야 '교양신분들'에게 도달할 뿐이었다. 근대국가의 기구와 함께 새로운 '시민적' 계층이 발생하는데, 이들이 '공중'에서 중심 위치를 점한다. 그들의 핵심은 지방영주 행정의 관리, 주로 법률가들이다(여하튼 수용된 로마법의 기술이 사회적 교류의 합리화를 위한 도구로 이용되었던 유

---

50) Stanley Morrison, *The English Newspaper*, Cambridge 1932.

51) W. Sombart, 위의 책, Bd. II, 406쪽 이하. K. Bücher, *Aufsätze zur Zeitungskunde*, 위의 책, 87쪽. 최초의 정보쪽지들과 마찬가지로 18세기의 정보지들에 있는 광고는 통상적인 사업거래의 외부에 있는 상품들과 기간, 즉흥구매, 책, 치료약, 동반여행, 하인 등과 관련되어 있다. 본래적인 의미에서의 광고인 사업광고는 거의 유포되어 있지 않았다. 지역의 재화시장과 노동시장은 아직 얼굴을 맞대고 이루어졌다.

52) Groth, 위의 책, I, 598쪽.

럽대륙에서는 그랬다). 여기에 더하여 의사, 목사, 장교, 교수, 그리고 교사와 서기를 거쳐 '민중'에 이르는 위계질서의 정점에 지식인들이 서 있었다.[53]

그 동안 정확히 말해서 본래의 '시민', 수공업자와 소상인이라는 낡은 직업신분들은 사회적으로 하강한다. 이들은 도시들과 함께 중요성을 상실한다. 도시의 시민권에 그들의 지위는 기초하고 있었다. 이와 동시에 도시의 좁은 틀로부터 거대 무역상들이 자라나와 회사를 매개로 국가와 직접적으로 결합된다. 이렇게 해서 함부르크에서와 같이 도시가 영주의 영토권에 저항할 수 있었던 곳에서는 '자본가', 상인, 은행가, 출판업자, 수공업자들이 지식인이라는 새로운 신분과 마찬가지로 전통적 의미에서의 '시민'에 속하지 않는 '시민적' 집단에 속하게 된다.[54] 이러한 시민층이 처음부터 독서 공중이었던 본래의 공중의 담당자이다. 도시의 거상과 관리들이 이탈리아 르네상스 궁정의 귀족

53) R. Stadelmann / W. Fischer, *Die Bildungswelt des deutschen Handwerks*, Berlin 1955, 40쪽. 또한 Br. Kuske, "Der Einfluß des Staates auf die geschichtliche Entwicklung der sozialen Gruppen in Deutschland," in: *Köln. Zeitschr. f. Soz.* Bd. 2, 1949, 193쪽 이하 참조.

54) 페르시 에른스트 슈람(Percy Ernst Schramm)은 함부르크의 사회발전을 제국의 다른 곳과 비교하면서 이러한 차이를 강조한다. P. E. Schramm, *Hamburg, Duetschland und die Welt*, München 1943, 37쪽.

"진정한 시민을 이루는 본질, 즉 시민서약을 통해 뒷받침된 도시공동체에의 귀속이 이들('시민적 사람들')에게는 결여되어 있었다. …'시민'이 아니라 '시민적'이었던 이들 다른 사람들은 그들의 주인, 교회, 기업가를 위해 일하거나 자유직업의 구성원으로서 '자유'로웠다. 그러나 그들이 '시민적 신분'이라는 것 이외에 그들 사이에 어떤 공통점도 없었다. 이것이 말하는 것은 단지 그들이 이러한 명칭을 통해 귀족, 농민층 및 도시의 하층들과 구별된다는 것이다. 이러한 표현이 도시에 거주할 것을 요구하는 것은 결코 아니기 때문이다. 시골마을의 성직자, 광산의 엔지니어, 영주의 성에 있는 고위관리도 '시민적 신분'이었다. 또한 이들은 넓은 의미에서 교양 있는 시민, 즉 민중, peuple과 엄격히 구별되는 부르주아지에 속하는 것으로 여겨졌다."

문화에 통합되었던 것과 같이 이 계층 전체가 몰락하는 바로크 시대의 귀족문화에 더 이상 통합되지는 않았다. 오히려 이 계층은 부르주아 사회의 새로운 영역에서 지배적 위치를 점함으로써 '도시'와 '궁정' 간의 긴장을 초래하였는데, 각 민족국가에 고유한 이 긴장의 현상형태를 우리는 앞으로 다룰 것이다.[55]

중상주의 정책에 다른 누구보다 영향을 받는 동시에 이 정책을 요구하는 이 계층에서 관청은 반향을 불러일으킨다. 이로써 공권력의 추상적 대립자인 민중(*publicum*)은 이제 출현중에 있는 부르주아 공론장의 공중으로, 공권력의 상대방으로 자신을 의식할 수 있게 된다. 관청이 부르주아 사회라는 사적 영역에 대해 공공이익을 더 이상 대리하지 않고 신민들이 이 이익을 자기 자신의 이익으로 여기게 됨에 따라, 부르주아 공론장은 발전한다. 상업자본주의와 금융자본주의의 담지자들 이외에도 점증하는 출판업자, 수공업자 및 공장주들이 행정조치에 의존하게 된다. 이때 행정조치의 의도는 단지 이들의 영업활동과 기업활동을 통제할 뿐만 아니라 규제를 통해 이들의 창의를 고취하려는 것이다. 중상주의는 널리 퍼진 선입견과 달리 국영기업에 결코 이롭지 못하다. 오히려 중상주의의 상업정책은 비록 관료적 방식이긴 하지만 자본주의적으로 운영되는 사기업을 장려한다.[56] 이로써 관청과 신민의 관계는 공적 규제와 사적 창의의 특유한 상반성을 띠게 된다. 이렇게 해서 공권력이 지속적 행정행위 과정을 통해 사적 개인들과 접촉하는 지대(地帶)가 문제된다. 이는 결코 자본주의적 생

---

55) 이 책 2장 1절 이하 참조.

56) Heckscher, 위의 책, Bd. I, 258쪽. 이에 대해서는 W. Treue, "Das Verhältnis von Fürst, Staat, Unternehmer in der Zeit des Merkantilismus," in: *Vierteljahreshefte f. Sozial-und Wirtschgesch.*, Bd. 44, 1957, 26쪽 이하 참조.

산에 직접 참여하는 사람들의 범주에 대해서만 타당한 것이 아니다. 자본주의적 생산이 관철됨에 따라 자급자족은 줄어들고 지방시장의 지역시장 및 민족시장에 대한 의존은 증대한다. 그 결과 폭넓은 층의 주민, 무엇보다 도시민들이 소비자로서 그들의 일상생활에서 중상주의 정책의 조치에 영향을 받는다. 유명한 의복규약이 아니라 공정가격과 조세, 즉 사적인 것으로 된 가계에 대한 국가의 개입을 둘러싸고 마침내 비판적 영역이 형성된다. 곡물이 부족할 때에는 법령에 의해 금요일 저녁식사가 금지되었다.[57] 한편으로 국가에 대립하는 사회에 의해 사적 부문이 공권력으로부터 명확하게 분리되었고 다른 한편으로 삶의 재생산이 사적 가내권력을 넘어서 공익의 일로 고양되었기 때문에, 지속적 행정계약의 지대는 그것이 이성적으로 논하는 공중의 비판을 불러일으킨다는 의미에서도 '비판적' 지대가 된다. 공중은, 사회를 이미 특유한 의미에서 공적인 일로 만드는 데 행정이 이용한 도구인 신문의 기능을 변화시키기만 하면 되었기 때문에, 그만큼 더 이런 도전을 받아들일 수 있었다.

17세기 후반기 이후 이미 신문은 잡지로 대체된다. 잡지는 정보를 일차적인 내용으로 하는 것이 아니라 교육적 가르침과 심지어 비판과 서평을 담고 있었다. 처음에는 교양 있는 비전문인층을 위한 과학잡지들이 출현했다. 데니 드 살로(Denys de Sallo)의 《학자의 잡지》(*Journal des Savants*) (1665), 그리고 오토 멘켄(Otto Mencken)의 《박학지》(*Acta Eruditorum*) (1682), 마지막으로 토마시우스(Thomasius)의 유명한 《월간 대화》(*Monatsgespräche*) (1688)가 있었는데, 이들이 전 종류의 잡지에 대한 모델을 각인시켰다. 18세기 전반기를 지나면서 이른바 지식

57) Somnart, 위의 책, I, 365쪽.

인 기고와 함께 이성적 논의(*Räsonnement*)가 일간지에 진입하게 된다. 《할렌 정보지》(*Hallenser Intelligenzblatt*)도 1729년 이래 정보기사 이외에 지식인 기고, 서평, 때로는 '한 교수가 쓴 시국에 관한 역사적 보고'를 실었을 때, 프러시아 왕은 이런 발전 자체를 통제하려는 마음이 들었다. 아직 이성적 논의 자체는 규제되고 있었다. 법학부, 의학부, 철학부의 모든 정교수들은 순번으로 '신속히, 늦어도 목요일까지 순수하고 명확한 문체로 쓴 논평을 신문 발행인에게 제출해야만' 했다.[58] 지식인들은 '공중에게 유용한 진리'를 알려야 했다. 시민적인 사람들은 여기서 아직 지방 영주의 위임을 받아 숙고하고 있다. 그러나 이런 숙고는 곧 그들 자신의 숙고가 되고 이들 영주에 반하는 것이 된다. 1784년 프리드리히 2세의 칙서에는 다음과 같이 씌어 있다.

> 사적 개인은 주권자와 궁정, 공복, 평의회, 법원의 행위, 절차, 법률, 조치, 명령에 대해 심지어 책망하는 판단을 내리거나 그가 획득한 이에 관한 뉴스를 공표하거나 인쇄할 권리가 없다. 사적 개인은 또한 그것에 대한 판단을 내릴 능력이 없다. 왜냐하면 사적 개인에게는 상황과 동기에 대한 완전한 지식이 없기 때문이다.[59]

프랑스와 특히 영국에서는 18세기 초에 이미 유동화된 상황이 프랑스 혁명 수 년 전의 프러시아에서는 마치 하나의 모델과 같이 고착된 것으로 나타난다. 이전에는 의심의 여지없이 공권력의 영역이라 여겨졌으나 이제는 하나의 포럼으로서 이 영역으로부터 분리된 공론장을 고려하여 금지된 판결이 '공적'이라 불린다. 이 포럼에서는 공중으로

58) Groth, 위의 책, I, 623쪽에서 재인용.

59) W. Schöne, *Zeutungswesen und Statistik*, Jena 1924, 77쪽.

결집한 사적 개인들이 공권력으로 하여금 여론 앞에서 자신을 정당화할 것을 강제하려 한다. 민중(*publicum*)은 공중으로, 신하(*subjectum*)는 주체로, 관청의 수신인은 그것의 상대자가 된다.

말의 역사는 이러한 많은 결과를 초래하는 전회의 흔적을 보존하고 있다. 영국에서 17세기 중반 이래 'public'이라는 말이 사용되기 시작하는데, 그때까지 이에 상응하는 말로 '세계'(*world*)나 '인류'(*mankind*)가 사용되었다. 마찬가지로 프랑스어에서는 'le public'라는 말이 등장하는데, 이 말은 그림사전에 따르면 18세기에 베를린으로부터 시작하여 독일에서도 '공중'(*Publikum*)이라는 말로 채용되었던 것을 지칭한다. 그때까지 독일에서는 독서계(*Lesewelt*) 또는 단순히 세계(*Welt*)라고 말했다〔이는 오늘날에도 모든 세계(*alle Welt, tout le monde*)라는 의미에서 남아 있다〕. 아델룽(Adelung)은 공공장소에서 연사나 배우 주위에 군중으로 모여든 공중을 독서공중과 구별한다.[60] 그러나 이 두 경우 모두에서 중요한 것은 '판결을 내리는 공중'이다. 공중의 판결을 위해 제출된 것이 '공개성'을 얻는다. 17세기 말 프랑스어 publicité로부터 영어 publicity가 차용된다. 독일에서는 이 말이 18세기에 등장한다. 비판 자체는 '여론'(*öffentliche Meinung*)의 형태로 제시되는데, 이 말은 18세기 후반기에 프랑스어 'opinion publique'를 모방한 말이다. 영국에서도 '여론'(*public opinion*)이라는 말이 거의 동시에 출현한다. 그러나 '일반여론'(*general opinion*)이라는 말은 이미 오래 전부터 사용되고 있었다.

---

60) *Wörterbuch der hochdeutschen Mundart*, Wien, 1808, 3. Teil, 856쪽.

제 2 장

공론장의 사회적 구조

1. 개요

부르주아 공론장은 우선 공중으로 결집한 사적 개인들의 영역으로 파악될 수 있다. 이들은 곧 당국으로부터 규제받는 공론장을 공권력 자체에 대항하여 요구하며, 그 결과 기본적으로는 사적인 것으로 되었지만 공적으로 중요한 상품교환과 사회적 노동의 영역에서 교류의 일반규칙에 관해 공권력과 대결한다. 이 정치적 대결의 매체는 특유하며 역사상 유례가 없는 공적 논의(*öffentliches Räsonnement*)이다. 이 말은 독일어의 언어사용에서 건성으로 들어 넘길 수 없는 두 측면의 논쟁적 뉘앙스를 보존하고 있다. 그것은 이성에의 호소('이치를 따지다' — 역자)라는 의미와 동시에 이러한 호소를 불평불만의 궤변으로 경멸하며 깎아내리는 의미이다.[1] 이제까지 신분들은 군주들과 계약을 통해 합의했는데, 이 계약을 통해 신분의 자유권과 군주권(*fürsterliche Oberkeit*) 및 통치권(*Herrlichkeit*)의 경계를 확정할 때 상호 갈등하는 권력요구들이 개별 경우에 따라 조정되었다.[2] 이러한 관행은 13세기 이래 우선 지배신분과 군주의 이원화를 가져왔다. 곧 지역의 신분들만이 국가를 대표하고, 국왕은 국가와 대립하게 된다.[3] 잘 알려져 있듯이 의회에 의한 왕권의 상대화를 통해 이러한 발전이 진행된 영국은 왕이 신분들을 예속(*Mediatisierung*)하는 유럽대륙에서와는 다른 과정을 거친다. 이러한 권력조정의 양식을 깨고 나오는 것이 제3신분이다. 왜냐하면 이 신분은 더 이상 지배신분으로 확고한 지위를 차지할 수 없기 때문이다. 지배권들(*Herrenrecht*)—지배권들은 또한 신분적 '자유'였다—사이의 경계확정을 통한 지배의 분할은 상품경제의 기초

---

1) 칸트는 '논의하다'와 '논의'를 소박하게 계몽주의적 의미로 사용했다. 그는 말하자면 아직 바리케이드의 이 편에 서 있다. 헤겔은 이 위에 서 있다. 플라톤적 전통에 충실한 헤겔은, 단순한 오성적 고찰로서 개념의 구체적 일반성에로 나아가지 못한 논의적 사유가 소피스트들에게서 전형적으로 완성되어 있다고 보았다. 그는 그들의 논의에 대해 다음과 같이 서술하고 있다.

"의무, 즉 행해야 할 바가 즉자 대자적으로 존재하는 사태의 개념으로부터 취해지지 않고, 정당함과 부당함, 유용성과 유해성을 결정하는 것은 바로 외적 이유들이다."(*Vorlesungen über die Geschichte der Philosophie*, Bd. II, ed. Michelet, Ausg. Glockner Bd. XVIII, 22쪽).

헤겔은 논의하는 공중이 물론 논쟁적으로 관계하는 정치적 권위를 우월한 단계의 계기로 정당화하기 위해 논의, 그것도 공적으로 이용되는 논의를 깎아내린다. "군주의 개념은 논의, 다시 말해 반성하는 오성적 고찰에게는 가장 어려운 개념이다. 왜냐하면 논의는 개별화된 규정에 머물러 있기 때문이다."(*Rechtsphilosophie*, ed. Gans, Ausgabe. Glockner, Bd. VII, 283쪽 이하. §279)

2) 대부분 세습 영주에 대한 충성의 맹세시에 체결되는 이러한 신분계약(*Statusvertrag*)은 물론 근대 사법의 의미에서의 계약과 비교될 수는 없다. Brunner, *Land und Herrschaft*, 위의 책, 484쪽 이하 참조.

3) W. Naef, "Frühformen des modernen Staates im Spätmittelalter," in: *Historische Zeitschrift*, Bd. 171, 1951, 225쪽 이하.

위에서는 더 이상 불가능하다. 자본주의적으로 기능하는 소유에 대한 사법적 처분권은 바로 비정치적이다. 부르주아적인 사람들은 사적 개인들이다. 그리고 이런 사적 개인들로서의 그들은 '지배'하지 않는다. 따라서 공권력에 대항한 그들의 권력요구는 '분할'되어야 할 지배의 집중에 대항한 것이 아니다. 오히려 이 권력요구는 기존의 지배원칙을 무력하게 하는 것이었다. 부르주아 공중이 이 원칙에 대항해 내세운 감독의 원칙, 바로 공개성은 지배 자체를 변화시키려 한다. 당연히 지배요구의 형태를 포기하는, 공적 논의로 나타나는 권력의 요구는, 만약 그것이 관철된다면, 원칙적으로 유지되는 지배에 대한 정당화의 기초를 대체하는 것 이상의 결과를 가져올 것이다(제 2장 4절).

공중이 지배를 그것에 종속시킴으로써 지배를 실질적으로 변화시키고자 한 '이성'의 척도와 '법'의 형식이 갖는 사회학적 의미는 부르주아 공론장 자체를 분석함으로써, 특히 부르주아 공론장 내에서 공중으로서로 교류하는 사람들이 사적 개인들이라는 사실을 분석함으로써 드러난다. 핵가족적 친밀영역의 공중과 관련된 주체성으로부터 나온 사적 경험이 특유하게 공적 논의의 자명한 이해를 이끈다. 이러한 친밀영역이 충만하고 자유로운 내면성(*Innerlichkeit*)이라는 근대적 의미에서의 프라이버시(*Privatheit*)의 역사적 출현처이다. 고대적 의미의 '사적인 것' — 삶의 필요에 의해 운명적으로 주어진 강제성 — 은 사회적 노동의 노고와 예속관계로 인해 사적 영역의 내부권, 즉 가정으로부터 추방되는 것처럼 보인다. 상품교환이 가정경제의 경계를 파괴시켜 감에 따라 핵가족의 영역은 사회적 재생산의 영역으로부터 분리된다. 국가와 사회의 양극화 과정은 사회 내에서 다시금 반복된다. 사인(私人)의 지위를 통해 상품소유자의 역할과 가장의 역할, 소유자의 역할과 '인간' 자체의 역할이 결합된다. 고차원의 친밀영역에서의 사적 영역의 이중화(제 2장 3절)는 '사적'이라는 공동의 표제 하에 이 두 역할의 동일성을 확인하기 위한 토대를 제공한다. 부르주아 공론장의 정치적 자기이해는 궁극적으로 여기로 환원된다.

그러나 국가와 사회 간의 긴장에서 공론장이 정치적 기능을 명확하게 담당하기 이전에, 핵가족의 친밀영역으로부터 출현하는 주체성이 말하자면 그것의 고유한 공중을 형성한다. 공권력의 공공성이 사적 개인들의 정치적 논의에 의해 문제시되고 결국에는 정지되기 이전에도, 이 공론장의 갑판 밑에서 어떤 비정치적 형태의 공론장, 즉 정치적으로 기능하는 공론장의 문예적 초기형태가 형성된다. 이것이 아직 자기 내부의 권역에서 움직이는 공적 논의의 연습장이다. 이는 사적 개인들이 그들의 새로운 프라이버시에 대한 진정한 경험을 통해 자기 계몽되는 과정이다. 정치경제학 이외에 심리학이야말로 18세기에 발생한 또 다른 고유한 부르주아 학문이다. 공적으로 허용되는 문화적 형성물들, 열람실, 극장, 박물관, 연주회에서 불붙는 논의를 이끄는 것도 심리학적 관심이다. 문화가 상품형태를 취함으로써 진정 본래의 (그 자신의 목적을 위하여 존재한다고 주장되는 것으로서의) '문화'로 전개되면서, 문화는 그것을 통해 공중과 연관된 주체들 서로가 협의하는 토론대상으로 요구된다.

물론 문예적 공론장이 본래부터 부르주아 공론장은 아니다. 그것은 궁정의 과시적 공공성과 일정한 연속성을 보유하고 있다. 공적 논의의 기술은 교육받은 중산층의 부르주아 전위가 '고상한 세계', 즉 궁정·귀족 사교계와의 교류를 통해 학습한 것이다. 물론 이 궁정·귀족 사교계는 군주의 개인적 영역으로부터 근대 국가기관이 자립화됨에 따라 점차 궁정으로부터 떨어져 나와 도시에 자리 잡으면서 궁정에 대한 균형추를 이루게 된다. '도시'는 단지 부르주아 사회의 경제적 생

사적 부문		공권력의 영역
부르주아 사회 (상품교환과 사회적 노동의 영역)	정치적 공론장 문예적 공론장 (클럽, 신문)	국가 ('내무행정'의 영역)
핵가족의 내부공간 (부르주아 지식인)	(문화적 재화 시장) '도시'	궁정 (궁정 · 귀족사교계)

활의 중심만은 아니다. 그것은 무엇보다 '궁정'의 문화정책에 대립한 초기의 문예적 공론장을 가리키는데, 이것은 커피하우스, 살롱 및 만찬회로 제도화된다. 저 인본주의적이고 귀족주의적인 사교계의 유산들은, 부르주아 지식인들과 만나면서 공적 비판으로 전개되는 이들 지식인의 사교적 대화를 통해 붕괴되어 가는 궁정 공론장의 잔여형태와 새로운 부르주아 공론장의 초기형태 간에 다리를 놓는다 (제 2장 2절).

다음과 같은 예시에 의례적으로 따라붙는 단순화를 유보한다면, 사회부문들의 도식으로서 18세기 부르주아 공론장의 개요는 위와 같은 도표로 제시될 수 있다.

우리의 맥락에서 기본적인, 국가와 사회 간의 분리선이 공공영역을 사적 부문으로부터 분리한다. 공공영역은 공권력에 제한된다. 우리는 궁정도 여기에 속하는 것으로 여긴다. 또한 본래의 '공론장'은 사적 부문에 포함된다. 왜냐하면 공론장이 사적 개인들의 공론장이기 때문이다. 그러므로 우리는 사적 개인들에 속하는 부문 내에서 사적 영역과 공론장을 구분한다. 사적 영역은 좁은 의미의 부르주아 사회, 따라서 상품교환과 사회적 노동의 영역을 포괄한다. 친밀영역을 갖는 가족이 여기에 편입된다. 정치적 공론장은 문예적 공론장으로부터 나온다. 그것은 여론을 통해 국가와 사회의 욕구를 매개한다.*

---

* 역주 : 여기서 보듯 하버마스는 국가의 영역으로서 '공공영역' (*die öffentliche Sphäre*)

2. 공론장의 제도들

17세기 프랑스에서 'le public'은 예술의 수취인, 소비자, 비평가로서의 독자(*lecteurs*), 관람객(*spectateurs*), 방청인(*auditeurs*)을 뜻한다.[4] 이 말은 처음에는 '궁정'을 의미하는 것으로 이해되다가, 후에 파리 극장의 특별석에 앉아 있는 소수의 부르주아 상류층과 함께 일부의 도시 귀족을 의미하게 되었다. 따라서 궁정과 '도시'가 이러한 초기의 공중에 속한다. 이렇게 전적으로 귀족주의적 사교집단으로부터 어떤 근대적 요소가 성장한다. 제후가 자신의 축제를 열고 후원자인 양 예술가들을 불러모았던 궁정의 연회장 대신에 후에 살롱이라 불리는 것이 랑부이에 호텔(*Hotel de Rambouillet*)과 함께 등장하였다.[5] 이 모형에 따라 궁정에 대해서 일정한 자립성을 고수하는 억지로 꾸민 규방(閨房, *ruelle*)이 생겨난다. 경제적으로 비생산적이며 정치적 기능이 없는 도시귀족과 시민출신의 중요한 작가, 예술가, 과학자의 결합, 즉 18세

과 '공공부문'(*der öffentliche Bereich*)을 명확히 구분하지 않고 혼용하고 있다. 따라서 역자는 용어의 통일을 기하기 위해 '공공영역'이라는 단일한 용어만 사용하였다. 반면에 그는 '사적 부문'(*der private Bereich*)과 '사적 영역'(*der Privatsphäre*)을 구분해서 사용하고 있다. 상품교환과 사회적 노동의 부르주아 사회 및 가족이 엄밀한 의미에서 '사적 영역'이라면, '사적 부문'은 이 '사적 영역'과 '공론장'을 포괄하는 개념이다.

4) 아우어바하(E. Auerbach)는 이미 1629년에 극장의 관중이라는 의미에서 이 말이 사용되고 있음이 입증된다고 본다. 그때까지 public의 명사적 사용은 오직 국가 내지 공공복지와만 관련되었다. E. Auerbach, *Das französische Publikum des 17. Jahrhunderts*, München 1933, 5쪽.

5) 그 당시 사람들은 이것을 이탈리아 르네상스의 의미로 이해하여, 작은 방(*cabinet*), 극장의 반원형 관람석(*circle*), 오막살이집(*reduite*) 등으로 이해한 것이 아니라 화려한 홀로 이해했다.

기의 살롱(*salons*)에 전형적 결합이 이미 여기서 나타남에도 불구하고, 정중한 예절(*honneteté*)이 지배적인 분위기에서는 정신이 귀족 주최자의 권위로부터 벗어나 대화를 비판으로, 재치 있는 농담을 논증으로 전화시키는 자율성을 획득할 수 없었다. 베르사유에서 파리로 거처를 옮긴 오를레앙공 필립(Philip)의 섭정시기에 비로소 궁정은 공공성에서 그것이 차지했던 중심적 지위, 실로 공공성으로서의 그것의 지위를 상실한다. 궁정의 문화적 기능이 이른바 '도시'에 이양됨에 따라, 공공성의 담지자들만 변화한 것이 아니라 공공성 자체가 변화한다. 왕의 과시의 영역과 더불어 베르사유의 대형취미(*grand gout*)는 어렵게 유지되는 겉치레가 된다. 오를레앙공 필립과 두 후계자는 가족모임이 아니라면 작은 모임을 선호하고, 일정한 정도로 예의범절로부터 벗어난다. 화려한 의식(儀式)은 대부분 부르주아적 친밀성에 자리를 내준다.

> 루이 14세의 궁정에서 일주일에 6일 동안 열리는 회합은 사적 모임의 성격을 가졌다. 섭정기간 동안 궁정생활과 같은 것이 전개된 유일한 곳은 쏘(Sceaux)의 맹(Main) 공작부인의 성이었다. 이 성은 찬란하고 값비싸며 상상력이 풍부한 축제행사의 무대가 되었으며 새로운 문화중심, 진정한 뮤즈 신의 궁정이 되었다. 그러나 공작부인의 행사들은 그 안에 궁정생활을 최종적으로 해체하는 핵을 지니고 있었다. 이 행사들은 과거의 의미에서의 궁정과 18세기의 살롱 사이의 이행, 즉 궁정의 정신적 후계자였다.[6]

영국에서는 궁정이 태양왕의 프랑스에서와 같이 한 번도 도시를 지배한 적이 없었다.[7] 그럼에도 불구하고 프랑스의 궁정(*cour*)과 도시

---

6) A. Hauser, *Sozial Gescichte der Kunst und Literatur*, München 1953, Bd. II, 6쪽.

(*ville*) 간의 관계에서 한 세대에 걸쳐 일어났던 것과 같은 근본적 변화를 명예혁명 이후 영국의 궁정(*court*)과 도시(*town*) 간의 관계에서도 관찰할 수 있다. 스튜어트 왕가에서 찰스 2세(Charles II)에 이르기까지 문학과 예술은 왕의 과시에 이용되었다.

> 그러나 혁명 이후에 궁정의 광채는 퇴색하였다. 왕관의 정치적 지위도 왕관을 쓴 사람의 개인적 기질도 과거와 같지 않았다. 엄격한 윌리엄(William), 허약한 앤(Anne), 조지(George)라는 이름의 독일 왕들, 농부 조지, 가정적 빅토리아(Victoria), 이들 중 어느 누구도 엘리자베스 여왕 스타일의 궁정을 가지려는 희망을 품지 않았다. 이후의 궁정은 은둔하여 사는 왕가의 거처가 되는데, 이 거처는 사람들이 멀리서 손가락으로 지칭하며, 잘 알려진 지루하고 형식적 기회를 제외하고는 접근하기 어려운 곳이 되었다.[8]

'도시'의 우위는 영국과 프랑스에서 매우 다른 점을 보임에도 불구하고 동일한 사회적 기능을 맡았던 새로운 제도들로 더욱 공고하게 된다. 그것은 바로 1680년과 1730년 사이에 번창했던 커피하우스(*coffee house*)와 섭정시기와 혁명 사이 기간의 살롱(*salons*)이다. 이것은 영국이나 프랑스에서 처음에는 문예적 비판의 중심지였으며 후에

---

7) 런던은 파리와 같이 왕에 직접 종속된 적이 없었다. 선출된 시의회 의원들에 의해 자치적으로 관리되고 자체의 시민군에 의해 경찰력을 행사하는 도시에는 농촌의 다른 도시들보다 궁정과 의회의 재판권이 덜 미쳤다. 18세기 말경에 거의 모두가 89개의 길드와 회사의 회원이었던 12,000명의 납세자들이 26명의 시의회 의원과 200명의 시의회 회원을 선출했다. 이는 그 당시에는 유례가 없이 광범위한 거의 '민주주의적' 토대였다. 그렇지만 명예혁명 이후에는 궁정과 도시 간의 관계에서 프랑스 섭정시기의 발전에 비견되는 근본적 변화가 일어난다.

8) G. M. Trevelyan, *English Social History: A Survey of Six Centuries from Chaucer to Queen Victoria*, London 1944, 338쪽.

는 정치적 비판의 중심지가 된다. 여기서 귀족주의적 사교계와 부르주아적 지식인들 사이에서 교양층의 평형이 형성되기 시작한다.

17세기 중반 경, 널리 퍼진 차뿐만 아니라 초콜릿과 커피 또한 최소한 부유한 주민층의 일상 음료가 된 이후 비단상인의 마부가 최초의 커피하우스를 연다. 18세기 처음 10년간에 이미 런던에는 3천 개가 넘는 커피하우스가 생기는데, 이들 모두는 고정 고객의 핵심층을 가지고 있었다.[9] 드라이든(J. Dryden)이 윌(Will)의 커피하우스에서 '고대와 근대'에 관해 젊은 작가들과 토론하고, 이보다 약간 후에 애디슨(J. Addison)과 스틸(Steele)이 버튼(Button) 커피하우스에서 '작은 원로회'(*little senate*)를 열 듯이, 이미 로터리 클럽에서는 밀턴(Milton)이라는 원조자의 주재 하에, 마벨(Marvell)과 퍼피스(Pepys)가 여기서 '오우션나'(*Oceana*)의 공화국 이념을 강연했을 해링턴(Harrington)과 회의를 열고 있었다.[10] 살롱에서와 마찬가지로 '지식인'과 귀족이 만나는 이들 커피하우스에서 문학은 자신을 정당화해야 했다. 그러나 여기서 대부르주아층과 결합된 귀족은 프랑스 귀족에게는 박탈된 사회적 기능을 가지고 있었는데, 그것은 그가 지주들과 자본가들을 대변한다는 점이다. 이렇게 해서 예술작품과 문학작품에서 발화된 논의는 곧 경제논쟁과 정치논쟁으로 확장된다. 이 논쟁에서는 살롱에서의 토론에서와 같이 그것이 최소한 직접적으로는 아무런 효력이 없을 것이라는 보장을 확신할 수 없었다. 또한 로코코 전반이 그렇듯이 살롱

---

9) L. Stephen, *English Literature and Society in the 18th Century*, London 1903(1947), 37쪽. H. Reinhold, "Zur Sozialgeschichte der Kaffees und des Kaffeehauses," in: *Köln. Zeitschr. f. Soz. und Sozialpsysch.*, Bd. 10, 1958, (주제서평) 151쪽 이하도 참조.

10) H. Westerfrölke, *Englische Kaffeehäuser als Sammelpunkte der literarischen Welt*, Jena 1924, 21쪽 이하.

스타일이 기본적으로 여성에 의해 각인되었던 반면에, 커피하우스에는 오직 남성만이 허용되었다는 사실이 이런 사정과 연관이 있을 것이다. 매일 저녁 홀로 남게 된 런던의 이러한 모임의 부인들은 새로운 제도에 대항해 완고한 투쟁을 펼쳤으나 헛된 일이었다.[11] 커피하우스는 중요한 서클에의 자유로운 참가를 가능하게 했을 뿐만 아니라, 중산층의 보다 넓은 계층, 심지어 수공업자와 소상인까지 포괄했다. 네드 워드(Ned Ward)가 '부유한 가게주인'이 하루에 여러 번 커피하우스를 들른다고 보고한 것은,[12] 가난한 사람에게도 마찬가지로 해당되는 말이다.[13]

---

11) 1647년에 이미 〈저 수분을 말리고 쇠약하게 하는 음료의 과도한 사용으로 인해 발생한 성 불편에 대한 공적 숙고를 대변하며, 커피에 반대하는 여성의 탄원〉이라는 팸플릿이 출현하였다.

12) Trevelyan, 위의 책, 315, 각주.

13) "The Clubs of London," *National Review*, No. 8(April 1857), 301쪽.
"모든 직업, 생업, 계급, 당파가 그들의 단골 커피하우스를 가지고 있었다. 법률가들은 사원 근처에 있는 커피하우스 넌도(Nando)나 그리션(Grecian)에서 법이나 문학에 대해 토론하고 최근의 새로운 연극을 비평하고, 웨스트민스터 홀에서 일어난 최신의 신랄한 논평을 퍼뜨렸다. … 시민들은 커피하우스 개러웨이(Garraway)나 조나단(Jonathan)에서 만나 주식 상승과 하락에 대해 토론하고 보험률을 확인하였다. 사제들은 성바울 교회묘지에 있는 커피하우스 트러비(Truby)나 차일드(Child)에 모여서 대학의 가십을 서로 교환하거나 세이처버렐(Sacherverell) 박사의 설교를 평가하였다. 군인들은 채링 크로스(Charing Cross, 런던시 중앙 번화가) 근처에 있는 커피하우스 영맨(Young Man)이나 올드맨(Old Man)에 모여서 그들의 불만거리에 관한 불평을 늘어놓았다. 세인트 제임스(St. James)와 스미르나(Smyrna)는 휘그당 정치인들의 본부였던 반면에, 토리당원들은 코코아 트리(Cocoa Tree)나 오우진다(Ozinda)를 뻔질나게 출입하였는데, 이들 커피하우스는 모두 세인트 제임스가에 있었다. 스코틀랜드인들의 단골집은 포리스트(Forest)였고, 프랑스인들의 단골집은 세인트 마틴스 레인(St. Martin's Lane)에 있는 자일즈(Giles)나 올드 슬로터(Old Slaughter)였다. 도박꾼들은 화이트(White)와 코번트 가든(Covernt Garden) 근처의 초콜릿 하우스(*Chocolate-house*)들에서 주사위를 던졌고, 예술의 거장들(*virtuosi*)은 그레셤 대학(Gresham College)의 이웃들을 방문하였다. 그리고 주도적인 재사이에 반해 프랑스의 살롱은 자국 내에 있는 특유한 타국의 영토였다. 국가와 교회의 지도권에서 거의 배제된 부르주아가 경제에서 점차 결정적 지위를 차지하게 됨에 따라, 귀족층이 사회적 교제에 있어 위계질서를 더욱 엄격히 강조하고 왕의 특권을 이용함으로써 이들의 물질적 우위를 보완하려는 동안, 살롱에서는 귀족 및 이들에 동화된 은행과 관료제의 대부르주아가 '지식인'과 이른바 동등한 기반 위에서 만나게 된다. 평민 달랑베르(d'Alembert)는 예외가 아니었다. 귀족이든 부르주아이든 상류사회의 귀부인의 살롱에는 왕자, 백작, 시계제조업자의 아들들이 드나들었다.[14] 살롱에서 정신은 더 이상 후원자에 봉사하지 않는다. '의견'은 경제적 예속의 속박으로부터 해방되었다. 살롱들이 필립공 치하에서도 재치 있는 담론이라기보다는 오히려 호색적 만족의 장소였다면, 토론은 이제 곧 만찬과 결합된다. 디드로의 문자와 말하기의 구분[15]은 새로운 회합장소의 기능을 명확하게 보여준다. 18세기의 위대한 문필가들 중 먼저 이러한 담론으로, 즉 아카데미에서의 강연과 무엇보다도 살롱에서의 담론으로 먼저 자신의 기본 생각을 토론에 부치지 않았던 사람은 거의 없다. 새로운 작품은, 그것이 비록 음악작품이라 하더라도 먼저 이 포럼에서 자신을 정당화

(才士)들은 그레이트 러셀(Great Russell)가의 커피점 윌(Will), 버튼(Button), 톰(Tom)에 몰려들었는데, 여기서는 연극이 끝난 후 피켓(*piquet*, 두 사람이 32매의 패를 가지고 하는 카드놀이)놀이를 하거나 한 밤중까지 최고의 대화가 계속되었다. … 부유한 상인들은 로이드(Lloyd)에서 주식 상승과 하락에 대해 잡담을 나누었다. 로빈(Robin)과 로치포트(Rochefort)에서는 외교관들과 은행가들이 협의하였다. 예술애호가들은 샤인 웍(Cheyne Walk)에 있는 커피하우스 돈 살터로(Don Saltero)를 방문하였다. …"

14) Hauser, 위의 책, II. 7쪽.

15) 우리의 문자는 특정한 시민계급에 영향을 줄 뿐이지만, 우리의 말은 모든 사람에게 영향을 준다(Nos écrits n'operant que sur une certaine classe de citoyens, nos discourse sur toutes).

하여야 했다. 수도원장 갈리아니(Galiani)의 곡물무역에 대한 대화는, 어떻게 대화와 토론이 우아하게 상호 결합되고, 덧붙여 말하면 어떻게 중요하지 않은 여행 및 안부가 중요한 연극 및 정치와 마찬가지의 무게를 가지고 다루어졌는가에 관한 생생한 그림을 제공하고 있다.

이 당시 독일에는 궁정의 과시적 공공성을 부르주아 공론장의 제도들로 대체할 수 있는 '도시'가 존재하지 않았다. 그러나 여기서도 지식인들의 만찬회(*Tischgesellschaft*)와 17세기 독일의 국어학회(*Sprachgesellschaft*)에서 비슷한 요소들이 발견된다. 물론 이것들은 커피하우스와 살롱에 비해 영향력이 적었으며 널리 퍼져 있는 것도 아니었다. 그것들은 살롱보다 더 엄격히 정치적 실천으로부터 격리되어 있었다. 그러나 그것의 공중은 커피하우스에서와 같이 생산적 노동을 하는 사적 개인들, 즉 학문적 교육을 받은 부르주아들이 대다수를 차지하며 제후의 거주지에 사는 명망가들로 이루어졌다. 고트쉐트(Gottsched)가 1727년에 라이프치히에서 처음 창립한 '독일학회' (*Deutsche Gesellschaft*)는 이전 세기의 국어회(*Sprachorden*)에 뿌리를 두고 있다. 국어회는 제후들이 소집한 것이기는 하지만, 신분적으로 배타적인 것은 아니었다. 후에 이 국어회들을 기사단으로 변혁하려는 시도가 실패로 돌아갔음은 주목할 만하다. 이것들은 창립문서 중 하나에 씌어 있듯이, "다른 신분에 속한 사람들 사이에 평등과 모임이 가능하도록 하는 것"을 목적으로 하였다.[16] 모국어가 이제 인간으로서의 인간간의 의사소통을 위한 매개체로 파악되므로, 이러한 단체, 협회, 아카데미는 모국어를 신중하게 다루게 된다. 시민들은 여기서 사회적 위계질서의 경계를 넘어서 사회적으로 인정받지만 정치적으로 영향력이 없는 귀족과 '단순한'

16) E. Manheim, *Die Träger der öffentlichen Meinung*, Wien 1923, 83쪽.

인간으로서 만난다.[17] 결정적인 것은 회원들의 정치적 평등보다는 절대주의 정치영역 자체에 대한 그들의 배타성이었다. 사회적 평등은 처음에는 국가 외부에서의 평등으로서만 가능했다. 따라서 사적 개인들의 공중으로의 결집은 비밀스러운 공론장, 전반적으로 공개성을 배제한 상태에서 기대할 수 있었다. 작은 집회소에 전형적이며 다른 연맹들과 만찬회들에서도 널리 퍼졌던 비밀관행(*Arkanpraxis*)은 변증법적 성격을 갖는다. 교양인 공중이 오성의 공적 사용을 통해 합리적으로 의사소통하는 데서 실현되어야 할 이성은, 그것이 모든 지배관계를 위협하므로, 공개되는 것으로부터 보호받을 필요가 있다. 공개성이 제후의 비밀경찰에 자리잡는 한, 이성이 직접적으로 자신을 드러내 보일 수는 없었다. 이성의 공론장은 아직 비밀에 의존하였고, 이성의 공중은 공중으로조차 비공개적인 것이었다. 이렇게 자기보호를 위해 위장한 이성의 빛은 단계적으로 드러난다. 그 당시 일반적인 유럽적 현상이었던 프리메이슨 운동에 대한 레싱의 "부르주아 사회가 단지 프리메이슨 운동의 후예가 아니라 하더라도", 이 운동은 부르주아 사회와 똑같은 나이를 먹었다는[18] 유명한 말은 이를 상기시키고 있다.

논의하는 공중과 이들이 선도했던 부르주아 공론장이 당국의 규제를 받는 공론장에 대항해 관철되어 감에 따라 비밀결사의 관행은 자기 자신의 이데올로기에 빠져버린다. 이들 결사는 부르주아 공통감각의 공공적 이종(異種) 문화권으로부터 '폐쇄 조직'으로 되는데, 이는 "그

---

17) 언어는 '선험적 공통감각의 기관'과 '공적 합의의 매개체'로 여겨졌다. Manheim, 위의 책, 88쪽과 92쪽 참조.

18) Lessing, Erns und Falk, *Gespräche für Freimaurer*, 1778. 프리메이슨 운동 전체에 관해서는 E. Lennhof/O. Posner, *Internationales Freimaurerlexikon*, Zürich, Leipzig, Wien 1932와 B. Fay, *La Franc-Maconnerie et la Révolution intellectuell du XVIIIe sicle*, Paris 1935 참조.

사이 생겨난 공론장으로부터의 격리에 그 기초를 두고 있었다".[19] 이에 반해 다른 단체들, 특히 18세기 중반 지방명사들이 발기한 단체들은 협력의 기초 위에서도 상대적으로 가입이 쉬운 공개적 협회로 확대된다. 이들 단체에서 부르주아적 교제 스타일, 은밀함 및 궁정의 관습에 대항해 펼쳐지는 도덕이 비로소 당연시되었으며, 여하튼 의식적 형제애의 행사를 더 이상 필요로 하지 않았다.

만찬회, 살롱, 커피하우스가 그 공중의 범위와 구성, 교제 스타일, 논의의 풍토, 주제의 정향에 있어 아무리 다르다 하여도, 이들 모두는 경향적으로 사적 개인들간에 벌어지는 지속적 토론을 조직화하였다. 따라서 이것들은 일련의 공통되는 제도적 기준들을 가지고 있다.

첫째, 지위의 평등을 전제로 하는 것이 아니라 지위 전체를 도외시하는 일종의 사회적 교제가 요구된다. 서열의식에 반하여 경향적으로 동등함의 예의가 관철된다.[20] 사회적 위계질서의 권위에 대항하여 논증의 권위가 방어되고 종국에는 관철될 수 있었던 토대인 동등성은 그 당시의 자기이해에 따르면 '단순히 인간적인 것'의 대등한 자격을 의미했다. 관직의 권력과 위신이 무효화되었다는 의미에서만 사람들(*les hommes*), 사적 신사들(*private gentlemen*), 사적 개인들(*Privatleute*)이 공중을 구성하는 것은 아니다. 경제적 예속도 역시 원칙적으로 무효화될 수 있다. 국가의 법과 마찬가지로 시장의 법칙도 정지된다. 물론 이로써 커피하우스, 살롱, 단체를 통해 공중의 이념이 진정으로 실현되었다고 말하는 것은 아니다. 그러나 이것들을 통해 공중의 이

---

19) Manheim, 위의 책, 11쪽.

20) 플레스너(H. Plessner)는 물론 다른 맥락에서이기는 하지만, 공론장을 '예의의 타당성 영역'으로 정의한다. 역할담당자 사이에 외교적 관계가 존재한다면, 자연인들 사이에는 예의의 관계가 존재한다. *Grenzen der Gemeinschaft*, Bonn 1924, 100쪽 참조.

념은 이념으로서 제도화되었으며, 객관적 요구가 되었고, 그런 한에서 현실이 된 것은 아니지만 효력을 발휘하게 되었다.

둘째, 이러한 공중의 토론은 이제까지 의문시되지 않았던 영역의 주제화를 전제한다. 자본주의의 발전이 특정한 사회적 범주들에 대해 점점 더 많은 정보를 합리적으로 지향하는 태도를 이미 요구하고 있음에도 불구하고, 공중이 비판적으로 다루는 '일반적인 것'은 여전히 해석의 독점에 귀속되어 있었다. 이 해석의 독점은 단지 설교단에서만이 아니라 오히려 철학, 문학, 예술에서 교회의 권위와 국가의 권위가 갖고 있었다. 그러나 철학적 저작과 문학작품, 예술작품 일반이 시장을 위해 생산되고 시장을 통해 중개됨에 따라, 이들 문화적 재화들은 일종의 정보와 유사하게 된다. 그것들은 상품으로서 원칙상 일반적으로 접근할 수 있는 것으로 된다. 그것들은 더 이상 교회의 공공성이나 궁정의 공공성의 과시를 위한 구성요소가 아니다. 이것은 바로 이러한 공공성의 아우라의 상실, 그것의 과거 성스러운 성격의 세속화를 뜻한다. 작품에 상품으로 접근하게 된 사적 개인들은 작품을 세속화시킨다. 이것은 그들이 서로 합리적 의사소통 과정을 거쳐 작품의 의미를 자율적으로 찾고, 북돋우며, 이로써 밖으로 표현되지 않음으로써 그렇게 오랫동안 권위적 힘을 가질 수 있었던 것을 밖으로 표현해야 했기 때문이다. '예술'과 '문화'는 레이몬드 윌리엄스(R. Williams)가 입증하듯이, 18세기에 들어와서야 비로소 사회적 삶의 재생산으로부터 분리된 영역이라는 그것의 근대적 의미를 획득한다.21)

---

21) R. Williams, *Culture and Society 1780~1950*, New York 1960. "예술은 형식적으로 모든 인간적 기술이었다(기교, 기량의 의미에서의 예술 — 하버마스). 그러나 이제 예술은 특정한 무리의 기술, 즉 '상상적' 예술 또는 '창조적' 예술이다. … 예술은 기술로부터 … 일종의 제도, 특정한 종류의 활동집합체가 되었다." 이에 상응하여 '문화'도 의미변화를 겪는다. "문화는 일차적으로 자연성장의 경

셋째, 문화를 상품형태로 전화시킴으로써 문화를 비로소 토론능력을 갖춘 문화로 만들어 낸 동일한 과정이 공중의 원칙적 비폐쇄성을 가져온다. 각각의 공중이 아무리 배타적이라 할지라도, 공중이 결코 완전히 빗장을 걸고 하나의 파벌로 고착될 수는 없었다. 왜냐하면 공중은 모두 독자, 청자, 관중으로서 소유와 교양을 전제로 하며 시장을 통해 토론대상을 소유할 수 있는 사적 개인들의 보다 큰 공중의 한가운데에서 자신을 이해하고 이 속에 존재하기 때문이다. 토론 가능한 문제들은 그 중요성이라는 의미뿐만 아니라 그것에 대한 참여가능성이라는 의미에서도 '일반적'으로 된다. 모든 사람이 그것을 가질 수 있어야 한다. 공중이 확고한 대화상대 집단으로 제도적으로 확립된 곳에서는 이 공중이 스스로를 공중 일반과 동일시하지 않는다. 여기서 공중은 기껏해야 그의 화자로서, 또는 심지어 그의 교육자로서 그의 이름을 가지고 등장하여 공중을 대변할 것을 요구한다. 이는 부르주아적 대의의 새로운 형태이다. 제 1세대의 공중은 그것이 각자의 인적 사항을 알 수 있는 사람들의 형식으로 구성된 곳에서도 자신들이 보다 큰 공중의 한가운데 있음을 알았다. 공중은 잠재적으로 언제나 이미 공개단체이다. 왜냐하면 공중은 토론하면서 내부로도 외부로도 향할 수 있기 때문이다. 보드머(Bodmer)와 브라이팅거(Breitinger)가 1721년 취리히에서 출간한《화가의 담론》(*Diskurse der Mahlern*)은 많은 예들 중의 하나이다.

초기의 공중제도들 외부에서 산만하게 형성된 '대'공중은 물론 농촌

향을 의미하였고(식물재배라는 의미에서의 배양), 후에 이에 유추하여 인간적 훈련과정을 의미하였다(가령 문화인). 그러나 통상적으로 어떤 것의 수양이라는 의미에서의 후자의 사용은… 문화 자체, 사물 자체로 변화되었다." (XIV. F쪽) 비트람(R. Wittram)도 '문화'에 관한 개념사적 논평을 하고 있다. *Das Interesse an der Geschichte*, Göttgingen. 1958, 40쪽 이하 참조.

인구와 도시 '민중'의 규모와 비교해 볼 때 매우 적은 수였다. 초등학교 교육은 그것이 있다하더라도 하찮은 것이었다. 심지어 문맹률은 최소한 영국에서 이전의 엘리자베스 시대보다 높았다.[22] 18세기 초반 영국에서는 전체 주민의 절반 이상이 생존의 최저한계에서 살았다. 대중들은 전반적으로 문맹이었을 뿐만 아니라, 문학작품의 값을 지불할 수 없을 정도로 빈곤하였다. 그들은 문화적 재화의 시장에 이렇게 소박하게나마 참여하기 위해 요구되는 구매력을 가지고 있지 못하였다.[23] 그럼에도 불구하고 문화적 교류의 상업화 과정에서 형성된 확산된 공중과 더불어 하나의 새로운 사회적 범주가 발생한다.

17세기의 궁정 귀족사회는 본래 독서공중이 아니다. 그들은 마치 그들의 하인처럼 문필가들을 부양하기는 했지만, 후원자에 기초한 문학생산에 상응했던 것은 진정 관심 있는 공중의 독서라기보다는 오히려 일종의 과시적 소비였다. 출판가가 문필가의 주문자로서 후원자를 대체하여 시장에서 작품을 분배하는 일을 맡게 된 이후, 1710년대에야 비로소 관심 있는 공중은 형성된다.[24]

---

22) R. D. Atlick, *The English Common Reader, A Social History of Mass Reading Public*, Chicago 1957. 특히 이 책의 제1장 참조. 그 결과는 30쪽에 다음과 같이 요약된다. "우리가 가진 작은 정보로부터 추측해서 캑스턴(Caxton) 이후의 3세기 동안 독서공중의 증가를 도표로 그려보면, 처음 백 년 동안 선은 서서히 올라갈 것이다. 엘리자베스 시대 동안 증가율은 상당히 빨라질 것이다. 내전과 잉글랜드 공화국 기간 선은 정상에 도달할 것인데, 이때는 독서에 대한 관심이 공적 동요에 의해 강력한 자극을 받을 때이다. 그러나 왕정복고시대 동안에는 대중적 분투의 감소, 전쟁이 교육체제에 미친 손실, 드라이든(Dryden) 시대 현대문학에서 귀족주의의 우세로 인해 선은 하락할 것이다. 새로운 상승은 18세기 초반, 즉 애디슨(Addison)과 스틸(Steele)의 시대에 시작되는데, 그 이후로는 선은 지속적으로 올라갈 것이다."

23) J. Watt, "The Reading Public," in: *The Rise of the Novel*, London 1957.

24) Hauser, 위의 책, II, 53쪽. "후원제도는 출판사에 의해 대체된다. 사람들이 매우 정확하게 집단적 후원제도라 불렀던 서적 주문예약은 후원제도와 출판사 간

독일에서 전형적으로 관찰할 수 있는 궁정극장과 제후의 거주지에 있는 극장이 '공공적'이게 될 때 비로소 문학과 마찬가지로 연극도 엄밀한 의미에서 공중을 얻게 된다. 물론 민중, 즉 당대의 문헌에서 불리듯이 서민은 영국과 프랑스에서는 이미 17세기 이후 가령 런던의 글로브극장(the Globe Theatre)이나 파리의 국립극장(Comédie)에 입장이 허용되었다. 심지어 하인, 군인, 도제, 젊은 서기 및 항시 '구경거리'에 흥분하는 룸펜 프롤레타리아도 입장이 허용되었다. 그러나 이들 모두는 아직 (우리의 극장건물에 아직도 건축적 기능이 없는 잔재로 남아 있는) 환호하는 민중의 눈앞에서 '고위인사들'이 과시하는, 앞서 다룬 다른 유형의 공공성의 일부이다. '극장의 아래층 뒷자리 관객'(*parterre*)이 어떻게 부르주아 공중으로 변화되어야 했던가를 파리의 경찰조례가 전형적으로 보여주고 있다. 이 조례는 1641년 왕의 칙령 이후 소음, 싸움 및 말 그대로 살인[25]을 저지하기 위한 규정이다. 왜냐하면 곧 칸막이 관람석과 발코니에 있는 '상류사회'뿐만 아니라 아래층 뒷자리에 앉아 있는 일정 부분의 공중, 즉 부르주아 공중 자체도 협잡꾼들(*filous*)로부터 보호해야 했기 때문이다. 이 부르주아 공중의 최초의 예는 생드니(St. Denis)가(街)의 상인들이다 (새로 생긴 패션가게와 사치품가게의 주인들, 보석상, 안경상, 음악상, 장갑 제작자 등). 사람들이 후에 교양신분으로 여긴 사람들, 그러나 살롱을 드나드는 대부르주아

의 이행형태이다. 후원은 작가와 공중 간의 순수한 귀족주의적 관계형태이다. 서적 주문예약은 이 결속을 느슨하게 만들기는 하나, 이 관계의 개인적 성격의 일정한 특징을 보존한다. 저자에게 완전히 미지인 일반공중을 위한 책 출판이 비로소 익명적 상품교환에 기초한 부르주아 사회의 구조에 상응하게 된다."

25) 파르페(Parfaict)는 심지어 초연시에 수위가 네 명이나 살해되었다는 것을 기준으로 자신의 희곡의 성공을 자랑스럽게 여기는 작가에 대해 보고하고 있다. Auerbach, 위의 책, 13쪽 참조.

상층에 속하지는 않는 사람들이 아래층 뒷자리에 몰려들었다. 영국에서는 단절이 보다 명확하다. 여기서 민중극장은 완전히 몰락한다. 찰스 2세 때 런던에는 궁정의 후원 하에 단지 하나의 극장이 있었을 뿐이며, "이 극장에서조차 관심을 두는 것은 시민들이 아니라 단지 상류사회일 뿐이었다".[26] 혁명 이후의 시기에 드라이든의 희극이 콩그리브(Congreve)의 연극으로 이행함으로써 비로소 극장이 공중에 개방된다. 그리고 이 공중이야말로 고트쉐트가 18세기의 60년대에 말했던 "베를린에서는 그것이 공중이라 불린다"[27]고 말했을 때의 바로 그 공중이다. 독일에서는 고트쉐트와 레싱이 결정적으로 노력한 결과 1766년에 비로소 '독일 국민극장'(*Deutsches Nationaltheater*)이 확실한 무대를 갖게 된다.

연주회 청중에서는 새로운 독서공중과 연극관객보다 더 엄격한 범주의 전이가 확인되는데, 이 전이의 결과 공중 내에서의 단순한 계층변화가 아니라 '공중' 그 자체가 비로소 발생한다. 18세기 말까지 모든 음악은 말하자면 과시적 공공성의 기능에 속박되었으며, 오늘날 우리가 그렇게 부르듯이 실용음악이었다. 그것의 사회적 기능으로 평가한다면, 이들 음악은 예배의 경건함과 품위, 궁정모임의 축제기분 등 예식무대의 장관을 위해 기능하는 것이었다. 작곡가들은 교회음악가, 궁정음악가, 시의회 음악가로 고용되어 있었으며, 후원을 받는 작가가 후원자를 위해 일하듯이, 궁정의 연주자들은 제후를 위해 그의 주문에 따라 일했다. 시민들은 교회나 상류사회 밖에서 음악을 들을 기회가 거의 없었다. 처음에는 사립 음악서클들(*Collegia Musica*)이 해방된다. 곧이어 이들 서클은 공적 연주단체로 자리를 잡게 된다. 돈을

26) Trevelyan, 위의 책, 255쪽.

27) Groth, 위의 책, I, 620쪽에서 인용.

받고 입장을 허용함으로써 음악연주는 상품이 된다. 그러나 이와 동시에 마치 목적이 없는 음악과 같은 것이 생긴다. 최초로 음악 자체를 듣기 위해 공중이 모이게 되는데, 이 애호가 공중은 재산과 교양을 갖추면 누구에게나 허용된다.[28] 사회적 과시기능으로부터 면제된 예술은 자유로운 선택과 변화하는 선호대상이 된다. 이제 예술이 지향하는 '취미'는 권한으로부터 자유로운 비전문가들의 판단으로 표현된다. 왜냐하면 공중에서는 누구나 판단할 권한을 주장할 수 있기 때문이다.

비전문가들의 판단, 즉 비판적 심급으로서의 공중을 둘러싼 논쟁은 소수의 권위자들(*connaisseurs*)이 그때까지 특권화된 권한을 사회적 특권과 결부시켰던 곳에서 가장 격렬하게 일어났는데, 그것이 회화였다. 회화는 예술가들이 마침내 시장을 위해 작업할 수밖에 없게 될 때까지 본질적으로 전문지식을 갖춘 귀족수집가를 위한 회화였다. 시장을 위한 작업과 동일한 정도로 화가는 길드, 궁정, 교회로부터 해방된다. 수공업으로부터 자유예술(*ars liberalis*)이 발생한다. 물론 이는 국가독점의 과정을 통해서 진행된다. 파리에서는 1648년 르 브룅(Le Brune) 하에서 예술아카데미가 창립된다. 이 아카데미는 1667년 콜베르(Colbert)에 의해 프랑스 한림원(Académie Francise)과 유사한 특권을 갖게 된 3년 후, 최초의 '살롱'으로 공적으로 등장한다. 그러나 루이 14세 치하 동안 그러한 전시회가 기껏해야 열 번 열렸을 뿐이다.[29]

---

28) Hauser, 위의 책, II, 84쪽 이하. 또한 L. Balet, *Die Verbürgerlichung der deutschen Kunst, Literatur und Musik im 18. Jahrhundert*, Leyden 1938, 38쪽 참조. "정기적인 공적 연주회가 프랑크푸르트에서는 1723년부터, 함부르크에서는 1724년부터, 슈트라스부르크에서는 1730년부터 있어왔다. 라이프치히에서는 1743년부터 일을 벌이길 좋아하는 상인들이 '대연주회'를 개최하였는데, 이는 후에 오늘날에도 존속하는 유명한 '직물판매소 연주회'(*Gewnadthauskonzert*)로 확대되었다."

29) 이 전시회들은 아카데미의 연차 총회시에 궁전 정원의 야외에서 열렸다. 최초의

1737년 이후에야 이러한 전시회는 정기적으로 개최된다. 그리고 다시 10년 후 최초로 다음과 같은 원칙을 정식화하는 라 퐁(La Font)의 유명한 성찰이 출판된다.

> 전시된 그림은 출간의 빛을 보기 위해 주어진 책이다. 무대 위에서 공연되는 희곡작품이다. 모든 사람이 그에 대해 판단할 권리를 갖는다.[30]

연주회 및 극장과 마찬가지로 박물관은 예술에 대한 비전문가들의 판단을 제도화한다. 토론이 예술습득의 매체가 된다. 지배적 예술론의 비판과 옹호를 그 대상으로 하는 수많은 소책자는 살롱의 대화에 의거하게 되고, 살롱의 대화는 다시 이 소책자를 대상으로 하게 되어, 대화로서의 예술비평이 성립한다. 또한 18세기 전반에 계몽적 아마추어들(*amateurs éclairés*)이 새로운 예술공중의 내부서클을 형성한다. 공공 전시회가 더 많은 사람들을 끌어들이고 예술작품이 권위자들을 아랑곳하지 않고 더 많은 공중과 직접 접촉하게 됨에 따라, 권위자들은 더 이상 그들의 지위를 유지할 수 없게 되었지만 그들의 기능은 필수 불가결하게 되었다. 이 기능을 이제 전문적 예술비평이 떠맡는다. 예술비평이 원래 어떻게 살롱으로부터 발생하게 되었는지는 그것의 최초이자 가장 중요한 대변가인 디드로(Diderot)가 보여주고 있다. 그는 1759년 이래 주기적 아카데미 전시회들에 대한 예술적 식견을 갖춘 평가인 《살롱 보고》를 쓰는데,[31] 이것은 그림(Grimm)의 문학

'살롱'은 1699년 루브르로 이주한다. 그러나 1704년 이후 이 전시회들은 한 세대 이상 전혀 열리지 않는다.

30) La Font, "Refléxions sur quelques causes de l'état présent de la peinture," in: A. Dresdner, *Die Entstehung der Kunstkritik im Zusammenhang des europäischen Kunstlebens*, München 1915, 161쪽에서 인용.

서신 왕래(*literarische Korrespondenz*)라는 마담 데피나(d'Epinay)의 살롱이 발기하여 이 살롱의 내부용으로 만든 잡지였다.

예술비평, 문학비평, 연극비평, 음악비평의 제도에 포함되어 성숙한, 또는 성숙하다고 자처하는 공중의 비전문가적 판단이 조직화된다. 이에 따른 새로운 직업이 그 당시의 속어로 예술비평가(*Kunstkritiker*)라는 이름을 얻는다. 예술비평가는 근원적으로 변증법적 과제를 맡는다. 그는 스스로를 공중의 대리인이자 동시에 공중의 교육자로 생각한다.[32] 예술비평가들은 자신들을 공중의 대변인으로 생각할 수 있다—이것이 그들과 예술가들 간의 논쟁에서 중심적 논점이었다. 왜냐하면 그들은 논증의 권위 이외에 어떤 권위도 의식하지 않았으며, 논증에 의해 설득된 모든 사람과 의견이 일치했기 때문이다. 동시에 그들이 전문가로서 '독단'과 '유행'에 반하여 잘못 알고 있는 사람들의 판단력에 호소하는 경우, 그들은 공중 자체에 대해 대항할 수 있다. 이러한 자기이해와 같은 사정으로부터 비평가의 실제적 지위도 설명될 수 있다. 그 당시 이 지위는 엄밀한 의미에서 직업적 역할이

---

31) 무엇보다 1765년과 1767년의 '살롱'비평은 획기적인 것이었다. 이들 비평 모두는 혁명 이후에 비로소 출판되었다.

32) 공적 토론에 참여하고 책을 구입하며, 연주회나 극장에 자리를 잡고, 전시회를 찾는 사람은 누구나 자유로운 판단의 소명을 받으며 그럴 권리를 가지고 있다. 그러나 판단들간의 논쟁이 벌어질 때 그는 과도한 주장에 갇히지 말아야 하며 '선입견'을 벗어버려야 한다. 과시적 공공성에서 그어졌던 비전문가와 정통한 사람 사이의 경계가 극복됨에 따라, 유전된 것이든 후천적으로 습득한 것이든, 사회적이고 지적인 특별한 능력들은 원칙적으로 효력을 잃게 된다. 그러나 참된 판단은 토론 속에서 비로소 알아내야 할 것이기 때문에, 진리는 과정으로, 다시 말해 일종의 계몽으로 나타난다. 이 과정에서 일부의 공중이 다른 공중에 비해 더 발전할 수 있을 것이다. 따라서 공중은 어떤 특권층은 아닐지라도 전문가들을 알게 된다. 이들은 공중을 교육할 수 있고 교육해야 한다. 그러나 이들이 그렇게 하는 것은 논증을 통해 설득하고 보다 나은 논증에 의해 스스로가 설득 당하지 않는 한에서이다.

아니었다. 예술비평가는 어떤 아마추어적인 것을 보존하고 있었다. 그의 전문성은 철회될 때까지만 유효한 것이다. 이러한 전문성에서 비전문가의 판단이 조직화된다. 그러나 이런 판단은 그것이 특화됨으로써, 궁극적으로는 자기 자신의 판단 이외에 다른 어떤 사람의 판단도 구속력을 갖지 않는다고 생각하는 여타의 모든 사적 개인들 중의 한 사인의 판단과 다른 어떤 것이 아니다. 바로 이 점에서 예술비평가는 판사와 구별된다. 그러나 동시에 그들은 그 전성기에 있던 살롱, 커피하우스, 단체의 좁은 모임을 넘어서 성장하고 있는 공중이 그들의 말을 경청하게 해야만 한다. 곧이어 처음에는 손으로 쓴 서신왕래로부터 시작하여 후에는 인쇄된 월간지나 주간지로 발전하는 잡지가 이러한 비평의 출판도구가 된다.

예술 및 문화비평지들[33]은 제도화된 예술비평의 도구로서 18세기의 전형적 창조물이다. "세계가 천 년 동안 그것 없이도 잘 지내온 이

33) 신문이 비판적 기능을 떠맡게 되자 통지문 쓰기는 곧바로 문예지로 발전된다. 이런 잡지가 사교적 논의로부터 출현한 것임은 《월간 대화》, 《월간 담화》등으로 불린 초기 잡지의 이름으로 알 수 있다. 이들 잡지가 널리 유포되는 과정은 독일에서 모범적으로 추적할 수 있다. 토마시우스 식의 잡지로부터 《학자 통지문》(*Gelehrte Anzeigen*)이 최초의 잡지로 출현하는데, 이 잡지는 짧은 논평과 서평을 통해 철학과 과학을 공적 토론에 부쳤다. 유명한 《프랑크푸르트 학자 신문》(*Frankfurter Gelehrten Zeitungen*) (1736년 창립)도 마찬가지로 '고귀한 과학'을 다루었다. 고트쉐트의 노력에 이어 니콜라이(Nicolai)가 1777년에 베를린에서 창립한 문예비평 잡지, 《고귀한 과학과 자유 예술 총서》(*Bibliothek der schönen Wissenschaften und der freyen Künste*)가 활짝 꽃을 피웠다. 레싱과 밀리우스(Mylius)의 《연극의 역사와 수용에 관한 논문집》(*Beiträge zur Historie und Aufnahme des Theaters*, 1750) 이후 저널리즘적 연극비평이 일어났다. 또한 음악비평 잡지들도 비록 연극비평지들보다는 그 수가 적지만 아담 힐러(Adam Hiller)가 1767년 라이프치히에서 창간한 《음악에 관한 주간 보도와 논평》(*Wöchentlichen Nachrichten und Anmerkungen die Musik betreffend*) 등이 발간되었다.

후, 예술비평이 18세기 중반에 단번에 화면에 등장한다는 것은 매우 기이한 일이다"라고 드레스드너(Dresdner)는 놀라고 있다.[34] 한편으로 철학은 비판철학으로 가능했을 뿐이며, 문학과 예술은 오직 문학비평과 예술비평과의 관련 속에서만 가능했다. 작품 자체가 비판하는 것은 '비평지'들에서 비로소 고유하게 완결된다. 다른 한편으로 공중도 역시 철학, 문학, 예술을 비판적으로 습득하는 과정을 통해 비로소 스스로 계몽할 수 있게 되며, 스스로를 계몽의 살아 있는 과정으로 파악할 수 있게 된다.

이러한 맥락에서 결정적 현상은 도덕 주간지들이다. 여기서는 후에 분리되는 것들이 함께 결합되어 있다. 앞서 말한 비평지들은 이미 사교적 대화모임으로부터 분리되었으며, 마찬가지로 그것들이 논하는 작품들과도 분리되었다. 반면에 이들 주간지들은 직접적으로 커피하우스에서의 토론의 일부이지만, 스스로를 한 편의 문학으로 생각했다. 사람들이 이들 주간지를 정기간행물 에세이(*periodische Essay*)라 부른 데는 그만한 이유가 있었다.[35]

스틸과 애디슨이 1709년 《태틀러》(*Tatler*) 창간호를 발간했을 때, 커피하우스들은 이미 수없이 많아졌으며, 커피하우스 방문자들의 집단도 매우 광범위한 상태였다.[36] 따라서 이런 수천 개의 집단들이 서로 접촉하는 것은 오직 하나의 신문을 통해서만 보장될 수 있었다.[37]

---

34) Dresdner, 위의 책, 17쪽.

35) L. Stephan, 위의 책, 76쪽. "정기간행물 에세이는 당대의 가장 성공적인 혁신을 보여준다.… 왜냐하면 그것은 최고도로 연마한 작가가 가장 큰 청중의 진정한 이해와 효과적으로 결부될 수 있는 양식이었기 때문이다."

36) 《태틀러》(*Tatler*)는 스스로 분명하게 천명하듯이 "자신의 상점보다는 커피하우스에서 더 많은 하는 부유한 시민들"을 향하고 있었다. 1709년 5월 17일자.

37) 《태틀러》(*Tatler*)는 곧바로 4,000부에 도달했다. 《태틀러》가 1711년에 들어서면서 갑자기 발행을 중단하자 일반적으로 나타났던 유감의 표현은 이 잡지에 대한

이와 동시에 새로운 잡지는 커피하우스에서의 생활과 밀접히 엮여 있어 개별 호들로부터 그 생활을 직접 재구성할 수 있을 정도이다. 커피하우스의 공중은 신문기사를 토론대상으로 삼았을 뿐만 아니라 이 토론의 구성부분으로 여겼다. 이러한 사정은 수많은 잡지들의 홍수가 보여주는데, 편집자들은 이들 잡지로부터 일부를 매주 선별하여 출판하였다. 《스펙테이터》(*Spectator*)가 《가디언》(*Guardian*)으로부터 분리되었을 때, 독자 편지는 그 스스로 하나의 제도가 된다. 버튼의 커피하우스의 서쪽에는 사자머리가 놓여 있었는데, 독자는 사자 입에 자신의 편지를 집어넣었다.[38]

또한 많은 기사가 취하던 대화형식이 구어와의 친근성을 보여주고 있다. 같은 토론이 다른 매체에 이전되어 계속되는데, 이는 낭독을 통해 다시금 원래의 대화라는 매체로 들어가게 된다. 후에 생긴 이러한 장르의 많은 주간지들은 심지어 발행일 없이 출판되었는데, 이는 상호 계몽과정의 말하자면 초시간적 연속성을 강조하기 위한 것이었다. 도덕 주간지들[39]에서는 성숙에 대한 소명을 가지고 있다고 느끼는 사람들의 자기이해의 의도가 후에 등장하는 잡지들에서보다 더 뚜렷하게 나타난다. 바로 뒤이어 예술비평으로 전문화되는 것이 이들 주간지들에서는 아직 예술과 예술비평, 문학과 문학비평의 일체로 되어 있었다. 공중은 《태틀러》, 《스펙테이터》, 《가디언》을 통해 스스

관심이 얼마나 높았는가를 보여준다. 자세한 것은 Westerfrölke, 위의 책, 64쪽 참조.

38) 그 이후 독자투고가 매주 '사자의 포효'라는 이름으로 출간되었다.

39) 영국의 모범이 도덕 주간지의 3세대 동안 대륙에서도 여전히 통용되었다. 독일에서는 1713년 함부르크에서 《궤변가》(*Der Vernünftler*)가 출판된다. 후에는 《함부르크 애국자들》(*Hamburger Patrioten*, 1724~1726)이 이 잡지보다 더 성공하게 된다. 18세기를 통틀어 독일에서는 이러한 잡지 수는 187개에 이른다. 영국에서는 같은 시기에 227개, 프랑스에서는 31개였던 것으로 알려져 있다.

로 결점을 지적한다. 공중은 아직 철학, 문학, 예술, 과학에 대한 반성의 우회로를 통해서가 아니라 스스로가 대상으로서 '문학' 속에 들어감으로써 자신을 이해하였다. 애디슨은 자신을 예절과 도덕의 비평자로 보았다. 그는 자선모임과 빈곤층 학교에 관해 다루었고, 교육제도의 개선책을 내놓고 예의바른 인간관계를 촉구하고 도박의 해악, 광신, 소인 근성, 문예 애호가의 몰취미, 학자의 괴팍한 언행에 맞서 논쟁을 벌였다. 그는 관용의 확산, 도덕신학으로부터 부르주아 도덕성의 해방, 학자들의 철학으로부터 생활지혜의 해방을 위해 노력했다. 이러한 것을 읽고 토론하는 공중은 여기서 스스로를 주제로 삼았던 것이다.

3. 부르주아 가족 및 공중과 연관된 프라이버시의 제도화

부르주아 공론장의 초기 제도들이 궁정으로부터 분리되는 귀족사교계에 묶여 있었던 반면에, 극장, 박물관, 연주회에서 형성되는 '대'공중은 그것의 사회적 출신성분의 기준으로 보아도 부르주아적 공중이다. 이러한 공중의 영향력은 1750년경에 우위를 점하게 된다. 이미 전 유럽에 범람하던 도덕주간지들은 평범한 《파멜라》(*Pamela*)를 세기의 베스트셀러로 만든 취향을 겨냥하고 있다. 이미 이들 주간지는 후에 부르주아 비극과 심리소설의 문학형식에서 진정으로 충족되는 부르주아 독서공중의 욕구로부터 나온 것이다. 열정적으로 자기 자신을 주제화하는 공중이 사적 개인들의 공적 논의를 통해 상호이해와 계몽을 추구하면서 갖게 된 경험은 말하자면 특유한 주체성의 원천으로부터 흘러나온다. 문자 그대로의 의미에서 이 주체성의 정착지는 가부장적 핵가족의 영역이다. 잘 알려져 있듯이 핵가족의 영역은 수세기에 걸친 자본주의적 변혁과 더불어 진행되었던 가족구조의 변화로부터 출발하여 부르주아 계층의 지배적 유형으로 공고화된다.

물론 도시의 귀족, 특히 여타 유럽에 대해 기준적 역할을 했던 프랑스 수도의 귀족은 계속해서 '일가'(*Haus*)를 유지하고 부르주아적 가족생활의 내면성(*Innerlichkeit*)을 비웃는다. 이들에게는 이름만 통해서도 혈통과 동시에 특권의 계승이 충분히 보장된다. 그것을 위해서는 부부의 공동살림조차 필요치 않다. 이들 부부는 그들 각자의 저택(*hotel*)에 거주하며 때로는 자신들의 가족모임에서보다는 살롱이라는 가족 외부의 영역에서 더 자주 만난다. 여주인(*maitrsse*)은 하나의 제도였으며, 이는 '사교생활'의 지속적으로 변동하면서도 엄격히 관습화된 관계가 부르주아적 의미의 사적 영역을 드문 경우에나 허용하였다는 사실을 증후적으로 보여준다. 이런 가벼운 친밀성(*Intimität*)에서 비록 사적 영역이 발생한다 하여도, 그러한 친밀성은 새로운 가족생활의 지속적 친밀성과는 구분된다. 다른 한편 지속적 친밀성은 대가족의 공동성이라는 과거의 형식과도 뚜렷이 구별된다. 대가족의 공동성은 특히 농촌에서 '민중'이 18세기 전반에 걸쳐 고수하고 있었으며, '공적인' 것과 '사적인' 것의 구분이 일어나지 않았다는 의미에서 전(前)부르주아적인 것이다.

그러나 17세기 영국의 부르주아화된 농촌귀족은 이미 위와 같이 '일가 전체'에 구속된 생활양식으로부터 벗어난 것처럼 보인다. 생활의 사사화(私事化, *Privatisierung*)는 건축의 양식변화에서 관찰할 수 있다.

> 새로 지어진 주택에는 일정한 건축적 변화가 시도되었다. 대들보가 있는 높은 천장의 홀은 이제 유행이 지나갔다. 식당과 거실은 이제 단층 높이로 지어졌다. 반면 과거 홀의 용도였던 다양한 목적들은 일상적 규모의 수많은 공간들로 할당되었다. 또한 대부분의 삶이 펼쳐졌던 정원은 … 줄어들었으며, … 마찬가지로 그것의 위치도 주택의 중앙으로부터 뒤로 옮겨졌다.[40]

여기서 트레벨리언(Trevelyan)이 영국 귀족의 별장에 대해 보고하고 있는 것은 18세기 대륙의 시민주택에도 해당된다.

> '일가 전체'를 위해 기능했던 거의 모든 공간들은 현대의 대도시에 있는 개인주택에서 하찮은 정도로 제한되었다. 넓은 앞뜰은 초라하게 좁은 현관으로 줄어들었으며, 세속화된 부엌에서는 가족 구성원들과

40) Trevelyan, 위의 책, 242쪽.

충복들 대신에 하녀와 요리사만이 이리저리 움직일 뿐이다. 특히 정원은 종종 … 좁고, 축축하고 냄새나는 구석이 되었다. … 우리가 우리들 집의 내부를 들여다보면, 남편, 아내, 자식, 하인을 위한 공동 거처인 '거실'이 계속 작아지거나 완전히 사라졌음을 알게 된다. 이에 반해 개별 가족구성원들을 위한 특수한 방들은 더욱 더 많아지고 독특하게 설비된다. 가족 구성원의 고립화가 집 내부에서조차 고귀한 것으로 여겨진다.[41]

릴(Riehl)은 그가 전에 말했던 것과 같은 집을 개별 구성원들에게는 더욱 살기 좋게 만들지만 가족 전체에게는 더욱 좁고 빈곤하게 만드는 이 개인화 과정을 분석하고 있다.[42] 안주인이 집주인과 나란히 하인과 이웃들 앞에서 점잖게 행동하던 거실 홀의 대가족적 '공공성'은 부부가 그들의 어린 자식들과 함께 하인들로부터 격리되는 핵가족의 거실에 자리를 내주게 된다. 집에서 벌어지는 잔치는 저녁모임이 되고, 가족 공동의 방은 사적 개인들이 공중으로 집결하는 응접실이 된다.

일가 전체를 위한 장소와 홀은 매우 작은 것으로 압축된다. 역으로 상류 부르주아 주택에서 가장 중요한 공간은 전혀 새로운 방, 살롱에 할당된다. … 그러나 살롱은 '일가'가 아니라 '모임'을 위해 기능하는 것이다. 그리고 이 살롱의 모임은 이 집에 밀접하고 단단하게 얽혀 있는 친지집단과 같은 의미가 아니다.[43]

---

41) W. H. Riehl, *Die Familie*, 10. Aufl., Sttutgart 1889, 174쪽과 179쪽.

42) 같은 책, 187쪽. "과거의 주택에서 개별 구성원들이 가족에 대해 갖는 태도를 건축적으로 상징하는 것은 돌출 창이었다. 본래 거실이나 거실 홀에 속했던 돌출 창은 각 개인이 작업하고, 놀이하고, 토라져 있을 수 있는 구석이다. 그는 여기로 가서 얼굴도 내밀지 않을 수 있었으나, 다른 구성으로부터 완전히 차단될 수는 없었다. 왜냐하면 돌출 창은 방 쪽으로 열려 있기 때문이다."

43) 같은 책, 185쪽.

사적 영역과 공론장을 가르는 경계선이 집의 한가운데를 지나게 된다. 사적 개인들은 그들 거실의 친밀함으로부터 살롱의 공론장으로 나온다. 그러나 하나는 다른 하나와 엄격히 결부되어 있다. 사교적 토론과 공적 논의가 귀족사교계의 영역에 그 기원을 두고 있다는 사실을 상기시키는 것은 살롱이라는 이름일 뿐이다. 부르주아 가장들과 그 부인네들이 교류하는 장소로서의 살롱은 그 동안 이 기원으로부터 분리되었다. 여기서 공중을 형성하는 사적 개인들은 '모임 속에서' 싹터 오르는 것이 아니다. 사적 개인들은 각기 가부장적 핵가족의 내부공간에서 그 제도적 형태를 획득한 이른바 사적 생활에서 비로소 출현한다.

이 내부공간이 정치 경제적 해방에 상응하는 심리적 해방의 장소이다.[44] 가족권의 영역이 독립적인 것으로서 모든 사회적 연관으로부터 분리되어 순수한 인간성의 영역으로 스스로를 인식하고자 함에도 불구하고, 이 영역은 노동과 상품교환의 영역에 대해 종속관계에 들어 있다. 독립성의 의식은 아직도 시장의 사적 영역에 대한 저 친밀한 영역의 실질적 종속으로부터 이해될 수 있다. 상품 소유자들은 어떤 면으로는 자신을 자립적이라고 생각할 수 있다. 그들은 국가의 감독과 통제로부터 해방됨에 따라 수익성을 기준으로 자유로이 결정한다. 그

---

44) Hans Paul Bahrdt, *Öffentlichkeit und Privatheit als Grundformen städtischer Soziierung* (Maunskript) 1956, 32쪽 참조. "가정생활의 내면화와 세련화, 밀접한 사물적 환경을 의식적으로 꾸미는 주거문화, 교육수단의 사적 점유와 소수 사회집단에 의한 그것의 공동이용, 혈육적 공동생활의 정상적이고 통합적 형식으로서 정신적 교환, 가족권 내에서 이루어지는, 교회로부터 상대적으로 독립적인 종교생활, 개별 연애, 그 최종 발전단계에서 부모의 거부권을 더 이상 용인하지 않는 배우자 선택의 자유, 이 모든 것은 사적 영역과 동시에 부르주아 문화 및 예의의 구축에 전형적 현상들이다." (이 글은 그 사이 확대된 형태로 출판되었다. H. P. Bahrdt, *Die moderne Großstadt*. Hamburg 1961, 36쪽 이하).

리고 그들은 여기서 누구에게도 복종할 의무를 지지 않으며, 다만 시장에 내재하는 것처럼 보이는 경제적 합리성에 따라 작동하는 익명의 법칙에 종속될 따름이다. 이들 법칙에는 정당한 교환이라는 이데올로기적 보장이 부여되어 있으며, 이들 법칙은 정의에 의해 폭력을 극복할 수 있다는 것이다. 소유에 대한 처분권에 근거하며 교환교류에 대한 참여에서 어느 정도 실현되는 사적 개인들의 이러한 자율성은 그러한 것으로 제시될 수 있어야 한다. 시장에서 소유자의 자율성에 상응하는 것이 가족에서 인간성의 자기묘사이다. 사회적 강제로부터 해방된 것처럼 보이는 친밀성은 경쟁에서 실행되는 사적 자율성이 진리임을 공인한다. 자신의 경제적 기원을 부정하는 사적 자율성, 즉 스스로를 자립적이라고 생각하는 시장 참여자에 의해서만 유일하게 실행되는 자율성의 영역 외부에 있는 사적 자율성은 또한 부르주아 가족에게 그것 자체의 의식을 부여한다. 부르주아 가족은 자발적이며, 자유로운 개인들에 의해 성립되고 아무런 강제 없이 유지되는 것처럼 보인다. 그것은 배우자 쌍방의 지속적 사랑공동체에 근거하고 있는 것처럼 보인다. 그것은 교양 있는 인격성을 특징짓는, 특정한 목적에 구애받지 않는 모든 능력의 발전을 보장하는 것처럼 보인다. 자발성, 사랑 공동체, 교양이라는 세 가지 계기는 인간성의 개념으로 결합되는데, 이 인간성은 인류 자체에 내재하며 진정 인류의 절대적 지위의 본질이라는 것이다. 순전히 또는 단지 인간적이라는 말에서 아직은 감지만 될 뿐인 해방, 그것의 고유한 법칙에 따라 완수되는 모든 종류의 외적 목적으로부터 내면적인 것의 해방이 그것이다.

그러나 핵가족의 친밀영역이 스스로에 대해 갖는 이러한 이념은 아직 시민들 자신의 의식에서는 부르주아 가족의 실제 기능들과 충돌한다. 왜냐하면 가족이 그 이전의 모든 사회와 마찬가지로 부르주아 사회를 지배하는 강제로부터의 예외는 당연히 아니기 때문이다. 가족은 자본의 가치증식과정에서 그것의 정확히 규정된 역할을 수행한다. 가족은 가계(家系)적 연관으로서 인격적 연속성을 보장하는데, 이 연속성은 실질적으로 자본축적에 그 본질을 두며 재산의 자유로운 상속권으로 확고히 고정된다. 무엇보다 가족은 자유의 가상에도 불구하고 사회의 대행자(*Agentur*)로서 사회적으로 필요한 요구를 엄격히 준수하게끔 하는 어려운 매개과제를 위해 기능한다. 프로이트는 아버지 권위가 내면화되는 메커니즘을 발견하였다. 그의 제자들은 이 메커니즘을 사회심리학적으로 가부장적 핵가족의 유형에 속하는 것으로 보았다.[45] 여하튼 시장과 자신의 기업체에서 소유자가 갖는 자율성에는 여자와 어린이의 가부장에 대한 종속이 대응된다. 전자에서의 사적 자율성은 후자에서의 권위로 전화되며, 그렇게 자부했던 저 개인의 자발성은 환상적인 것으로 된다. 또한 배우자 양측의 자율적 의지선언을 가정하는 결혼의 계약형식도 대체적으로 가상이다. 특히 가족이 자본의 담지자인 한, 혼인은 자본의 보존과 증식에 대한 고려로부터 자유로울 수 없었기 때문이다. 오늘날까지 문학은 이로써 발생하는 사랑공동체의 이념에 대한 위험을 사랑과 이성의 갈등으로, 즉 금전 목적의 결혼과 신분을 위한 결혼으로 다루는데, 이는 문학에서만 그런 것은 아니다.[46] 마지막으로 직업의 욕구 또한 그 자체 유일한 목적이어야 하는 교양의 이념과 모순된다. 헤겔은 곧이어 교양이 부르주아적 교양으로서는 인정할 수 없는, 그 핵심에 있어 사회적 필요노동에 어떻게 구속되는가를 파악하였다. 이 오랜 모순은 오늘날까지

45) 특히 "Erich Fromm," in: Max Horkheimer, *Autorität und Familie*, Paris 1936, 77쪽 이하 참조.

46) 나의 시평, '결혼시장'(*Heiratsmarkt*) in: *Zeitschrift Merkur*, Nov. 1956 참조.

한편으로 인격성의 함양과 다른 한편으로 단순한 기예를 전수하는 교육을 둘러싼 논쟁에서 계속되고 있다.

이렇게 부르주아 사회의 욕구가 친밀하게 형성된 인본성의 영역이라는 가족의 자기이해를 심각하게 무력화시킨다 하더라도, 핵가족의 사적 영역의 경험으로부터 자라나온 자유, 사랑, 교양의 이념들은 전적으로 이데올로기만은 아니다. 이 이념들은 현실제도들의 형태로 수용된 하나의 객관적 의미로서(이 의미의 주체적 효력이 없다면 사회는 재생산될 수 없을 것이다) 또한 현실이기도 하다. 이러한 인본성의 특유한 개념을 통해 부르주아 계급에는 현존하는 것에 대한 일정한 관점이 유포되는데, 이 관점은 피안으로 탈출하지 않으면서 현존하는 것의 강제로부터의 완전한 구원을 기약한다. 확고히 고수되는 내재성의 초월이 부르주아 이데올로기로 하여금 이데올로기 자체를 넘어서게 하는 진리의 계기이다. 그것은 '인본성'[47]의 경험이 시작되는 바로 그곳, 즉 가족의 보호 속에 있는 단순한 인간으로서 인간이 맺는 친밀한 관계의 인본성에서 가장 본원적으로 일어난다.[48]

---

47) 르네상스 시기의 인본주의는 여기서 말하는 영국과 프랑스의 계몽주의적 인본주의와 독일 고전기의 신(新)인본주의와는 사회학적으로 다른 뿌리를 가지고 있다.

48) M. Horkheimer, *Autorität und Familie*, 위의 책, 64쪽 참조. "경제에서 경제적 수치의 단순한 기능으로 인간이 사물화되는 것은 가족에서도 계속 유지되고 있기는 하다. 그것은 아버지가 돈버는 사람으로, 여자가 성적 대상이나 가정의 노예로, 자식이 재산의 상속인이나 살아 있는 보험으로 되는 한에서 그러하다. 그렇지만 서로의 관계가 시장에 의해 매개되지 않으며 각자가 서로에 대해 경쟁자로 대립하지 않는 가족에서 인간은 단순한 기능이 아니라 인간으로 작용할 가능성을 항상 지니고 있었다. 부르주아 생활에서 공동이익은 본질적으로 부정적 성격을 지니며 위험으로부터의 방어에서야 확인되는 한편, 공동이익은 성적 사랑, 특히 어머니의 염려에서 긍정적 형태를 갖는다. 이 통일에서 타인의 발전과 행복은 바라는 바이다. … 이런 점에서 부르주아 가족은 부르주아적 권위만이 아니라, 보다 나은 인간적 상태에 대한 예감을 가져온다."

핵가족의 친밀영역에서 사적 개인들은 그들의 경제활동의 사적 영역으로부터 아직 독립되어 있는 것으로, 즉 서로 '순전히 인간적인' 관계에 들어설 수 있는 인간들로 자신들을 이해한다. 이 관계의 문학적 형식이 그 당시 서신교환이다. 18세기가 '편지의 세기'가 된 것은 우연이 아니다.[49] 개인은 편지를 쓰면서 그의 주체성을 발전시킨다. 근대 우편교류의 초기에 주로 새로운 소식을 전달하기 위한 수단이었던 편지는 곧 지식인들의 서신교환과 가족적 친절함에도 이용된다. 그러나 남편에게 '이전의 부부사랑과 정절'을 전하거나, 아버님이나 어머님에게 어린애 같은 복종을 확인해 주는 17세기의 '적절한 말로 꾸며진' 가족편지는 아직 건조한 전달사항, 즉 '소식'(*Zeitungen*)으로 유지되었는데, 이 소식은 뒤에 독자적 부류로 독립되었다. 이에 반해 헤르더(Herder)의 약혼녀는 이미 그녀의 편지가 "이야기 외에 다른 어떤 것도 담고 있지 않아서", "당신이 나를 단지 소식을 잘 쓰는 사람으로 여기지 않을까 두렵다"고 걱정한다.[50] 감수성의 시대에 편지는 그것이 언급되어야 할 경우 그에 대해 변명이 필요한 '차가운 소식'을 담는 그릇이기보다는 '마음을 쏟아붓기' 위한 그릇이었다. 편지는 많은 경우 겔레르트(Gellert)에 빚지고 있는 그 당시 은어에 따르면 '영혼의 흔적', '영혼의 방문'으로 여겨졌다. 사람들은 편지가 피를 말리면서 씌어졌기를 바랐으며, 바로 그에 대해 울 수 있기를 바랐다.[51] 심리학적 관심은 처음부터 자기 자신과 타인에 대한 이중적 관계에서 자라나왔다. 자기관찰은 일부는 호기심에서, 일부는 동감을 표하면서

49) G. Steinhaus, *Geschichte des deutschen Briefes*, Berlin 1889, 245쪽 이하 참조.

50) 같은 책, 288쪽.

51) 독일에서 경건주의(*Pietismus*)는 이렇게 세속화된 형태의 감수성을 위해 예비작업을 하였다.

다른 자아의 영혼의 흥분과 결합한다. 일기는 발신자에게 보낸 편지가 된다. 일인칭 소설(*Ich-Erzählung*)은 다른 수신인에게 향한 자기대화이자 똑같이 핵가족의 친밀한 관계에서 발견되는 주체성에 대한 실험이다.

사적인 것의 가장 내부에 있는 정원으로서의 이러한 주체성은 항시 독자와 이미 관계하고 있다. 문예적으로 매개된 친밀함에 대한 반대는 비밀누설이지 공개성 그 자체가 아니다. 다른 이의 편지를 빌려주거나 그것을 베끼기도 하였다. 독일에서 겔레르트, 글라임(Gleim), 괴테의 편지가 보여주듯이, 많은 서신교환이 처음부터 출판을 예견하고 씌어졌다. 성공적 편지임을 확인해 주는 그 당시 일상적으로 쓰였던 어법은 그것이 "인쇄할 만큼 좋다"라는 것이었다. 직접적으로나 간접적으로 공개되는 서신교환과 일기의 주체성으로부터 18세기의 전형적 예술장르와 고유한 문학적 성과가 설명된다. 그것이 바로 부르주아 소설, 즉 자전 형식의 심리적 묘사이다. 오랜 기간 영향력이 컸던 초기의 모범인 《파멜라》(1740)는 바로 사랑받는 전형적 편지 모음집을 만들겠다는 리처드슨(Richardson)의 의도에서 나온 것이었다. 그후 작가의 손에서 적절한 계기로 끌어들인 사건들이 중심으로 성장하게 되었다. 실제로 《파멜라》는 편지가 아니라 편지형식으로 된 소설의 전형이 되었다. 리처드슨만이 이렇게 '클라리사'(Clarissa)와 '찰스 그랜디슨 경'(Sir Charles Grandison)을 통해 발견된 형식에 머문 것이 아니다. 루소가 《신(新) 엘로이즈》(*La Nouvelle Heloise*)에서, 괴테가 《베르테르의 번민》(*Werthers Leiden*)에서 서한소설의 형식을 사용했을 때, 더 이상 장애물은 없었다. 18세기의 마지막은 이 세기의 시작에서는 거의 연구되지 않았던 주체성의 영역에 만끽하며 확신에 차서 움직이고 있었다.

작가, 작품, 독자의 관계는 변화한다. 이 관계는 '인간적인 것'에 대해, 자기인식 및 감정이입에 대해 심리학적으로 관심을 갖는 사적 개인들 상호의 친밀한 관계가 된다. 리처드슨은 그의 독자와 마찬가지로 그의 소설의 주인공들에 대해 흐느낀다. 작가와 독자 스스로가 '서로 대화하는' 주인공이 된다. 특히 슈테르네(Sterne)는 반성과 청원문, 심지어 연출지침을 통해 작자의 역할을 정교화한다. 그는 참여한 공중을 위해 소설을 다시 한 번 무대에 올려놓는데, 이는 소외효과의 목적에서가 아니라 가상과 실재의 구분을 완전히 감추기 위해서이다.[52] 새로운 장르가 만들어 낸 환상으로서의 실재를 영어는 '픽션'(*fiction*)이라 부르는데 그것은 단순히 꾸며낸 것이라는 성격을 벗어 버린다. 심리소설에 의해 비로소 하나의 사실주의(*Realismus*)가 창조되는데, 이를 통해 누구나 자기 자신의 행위에 대한 대체행위로서 문학적 행위 속으로 들어설 수 있으며, 주인공들간의 관계 및 독자, 주인공, 작가의 관계를 대체관계로 현실에 밀어넣을 수 있게 된다. 또한 동시대의 드라마는 '제 4의 벽'을 도입함으로써 소설과 마찬가지로 픽션이 된다. 식사 후 참석한 모든 사람들이 물러나서 서로에게 편지를 쓰는 사교놀이를 자기 집에서 지겹도록 하곤 했던 슈타엘(Stael)의 마담은, 사람들이 자기 자신과 다른 이들에 대해 '픽션의 주인공'이 된다는 것을 의식한다.

공중의 영역은 부르주아의 폭넓은 계층들에서 처음에는 핵가족의 친밀성의 영역을 확장하고 보충하는 것으로 발생한다. 거실과 살롱이 한 지붕 밑에 동시에 존재한다. 그리고 전자의 프라이버시가 후자의 공공성에 의존하고 사적 개인의 주체성이 처음부터 공개성과 관계하

52) Hauser, 위의 책, Bd. II, 74쪽 참조. 작자의 역할에 대해서는 W. Kayser, *Entstehung und Krise des modernen Romans*, Göttingen 1954 참조.

고 있는 것처럼, '픽션'으로 된 문학에서도 양자는 통합된다. 한편으로 감정을 이입하는 독자는 문학에서 그 밑그림이 그려진 사적 관계들을 반복한다. 그는 허구의 친밀함을 현실의 친밀함의 경험으로 채우며, 허구의 친밀함에서 현실의 친밀함을 시험해 본다. 다른 한편으로 처음부터 문학적으로 매개된 친밀함, 문학능력을 갖춘 주체성은 실제로 폭넓은 독서공중의 문학이 되었다. 공중으로 결집한 사적 개인들은 또한 읽은 것에 대해 공적으로 토론하며, 그것에 대한 계몽을 공동으로 수행한다. 《파멜라》가 문학의 무대에 출현한 2년 후 최초의 공공도서관이 건립되었다. 독서클럽, 독서회, 도서예약 도서관이 우후죽순처럼 생겨나고, 1750년 이후 영국에서와 같이 일간지와 잡지의 판매가 1분기에 두 배로 증가하는 시기[53]에 소설 읽기는 부르주아 계층에서 하나의 습관이 되었다. 이들을 통해 공중이 형성되는데, 이들은 커피하우스, 살롱, 만찬회와 같은 초기의 제도들로부터 성장해서 신문과 신문의 전문적 비판의 중계망을 통해 결속된 공중이다. 그리고 이로써 핵가족이라는 친밀한 원천을 갖는 주체성이 자기 자신에 대해 자신과 의사소통하는 문예적 논의의 공론장이 형성된다.

53) G. D. Leavis, *Fiction and the Reading Public*, London 1932, 130쪽; Altick, 위의 책, 30쪽 이하 참조.

4. 정치적 공론장과의 연관에서 본 문예적 공론장

관청에 의해 규제되는 공론장이 논의하는 사적 개인들의 공중에 의해 전유되어 공권력에 대한 비판영역으로 성립되는 과정은, 공중과 토론의 마당을 갖추고 있는 문예적 공론장의 기능이 변화하는 방식으로 진행된다. 이를 매개로 공중과 연관된 프라이버시의 경험 맥락이 정치적 공론장에 들어온다. 사적 교환경제 영역의 이익을 대변하는 것은 핵가족의 친밀성의 토대 위에서 자란 이념에 의해 해석된다. 인본성은 핵가족의 친밀성에 그 진정한 자리를 차지하는 것이지, 그리스의 모범에서 그러하듯이 공공성 자체에 자리하는 것이 아니다. 여론이 공권력과 이것의 규제를 둘러싸고 다투는 사회적 영역의 출현과 더불어, 근대 공공성의 주제는 고대와 비교할 때 공동으로 행위하는 시민층의 본래 정치적 과제(대내적으로 판결과 대외적으로 국가보존)로부터 오히려 공적으로 논의하는 사회의 시민적 과제(상품교환의 보장)로 이전되었다. 부르주아 공론장의 정치적 과제는 〔정치사회(*res publica*)와 달리〕 시민사회의 규정이다.[54] 친밀하게 된 사적 영역의 경험을 바탕으로 한 부르주아 공론장은 기존의 군주 권위에 대해 맞선다. 이런 의미에서 부르주아 공론장은 처음부터 사적 성격과 논쟁적 성격을 동시에 갖는다. 그리스의 공공성 모델에는 이러한 특징이 결여되어 있었다. 왜냐하면 가장의 사적 지위는 — 그의 시민으로서의 정치적 지위는 이 사적 지위에 의해 결정된다 — 내면성을 매개로 한 어떤 자

54) 시민사회의 고전적 개념에 관해서는 M. Riedel, "Aristotelestradition am Ausgang des 18. Jh.," in: *Festschrift f. Otto Brunner*, Göttingen 1962, 278쪽 이하 참조.

유의 가상도 없는 그러한 지배에 기초했기 때문이다. 그리고 시민들의 행동은 외부의 적에 대항한 싸움이라는 가상의 형식인 상호 경주놀이에서만 경쟁적일 뿐, 가령 자신의 정부와의 논쟁에서 경쟁적이었던 것은 아니기 때문이다.

공론장이 18세기에 정치적 영향력을 갖게 되는 논쟁의 차원은 이전의 두 세기 동안 절대지배의 원칙을 둘러싼 헌법 논쟁에서 이미 전개되었다. 국가기밀을 변호하는 문헌은 군주로 하여금 자신의 주권, 즉 절대권(*jura imperii*)을 유지할 수 있게 해주는 수단을 말로 표현한다. 이 수단이 바로 제왕의 추밀(樞密, *arcana imperii*), 즉 미성숙한 민중에 대한 지배를 보장한다는, 마키아벨리에서 처음 시작된 비밀관행(*Arkanpraxis*)의 전체목록이다. 후에 공개성의 원리가 이 비밀관행의 원리에 대항한다.[55] 당대의 반대자들인 국왕비판가들(*Monarchomachen*)은 법이 군주의 자의에 의해 결정되어야 하는가 아니면 군주의 명령이 어떤 법에 근거해서 이루어져야 하는가에 대해 문제를 제기한다. 그들은 물론 입법기관으로서 그 당시 신분제 의회를 염두에 두고 있었다. 그리고 국왕비판가들의 논쟁은 아직 군주와 지배신분 간의 긴장에 의해 그 생명력을 유지하는 것이긴 하다. 그러나 그것은 이미 17세기 말 이후 부르주아적 논쟁이 또한 과녁으로 삼았던 절대주의적 관료제를 겨냥하고 있다. 공동의 적에 대항하는 이 두 전선은 실로 몽테스키외(Montesquieu)에 있어서는 아직 서로 분별할 수 없을 정도로 얽혀 있었다. 새로운 논쟁과 과거의 논쟁을 구분할 수 있게 해주는 유일하게 믿을 만한 기준은 엄밀한 법 개념이었다. 이 법 개념은 온당하게 습득한 권리라는 의미에서의 정의뿐만 아니라 일반적이고 추상적

55) C. Schmitt, *Die Diktatur* 2, München-Leipzig 1928, 14쪽 이하.

인 규범의 정립을 통한 적법성(*Gesetzlichkeit*)을 보증하는 것이다.

확실히 철학적 전통은 그것이 아리스토텔레스-스콜라 철학의 전통이든 근대의 데카르트 철학전통이든 일반법(*lex generalis*) 혹은 보편법(*lex universalis*)을 알고 있다. 그러나 사회철학과 정치학의 전통에서 그것은 홉스에 의해 처음으로 함축적으로 도입되었고, 몽테스키외에 의해 명확하게 정의되었다.[56)]

> 모든 국가의 입법권이나 최고권력을 가진 사람은 누구나 즉흥적 포고에 의해서가 아니라 국민에게 공표되어 알려진, 제정된 상비법에 의해 통치할 의무를 갖는다. …[57)]

로크에 따르면 명령 및 지시와 달리 법은 '불변적이고 지속적인 힘'을 지니고 있다고 한다.[58)] 이것은 다음 세기의 프랑스 문헌에서 더욱 정교하게 규정된다. "법은 … 사물의 본성으로부터 발생하는 필연적 관계이다."[59)] 법은 일정한 일반성과 지속성을 갖는 이성의 규칙이다. 몽테스키외는 지령과 칙령에 의한 정부를 '나쁜 종류의 입법'이라 부른다.[60)] 이로써 홉스의 국가론에서 최종적으로 정식화되었던 절대지배 원리의 전도가 예비된다. 즉 권위가 아니라 진리가 법을 만든다(veritas non autoritas facit legim). 일반적이고 추상적이며 영원한 규범들의 총괄인 '법'에 — 지배는 이 규범들을 단순히 집행하는 것으로 격

---

56) 18세기의 엄밀한 법 개념에 대해서는 E. Lask, *Fichtes Geschichtsphilosophie*, 1902; 법학의 측면에서는 E. W. Böckenförde, *Gesetz und gesetzgebende Gewalt*, Berlin 1958, 20쪽 이하 참조.

57) J. Locke, *Two Treaties of Government*, London 1953, 182쪽.

58) 같은 책, 191쪽.

59) Montesquieu, *Oeuvres complétes*, ed. Masson, Paris 1950, I, I, 1쪽.

60) 같은 책, XXIX, 17, 289쪽.

하된다 — 합리성이 내재하며, 이 합리성에서 진리와 정의는 수렴된다는 것이다.

군주 권위의 비밀관행에 대항하는 이러한 종류의 합리성이 제기하는 논쟁적 요구는 역사적으로 사적 개인들의 공적 논의와 연관하여 발전하였다. 비밀이 의지(*voluntas*)에 기초한 지배를 유지하는 데 기여하듯이, 공개성은 이성(*ratio*)에 기초한 지배를 관철하는 데 기여한다. 이미 로크는 공표된 법을 공동합의와 결부시키고 있으며, 몽테스키외는 이런 법을 오직 인간이성(*raison humaine*)에로 환원시킨다. 그러나 법을 여론으로 표현되는 이성과 명백하게 결부시킨 사람들은 앞으로 다루게 될 중농주의자들이다.[61] 부르주아 공론장에서는 하나의 정치의식이 발전하는데, 그것은 절대지배에 대항하여 일반적이고 추상적인 법 개념과 법의 요구를 표현하며, 결국에는 자기 자신을, 즉 여론을 이 법의 유일한 합법적 원천으로 주장할 줄 아는 정치의식이다. 18세기를 거치면서 여론은 자신이 논쟁적이고 합리주의적인 개념을 부여한 규범들에 대해 입법적 권한을 주장하게 된다.

친밀영역으로부터 나온 주체성을 문예적 공론장의 의사소통과정을 통해 확신하는 사적 개인들에게는 이들 법규범을 특징짓는 일반성과 추상성의 기준들이 독특한 자명성을 띨 수밖에 없었다. 왜냐하면 그들은 이미 공중으로서 교양 있는 사람들의 평등이라는 불문율하에 있기 때문이다. 그런데 이 불문율의 추상적 일반성이야말로 이 법에 마찬가지로 '단순한 인간'으로서 추상적으로 포섭된 개인들이 이 일반성을 통해 그들의 주체성을 발현하는 것을 유일하게 보장하는 것이다. 부르주아 혁명의 선전 정식으로 굳어진 '평등'과 '자유'라는 상투어는

61) 아래 4장 1절 참조.

여기서 아직 그것의 생생한 연관을 보존하고 있다. 부르주아 공중의 공적 논의는 원칙적으로 미리 확정된 모든 사회·정치적 서열을 도외시하는 가운데 일반 규칙에 따라 수행된다. 이 규칙은 그것이 개인 자신들에게는 엄밀히 외부에 존재하는 것이므로 그들의 내면성이 문학적으로 전개될 여지를 보장한다. 그리고 이 규칙은 일반적으로 타당하므로 개별화된 것에 활동의 여지를 보장하며, 객관적이므로 가장 주관주의적인 것에 활동의 여지를 보장하고, 추상적이므로 가장 구체적인 것에 활동의 여지를 보장한다. 동시에 이런 조건에서 공적 논의로부터 귀결되는 것은 이성적임을 요구한다. 보다 나은 논변의 힘으로부터 탄생한 여론은 그 이념에 따라서 볼 때 진리와 정의를 일거에 맞추려는 도덕적으로 야심만만한 합리성을 요구한다. 여론은 '사태의 본성'(자연)에 맞는다는 것이다.[62] 따라서 자연이 사회영역에 대해서도 제기하는 '법'은 일반성과 추상성이라는 형식적 기준 이외에 합리성을 자신의 실질적 기준으로 요구할 수 있다. 이러한 의미에서 중농주의자들이 설명하기를, 오직 여론(*opinion publique*)만이 자연질서(*ordre naturel*)를 인식하고 보이게 할 수 있으며, 이렇게 해서 계몽된 군주가 일반규범의 형태로 자연질서를 자신의 행위의 기초로 삼을 수 있다는 것이다. 지배는 이런 방법으로 이성에 수렴된다는 것이다.

법규범이라는 중심범주에서 입증되는 정치적 공론장의 자기이해는 문예적 공론장의 제도와 적절한 의식에 의해 매개된다. 공론장의 이 두 형태는 특유하게 서로 교착되어 있다. 이 두 형태에서 사적 개인들

62) '17세기 정신과학의 자연적 체계'에 대해서는 딜타이의 잘 알려져 있는 연구를 참조. Dilthey, *Ges. Schrft.* Bd. II, 5. Aufl., Göttingen 1957. 보르케나우는 합리주의적 '자연' 개념의 사회철학적 의미와 사회학적 연관을 해명하고 있다. F. Borkenau, *Der Übergang vom feudalen zum bürgerlichen Weltbild*, Paris 1934.

의 공중이 형성되는데, 이 사적 개인들의 사적 소유에 대한 처분권에 기초한 자율성은 부르주아 가족의 영역 자체에서, 즉 사랑·자유·교양에서 자신을 드러내 보이고자 한다. 한마디로 말해서 이 자율성은 자신을 인본성으로 내면적으로 실현시키고자 한다.

우리는 시장영역을 사적 영역이라 부른다. 사적 영역의 핵심으로서 가족영역은 친밀영역이라 부른다. 이 영역은 그것이 실제로는 시장의 요구에 깊게 빠져 있음에도 시장영역으로부터 독립적이라 여겨진다. 사회의 대리인이지만 동시에 일정한 방식으로는 사회로부터의 해방의 선취라는 가족의 양면성은 가족구성원의 지위에서 표현된다. 그들은 한편으로 가부장적 지배에 의해 결속되어 있다. 다른 한편으로 그들은 인간적 친밀함으로 서로 결합되어 있다. 사인으로서의 부르주아는 한 몸속의 둘이다. 즉 그는 재화와 사람에 대한 소유자인 동시에 다른 인간들 중의 한 인간이다. 즉 그는 부르주아(*bourgeois*)이자 인간(*homme*)이다. 공론장도 또한 사적 영역의 이러한 양면성을 보여준다. 사적 개인들이 문예적 논의에서 인간의 자격으로 그들의 주체성의 경험에 대해 의사소통하는가 아니면 사적 개인들이 정치적 논의에서 소유자의 자격으로 그들의 사적 영역의 조절에 대해 의사소통하는가에 따라 각기 다른 모습을 보인다. 두 가지 형식의 공중이 갖는 인적 범위는 결코 완전히 일치하지 않는다. 여성과 경제적으로 자립적이지 못한 사람들은 정치적 공론장으로부터 사실적으로, 법적으로 배제된다. 반면에 여성 독자층은 그들이 비록 도제나 하녀일지라도 종종 사적 소유자와 가장보다 더 강력하게 문예적 공론장에 참여한다. 그럼에도 불구하고 교양신분들에게 한 형식의 공론장은 다른 형식과 동일한 것으로 여겨진다. 공론장은 여론의 자기이해에 있어서 하나이며 분할 불가능한 것으로 나타난다. 사적 개인들이 인간의 자격으로 그들의 주체성에 대해 의사소통할 뿐만 아니라 소유자의 자격으로 그들의 공동이익에 따라 공권력을 규정하려고 하자마자, 문예적 공론장의 인본성은 정치적 공론장의 효율성을 매개하는 데 기여하게 된다. 발전된 부르주아 공론장은 공중으로 결집한 사적 개인들이 행하는 두 가지 역할, 소유자의 역할과 인간 자체라는 역할의 허구적 동일성에 기초하고 있다.

부르주아 사적 개인들의 사회적 지위가 대체적으로 재산과 교양이라는 두 특징을 결합시킬수록, '소유자'의 공중을 '인간'의 공중과 동일시하는 것은 더욱 쉽게 이루어질 수 있다. 무엇보다 하나의 공론장이라는 허구가 용이하게 되는 이유는 다음과 같다. 그것은 중상주의적 규제, 일반적으로 절대주의적 지배체제로부터 부르주아 사회가 해방되는 데 공론장이 실제로 역할을 하였기 때문이다. 공론장은 기존의 권위에 대항하여 공개성의 원리를 사용하기 때문에, 초기에는 정치적 공론장의 객관적 기능을 문예적 공론장의 범주들로부터 얻은 자기이해에, 즉 사적 소유자의 이해를 개인적 자유일반의 이해에 수렴시킬 수 있었다. 로크의 재산보존의 기본정식은 생명, 자유, 지위를 단숨에 아무런 구애도 받지 않고 '소유'라는 제하에 포섭하고 있다. 그 당시 청년 맑스의 구분에 따르면 정치적 해방을 '인간적' 해방과 동일시하는 것은 그렇게도 용이한 일이었다.

제3장

공론장의 정치적 기능

1. 영국식 발전 모델의 경우

정치적으로 기능하는 공론장은 18세기로 넘어가는 문턱의 영국에서 처음으로 발생한다. 국가권력의 결정에 영향력을 행사하려는 세력들은 논의하는 공중에 호소하여 이 새로운 포럼 앞에서 그들의 요구를 정당화한다. 이러한 관행과 관련하여 신분제 의회가 근대적 의회로 변화되는데, 이 과정은 물론 한 세기 전체에 걸쳐 진행되는 과정이다. 공중의 참여로 진행된 이러한 갈등이 왜 다른 나라들보다 영국에서 먼저 나오게 되었는가는 앞으로 해명해야 할 문제이다. 호소할 수 있는 기관으로서 문예적 공론장은 대륙에도 존재했다. 그러나 대륙에서 중상주의의 보호 아래 자본주의적 생산양식의 관철이 명예혁명 이후의 영국이 이미 도달했던 수준으로 발전했을 때에야 비로소 거기에서 문예적 공론장은 정치적으로 위험한 것이 된다. 왜냐하면 영국에서는 17세기의 후반기에 이미 섬유제조업, 금속산업, 제지생산 등의 수많은 새로운 회사들이 출현하여 확장했기 때문이다. 농촌귀족의 젊은 자제들이 급속히 성공적 상인으로 상승하고 대부르주아가 충분히 토지소유를 획득한 영국에서는[1] 지주이익과 자본가이익 간의 전통적 대립이 첨예한 계급대립으로 뚜렷하게 나타나지 않았다. 그런데 이 대립이 이제는 새로운 이익대립에 의해 중첩된다. 한편으로 상업자본과 금융자본의 제한적 이익과 다른 한편으로 매뉴팩처 자본과 산업자본의 팽창하는 이익 간의 대립이 그것이다.[2] 이 갈등은 18세기의 시작과 더불어 의식되기 시작한다. 이때부터 상업과 무역이라는 말은 즉각적으로 매뉴팩처와 산업이라는 말과 더 이상 동일한 의미로 연결되지 않는다. 물론 이 대립과 더불어 자본주의 발전의 초기단계에 전형적인 적대적 대립이 반복되는데, 그것은 바로 이미 기존 시장에 확고히 자리를 잡은 구세대의 이익과 무역 및 산업부문을 위한 시장을 새로이 개척해야만 하는 신세대 이익 간의 적대적 대립이다. 만약 이러한 세력배치가 튜더왕가 시대의 경우에 그랬던 것처럼 호상(豪商, *merchant-prince*)의 작은 집단에 국한된 것이었다면, 두 당파가 공중이라는 새로운 기관에 호소하는 일은 거의 일어나지 않았을 것이다. 그러나 혁명 이후의 영국에서 자본영역 전체에 확산된 이 대립은 자본주의 생산양식이 관철되는 만큼 보다 넓은 계층을 휩쓸게 된다. 그리고 그 동안 이 동일한 계층으로부터 논의하는 공중이 발생하게 되었으므로, 각기 약한 당파가 정치적 대결을 공론장으로 끌어들이려고

---

1) 대부분의 의회의석은 토지소유에 '달려 있었다'. K. Kluxen, *Das Problem der politischen Opposition*, München 1956, 71쪽 참조.

2) Dobb, 위의 책, 193쪽.

생각했다는 것은 당연하다. 이렇게 해서 당파분쟁은 세기의 전환 무렵에 선거권을 갖지 못한 주민층까지 침투해 들어갔다.

이러한 발전의 시작에는 1694/95년에 발생한 세 가지 사건이 있다. 첫째, 리용과 암스테르담의 증권거래소 창립과 달리 영국은행의 설립은 자본주의의 새로운 단계를 가리킨다. 그것은 그때까지 오직 상업교역으로만 결속되었던 체제를 자본주의적으로 혁신된 생산양식의 기초 위에 확고히 세우는 것을 기약했다.[3] 둘째, 사전 검열제도의 철폐는 공론장의 발전에 새로운 단계를 가리킨다. 이 단계에서 논의가 신문으로 유입되는 것이 가능하였으며, 신문은 공중의 새로운 포럼 앞에서 정치적 결정을 내릴 수 있는 하나의 도구로 발전하였다. 마지막으로 최초의 내각정부[4]는 의회발전의 새로운 단계를 가리킨다. 그것은 국가권력의 의회화로 향하는 긴 행로의 첫 걸음이었으며, 이는 마침내 정치적으로 기능하는 공론장 자체가 스스로 하나의 국가기관으로 자리잡는 결과를 가져온다.

이미 1670년대에 정부는 커피하우스에서의 대화가 지니는 위험들에 대해 대처할 포고를 발표할 필요성을 알게 되었다. 커피하우스들은 정치적 불안의 온상으로 간주되었다.

---

3) 잘 알려져 있듯이 금융자본과 상업자본이 도시와 (소상품생산) 농촌에서의 낡은 생산양식을(봉건적 농업생산) 우선 예속시킨 이후에 임노동에 기초한 생산으로 이전되는 정도만큼 근대 자본주의의 고유한 형식이 비로소 관철되어 간다. 자본주의적 형식의 상품교환은 (금융자본주의와 상업자본주의) 노동력이라는 상품이 교환되고 자본주의적으로 생산되는 곳에서만 지속적으로 유지될 수 있는 것처럼 보인다.

4) 왕은 최초로 단일한 휘그 내각을 임명한다(1695~1698). 윌리엄 2세의 즉위부터 하노버 왕조의 즉위까지의 시기는 왕이 장관을 일부 자유재량에 따라 선출하고 일부 하원에서의 표결에 따라 임명하는 이행기이다. W. Hasbach, *Die Parlament*. Kabinettsregierung, 1919, 45쪽 이하 참조.

> 사람들은 커피하우스에서뿐만 아니라 공적이거나 사적인 다른 곳, 다른 모임에서도 그들이 이해하지 못하는 것을 악담하고 폐하의 선한 백성의 마음에 보편적 질투와 불만을 만들어 내고 조장하려 노력함으로써, 국사를 비난하고 중상하는 자유를 가진 것으로 생각했다.[5]

1695년 사전 허가법과 함께 사전 검열제도는 종말을 맞이했다. 여왕은 의회의원들에게 검열제도를 부활할 것을 여러 번 권고했으나 수포로 돌아갔다. 신문은 계속해서 문서비방죄법(*Law of Libel*)[6]과 왕과 의회의 수많은 특권과 관련된 제한에 종속되어 있었다. 1712년에 제정된 인지세[7]는 일시적 퇴보를 가져오기도 했다. 잡지의 부피는 줄어들었고, 몇몇 잡지는 완전히 사라져버리기도 했다. 그러나 이 모든 것에도 불구하고 다른 유럽국가의 신문과 비교해 보았을 때 영국 신문만이 유일하게 자유를 누렸다.

할리(Harley)는 이 새로운 상황을 이용할 줄 아는 최초의 정치인이었다. 그는 디포(Defoe)같은 유형의 문필가를 고용했는데, 최초의 직업적 저널리스트라고 불렸던 이런 유형의 문필가는 그때까지 이용되었던 팸플릿에서뿐만 아니라 새로운 저널에서도 휘그당의 대의를 변호했다. 사실 그는 '당 정신'(*Parteigeist*)을 최초로 '공공정신'(*public spirit*)으로 만든 사람이다. 사람들은 디포의 《리뷰》(*Review*), 터친(Tutchin)의 《업

---

5) C. S. Emden, *The People and the Constitution*, Oxford 1956, 33쪽. 1674년과 1695년에도 비슷한 포고가 내려졌다. 스파이어는 그 밖에 커피하우스와 '여론'의 시작 간의 연관을 그리고 있다. Hans Speier, "The Historical Development of Public Opinion," in: *Social Order and the Risks of War*, New York 1952, 323쪽 이하.

6) 이 법은 1792년에야 자유주의적인 폭스의 문서비방죄 법에 의해 대체된다.

7) '지식에 대한 세금'으로 불렸던 이것은 1855년까지 지속되었다. L. Hanson, *Government and the Press*(1695~1763), London 1936, 11쪽 이하 참조.

저베이터》(*Observator*), 스위프트(Swift)의 《이그재미너》(*Examiner*)에 대해 클럽, 커피하우스, 집, 거리에서 토론하였다. 월폴(Walpole)과 볼링브룩(Bolingbroke)은 그들 스스로 공론장에 다가갔다. 포프(Pope), 게이(Gay), 어버스너트(Arbuthnot), 스위프트와 같은 사람들에서 애디슨과 스틸이 문학과 저널리즘을 결합한 것에 필적하는 문학과 정치학의 독특한 결합이 만들어진다.

물론 이 최초의 10년 동안 지도적 신문이 결코 야당의 손에 놓였던 적은 없었다. 여전히 보도가 제한되었던 과거 '정치신문'의 한 유형이었으며 오랫동안 유일한 관보였던 《런던 가제트》는 1704년 매주 3번 발행되는 《리뷰》에 의해 보완되었다. 이 자리를 1711년 《이그재미너》가 차지한다. 앤 여왕 통치의 말기에 이르러 휘그당의 《브리티쉬 머천트》(*British Merchant*)는 1713년에 창립된 《머케이터》(*Mercator*)와 맞서게 된다. 그리고 나서 조지 1세의 치하에서 수십 년 동안 계속되는 휘그당의 지배가 시작된다. 그러나 대규모의 정치적 저널리즘을 창조한 것은 1722년 당시 가장 중요하고 가장 널리 읽힌 신문인 《런던 저널》(*London Journal*)을 매점한 휘그당이 아니었다.[8] 그것은 이제 볼링브룩의 지도 아래 야당으로 구성되던 토리당이었다.

> 야당이 만들어 낸 새로운 점은 국민여론의 창조였다. 볼링브룩과 그의 친구들은 한 지점으로 향하며 동일한 의지충동을 갖는 의견을 형성함으로써 정치를 추동시키는 방법을 알고 있었다. 민중선동과 연

---

8) 두 휘그당원이 케이토(Cato)라는 가명으로 사설을 썼는데, 이는 특히 이른바 의회스캔들이 일어났을 때 "정의를 위한 최고의 외침"이라는 사설에서 정점에 도달했다. 이 신문이 주목을 끌었던 것은 이 신문이 1721년 8월 의회가 설치한 조사위원회의 심의를 출간하고 비평했을 때였는데, 그것이 엄밀한 의미에서 정치적 저널리즘의 최초의 행위였다.

호(連呼), 소요와 군중은 새로운 것이 아니었다. … 또한 아직 정기적 공공집회도 없었다. … 오히려 이 여론은 다른 요소에 의해 조종되었다. 그것은 정부에 대항해서 자신을 주장하는 방법을 알고 있었고 정부에 대한 비판적 평론과 공적 반대를 정상적 지위에 올려놓았던 독립적 저널리즘의 창립이었다.[9]

1726년 여름, 볼링브룩에 의해 고무되어, 말하자면 '장기 야당'의 문예적 서막으로서 세 종류의 시대풍자지, 스위프트의 《걸리버》(*Gulliver*), 포프의 《던시아드》(*Dunciad*), 게이의 《페이블스》(*Fables*) 등이 발간되었다. 볼링브룩은 같은 해 11월 《크래프츠먼》(*Craftsman*)을 창간했는데, 이것은 1735년 편집자가 프랑스로 망명할 때까지 야당의 저널리즘적 기반이었다. 후에 《젠틀맨스 매거진》(*Gentlemans Magazine*)으로 이어지는 이 잡지와 함께 신문은 최초로 정치적으로 논의하는 공중의 비판적 기관으로, 제 4 계급으로 자리잡게 되었다.

이로써 왕의 조치와 의회의 결의에 대한 항시적 비평과 비판은 하나의 제도로 고양되어, 이제 여론의 포럼 앞에 소환되는 공권력을 바꿔놓았다. 이로 인해 공권력은 이중적인 의미에서 '공공적'이게 되었다. 이제부터 공론장의 발전의 정도는 한 세기 전체를 걸쳐 진행되는 정부와 신문의 대결상태에 따라 측정된다.[10] 1768년 11월 21일부터 1772년 5월 12일까지 《퍼블릭 어드버타이저》(*Public Advertiser*)에 실렸던, 일종의 선구적 형태의 정치적 사설인 주니어스의 편지(Letters of Junius)는 이 상태를 뚜렷하게 보여주고 있다. 사람들은 이 풍자적 사설의 연재물을 '근대신문의 개척자'라고 천명하였다.[11] 왜냐하면 여기

---

9) Kluxen, 위의 책, 187쪽.

10) M. Schlenke, *England und das Friederizianische Preußen, 1740~1763*, Freiburg-München 1963 참조.

서 왕, 장관, 고위 군인, 법률가들이 공적으로 정치적 음모를 펴고 있다고 고발되었고, 정치적 의미를 갖는 비밀관계가 밝혀졌는데, 이것이 이후 비판적 신문의 모범이 되는 방식으로 진행되었기 때문이다.

의회는 이러한 비판에 대항하는 효과적 도구로 왕실과 대결할 때부터 가졌던 심의의 비밀을 보장하는 특권이 있었다. 물론 의회심의의 일정한 결과에 대한 인색한 보고인 《투표》의 출판이 1681년 허가되었다.[12] 그러나 의회는 이 보고 자체를 공적으로 쉽게 접근하지 못하도록 완고하게 고집했다. 앤 여왕의 즉위 이후에는 《대영제국의 정치적 상태》(*The Political State of Great Britain*)가 매우 조심스럽게 의회보고를 수행해 왔으며, 1716년 이후에는《역사 기록》(*Historical Register*)으로 계속되었다. 물론 이 두 저널은 정부의 입장을 두둔하였다. 그 결과 야당은 야당 대표의 중요한 연설이 주간지들에서 이따금 보도되거나 소책자 형식의 연설 모음집에 만족해야 했다. 1730년대 초 이후 《크래프츠맨》이 만들어 낸 새로운 정치비판의 분위기에서 《젠틀맨스 매거진》과 뒤를 이은 경쟁지 《런던 매거진》(*London Magazine*)이 의회의 토의에 대하여 보도했다. 의회는 항상 다시 출판의 금지를 복구할 수밖에 없는 처지에 놓이게 된다. 마침내 의회는 1738년 회기중 의회의 토의를 출판하는 것은 특권의 침해로 처벌할 수 있다고 이전의 결의를 강화하기까지 한다.[13] 1771년에 이르러서야 런던시의 참사회원인 윌키스(Wilkes)에 의해 이 특권을 법적으로는 아니지만 실질적으로 무효화하는 데 성공한다. 즉 특권의 침해로 유죄를 인정받은 《이브닝

11) W. Bauer, *Die öffentliche Meinung in der Weltgeschichte*, Berlin-Leipzig 1950, 227쪽 이하.

12) 이 의회보고가 1641년 이래 초기의 일간지들이었다.

13) Hanson, 위의 책, 81쪽.

포스트》(*Evening Post*)의 편집자에 대한 형집행이 이루어지지 않은 것이다. 우드폴(Woodfall)이 하원의 관람석에서 메모—이는 그 당시 금지되었다—하지 않고도 의회 연설을 원래 그대로 16단으로 재생한 '메모리'(*Memory*)가 《모닝 크로니클》(*Morning Chronicle*)을 런던의 주도적 일간지로 만들 수 있었던 시기에, 더 이상 의회심의로부터 공론장을 배제하는 것은[14] 불가능하게 되었다. 1803년에 가서야 하원의 장은 저널리스트를 위한 관람석 자리를 공식적으로 허용하였다. 거의 한 세기 동안 기자들은 불법적으로 입장권을 마련해야만 했다. 그러나 1834년의 화재 이후 새로이 건립된 의회건물에서야 기자들을 위한 자리가 마련되었다. 이는 최초의 영국 선거법 개정에 의해 오래 전부터 여론에 의해 비판받았던 의회가 여론기관으로 변화된 지 2년 후의 일이었다.

이러한 변화는 거의 한 세기 반 동안 계속된 것이다. 특히 이 지속적 변화는 논의하는 공중이 정치적 통제기능으로 성장해 가는 것을 연구하기에 적합하다. 17세기 말 영국에서는 종교내전의 종식과 동시에 헌법이 세워졌다. 이 헌법이 대륙의 18세기와 19세기 부르주아 혁명을 완전하게 성취한 것은 아니었지만, 그것은 법치국가의 요소들을 실현시킴으로써—인신보호법, 권리선언—자국내에서 그러한 혁명을 불필요하게 만들었다. 산업자본이 막 발전하기 시작했지만 아직 과거 생산양식의 유지에 이해관계를 갖는 상업자본의 지배를 받던 자본주의 단계에서는, 재계(*the moneyed interest*)의 지도적 대변자들도 여러 면에서 귀족과 밀접하게 관련되었던 대부르주아의 보수적 계층으로부터 나온다. 이 두 구성원들은 의회에서 일정한 사회적 동질성의 기초

---

14) 나아가 이 배제는 '타인의 배제'라는 전통적 의회법의 관행에 근거할 수 있었다.

위에서 진행되는 귀족주의적 대화에서 서로 만나게 된다.[15]

이런 점에서 경제·사회적으로 주도적인 계급들이 1688년 이후에는 정치적으로도 역시 지배하게 되었다. 그러나 하원의회가 신분제의회의 성격을 잃는 것은, 그것이 점차 조합의 대표들에 의해서가 아니라 지배계급의 지명자들로 구성되었기 때문이 아니다. 오히려 산업과 상업을 운영하는 이러한 신교도 중간계급의 부르주아 계층이 (이들의 자본주의적 이해관계가 이제 의회에서 직접 대변되지 않고도 혁명에 결정적 공헌을 하였다) 마치 지속적으로 확장되어 가는 의회 앞마당과 같은 것을 처음부터 형성했기 때문이다. 여기서 그들은 곧 적절한 저널리즘 기관을 갖춘 비판적 공중으로서, 런던이나 웨스트민스터에서[16]와 같이 그들 스스로가 유권자층에 속하든 아니면 다른 곳에서처럼 비유권자 대중에 속하든 상관없이, 의회의 심의와 결정을 추적하였다. 의회의 기능변화는 주권을 가진 군주가 권리장전에 의해 구속된 결과 '의회에서의 왕'으로 강등되었다는 사실의 결과만이 아니다. 이제까지의 체제와 질적으로 다른 것은 공론장에 대한 의회의 새로운 관계였는데, 이 관계가 마침내 의회심의의 완전한 공개를 가져온다.

이제 의회를 배제할 수 없는 왕도 역시 의회 내에서 확고한 추종자의 보호를 확보해야만 했다. 한편에서는 '저항'의 이름으로 다른 편에서는 '신수(神授) 왕권'의 이름으로 진행된 휘그-토리당 대립의 발생, 즉 한편으로 의회와 국가 간의 낡은 대립과 다른 한편으로 왕실과 고문관 간의 낡은 대립을 대체하는 결과를 가져온 그 당시 제명법

---

15) K. Löwenstein, "Zur Soziologie der parlamentarischen Repräsentation in England," in: *Erinnerungsgabe für Max Weber*, Bd. II, München-Leipzig 1923, 94쪽 참조.

16) 이곳에서는 세금을 내는 모든 남성 세대주가 선거권을 가지고 있었다.

(Exclusion Bill)을 둘러싼 논쟁에서, 의회의 '당파들'로의 분열은 물론 다양한 사회집단의 객관적 이익상황과 구조적으로 연관되어 있을 것이다. 그러나 이러한 의회 '분파들'의 발전은 의회의 새로운 내적 역학으로부터만, 즉 다음 세기에 한편으로 비판적 공중의 공적 논의와 다른 한편으로 간접적 지배에 의존할 수밖에 없는 왕의 부패한 영향력 사이에서 전개되는 내적 역학으로부터만 이해될 수 있다. 의회에서 패배한 소수당은 항상 공론장으로 비켜가서 공중의 판단에 호소할 수 있었다. 반면 뇌물에 의해 결속된 다수당[17]은 야당이 부인하는 그들의 이성을 통해 자신의 권위를 정당화할 의무가 있다고 보았다. 저항 정당인 휘그당에게 한 세대 동안 정권을 가져다주고 역으로 자코뱅주의적 정통주의자들로 하여금 혁명적 질서의 기반 위에서 저항할 수밖에 없게 만든 전선의 독특한 반전 후에, 이러한 관계는 발전된다.

1727년부터 《크래프츠맨》의 영향으로 체계적 야당이 탄생한다. 이 야당은 때로는 심지어 그림자 내각과 같은 것까지 갖추고 1742년까지 문학과 신문을 통해 의회에서의 정치적 논쟁을 대공중에게 중계한다. 토리당은 구 휘그당의 원리를 이론적으로 채택하는 반면, 정부 여당인 신 휘그당은 토리당의 원리를 실천적으로 채택한다. 그때까지 국가적 수준에서의 정치적 대립은 프롱드당(Fronde)과 내전의 형태로 폭력적으로 이해관계를 관철시키려는 시도로서 가능했다. 이제 정치적 대립은 논의하는 공중을 매개로 한 여당과 야당 사이의 지속적 논쟁의 형태를 띠게 된다. 이러한 토론은 일상적 안건을 넘어서 기본적으로 '정치적 주제들'에까지 이르는 것이었다. 이 주제들은 권력분립, 영국의 자유, 애국심과 부패, 정당과 파벌, 정부 여당에 대한 야당의 새로운

17) 자세한 설명은 Löwenstein, 위의 책, 95쪽 이하 참조.

관계의 적법성의 문제, 심지어 정치적 인간학의 기본 문제들에까지 이어졌다. 볼링브룩 자신이 그의 염세적 인간학과 관련시켜 발전시킨 야당이론도 역시 이러한 1730년대의 저널리즘적 논의에 그 기원을 두고 있다.[18] 볼링브룩은 사적 이익과 공적 이익의 관계를 이제 궁정(*court*)과 국가(*country*), '권력을 잡은 사람'과 '권력으로부터 밀려 난 사람', 또는 쾌락과 행복, 정념과 이성의 관계로 묘사한다. 국민당(*country-party*)으로서 야당은 '권세'에 의해 부패한 궁정당에 반하여 항상 옳은 것처럼 여겨졌다.

18세기 초부터 그 당시 '국민감정'(*sense of the people*)으로 불렸던 것과 공식적 선거결과를 구별하는 것이 일상화되었다. 주(州) 선거의 평균 결과가 국민감정에 대한 대략적 기준으로 여겨진다. 이때부터 '국민감정', '공공의 목소리'(*common voice*), '국민의 일반적 함성'(*the general cry of the people*), '공공 정신'(*the public spirit*)은 야당이 의지할 수 있는 실재를 가리키게 되었다. 야당은 사실 이들의 도움으로 여러 번 월폴(Walpole)과 그의 의회 다수당을 굴복시킬 수 있었다.[19] 물론 그러한 사건이 일종의 여론지배의 신호로 해석되기는 아직 이르다. 현실적 권력관계를 더 확실하게 읽을 수 있는 것은 1680년 이래 자주 조직된 대중청원이 아무런 효력을 발휘하지 못했다는 데 있다. 1701년과 1710년의 청원에 상응하여 실제로 의회 해산이 이루어졌다. 그러나 그것은 기본적으로 왕이 이용했던 단순한 갈채에 지나지 않았다. 이것은 1768년과 1771년 사이에서 명백해졌다. 그 당시 윌키스(Wilkes)의 선동과 관련하여 수많은 지방, 도시, 마을의 청원이 있었

---

18) Kluxen, 위의 책, 103쪽 이하.

19) 1733/34년 7년주기법(Septennial Bill) 문제와 1739년 스페인과의 전쟁 문제가 그런 경우이다.

지만 의회 해산은 뒤따르지 않았다. 자신에게 순종하는 의회 다수당을 가진 상황에서 왕이 그 자신을 새로운 선거의 위험에 노출시키는 데 아무런 관심도 가지지 않았기 때문이다. 1784년의 의회 해산(이를 계기로 하원의원들 앞에서 행한 유명한 연설에서 왕은 국민감정으로 되돌아가야 할 의무를 느낀다고 확언한다) 조차 그 일차적 원인이 '국민 여론'의 압력에 있었던 것은 아니었다.[20]

그럼에도 불구하고 이 시기에 《타임스》(1785)와 같은 새로운 거대 일간지와 더불어 정치적으로 논의하는 공중의 다른 제도들이 출현한다. 윌키스 시대에 공적 집회(*public meetings*)는 그 규모와 횟수에서 증가한다. 다수의 정치연합 역시 형성된다. 요크셔 연합(Yorkshire Association)의 모범에 따라 1779년에 창립된 26주(州) 연합은 전쟁비용 문제, 의회개혁 문제 등에 관한 청원을 다루었다. 물론 17세기 말 의회 의원들이 느슨한 클럽으로 서로 연대하기는 하였다. 그러나 가령 1741년에도 《젠틀맨스 매거진》이 선출된 의원들을 정치 노선에 따라 성격짓기가 여전히 어려웠다. 그들의 명확한 소속당을 도대체 인식할 수 없었다. 18세기 말에 이르러서야 정당들은 의회의 밖, '원외'(院外, *outdoors*)에서 앞서의 탄원, 공적 집회, 정치연합을 뛰어넘는 조직적 기초를 획득한다. 정당들은 지역위원회의 설치를 통해 최초의 확고한 조직형태를 갖게 된다.

정치적으로 논의하는 공중은 프랑스 혁명 발발 3년 후인 1792년 폭스(Fox)의 하원연설에 의해 그 공적 비판기능을 간접적으로 승인받는다. 이로써 엄밀한 의미에서의 여론이 의회에서 최초로 언급된다.

여론의 의견을 묻는 것은 확실히 올바르고 현명한 일이다. … 만일

---

20) 이에 대해서는 엠덴의 균형 잡힌 평가를 참조. Emden, 위의 책, 195~196쪽.

> 여론이 내 의견과 일치하지 않는다면, 만일 그들에게 위험을 지적한 후에도 그들이 나와 같은 관점으로 그것을 보지 않는다면, 또는 그들이 다른 치유책을 내 것보다 더 선호할 만하다고 생각한다면, 나는 내가 물러서는 것이 왕에 대한 나의 의무, 나의 조국에 대한 의무, 나의 명예에 대한 의무라고 생각해야 할 것이다. 그 결과 그들은 적당한 도구에 의해, 즉 그들과 같이 생각하는 사람에 의해 그들이 더 좋다고 생각하는 계획을 추구할 것이다. … 그러나 한 가지 가장 확실한 것은 내가 공중에게 의견을 형성할 수단을 주어야 한다는 것이다.[21]

이러한 주장과 마찬가지로 특기할 만한 것은 그러한 주장을 하게 된 계기이다. 여기서 폭스는 1791년 여론 압력으로 러시아에 대항하는 전쟁준비를 다시 중지했던 피트(Pitt)에 반대하고 있었던 것이다. 19세기 문턱에 이르기까지 공중의 정치적 논의가 확대 조직된 결과, 그것은 지속적 비평가 역할을 함으로써 의회의 배타성을 결정적으로 타파하고 공식적으로 지정된 의원의 토론상대방으로 발전한다. 폭스는 공중에 대해 얼굴을 맞대고 연설한다. '그들', 즉 여론의 주체들은 더 이상 마치 '이방인'처럼 심의로부터 제외될 수 있는 사람들로 여겨지지 않는다. 의회 절대주의는 점차 여론 주체들의 주권에 굴복할 수밖에 없게 된다. 또한 '국민감정'이나 '통속적 의견'(*vulgar opinion*), '일반 의견'(*common opinion*)과 같은 말은 더 이상 사용되지 않는다. 이제 그것은 '여론'(*public opinion*)이라 불린다. 공중이 교육과 정보를 갖춤으로써 근거 있는 견해를 가질 수 있게 된 이후, 여론은 공적 토론 속에서 형성된다. 따라서 공중에게 의견을 형성할 수단을 주어야 한다는 폭스의 준칙이 성립한다.

---

21) 29 *Parliamentary History* 974.

그러나 선거권의 확장에 대한 토론은 그 후 40년 동안 지체된다. 마침내 7월 혁명 이후 2년 뒤 시대에 뒤떨어진 선거구역의 할당을 수정한 선거법 개정안(Reform Bill)이 통과되었으며, 논의하는 공중 대다수의 출신성분인 중산층의 상층에게도 정치적 참정권이 허용된다. 그 당시 약 2천 4백만의 인구 중에서 이제 거의 백만 명이 투표할 수 있게 되었다. 여론에 의한 통치의 과도기를 위한 조건들은 필(Peel)의 이른바 탬워스 선언(Tamworth Manifestum)에 의해 1834년에 완성된다. 여기서 처음으로 한 정당에 의한 선거강령의 공지가 이루어졌다. 여론은 어떤 사항을 둘러싼 논변의 싸움 속에서 형성되는 것이지, 순진하게 조작된 것이든 국민투표로 조작된 것이든 간에 상식에 의해 인물에 대해 동의하거나 투표하는 식으로 무비판적으로 이루어지는 것이 아니다. 그렇기 때문에 여론은 그 대상으로 결출한 인물보다는 명확히 정의된 사태를 필요로 한다. 보수주의자들도 그들의 강령을 발표하게 된다. 이와 동일한 시간에 휘그당은 선거 참여촉구 성명서에서 다음과 같이 경고한다.

> 여러분은 지금 인물이 아니라 사태를 위해서, 즉 여러분의 개혁의 실질적 결과를 위해서 싸우고 있다는 것을 명심하시오.[22]

22) Emden, 위의 책, 205쪽.

2. 대륙적 변형

비록 대략 18세기 중반 이후이기는 하지만, 프랑스에서도 정치적으로 논의하는 공중이 출현한다. 그러나 혁명 이전의 이 공중은 동시대의 영국에서 가능했던 것과 같이 비판적 추진력을 효과적으로 제도화할 수 없었다. 검열관의 동의가 없이는 한 줄도 인쇄될 수 없었다. 따라서 정치적 저널리즘은 발전할 수 없었으며, 전체 정기간행물의 수 역시 옹색할 뿐이었다. 주간으로 발행되었던 관보(官報)였던 《메르큐르 드 프랑스》(*Mercure de France*)는 비록 가장 널리 유포된 신문이었지만 1763년에 1,600명의 구독자 이상을 가지지 못했다. 그 중 대략 1/3의 구독자가 파리에 거주하였고, 900명의 구독자는 지방에, 나머지는 해외의 독자였다. 물론 사람들은 불법적으로 유입된 신문들, 특히 네덜란드의 신문들을 비밀리에 읽었다.[23]

발달된 정치적 저널리즘이 없었을 뿐만 아니라, 그 영향력으로 점차 국민의 대표기관으로 변화되었을 신분제 의회마저도 없었다. 삼부회(Estates General)는 1614년 이후 더 이상 소집되지 않았다. 기존의 의회, 즉 왕으로부터 완전히 독립한 유일한 정치세력이었던 최고법원은 부르주아의 참병을 체현한 것이 아니라, 절대주의적 통치의 중앙집권에 대항하여 아직 유지되던 부르주아화한 중간권력층을 체현한

23) 루이 14세는 이미 1679년과 1686년 외국 신문의 유입을 금하는 칙령을 내려야 했다. 당시 유럽에서 가장 자유로운 신문이었던 《가제트 드 올랑드》(*Gazettes de Hollande*)는 18세기에까지 유지되는 명성을 얻었다. 낭트칙령의 철폐와 함께 추방된 위그노파들(Hogenotten)이 이러한 저널리즘적 채널을 통해 그들의 조국에 영향력을 미칠 수 있었다. E. Everth, *Die Öffentlichkeit in der Außenpolitik*, 위의 책, 299쪽 참조.

것이었다. 마지막으로 이러한 제도들의 사회적 기반도 없었다. 물론 상업과 산업에 종사하던 부르주아 일반이 부재한 것은 아니었다. 섭정시대에 투기꾼과 은행가, 상업적 제조업자, 대상인과 납세 소작인들은 이미 그들의 수중에 국부가 집결된 상층 부르주아를 형성하고 있었다. 그러나 그들은 정치적으로 국가의 운명에 영향을 끼칠 수 없었다. 그들은 영국에서처럼 귀족 및 고위 관료층과 — 법복 귀족(*noblesse de robe*)[24] — 결합하여 하나의 동질적 상층계급을 이루지 못했다. 만약 이러한 상층계급이 존재했더라면 그것은 확실한 위세에 기초하여 자본형성 계급의 이익을 왕에 대항해 정치적으로도 대변했을 것이다.

신분간의 차이는 엄격하였다. 부유한 상인들은 통상적으로 3대째 내려오면 귀족 명칭을 획득하는데, 이들은 대부분 고위관직의 봉록(俸祿)과 결부된다. 그러나 이로써 그들은 생산과 분배의 영역으로부터 탈퇴하게 된다. 이 세기의 중반경 수도원장 코예(Coyer)는 '상업귀족'(La Noblesse Commercante)이라는 제목으로 이 문제를 의식화하는데, 그것은 팸플릿의 홍수를 불러일으킨다. 다른 한편 신분에 적절하지 못한 일이라고 해서 은행사업뿐만 아니라 상업과 산업으로부터 벗어난 귀족은 경제적으로 왕에 종속되는 상황에 빠진다. 생산적 노동이라는 부르주아적 관점에서 볼 때, 귀족은 그들의 면세특권과 왕이 내린 특허권을 갖는 대신 정치적 영향력의 상실이라는 대가를 치른 기생계급이다. 왕은 공권력을 독점하게 되었다. 이로써 부르주아적 평등의 부정적 형태가 성립된다. 왕(그리고 그의 관료)을 제외한 모든 사람은 똑같이 신민이며 똑같이 관청에 예속된다. 즉 그들 모두는 사

---

24) 법복 귀족에 대한 사회학적 분석은 Borkenau, 위의 책, 172쪽 이하 참조.

적 개인들이다. 그들이 부르주아이든 아니든 간에 그들의 영역이 바로 시민사회(*société civile*)이다. 이것이 계급이론으로 쉽게 간파될 수 없었던 18세기의 구조이다. 부르주아 의회의 봉건적 역할과 상층 부르주아의 귀족에 대한 순응이 보여주듯이, 많은 경우 부르주아는 아직 신분국가에 의해 말하자면 둘러싸여 있다. 그리고 귀족은 많은 경우 그들의 살롱 안에서 부르주아 지식인들의 계몽된 사고방식에 대해 부르주아 당사자들보다도 열린 태도를 가지고 있었다. 그럼에도 불구하고 부르주아, 귀족, 왕의 지위와 기능은 명백히 서로 구분되므로, 이 모델에서 '부문들', 즉 정치부문, 경제부문, 그리고 그 사이에 '사회'가 차지하는 부문은 쉽게 분리될 수 있다.[25]

몽테스키외가 있었음에도 불구하고 18세기 전반 '철학자들'의 비판은 종교, 문학, 예술을 우선적으로 다루었다. 거대한 규모의 공론적 사업을 목표로 한 백과전서[26]를 출판하는 단계에 이르러서야 철학자들의 도덕적 의도는 최소한 간접적으로나마 정치적 의도로 발전한다. 로베스피에르는 후에 이것을 '혁명의 서장'(序章)으로 찬양할 수 있었다. 18세기 후반에 들어서 클럽들, 즉 영국식 관념에 의해 고무되어 중이층(中二層) 클럽(*Club de l'Entresol*)에 모인 일종의 초기 신사회(紳

---

25) E. G. Barber, *The Bourgeoisie in 18th Century France*, N.Y. 1959.

26) 1750년 디드로(Diderot)의 《취지서》(*Prospectus*), 즉 예고편이 우선 출판되는데, 이것은 곧 전 유럽에 반향을 불러일으킨다. 1년 후 달랑베르(D'Alembert)의 《예비적 논의》(*Discours Préliminaire*), 즉 작품 전체에 대한 탁월한 개관이 출간된다. 그의 저작은 명백히 계몽적 공중(*public éclairé*)을 향하고 있다. 그것은 문필가 사회(*societé de gens des lettres*)의 이름으로 말하고 있다. 그리고 1758년 디드로는 볼테르(Voltaire)에게 보낸 편지에서 공론장에 대한 의무를 상기하고 있다. 그 사이 백과전서에 대한 예약 신청인은 4,000명에 달했는데, 이는 그 당시 가장 많이 읽혔던 신문 구독자 수보다 3배 내지 4배나 더 많은 것이었다.

士會)가 여성이 주도하는 문화살롱(*bureaux d'esprit*)의 후계자로 등장한다.[27] 공적 비판의 발기인인 철학자들은 대중작가에서 경제학자로 변모하게 된다. 처음에는 퀴네(Quesnay)의 집에서, 나중에는 미라보(Mirabeau)와 튀르고(Turgo)의 집에서 만나는 중농주의자들이 경제학자들이라 불렸다. 그들의 클럽은 10년 이상 유지되었다. 그들은 《상업지》(*Gazette du Commerce*), 《농업·상업·재정 평론》(*Journal de l'Agriculture, du Commerce et des Finances*)을 통해 그들의 이론을 변호한다. 이는 결국 그들의 중요한 두 대표자인 튀르고와 말제르브(Malesherbes)가 정부에 입각하여 말하자면 여론의 첫 대표자가 되는 1774년까지 계속되었다.

그러나 잘 알려져 있듯이 정치적으로 기능하는 공론장이 절대주의 체제를 뚫고들어 갈 돌파구를 마련하는 데 성공한 최초의 인물은 넥커(Necker)였다. 그는 국가예산의 결산을 공적으로 고시하였고, 왕은 3개월 후 장관을 해임한다.[28] 그렇지만 적어도 공중의 정치적 논의가

---

27) 그 당시 프랑스에 망명객으로 와 있던 볼링브룩이 제안하여 중이층(中二層, *entresol*)에 살고 있던 수도원장 알라리(Alary)의 집에서 사적 모임이 구성되었다 — 랑트라솔의 클럽(*Club de l'Entresol*)이라는 이름은 여기서 연유한다. 이 모임은 학자, 성직자, 관료의 비공식적인 아카데미로서, 여기서 그들은 뉴스를 교환하고 계획을 발전시키고 사회의 요구와 마찬가지로 국가의 헌법을 연구하였다. 아르장송의 후작(Marquis d'Argenson)과 상 피에르(St. Pierre)의 늙은 수도원장 이외에 월폴(Walpole)도 또한 여기에 드나들었다. R. Koselleck, *Kritik und Krise*, Freiburg-München 1959, 53쪽 이하 참조.

28) 혁명 전야에 부르주아 공론장의 성숙도를 인지한 사람이 바로 넥커였다. "사교적 삶의 정신, 존경과 칭찬에 대한 선호가, 자기 자신에 주목하는 모든 사람들이 그 앞에 서야 할 의무를 갖는 법정을 프랑스에 도입하였다. 그 법정이 바로 여론(*opinion publique*)이다." 그는 계속해서 다음과 같이 말한다. "대다수 이방인들은 프랑스에서 여론이 행사하는 권위에 대한 올바른 관념을 얻기 위해 노력한다. 그들이 이해하기 어려운 점은 계급 없이, 친위병 없이, 군대 없이 법을 부여하는 보이지 않는 권력이 있다는 사실이다. 그리고 이보다 더 참된 것은 없

정부에 대한 감독의 심급으로 적절함이 입증되었으며, 그것은 특히 부르주아 이해관계의 신경중심에서 그랬다. 국가채무의 규모는 한편으로 경제적 권력과 정치적 무기함의 불균형을, 다른 한편으로 재정적 의존과 절대주의 정부의 불균형을 상징하고 있었다. 경제·정치적 기능을 상실하였지만 아직 사회적으로 체면을 유지하고 있던 귀족의 품안에서 사회적으로 상승한 지식인 계층의 도움으로 부화하였으며, 마침내 정치적 쟁점에 대해서도 논의하게 된 공중의 영역은 이제 결정적으로 부르주아 사회가 자신의 이해를 반성적으로 표현하는 영역이 되었다. 넥커의 보고서(*compte rendu*) 이후 정치적 기능을 갖는 이러한 공론장은 다만 억압될 수 있을 뿐, 근원적으로 무효화할 수는 없었다. 공적 사안에 대한 공중의 논의는 진정서(Cahiers de Doléance)의 방식으로 공식적으로 허용되었다. 이것이 잘 알려져 있듯이 삼부회의 소집을 가져왔다. 영국에서 중단되지 않았던 신분제 의회의 전통이 프랑스에서는 그것이 다만 근대 의회의 역할을 맡을 수밖에 없는 사회발전 단계에서 다시 수용되는 꼴이다.

영국의 경우 한 세기 동안의 지속적 발전이 가져다준 것이 프랑스에서는 하룻밤 만에 혁명으로 이루어졌으므로, 그것은 물론 그다지 안정적이지 못했다. 그것이 바로 정치적으로 논의하는 공중에게 그때까지 결여되었던 제도들이다. 클럽적 정당들이 생겨났는데, 이들로부터 의회의 분파들이 충원되었다. 정치적 일간지도 만들어진다.[29] 그리고 이미 삼부회는 그 심의의 공개성을 관철시킨다. 8월 이후 의회

다." 그 이후 '넥커 씨의 여론'이라는 말이 인구에 회자되었고, 심지어 왕에 올리는 보고서에도 들어가게 되었다(Bauer, 위의 책, 234쪽과 M. v. Böhm, *Frankreich im 18. Jahrhundert*, Berlin 1921, 318쪽에서 인용).

29) 이에 대한 상세한 논의는 Bauer, 위의 책, 13장, 239쪽 이하 참조.

뉴스를 보도하는 일간지, 《토론과 포고에 관한 저널》(*Journal des Débattes et des Décrets*)이 출간된다. 적어도 정치적 공론장의 실질적 제도화만큼 중요한 것이 그것의 법률적 규정이다. 따라서 혁명과정은 곧 헌법적으로 해석되고 정의된다. 대륙에서 부르주아 공론장의 정치적 기능이 현실적이든 잠재적인 것이든 간에 그렇게 정확하게 의식되었다는 사실은 이와 연관이 있을 것이다. 여기서는 동시대의 영국에서보다 전문용어로 더 명확하게 표현되는 자기의식이 발생한다. 프랑스 혁명헌법을 성문화하는 과정에서 나타난 공론장의 정치적 기능들은 곧이어 유럽 전체로 전파되는 슬로건이 되었다. 독일어로 공론장을 의미하는 단어인 'Öffentlichkeit'가 프랑스어를 모방하여 만들어진 것은 우연이 아니다. 독일어 공론장이라는 말의 원본인 'Publizität'가 혁명기간 동안 독일 제국에 널리 퍼졌던 풍자시로 시중에 나돌았다.

> 모든 사람이 들떠 울어 제치는 거대한 구호,
> 그 앞에서는 위풍당당한 가발을 쓴,
> 인민의 지배자들조차 머리를 조아리네.
> 귀 기울여 들어봐! 그 구호는 바로 — 공개성(*Publizität*)[30)]

1789년 8월 26일의 《인권과 시민권 선언》(*Déclaration des Droits de l'Homme et du Citoyen*)을 전체적으로 받아들인 1791년의 헌법은 '공공성' 영역을 11조에서 다음과 같이 보완하고 있다.

> 사상과 의견의 자유로운 전달은 인간의 가장 귀중한 권리의 하나이다. 그러므로 법이 규정하는 경우에 이 자유를 오용한 데 대한 책임

30) R. Smend, "Zum Problem des Öffentlichen und der Öffentlichkeit," in: *Gedächtnisschrift für Jellinek*, München 1955에서 재인용.

을 유보조건으로 하여, 모든 사람은 자유로이 말하고 쓰고 출판할 수 있다.[31)]

1793년의 헌법은 자유로운 집회에 분명히 자유로운 의견 표현의 보호를 포함시키고 있다.

언론을 통하든 아니면 다른 어떤 방식으로든 간에 사상과 의견을 전달할 권리, 평화롭게 집회할 권리는 … 거부될 수 없다.

이어서 말하자면 이런 예방조치를 변명이라도 하듯이 구체제에 대한 지적을 덧붙인다.

전제주의 정치가 현존하거나 그에 대한 생생한 기억이 있는 경우에 이들 권리를 선포할 필요가 있다.[32)]

물론 이 조항이 효력을 발휘하는 시점에 이 조항은 이미 더 이상 헌법적 현실과 일치하지 않는다. 1년 전 8월 튈르리 궁전(les Tuieries)에 돌격해 들어간 이틀 후, 파리콤뮨의 포고는 혁명의 반대자들을 '여론을 독살하는 자들'(*empoisonneurs de l'opinion publique*)로 고발하고 그들의 신문을 압수하였다. 쿠데타 이틀 후인 1800년 1월 7일 나폴레옹은 출판의 자유를 전면적으로 폐지시켜 버린다. 단지 기명된 13개의 신문만이 정치신문의 금지로부터 제외될 뿐이었다. 그는 1811년 이후

31) *Die Entwicklung der Menschen- und Bürgerrechte*, ed. F. Hartung, Göttingen 1954, 33쪽과 35쪽. 1776년 6월 12일 버지니아 주가 12조에서 최초로 비슷한 보장을 하고 있다. "언론의 자유는 거대한 자유의 보루의 하나이며, 전제적 정부에 의한 것을 제외하고는 결코 제한될 수 없다." 같은 책, 27쪽.

32) 같은 곳.

정부기관지인 《신보》(新報, *Moniteur*) 이외에 오직 세 개의 신문을 그것도 엄격한 검열 하에서 허용할 뿐이었다. 복귀한 부르봉 왕가는 언론의 자유를 존중하겠다는 선언을 하며 등장하기는 한다. 1814년 헌장 8조에도 다음과 같이 씌어 있다.

> 프랑스인은 이들 자유의 오용을 저지하는 법을 준수하는 한, 자신의 견해를 발표하고 출판할 권리를 갖는다.[33]

그러나 야당은 매우 조심스럽게만 자신을 표현할 수 있었을 뿐이다. 티에르(Thiers)와 미네(Mignet)가 창립한 야당지 《나시오날》(*National*)로부터 그 구호가 시작된 7월 혁명[34]에 가서야 비로소 신문과 정당, 그리고 마침내 선거법개정에 의해 확대되고 완전히 공개적으로 심의하게 된 의회는 혁명적 인권이 보장하는 활동의 자유를 되찾는다.

독일에서는 프랑스 7월 혁명의 결과로 비로소 의회와 비슷한 어떤 것이 그것도 잠시 동안 독일 영토의 몇몇 서부와 서남부에 있는 제후국 수도들에서 출현했다.[35] 이곳에서는 1815년의 빈 회의의 최종결의안에서 추천된 대의체(代議體)들이 지방 신분의회의 전통에 이어 생겨날 수 있었으나, 후에 그것들은 칼스바드 결의(Karlsbader Beschlüsse)에 의해 거의 모두 마비되어 버렸다.

독일의 상황은 대륙의 절대주의 체제가 오랫동안 보존했던 신분적 경계들, 특히 귀족과 부르주아 간의 경계로 영국의 상황과 차이를 보

---

33) Hartung, 위의 책, 45쪽.

34) "왕은 군림하지 지배하지 않는다."(Le roi régne et ne gouverne pas)

35) 동시대의 보고서, "Schreiben von München, betreffend den bayerischen Landtag von 1831," in: *Historisch-Politische Zeitschrift*, Bd. I, Hamburg 1832, 94쪽 이하 참조.

인다. 부르주아는 자기 편에서 민중에 대해 엄격하게 거리를 두었다. 민중은 (농업노동자로부터 시작하여 소작인을 거쳐 자유농에 이르는) 농촌 인구와 본래의 하층계급(일용 노동자, 군인, 하인), 소상인, 수공업자, 노동자로 구성되어 있었다. 독어 'Volk'와 불어 'peuple'은 서로 일치하는데, 이 두 범주는 18세기에 동일한 의미를 가지고 있었다. 독일에서든 프랑스에서든 가게의 판매대 뒤에 서 있거나 육체노동을 하는 것은 본래의 부르주아와 분별해 주는 주관적으로 구속력 있는 기준으로 여겨졌다. 과거의 시민들, 즉 전형적 도시민이었던 소상인과 수공업자들은 '부르주아적인 사람들'에 의해 더 이상 부르주아에 속하는 것으로 여겨지지 않는다. 그것의 기준은 교양교육이다. 부르주아적인 사람들은 교양신분들, 즉 사업가와 대학교육을 받은 사람(학자, 성직자, 관료, 의사, 법률가, 교사)에 속한다. 그런데 귀족이 궁정에 대해 완전히 비자립적 지위를 갖는다는 점에서 독일의 상황은 프랑스의 상황과 다르다. 독일의 귀족은 경제적 기능과 정치적 기능으로부터 단절된 '상류사회'의 영역을 부르주아 지식인들과의 의사소통 과정을 통해 논의하는 공중의 문화적으로 권위 있는 영역으로 발전시킬 수 없었다.[36]

정치적으로 논의하는 공중은 무엇보다 부르주아적인 사람들의 사적 모임에 자리잡고 있다. 18세기의 마지막 10년 동안에 만개하는 잡지들, 특히 정치 잡지들은 사적 개인들 사이의 사교생활이 결정화(結晶化)되는 지점이다. 잡지들만이 계몽시대의 '독서 욕구', 아니 '독서광'을 증거하는 것은 아니다.[37] 1770년대 이후 사적 독서회(*Lesegesell-*

36) E. Heilborn, *Zwischen zwei Revolutionen*, Berlin 1929, Bd. I, *Der Geist der Schinkelzeit 1789 bis 1848*, 97쪽 이하.

37) 예를 들어 《독일의 그리고 독일을 위한 저널》(*Journal von und für Deutschland*),

schaft)와 영리적 독서회가 모든 도시로 퍼지게 되는데, 심지어 소도시에까지 확산되어, 이 제도의 가치와 무가치에 대한 일반 토론이 개시될 정도였다. 18세기 말 독일에는 270개 이상의 독서회가 확인된다.[38] 그들은 대부분 잡지나 신문을 읽거나 혹은 이와 마찬가지로 중요하게 읽은 것에 대해 대화를 나눌 기회를 제공하는 독자적 공간을 가진 단체였다. 가장 초기의 회독회(回讀會, *Lesezirkel*)는 신문구독을 저렴하게 하는 데 도움이 되는 공동구독 이외에 다름 아니었다. 반면, 독서회는 더 이상 그런 재정적 동기에 부응한 것이 아니다. 회칙에 따라 수뇌부를 선출하고, 다수결로 신입회원 가입을 결정하고, 여성을 배제하고 놀이를 금했던 이 단체들은 오로지 부르주아적인 사적 개인의 욕구, 즉 논의하는 공중으로서 공론장을 형성하려는 욕구에 충실한 단체이다. 그리고 이 욕구란 바로 잡지를 읽고 그것에 대해 토론하며, 개인적 의견을 교환하고, 1790년대 이후 '공공적'이라고 불려진 의견, 즉 여론을 함께 형성하려는 욕구이다. 가장 많이 정기 구독되고 읽힌 것은 정치적 내용의 잡지들이었다. 슈뢰쩌(Schlözer)의 《슈타트안짜이겐》(*Staatsanzeigen*), 빌란트(Wieland)의 《토이처 메르쿠어》(*Teutscher Merkur*), 아르헨홀쯔(Archenholz)의 《미네르바》(*Minerva*), 《함부르크 정치저널》(*Hamburger Politische Journal*), 《독일의 그리고 독일을 위한

1790, II, 55쪽; 혹은 《예나 일반 문학지》(*Jenaische Allgemeine Literaturzeitung*), 1797 Nr. 30, 255쪽 참조. 18세기 말 독일에서의 정치적 공론장의 발생에 관해서는 F. Valjavec, *Die Entstehung der politischen Strömungen in Deutschland 1770~1815*, München 1951 참조.

38) 자료가 풍부한 박사학위 논문, I. Jentsch, *Zur Geschichte des Zeitungswesen in Deutschland*, Leipzig 1937 참조(스위스에 대해서도 이 논문은 많은 자료를 보여주고 있다. 같은 책, 33쪽, 주 10). 아울러 브라우바흐의 상세한 연구 M. Braubach, "Ein publizitischer Plan der Bonner Lesegesellschaft," in: *Festschrift. L. Bergsträßer*, Düsseldorf 1954, 21쪽 이하 참조.

저널》(*Journal von und für Deutschland*) 등이 그것이다.[39)]

영국의 언론자유가 독일 하노버에 비친 반사광은 4천 부에 이르렀던 슈뢰쩌의 잡지였다. 그것은 '높으신 분들이 가장 싫어하는 것'(*béte noire*)으로 여겨졌다. 왜냐하면 그 당시 떠돌던 소문에 따르면, 이 높으신 분들은 '슈뢰쩌에 실리는 것'을 두려워했기 때문이다.[40)] 아무튼 독일 서남부의 최초의 정치 평론가들에 대해 제후들이 가혹한 반응을 보였다는 사실이 공론장의 비판적 힘을 상징적으로 보여주고 있다. 1778년에 《배낭》(*Felleisen*)으로 처음 등장한 베르크헤르린(Werkherlin)과 1774년에 이미 《도이체 크로닉》(*Deutsche Chronik*)으로 잘 알려진 슈바르트(Schubart)는 모두 비싼 대가를 치른다. 베르크헤르린은 감옥에서 사망하고, 슈바르트는 10년 동안 요새에 감금된 결과 척추가 부러지게 되었다. 그야말로 직접적인 방식의 뇌 세척이었던 것이다.[41)]

---

39) '함부르거 하모니'(*Hamburger Harmonie*)의 유명한 열람실에는 세기의 전환기에 47개의 독일잡지, 8개의 프랑스잡지, 2개의 영국잡지가 비치되어 있었다. 과거의 도덕 주간지 영향의 결과 오락지들은 본래 목록에 들어가지 않는다. 이 오락지들은 여성들이 집에서 읽는 것이다.

40) Groth, 위의 책, Bd. I, 706쪽.

41) 이에 대해서는 L. Balet, 위의 책, 132쪽 이하 참조. "슈바르트는 일년 동안 호헤나스페르크(Hohenasperg) 요새의 낡은 탑의 독방에서 밀짚 위에 누워지냈다. 마지막에는 잠옷이 몸에서 썩을 지경이었다.… 2년 3개월이 지난 후 밖의 신선한 공기를 마시며 운동하는 것이 허용되었다. 그는 1780년 처음으로 그의 아내와 자식들과 서신연락을 할 수 있게 되었다. 같은 해 독방 금고형이 요새 금고형으로 바뀐다. 그는 10년의 금고형을 치른 후 마침내 석방되었다.…" 그 밖에 청년 쉴러(Schiller)는 이 슈바르트에게서 최초의 정치적 자극을 받았다. 이런 점에서 그의 《군도》(群盜, *Räuber*)는 정치적 저널리즘의 시작에 속한다.

3. 사적 자율성의 영역으로서 부르주아 사회 : 사법(私法)과 자유화된 시장

공중, 신문, 정당, 의회간의 제도적 연관 및 권위와 (내각에 대한 비판적 통제의 원칙으로서) 공개성의 대결이라는 긴장권에 한정해서 보면, 영국과 대륙에서 정치적으로 기능하는 공론장의 출현을 서술한 위의 역사적 보론은 추상적일 뿐이다. 그것은 18세기에 공론장이 정치적 기능을 담당했다는 사실을 입증할 수는 있다. 그러나 이러한 종류의 기능 자체는, 상품교환과 사회적 노동이 국가의 감독으로부터 계속 해방되는 부르주아 사회 전체의 발전사의 특수한 국면과 관련해서만 이해될 수 있다. 이 과정이 그 잠정적 완결에 다다르면서 나타나는 정치질서에서 공론장이 중심 지위를 점하게 되는 것은 우연이 아니다. 공론장은 가령 1832년의 선거법 개정안(Reform Bill) 이후 영국에서처럼 직접 의회정부 형태를 갖는 부르주아 법치국가의 조직원리가 된다. 이는 일정한 한계 내이기는 하지만 1830년의 벨기에 헌법의 모범에 따른 이른바 대륙적 입헌군주제에서도 마찬가지다.

정치적으로 기능하는 공론장은 부르주아 사회가 자신의 요구에 부응하는 국가권력과 자기를 매개하는 기관이라는 규범적 위상을 갖는다. 이러한 '발전된' 부르주아 공론장의 사회적 전제조건이 자유화를 지향하는 시장이다. 이 시장은 사회적 재생산 영역에서의 교류를 가능한 한 사적 개인들 상호간의 문제로 만들고, 이로써 부르주아 사회의 사사화를 비로소 완성한다. 절대주의 하에서 부르주아 사회가 하나의 사적 부문으로 자리를 잡았다고 말할 수 있는 것은, 처음에는 사회적 관계들이 단지 그것의 준(準) 공공적 성격을 벗어버렸다는 사적 의미에서일 뿐이다. 법률적이고 행정적인 정치적 기능들은 공권력으로 수렴되었다. 이러한 공공영역으로부터 분리된 부문이 이미 관청의 규제로부터 해방되었다는 의미에서 '사적'이었던 것은 결코 아니다. 이 부문은 단지 중상주의적으로 규제되는 부문으로서 발생한 것이었다. 다른 한편 중상주의의 '통일형성적 체제'는 적극적 의미에서 재생산과정의 사사화의 발단 역시 마련한다. 다시 말해 재생산과정이 점차 자율적으로, 즉 시장의 고유한 법칙에 따라 발전하게 된다. 위로부터 요구되었던 자본주의적 생산양식이 관철됨에 따라 사회적 관계들은 교환관계에 의해 매개되기 때문이다. 이러한 시장영역의 확장 및 해방과 더불어 상품 소유자들은 사적 자율성을 획득한다. '사적'이라는 말의 적극적 의미는 자본주의적으로 기능하는 소유에 대한 자유로운 처분권 개념에서 비로소 형성된다.

중상주의 단계에서 이미 이러한 과정이 어느 정도 성장하였음을 근대 사법(*私法*)의 역사가 보여주고 있다. 법률행위를 자유로운 의사표시에 의해 성립된 계약으로 파악하는 것은 자유경쟁하는 상품 소유자의 교환과정을 모방한 것이다. 동시에 사적 개인들 상호간의 관계를 원칙적으로 사적 계약으로 환원시키는 사법체계는 자유로운 시장교류의 법칙에 따라 형성되는 교환관계를 결정적인 것으로 상정한다. 물론 계약 당사자들이 모든 경우에 교환 당사자들의 관계에 서 있는 것은 아니다. 그러나 부르주아 사회의 중심관계인 이 교환관계는 계약일반에 대한 모델을 제시한다. 일반적 권리능력의 범주인 인격의 법적 지위에 대한 보장도 역시 사법체계의 기본자유에 의해 표현된다. 법적 지위는 더 이상 신분과 출생에 따라 정의되지 않는다. 자유신분(*status libertatis*), 시민신분(*status civitatis*), 가족신분(*status familiae*)은 이제 모든 법적 주체가 일반적으로 가지고 있다고 여겨지는 자연신분(*status naturalis*)에 자리를 내준다.[42] 이는 시장에서의 상품 소유자와 공론장에서의 교양층이 기본적으로 일치한다는 것에 상응하는 것이다.

민법의 대규모 성문화를 통해 엄밀한 의미에서의 사적 영역, 즉 신분적 의무 및 국가적 의무로부터 해방되는 경향에 있는 사적 개인들 상호간의 교류를 보장하는 규범체계가 발전한다. 성문화는 사적 소유제도를 보장하며, 그것과 관련된 계약, 사업, 상속의 기본자유들을 보장한다. 물론 관습법의 틀 내에서 동일한 과정이 진행된 영국에서보다 대륙에서 발전단계들은 바로 성문화에 의해 더 명확하게 표시된다. 그럼에도 불구하고 로마법 전통에 서 있는 나라들보다 영국에서 자유로운 상품교환 사회의 특유한 법적 형식과 제도들이 더 완성된다.[43] 프러시아에서는 1794년 일반 국법(*das Allgemeine Landrecht*)이, 오스트리아에서는 1811년 일반 민법전(*das Allgemeine Bürgerliche Gesetzbuch*)이 발표된다. 이 둘 사이에 부르주아 사법의 고전적 작품인 1804년의 민법전(*Code Civil*)이 자리하고 있다. 이들 법전 모두의 특징은, 그것들이 부르주아 사회의 이익을 위해서만이 아니라 부르주아 사회의 특유한 매체 속에서 발생하였다는 사실이다. 다시 말해 그것들은 공중으로 결집한 사적 개인들의 공적 논의를 여러 번 거친 것이다. 의회조직이 존재하지 않거나 가령 나폴레옹 시대의 프랑스에서처럼 그것이 효력을

42) 이들 개념의 법이론적 역사에 관해서는 Hermann Coing, *Der Rechtsbegriff der menschlichen Person und die Theorie der Menschenrechte, Sonderveröffentlichung der Zeitschrift für ausländisches und internationales Privatsrecht*, Berlin und Tübingen 1950, 191쪽 이하. 콘라드는 18세기와 19세기초의 사법편찬에 있어 '일반적인 권리능력'이 관철되어 가는 것을 추적하고 있다. H. Conrad, *Individuum und Gemeinschaft in der Privatrechtsordnung, Heft 18 der Juritischen Studiengesellschaft*, Karlsruhe 1956.

43) 이 법적 형식과 제도들은 자본회사, 대물(對物)신용, 유가증권, 무역법과 해운법, 광업법 및 전체 경쟁법의 요소들이다.

갖지 못할 때조차, 여론은 상금 공모와 여론조사에 의해 입법작업에 참여하였다. 베를린과 빈에서처럼 파리에서도 법률안은 내부 전문가 포럼에 대해서뿐만 아니라 공론장에 먼저 공개된다(1800년). 나아가 법률안 자체가 결코 전통적 법학의 담당자들에 의해서가 아니라 정부의 교양 있는 중재자들, 말하자면 이미 기능을 발휘하고 있던 공중과 접촉하는 사람들에 의해 성안되었다. 기본 생각은 가령 수아레즈(Suarez)가 속했던 베를린 수요회와 같은 토론회에서 논의되었다.

근대 사법의 역사는 18세기 자연법의 실정법화에서 비로소 시작되는 것이 아니다. 교회법과 반대로 처음에 사법으로 파악되어 수용되었던 로마법은 전래의 법적 형식들인 낡은 지배신분 및 도시민의 직업신분이 해체되면서 비로소 해방된 부르주아 사회의 법으로 발전하였다. 어차피 법이라기보다는 법 기술로 작용하였던 절대주의 하에서, 로마법은 중앙집권화를 목적으로 하는 관청이 신분적 권력들의 지방주의와 대결하는 데 있어 제후들의 도구로 이용되었다. 부르주아 사회는 그 동업조합적 구속으로부터 분리되어 제후들의 행정적 통치권 하에 들어가야 했던 것이다. 그러나 이러한 기능에서도 로마법은 아직 엄밀한 의미의 사법적 질서를 보장하지는 못했다. '사법'은 그것이 경찰령에 의해 완전히 흡수되지 않은 곳에서조차 여전히 관청과 결부된 것으로 남는다. 이 경찰령이 '공공복지'를 위한 부차적 임무[44]에 상법, 공업법, 노동법을 함께 포함시키고 있었기 때문이다. 그 당시 지배적 사법이론이 근거로 삼고 있던 판례집은 법 현실에 비추어 볼 때 하나의 허구가 되었다.

44) 그것은 예를 들어 의복, 결혼, 매음, 고리대금, 독신(瀆神), 식품변조 등에 관한 법규이다. F. Wieacker, *Privatrechtsgeschichte der Neuzeit*, Göttingen 1952, 108쪽 이하 참조.

노동법에서 판례집은 자유로운 노동관계에 대해서 거의 분화되지 않은 자유 고용료(*Dienstmiete*)만을 언급하고 있을 뿐이다. 그러나 지역의 하인 고용법은 가정권(家政權, *Hausgewalt*)과 가족 공동체로부터 출발하며, 수공업법은 직업신분적 지위로부터, 지방 노동법은 농민의 부역으로부터 출발하고 있다. 판례집의 채권법은 전반적으로 계약자유를 전제로 한다. 반면 지역의 규정은 가격준수의 의무, 공정가격, 인도의무와 공급의무, 생산제한, 결산의무 등으로 가득 채워져 있다. 추상적이고 일반적이며 따라서 겉보기에 자유로운 경제 개인주의적 법규정에 대항하여 계약법, 노동법, 주택법, 토지법, 다시 말해 사법의 모든 사회적, 경제적 초점에 대한 관청, 직업신분, 조합으로부터 오는 거의 압도적 규모의 제약조건들이 맞서고 있다.[45]

18세기 후반기 이후 근대 사법은 이러한 제약조건들을 제거해 간다. 그러나 신분으로부터 계약으로의 발전이 산업자본의 가치증식과 동시에 자본주의적 생산양식의 관철을 그 당시 저해하던 모든 제약들을 구체적으로 분쇄하기까지는, 아직도 다음 한 세기가 걸린다. 즉, 소유가 시장 참여자들의 자유로운 교환교류에 맡겨지고, 재산상속이 개별 소유자의 자유의지에, 사업 선택과 수행 및 피고용인 교육이 기업가의 판단에, 임금 확정이 고용인과 노동자 사이의 자유계약에 맡겨지기까지 아직 다음 한 세기의 기간이 필요하다. 영국에서는 우선 1757년 섬유산업에서 중재판사가 더 이상 국가적 임금규제 임무를 수행하지 못하게 된다. 1813년까지 자유로운 임노동이 모든 산업부분에 도입된다. 1년 후 견습생에게 7년간의 교육기간을 정한 엘리자베스 시대의 법이 철폐된다. 프랑스에서는 이러한 발전이 혁명의 분출과 함께 시작되어 1791년까지 거의 모든 국가의 감독, 상업과 산업에서

---

45) F. Wieacker, 위의 책, 110쪽.

의 모든 신분적 규제가 제거된다. 오스트리아에서 이미 요셉 2세(Josef II.) 치하에서 관철될 수 있었던 것이 프러시아에서는 1806년의 패배 이후의 슈타인-하르덴베르크(*Stein-Hardenbergsche*) 개혁까지 기다려야 했다. 봉건적 상속법도 오랫동안 유지되었다. 영국에서는 1843년의 개혁법을 통해 비로소 상속이 가정공동체 및 가족공동체라는 집단적 경제단위로부터 벗어나 개인적 소유자와 관련되어야 한다는 개인주의적 관점이 관철된다.[46] 국가간의 (그리고 독일에서는 지방간의) 상품교환이 관세장벽으로부터 벗어나기 전에 산업자본은 국내에서 난관을 제거한다. 이러한 발전의 끝에 가면 재화·토지·노동·자본시장 자체가 거의 모두 자유경쟁의 법칙에 종속된다.

무역관계의 자유화는 영국에서조차 1846년 곡물법이 붕괴된 이후에야 철저하게 실행된다. 한편으로 이미 자리를 잡은 시장에서의 지위에 묶여 있는 방어적 이해관계와 다른 한편으로 언제나 새로운 부문에 투자하는 자본의 팽창적 이해관계 간의 과거의 모순이 보다 높은 단계에서 재생산된다. 그러나 이번에는 모순이 산업혁명의 거대한 힘에 의해 추동되어,[47] 단순히 과거 독점의 일시적 이완을 가져오는 것이 아니라, 장기적으로 보면 시장을 지배하는 지위의 전환을 가져온다. 새로운 산업이 그 생산물을 위한 판매기회의 확장에 대해, 그 생산물의 원료공급의 확장에 대해, 마지막으로 생산자인 임노동자들의

---

46) L. Brentano, *Geschichte der wirtschaftlichen Entwicklung Englands*, Jena 1928, III, 223쪽 이하.

47) W. Ashley, *The Economic Organization of England, An Outline History*, London 1923, 141쪽. "1776년 이전에 훨씬 더 많은 영국의 산업부분이 두 가지 중요한 점에서 자본주의적 기업에 의존하게 되었다. 그것은 상업자본가가 실제 노동자들에게 원료를 공급하고 그들이 완성한 재화를 내다팔 시장을 찾아주었다는 점이다." 아울러 H. O. Meredith, *Economic History of England*, London 1949, 221쪽 이하 참조.

생존수준을 낮게 유지하게 하는 식료품 수입의 확대에 대해 갖는 욕구, 즉 국가의 규제, 특권, 통제의 철폐에 대한 객관적 이해관계가, 해양과 시장을 동시에 지배하는 국가로서 자유방임주의(*laisser faire*)로부터 잃을 것은 아무것도 없고 모든 것을 얻을 수 있는 상태에 있는 당시의 영국을 만나게 된다. 영국 산업의 선도적 지위로 인해 영국은 자유무역에 대해 더 증대된 이해관계를 갖게 된다.[48] 게다가 북미의 식민지가 식민지 모국으로부터 해방된 이후 구체적 실례를 통해 검증해 볼 수 있게 되었다. 하나의 자유로운 독립국가와의 무역이 최소한한 식민지체제 내의 교환만큼이나 이익이 남는 일임이 입증되었다.[49] 이렇게 해서 자유무역(*free trade*),[50] 즉 국내적으로나 대외적으로 자유경쟁의 효력이 자유주의적 단계라고 부르는 단계 전체를 규정하게 된다. 나아가 사람들은 이 특유한 형태의 경쟁 자본주의로부터 자본주의의 본질을 도출하는 데 익숙해져 있다. 이에 반해 우리가 기억해야 할 것은, 이러한 경쟁 자본주의가 자본주의 발전의 오랜 역사에서 단지 잠시의 행복한 순간에만 지속되었다는 사실이다. 왜냐하면 그것은 18세기 말 영국이 처한 유일무이한 역사적 상황에서 발생한 것이기

48) R. Hilferding, *Das Finanzkapital*, Berlin 1955, 447쪽 이하.

49) "트라팔가 해전의 승리와 그에 따른 영국 무적함대력의 성립으로 인해 국부의 정치적 측면에 대해 어떤 특별한 주의를 주거나 어떤 무역이 공동체에 좋은 것인가 라는 문제를 제기하는 것이 불필요하게 된 것처럼 보였다. 어떤 사람이 자신의 자본을 유용하게 쓰는 방식에 대해 국가의 편에서 간섭할 모든 이유가 사라진 것처럼 보였다. 그리고 19세기가 시작되었을 때, 여론은 자본가가 자신이 선택한 어떤 사업이든 간에 그곳에 자신의 부를 투자할 완전한 자유를 가지며, 그가 획득한 이윤이 바로 자신의 사업이 국가에 유익함을 가장 잘 입증한다고 생각하게 만드는 경향이 있었다." W. Cunningham, *The Progress of Capitalism in England*, Cambridge 1925, 107쪽.

50) 무역의 자유화는 윌리엄 피트(William Pitt)가 1786년 프랑스와 체결한 협약에서 시작된다.

때문이다. 다른 나라들은 자유주의 시대의 개화기에서조차 — 19세기 중반 — 국제무역에서 자유방임주의의 원리들을 아무런 유보없이 실현시켰던 적이 한 번도 없다. 그렇지만 사적 영역으로서의 부르주아 사회가 이 시기에 유일하게 공권력의 감독으로부터 상당히 해방된 결과,[51] 그 당시 정치적 공론장은 부르주아 법치국가에서 충분히 발전될 수 있었다.

51) 이는 영국과 프랑스에 대해 타당한 만큼 동일하게 독일에 대해서도 타당한 것은 아니다. 18세기 말 프러시아에서는 국가와 사회의 분리가 아직 잠재적으로 존재할 뿐이었다. 이에 대해서는 콘쩨의 사회사적 연구인, W. Conze, "Staat und Gesellschaft in der frürevolutionären Epoche Deutschlands," in: *Historische Zeitschrift*, Bd. 186, 1958, 1~34쪽 참조. 또한 W. Conze (Hg.), *Staat und Gesellschaft im deutschen Vormärz*, Stuttgart 1963 참조.

4. 부르주아 법치국가에서 공론장의 모순적 제도화

부르주아 사회가 지닌 이념에 따르면, 자유경쟁체제는 자기조정 능력을 지니고 있다. 어떠한 경제외적 심급도 교환교역에 개입하지 않는다는 조건에서만, 이 체제는 모든 사람의 복지 및 개인 성취력의 기준에 따른 정의(正義)에 맞게 기능할 수 있다. 자유시장의 법칙에 의해서만 규정되는 사회는 지배로부터 자유로울 뿐만 아니라 강압으로부터도 자유로운 영역으로 나타난다. 모든 상품소유자의 경제적 권력은 그것이 가격 메커니즘에 어떤 영향을 미치지 못하기 때문에 결코 다른 상품소유자에 대한 권력으로 직접적으로 효력을 발휘할 수 없는 양적 질서로 파악된다. 경제적 권력은 익명적이며 교환과정으로부터 일정한 방식으로 자율적으로 일어나는 시장의 비폭력적 결정에 종속된다.[52] 사적 영역의 경제적 기본구조에 대한 법적 보장도 역시 경향적으로 권력이 중립화되고 지배로부터 해방되는 사적 영역의 이러한 방향을 지시하고 있다. 부르주아 사법체제로 성문화된 자유들과 더불어 법적 안전을 통해, 즉 국가기능을 일반적 규범에 구속함으로써 '자

52) "부당하게 높은 가격으로 소비자들을 착취하려는 사람이 생존할 수 있는 것은 소비자들이 그의 경쟁자를 위해 그를 버렸다는 것을 결국 발견하게 될 때까지일 것이다. 통례적인 임금 이하의 임금을 노동자에게 지불하는 것은 통례적인 임금이 지불되는 곳으로 노동자의 마음을 쏠리게 만드는 것이다. 그의 소비자에게 지나치게 비싼 값을 부르거나 노동임금을 (그리고 비슷한 이유에서 그의 공급자에게) 충분히 지불하지 않을 권력을 갖지 못한 경영자가 어떤 사람에게 못된 짓을 할 권력을 거의 가지고 있지 못하다는 사실을 결론짓기 위해서는 단지 순간의 반성으로 충분하다. 사적 권력의 행사를 최소화하고 특히 그것의 오용의 기회를 최소화하는 것이 경제에 대한 정부권위의 행사에 대한 대부분의 정당화를 제거하는 것이었다." J. K. Galbraith, *American Capitalism*, Boston 1952, 31쪽.

유시장'의 질서가 보호된다. 법적 위임이 없는 국가의 개입이 비난받는 일차적 이유는, 그것의 사회학적 의미에 따라 볼 때, 그것이 자연법적으로 확정된 정의원칙들을 위반하기 때문이 아니다. 일차적 이유는 단지 그러한 개입이 예견할 수 없는 것이며 따라서 바로 자본주의적으로 기능하는 사적 개인들이 관심을 갖는 합리성의 방식과 기준을 거부하기 때문이다. 그렇지 않다면 이미 막스 베버가 산업자본주의에서 발견한 이른바 '계산가능성의 보장'이 없을 것이다.53) 이윤기회의 계산은 계산가능한 기대에 따라 진행되는 교류를 요구한다. 따라서 권한영역의 분수를 지키는 것(*Kompetenzmäßigkeit*)과 법적 형식성은 부르주아 법치국가의 기준들이다.54) '합리적' 행정부, '독립적' 사법부는 조직적 전제조건이다.55) 행정부와 사법부가 준수해야만 하는 법 자체는 모든 사람에게 동등하게 구속적이어야 한다. 이 법은 원칙적으로 어떤 면제나 특권도 허용해서는 안 된다. 여기서 국가의 법과 시장의

53) Max Weber, *Wirtschaft und Gesellschaft*, Tübingen 1956, Bd. II, 651쪽. "산업자본주의는 … 법질서가 기능한다는 것의 항구성, 안전성 및 공평성, 법질서와 행정의 합리적이고 원칙적으로 계산 가능한 성격을 기대할 수 있어야 한다."

54) 나는 항상 특정한 정치적 구조라는 실질적 의미에서 '부르주아 법치국가'에 대해 말한다. 19세기 후반 독일의 법학에서 이루어졌던 법치국가 개념에 대한 정식화는 앞서 암시한 연관에 속하는, 사회학적으로 설명해야 할 적응현상이다. 자세한 것에 대해서는 U. Scheuner, "Die neuere Entwicklung des Rechtsstaats in Deutschland," in: *Festschrift des deutschen Juristentages*, Bd. II. Karlsruhe 1960, 229쪽 이하 참조.

55) 이때 사법부는 다시금 그 편에서 과학적인 법학을 요구한다. Wieacker, 위의 책, 257쪽 참조. "스스로 책임지는 과학적 법학의 중립성은 직접적인 정의(正義)의 기능을 갖는다. 중립성으로 인해 판사가 확고하며 여론에 의해 승인되고 검증이 가능한 명제들에 구속됨으로써, 중립성은 자유로운 사회에서 (이 사회의 기능원칙은 규제되어 있는 투쟁, 즉 경쟁이다) 서로 경쟁하는, 이기적인 정치적, 사회적, 경제적 이해를 법집행의 공간으로부터 벗어나게 만든다. 그러나 이로써 중립성은 바로 이 사회의 게임규칙, 말하자면 권력의 관철 대신에 중재와 형식적 공정성을 실현시킨다."

법칙은 상응한다. 양자는 국민과 사적 개인에게 어떤 예외도 허용하지 않는다. 그 두 법칙은 객관적이며, 말하자면 개인들에 의해 조작될 수 없다(가격은 모든 개별 상품소유자의 영향력을 벗어난다). 양자는 특정한 개인을 향하지 않는다(자유시장은 특별담합을 금한다).

물론 시장의 법칙은 자동적으로 작동한다. 이로 인해 그것은 고전경제학에서 자연질서라는 가상을 갖는다. 반면에 국가의 법은 명백히 그것의 제정을 필요로 한다. 물론 군주가 그의 명령, 국가적 활동 일반을 일반 규범에 구속할 자세가 되어 있는 한, 그도 역시 입법자로 기능할 수 있을 것이다. 이때 일반적 규범은 부르주아적 교류의 이해관계를 지향해야 할 것이다. 또한 법치국가적 성격 그 자체가 이미 의회적(또는 최소한 의회적으로 구속된) 정부형태의 틀 내에 있는 공론장의 헌법적 제도화를 요구하지도 않는다. 중농주의자들이 실로 의도했던 것은 그와 같은 것이었다. 그들의 이른바 합법적 전제주의는 바로 계몽된 군주로부터 여론의 지배를 기약하였다. 그러나 산업자본가와 경합하는 이해관계, 무엇보다도 그것이 귀족지주이든 부르주아화된 대지주이든 간에 지주계급의 이해관계가 자유주의적 단계에서조차 강력한 것이어서, 그것이 1832년까지 영국의 의회를 지배하였으며, 이후 14년 동안이나 곡물법의 철폐를 지연시켰을 정도였다.[56] 따라서 중농주의자들의 계몽된 군주는 순전히 허구였다. 계급이익들간의 갈등이 일어나는 경우 법치국가의 성격 그 자체로 이미 부르주아적 교류의 요구라는 기준에 따른 입법이 보장되는 것은 아닐 것이다. 사적 개인들의 공중은 입법권한 자체를 통해서 비로소 이러한 확실성을 획득하게 된다. 부르주아 법치국가는 법과 여론의 관계를 제도적으로 보장하기

56) L. Brentano, 위의 책, 209쪽 이하.

위해 정치적으로 기능하는 공론장을 국가기관으로 성립시킨다.

그러나 이렇게 출현하게 된 법치국가에는 고유한 모순이 있다. 그것은 우선 법 개념의 양면성에서 드러난다.

> 강력한 군주정부에 대항하는 정치투쟁에서 인민대표의 참여는 법의 결정적 특징으로 언제나 강력히 강조되어야 하며 최종적으로 결정적일 수밖에 없었다. 무엇보다 인민대표의 참여가 법에 속한다면, … 그 반대인 인민대표의 참여 하에 성립한 것이 법이라는 것이 설명된다. 이후 법의 지배는 인민대표의 참여를 말하거나 결국에는 인민대표의 지배를 말하게 된다.57)

따라서 한편으로 폭력적으로 관철되는 지배요구의 계기가 어떤 의지표현으로서의 법의 개념에 속한다. 다른 한편으로 이성표현으로서의 법의 개념은 보다 오래된 다른 계기를 갖는데, 그것은 의회와 공중의 관계에서 확정되듯이 여론으로부터 법이 출현한다는 계기이다. 따라서 칼 슈미트(Carl Schmitt)는 법의 정치적 규정에 앞서 법의 다른 규정을 우선시 한다.

> 법은 한 사람 또는 많은 사람의 의지가 아니라 어떤 이성적이고 일반적인 것이다. 법은 의지가 아니라 이성이다.58)

법의 지배는 지배 일반의 해체를 지향한다. 정치적 지배로부터 해방되는 사적 영역의 정치적 보장이 결코 지배의 형태를 띨 수 없는 한, 이는 전형적으로 부르주아적 이념이다. 법치국가에 관한 부르주

---

57) C. Schmitt, *Verfassungslehre*, 위의 책, 148쪽.

58) 같은 책, 139쪽.

아적 이념, 즉 가능한 한 빈틈없으며 여론에 의해 정당화되는 규범화 체제에 모든 국가활동을 구속하는 것은 이미 지배도구 일반으로서의 국가의 철폐를 목적으로 하고 있다. 주권행위는 위작(僞作, *apokryph*) 그 자체로 여겨진다.

사적 개인들의 공적 논의가 올바름과 법 양자의 동시적이고 비폭력적인 매개의 성격을 확고히 주장하기 때문에, 여론에 의거한 입법이 명백히 지배로 여겨질 수는 없다. 그렇지만 확실히 낡은 권력들과의 강고한 투쟁을 통해 비로소 획득한 것이 입법권한이므로, 이 입법권한에 어떤 '권력'의 성격을 부인할 수는 없을 것이다. 로크는 그것을 입법권력(*legislative power*)이라 불렀으며 몽테스키외는 권력(*pouvoir*)이라 불렀다. 이 두 저자는 주어진 법을 단순히 '적용'할 뿐인 사법부만이 어떤 권력도 가지고 있지 않으며, 따라서 어떤 사회적 범주도 그것의 소유자가 아니라고 생각했다. 그럼에도 불구하고 입법권과 집행권의 구별은 규칙과 행위의 대립, 체계화하는 오성과 활동하는 의지의 대립을 모방한 것이다.[59] 입법은 비록 그것이 '권력'으로 구성되었음에도 불구하고, 어떤 정치적 의지의 결과물이 아니라 합리적 합의의 결과물이어야 한다는 것이다. 또한 루소가 생각했던 군주주권의 인민주권으로의 민주적 역전도 딜레마를 해소하지는 못한다. 그는 여론을 자의 자체와 대립시키고, 논의하는 사적 개인들의 공중에 내재하는 법칙에 여론을 종속시킨다. 엄밀히 말해 이 경우 모든 법보다 숭고한 최고의 의지, 바로 주권이라는 속성을 이 여론에 결코 부여할 수는 없을 것이다. 여론은 그 자신의 의도에 따르면 권력의 한계도 아니고자 하며 그 스스로 권력이고자 하지도 않으며 모든 권력의 원천이고자

59) Böckenförde, 위의 책, 35쪽.

하지도 않는다. 오히려 여론매체를 통해 집행권의 성격, 즉 지배 자체가 변화해야 한다는 것이다. 그 고유한 이념에 따라 볼 때 공론장의 '지배'는 그 속에서 지배일반이 해체되는 질서이다. 권위가 아니라 진리가 법을 만든다(*veritas non autoritas facit legim*). 홉스 명제의 이러한 도치는 주권개념을 빌려 여론의 기능을 파악하려는 시도에서 망실되었으며, 이는 헌법적 권력의 구성에서도 마찬가지였다. 정치적으로 기능하는 공론장은 권력 그 자체를 토론에 부친다. 이 공론장이 의지를 이성으로 전화시키는데, 이 이성은 사적 주장들의 공적 경쟁을 통해 일반이익에서 실천적으로 필수적인 것에 관한 합의로 형성되어야 하는 것이다.

영국에서와 같이 법치국가의 질서가 신분국가라는 과거의 구성체로부터 실질적으로 서서히 드러나지 않고, 대륙에서와 같이 근저에 놓인 법, 즉 기본법이나 헌법으로 승인된 곳에서는, 법치국가적 질서에서 명백히 공론장의 기능이 표현되고 있다.[60] 일군의 기본권은 논의하는 공중의 영역(의견과 말의 자유, 언론자유, 집회와 결사자유 등)과 이 공론장에서 사적 개인들의 정치적 기능(청원권, 보통선거권과 투표권 등)과 관계된다. 다른 일군의 기본권은 가부장적 핵가족의 친밀영역에 기초하는 개인의 자유로운 지위(인격적 자유, 주택의 신성불가침성 등)와 관계된다. 세 번째 일군의 기본권은 부르주아 사회영역에서 사적 소유자의 교류(법 앞에서의 평등, 사유재산 보호 등)에 관계된다. 기본권들은 공론장의 영역과 사적 개인들의 영역을(그것의 핵심으로서 친밀영역과 함께) 보장한다. 한편으로 그것은 공중의 제도들과 도구들(언론, 정당)을, 다른 한편으로 사적 자율성의 토대(가족과 소유)를 보장

60) *Theorie und Praxis*, 위의 책, 82쪽 이하 참조.

한다. 마지막으로 기본권들은 사적 개인들의 기능들, 즉 국민으로서의 그들의 정치적 기능 및 상품소유자로서의 그들의 경제적 기능을(그리고 가령 서신비밀보장을 통해 '인간'으로서 개인적 의사소통의 기능을) 보장한다.[61]

기본권으로 규정된 공론장 영역과 그것의 기능의 결과,[62] 국가기관들의 절차 자체에서 공론장은 하나의 조직원리가 되었다. 이러한 의미에서 우리는 공개성을 말할 수 있다. 의회협의의 공개성은 여론의

61) F. Hartung, *Die Entwicklung der Menschen und Bürgerrechte*, 위의 책, 참조.

62) 정치적으로 기능하는 공론장과 정치적으로 해방된 사적 영역의 법치국가적 연관 속에서 기본권을 파악하면, 그것의 계보학이 투명하게 나타난다. 부르주아적 인권은 신분적 자유권과 뚜렷이 구분된다. 영국의 대헌장(Magna Charta Liberatum, 1215)은 권리청원(the Petition of Rights, 1628), 인신보호영장(Habes Corpus Akte, 1679), 권리선언(Bill of Rights, 1689)을 거쳐 버지니아의 최초의 인권선언(1776)으로 직접 이행하지 않는다. 신분적 자유권은 본질적으로 법적으로 허용되는 영향력 행사의 한계를 규정하는 조합들간의 계약이다. 그러나 이 계약이 사적 영역의 자율성을 사적 개인들의 공중, 즉 공론장의 정치적 기능을 통해 보증하지는 않는다. 부르주아 사회의 형성과 그것의 탁월한 제도로서 가부장적 핵가족의 형성과정에서 교회 또한 과시적 공공성의 성격을 계속 잃어가고, 종교개혁 이후 종교가 사적인 일이 되고, 종교의 사적 수행이 새로운 친밀영역의 기능이자 동시에 상징이 되는 한, 이른바 종교의 자유는 역사적으로 최초의 '기본권'으로 여겨질 수 있다. 그러나 옐리넥(G. Jellinek, *Die Erklärung der Menschen- und Bürgerrechte*, Leipzig 1909)이 기본권의 원천을 전적으로 종교적 자유를 위한 투쟁으로부터 도출한다면, 그는 포괄적인 사회적 연관의 부분으로서만 파악될 수 있는 정신사적 연관을 실체화하고 있는 것이다. 인권의 최초의 정식화를 초래한 식민지와 식민지 모국 간의 대결에서 결정적 역할을 했던 것은 종교의 자유가 아니었다. 그것은 사적 영역에 개입해 들어가는 법들에 관해 공중으로 결집한 사적 개인들의 정치적 참여의 문제였다. 대표 없이 과세는 없다(옐리넥을 둘러싼 논쟁의 개요를 제시하고 있는 하르퉁의 입론적 언급을 참조. Fr. Hartung, 위의 책, 2쪽 이하). 친밀영역의 보장은 (인격의 자유와 특히 종교적 문화의 자유와 더불어) 자유화된 시장교류의 시기에 들어선 자본주의적 재생산을 위해 필요하게 된 사적 영역 일반의 보장에 대한 최초의 역사적 표현이다. 슈누어(R. Schnur)의 텍스트 모음집, *Zur Geschichte der Erklärung der Menschenrechte*, Darmstadt 1964 참조.

영향력을 보장하며, 똑같은 공중의 일부로서 의원과 선거민들 간의 관계를 보장한다. 대략 동일한 시기[63]에 공개성은 또한 재판절차에서도 관철된다. 독립적 사법부조차 여론에 의한 통제를 필요로 한다. 행정부 및 사적 측면으로부터의 그것의 독립성은 오직 비판할 자세를 갖춘 공중의 매개를 통해서만 보장될 수 있는 것처럼 보인다. 공개성의 원리에 대해 가장 효과적 저항을 제공하는 것은 행정이다. 그러나 그것은 무엇보다 바로 공적 관심을 갖는 특정한 과정이 비밀로 이루어졌기 때문이 아니다. 그것의 원인은 무엇보다도 군대 이외에 관료제가 부르주아 사회의 이해관계에 대항하여 군주의 수중에 놓여 있는, 절대주의 체제에서 완성된 유일한 권력수단이었기 때문이다. 그러나 계몽된 절대주의의 틀 내에서이긴 하지만 1804년 프러시아 왕의 장관에 대한 다음과 같은 명령은 이제 널리 유포된 통찰의 본보기를 증거하고 있다.

> 분별 있는 공개성은 정부와 신하에게 하급관리의 태만과 악의에 반대하는 가장 안전한 보장이며 모든 방식으로 장려되고 보호될 가치가 있다.[64]

정치적으로 기능하는 공론장의 헌법적 확정은, 모든 권력이 인민으로부터 나온다는 중심조항에서만 강제력에 의해 힘들여 쟁취한 지배질서의 성격을 드러낸다. 그 밖의 경우에서는 제대로 기능하는 공론장에

63) 부르주아 공론장의 사법정치적 요구가 처음 정밀하게 표현되는 것은 나폴레옹의 민사소송규약(*Code de Procédure*)에서이다. 라인강 왼쪽에서는 이것이 직접적으로 유효하지는 않았다. 그러나 그것의 준칙은 1815년 이후 여타의 독일 영토에서도 관철된다.

64) Groth, 위의 책, Bd. I, 721쪽에서 재인용.

기초한 부르주아 법치국가는 다음과 같은 공권력의 조직을 자부한다. 즉, 그것은 권력이 중립화되고 지배로부터 해방된 것이라 여겨지는 사적 영역의 요구에 공권력을 종속시키는 것을 보장하는 조직임을 자부한다. 이로써 헌법적 규범은 그에 상응하는 현실이 결코 존재하지 않는 부르주아 사회의 모델에 맞춘 것이다. 자본주의의 역사적 과정으로부터 — 그것의 자유주의적 단계에서의 역사적 과정을 포함하여 — 추출한 범주들은 그 자체 역사적 성격을 갖는다. 이 범주들은 사회적 경향들, 바로 경향들만을 가리킬 뿐이다. 따라서 법치국가가 소유를 통해 사회적으로 보장한 자율성과 아울러 교양을 통해 공중의 자격을 가지고 있다고 여겨지는 '사적 개인들'은, 소부르주아를 대부분 이에 포함시킨다 하더라도 실제로는 소수이다. '민중', 무엇보다도 농촌인구는 엄청나게 수적으로 많았다. 또한 한편으로 관료와 군대에 의존하는 군주들이 전(前)자본주의적 사회의 정치법칙에 따라 여전히 활동하고 있었으며, 다른 한편으로는 대지주, 귀족영주들이 활동하고 있었다.65) 그럼에도 불구하고 새로운 헌법은 그것이 성문법이든 불문법이든 간에 시민과 인간 자체와 관계한다. 그리고 이 새로운 헌법이 '공론장'을 그 조직원리로 삼는 한, 필연적으로 더욱 그럴 수밖에 없었다.

부르주아 공론장은 일반적 참여원칙과 운명을 같이한다. 특정한 집단이 명확하게 배제되는 공론장은 불완전한 것만이 아니라 오히려 그

---

65) 우리는 이러한 추상 수준에서 영국, 프랑스, 독일 사이에 존재하는 민족적 차이를 — 이는 동시에 자본주의 발전수준상의 차이이기도 하다 — 무시할 수 있다. 이 점에서 물론 미국의 상황은 비교가 불가능하다. 여기서는 사회구조와 정치질서가 유럽에서와 같이 봉건적 장원제와 절대주의적 제후국이라는 전래의 요소들을 소화할 필요가 없었다(유럽 상황에 주목하는 우리의 분석은 미국의 발전이 갖는 특수성을 무시한다. 미국의 정치체제에 관해서는, Ernst Fraenkel, *Das amerikanische Regierungssystem*, Köln-Olpaden 1960 참조).

것은 공론장이 아니다. 부르주아 법치국가의 주체로 여겨질 수 있는 공중은 그의 영역을 이렇게 엄격한 의미에서의 공공영역으로 이해한다. 이 공중은 원칙적으로 모든 인간이 속할 수 있다는 것을 그의 고려에서 선취하고 있다. 인간 그 자체, 즉 도덕적 인격은 동시에 개별 사인(私人)이다. 우리는 이러한 자기이해가 전개되었던 역사적, 사회적 장소를 앞에서 그려보았다. 공중과 연관된, 가부장적 핵가족의 친밀영역에서 그렇게 부르고자 한다면 무형태적이라 할 수 있는 이러한 인간성의 의식이 자라 나온다. 그 사이에 공중은 자신의 특정한 형태를 획득하였는데, 그것은 18세기의 부르주아 독서공중이다. 이 공론장은 그것이 정치적 기능을 맡는다 하여도 여전히 문예적인 것으로 남는다. 교양이 하나의 허용기준이라면, 재산이 또 다른 하나의 허용기준이다. 실질적으로 두 기준은 동일한 집단의 사람을 포괄한다. 왜냐하면 학교교육은 그 당시 사회적 지위의 전제라기보다는 오히려 그것의 결과였으며, 사회적 지위는 다시금 재산목록에 의해 규정되었기 때문이다. 교육받은 신분은 동시에 재산을 갖춘 신분이다. 따라서 정치적으로 기능하는 공론장에의 허용을 규제하는 인구조사는 조세조사와 일치할 수 있다. 이미 프랑스 혁명은 조세조사를 적극적 시민과 소극적 시민의 구별을 위한 기준으로 삼았다.

그러나 이러한 선거권의 제한이 사적 영역에서 경제적으로 획득한 지위, 바로 교육받은 동시에 재산을 소유한 사인의 지위에 대한 단지 법적인 비준으로만 여겨지는 한, 선거권의 제한이 공론장 자체의 제한으로 여겨질 필요는 없었다. 법치국가가 그것의 정치적 기능을 제도화한 저 영역에의 일반적 참여가능성은 부르주아 사회의 구조가 갖는 정치적 헌법구조에 의해 차후에 결정되는 것이 아니라, 이 부르주아 사회의 구조에 의해 처음부터 결정될 수밖에 없다. 경제적, 사회적 조건들이 모든 사람에게 허용기준을 충족시킬 수 있는 동등한 기회를 제공할 때, 공론장은 비로소 보장된다. 이 기회란 교육받은 동시에 재산을 소유한 사람을 구성하는 사적 자율성이라는 특질을 획득할 기회를 말한다. 당시의 정치경제학이 이 조건을 명백히 표현하고 있다. 제레미 벤담(Jeremias Bentham)은 아담 스미스(Adam Smith) 없이는 생각할 수 없었다.[66]

고전 경제학의 전제는 잘 알려져 있다. 그것은 한 체계를 고안하는데, 이 체계의 내재적 법칙들은 각 개인에게 이윤 극대화의 기준에 따라 자신의 경제활동을 합리적으로 계산하기 위한 보다 안전한 기초를 제공한다. 모든 개인은 저마다 다른 개인들과 협의 없이 이러한 계산을 한다. 상품생산은 주체적으로는 무정부적이고, 객체적으로는 조화롭다. 그러므로 이 최초의 전제는 경제적 전제, 즉 자유경쟁의 보장이다. 두 번째 전제는 모든 상품이 그것의 '가치'에 따라 교환된다는 것으로부터 출발한다. 이 가치는 다시금 그것을 생산하기 위해 필요한 노동량에 따라 측정된다. 이때 생산된 재화와 생산하는 노동력은 동일하게 상품으로 여겨진다. 이러한 조건이 충족될 수 있는 경우는 오직 모든 노동자가 자신의 상품을 스스로 생산하고 역으로 모든 노동자가 생산수단을 스스로 소유하는 경우이기 때문에, 두 번째 전제는 사회학적 전제, 즉 소상품 생산자 사회모델을 가져온다. 이 전제가 첫 번째 전제와 결부되는 것은 독립적인 가격형성이라는 경제적 전제가 상대적으로 광범위하고 균등하게 퍼져 있는 생산수단의 소유라는 사회학적 전제를 포함하는 한에서이다. 세 번째 전제는 제임스 밀(J. Mill)이

66) 경제학 이론의 지식사회학에 관해서는 G. Eisermann, "Ökonomische Theorien und sozioökonomische Struktur," in: *Zeitschrift f. d. Ges. Staatswissenschaft*, Bd. 110, 1954, 457쪽 이하 참조.

최초로 도입한 이론적 전제이며, 이후의 정식에서는 세이(Say)의 법칙으로 전해지는 전제이다. 그에 따르면 생산자, 생산물, 자본을 완전히 동원할 경우 수요와 공급은 항상 균형을 이룬다. 그러므로 생산설비는 항상 충분히 이용되며, 예비 노동력은 철저히 이용되며, 체제는 원칙상 생산력의 발전수준에 언제나 상응하는 높은 수준에서 위기 없이 균형을 이룬다는 것이다.

그러나 이러한 전제들에서, 그리고 오직 이 경우에만 모든 사람은 유능함과 '행운'(엄격히 결정된 시장에서 일어나는 일의 불투명성에 대한 등가물)을 통해 재산소유자의 지위, 따라서 '인간'의 지위, 공론장에의 참여가 허용되는 사인의 자질, 즉 재산과 교육을 획득할 기회를 동등하게 가질 것이다. 19세기 전반에서도 이들 전제조건은 정치경제학의 논란적 기능 자체로부터 알 수 있듯이 결코 충족되지 못했다.[67] 그렇지만 자유주의 모델은 현실에 상당히 근접하게 되어, 부르주아 계급의 이익이 일반이익과 동일시되고 제 3 신분이 국민(*Nation*)으로 성립할 수 있게 되었다. 공론장은 부르주아 법치국가의 조직원리로서 이 시기 자본주의에서는 신뢰할 만한 것이었다. 모든 사람이 그렇게 되기를 바라듯이 '시민'이 될 가능성을 가졌다면, 오직 시민들만이 정치적으로 기능하는 공론장에 그것의 원리를 침해하는 일 없이 참여해야 할 것이다. 역으로 재산소유자들만이 기존의 소유질서의 토대를 입법적으로 보호할 수 있는 공중을 형성할 수 있었다. 오직 그들만이 사적 영역으로서의 부르주아 사회의 보존이라는 공동이익에로 자동적으로

67) 지주이해에 반대하는 논쟁에 대해서는 가령 높은 곡물가에 반대하는 리카르도의 논쟁서 참조(D. Ricardo, *An Essay on the Influence of a Low Price of Corn on the Profits of Stock*, London 1815). 여기서 그는 지주의 이해는 다른 모든 사회계급들의 이해에 반하는 것이라는 결론에 이른다.

수렴되는 사적 이익을 언제나 가지고 있었다. 그러므로 오직 그들로부터만 일반이익의 효과적 대변을 기대할 수 있었다. 왜냐하면 그들은 그들의 공적 역할의 실행을 위해 그들의 사적 실존으로부터 어떻게든 벗어날 필요가 없었기 때문이다. 인간(*homme*)이 동시에 사적 소유자이고 그가 공민(公民, *citoyen*)으로서 사적 소유질서로서의 소유질서의 안정을 돌보는 한, 인간으로서의 사인과 공민 사이에는 어떤 단절도 없었다. 계급이익이 여론의 토대이기는 하다. 그렇지만 이 시기 동안에는 이 계급의 견해가 공적 견해, 공중의 논의로 매개되고 따라서 이성적 견해로 여겨질 수 있을 정도로, 계급이익이 객관적으로 일반이익과 일치했었음에 틀림없다. 이 견해가 강제되었다면 그 당시 이미 그것은 뒤집혀졌을 것이고, 공중이 지배계급으로 완결되었더라면 공론장의 원리는 없어지고 말았을 것이다. 논의는 도그마가 되었을 것이고, 더 이상 공적이지 못한 견해의 통찰은 명령이 되었을 것이다. 앞서 언급한 전제조건들이 주어진 것으로 여겨질 수 있었던 한에서, 공론장이 하나의 영역으로 현존하고 원리로 작동했던 한에서, 공중이 무엇이며 무엇을 행하여야 하는가에 대한 관념은 이데올로기였던 동시에 단순한 이데올로기 이상의 것이었다. 한 계급이 다른 계급을 지속적으로 지배하는 기초 위에서 비록 이러한 정치제도가 발전되었지만, 그것은 그 자신의 지양을 그것의 객관적 의미로 믿을 만하게 자신 안에 지니고 있었다. 그것은 권위가 아니라 진리가 법을 만든다(veritas non autoritas facit legim), 즉 여론의 강제적 통찰에서만 관철되는 경쾌한 발걸음의 강제에로 지배를 해체한다는 이념이다. 이데올로기가 사회적으로 필연적인 의식을 전적으로 허위로 나타내 보이는 것만이 아니라면, 이데올로기가 유토피아적으로 기존의 것을 그것 위로 고양시킴으로써 (비록 단지 정당화를 위해서일지라도) 진리의 계기를 갖는다고 한다면, 이데올로기 일반은 이 시기 이후에 비로소 존재한다.[68] 이데올로기의 원천은 '재산 소유자'와 '인간 자체'를 동일시한 것일 것이다. 부르주아 법치국가의 정치적으로 기능하는 공론장에서 공중으로서의 사인들에게 부여되는 역할에서의 동일시, 즉 정치적 공론장과 문예적 공론장의 동일시에서 그렇다. 그리고 계급들의 이익이 공적 논의에 의해 매개되어 일반자의 가상을 띨 수 있는 여론 자체에서의 동일시, 즉 지배와 그것의 온전한 이성에로의 해체의 동일시에서도 그러하다.

여하튼 발전된 부르주아 공론장은 사회적 전제들의 복잡한 형세에 구속되어 있다. 확실히 사회적 전제들은 곧 심각한 변화를 겪게 되며, 이 변화와 더불어 부르주아 법치국가에 제도화된 공론장의 모순이 드러나게 된다. 그 자신의 이념에 따라 모든 지배에 반대하는 이 공공성 원리의 힘을 빌려 정치질서가 성립되지만, 이 정치질서의 사회적 토대는 지배를 불필요한 것으로 만들지 않았다.

68) 이데올로기 개념의 역사에 관해서는 렝크의 텍스트모음집과 그것의 문헌목록 참조. K. Lenk, *Ideologiekrtik und Wissenssoziologie*, 2. Aufl. Neuwied 1964.

제 4 장

부르주아 공론장 : 이념과 이데올로기

1. 여 론 (public opinion - opinion publique - öffentliche Meinung) : 관용어의 전사 (前史) [1)]

부르주아 공론장의 기능에 대한 자기이해는 '여론'이라는 관용어로 구체화된다. 18세기 후반기의 분명한 의미에 이르기까지 그것의 전사(前史)는 물론 긴 역사이며, 이제까지 다만 그것의 대략적 특징이 개

---

1) 이와 관련하여 우리는 '공통감각'(*sensus communis*)의 상세한 역사를 도외시한다. Gadamer, 위의 책, 16쪽 이하와 23쪽 이하 참조. 마찬가지로 '일반 의견'(*allgemeine Meinung*)이라는 개념을 통해 매개되어, '여론'이라는 상투적 문구와 '만인의 합의'(*consensus omnium*)라는 고전적 전통 간의 연관이 존재한다. K. Oehler, "Der Consensus Omnium als Kriterium der Wahrheit in der antiken Philosophie und der Patristik," in: *Antike und Abendland*, Bd. X, 1961, 103쪽 이하 참조. 그러나 정신사적으로 확실히 중요한 이러한 연결선들은 사회적 발전의 특유한 단면을 보지 못하고 지나간다. 이 단면은 동시에 논쟁적 개념형성의 문턱이며, '사견'에서 '여론'으로의 이행에서도 마찬가지이다.

관되었을 뿐이다.[2] 그럼에도 불구하고 이 전사는 부르주아 공론장의 이념에 대한 입문으로 우리에게 이용될 것이다(제1절). 이 이념은 칸트의 법이론에서 고전적으로 정식화된 이후(제2절), 헤겔과 맑스에 의해 그것의 문제성으로 이행해 간다(제3절). 그리고 이 이념은 19세기 중반 자유주의의 정치이론에서 그 이념과 이데올로기의 양면성을 고백할 수밖에 없게 된다(제4절).

영어와 프랑스어에서 'opinion'은 라틴어 'opinio', 즉 사견(私見) 혹은 완전히 입증되지 않은 불확실한 판단이라는 복잡하지 않은 의미를 이어받았다. 플라톤의 '억견'(臆見, *doxa*)에서 헤겔의 '사견'(*Meinen*)에 이르는 철학적 인공어는 여기서 일상어의 의미이해와 정확히 일치한다. 그러나 우리의 맥락에서는 'opinion'의 다른 의미, 즉 '평판'(*reputation*), 다른 사람의 의견에 대한 존경이 더 중요하다.[3] 장차 진리증명의 과정을 거쳐야 할, 불확실한 의견이라는 의미에서의 'opinon'은 다중에게서 얻은, 그 핵심에 있어 의심스러운 존경이라는 의미에서의 'opinion'과 결합된다. 이때 이 말은 그것의 사회적 성격을

2) 미쉬케는 영국의 발전을 너무 무시하고 있다(R. Mischcke, *Die Entstehung der öffentlichen Meinung im 18. Jahrhunderts*, Diss. Hamburg 1958). 코젤렉의 뛰어난 연구에서 나는 많은 시사점을 얻었다(R. Koselleck, *Kritik und Krise*, 위의 책).

3) 이러한 뉘앙스들은 가령 셰익스피어의 언어사용에서 명백히 드러난다. 대단한 평판, 명성(*Julus Caesar I*, 2, 323: all tending to the great opinion, that Rome holds of his name)으로부터 신사의 좋은 평판(*Henry IV*, *V*, 4, 48: Thou hast redeem′d thy lost opinion)과 이미 매수가 가능하게 된, 다른 사람으로부터 받는 호의(*Julius Caesar II*, 1, 145: Purchase us a good opinion)를 거쳐 단순히 표면적인 신망의 의심스럽고 변덕스러운 광채(*Othello I*, 3, 225: Opinion - a souvereign mistress of effects)에 이르기까지 두 가지 근본의미는 서로 섞인다. 셰익스피어는 '대단한 평판의 재주'(*craft of great opinion*)와 '단순함의 큰 진리'(*great truth of mere simplicity*)를 대조함으로써 이 두 의미를 특징짓고 있다(*Henry VIII*, *IV*, 4, 105).

나타내는 모든 부가어가 중복어법(*Pleonasmus*)으로 불필요하게 될 정도로 집단적 의견이라는 의미색조를 강하게 지니게 된다. 'common opinion', 'general opinion', 'vulgar opinion'과 같은 조합은 셰익스피어에게서는 아직 발견되지 않는다. 게다가 여론이란 말과 공공정신이라는 말은 더 더욱 없었다.[4] 마찬가지로 프랑스어에서도 관습과 예절, 일반적으로 통용되는 관념과 널리 유포된 관습이 단도직입적으로 'les opinions'이라 불렸다.

'의견'이라는 말이 판단능력을 갖춘 공중의 논의와 관련하여 18세기에 처음으로 사용된 말인 공론 혹은 여론(*public opinion, opinion publique*)으로 일직선적으로 발전하는 것은 물론 아니다. 왜냐하면 단순한 의견과 이 의견의 거울을 통해 만들어지는 존경이라는 두 개의 원천적 의미는 바로 여론이 자부하는 합리성에 반하는 것이기 때문이다. 그러나 17세기 프랑스에서 확고한 습관으로 굳어진 의견과 비판(*critique*)의 대비와 같이 영국에서는 의견과 진리, 이성, 판단간의 대립이 그렇게 강하지 않았다.[5]

홉스는 의식과 양심을 동시에 의미하는 '양심'(*conscience*)을 '의견'과 동일시함으로써, 후에 큰 영향을 미친다. 잘 알려져 있듯이 홉스는 종교내전의 경험에 의해 인도되어, 《리바이어던》(*Leviathan*, 1651)에

4) J. Barlett, *A Complete Concordance of Shakespeare*, London 1956, 'opinion'과 'spirit' 항목 참조.

5) 영국에서도 '비판'이라는 말이 1600년경 국어에 수용된다. 인본주의자들은 처음에 그들의 원전비판적 연구라는 철학적이고 역사적인 맥락에서 이 말을 사용했다. 샤프츠베리(Shaftesbury) 이후 훌륭한 취미의 규칙에 따라 판단할 줄 아는 사람이 '비판'(*criticks*)에 몰두한다. 그러나 영국에서는 의견이 비평과 대립되지 않는다. 그밖에도 동시대의 독일에서는 예술비평가(*Kusntrichter*)와 언어비평가(*Sprachrichter*)도 비평가(*Kritikus*)였다. 이에 대해서는 A. Bäumler, *Kants Kritik der Urteilskraft*, Halle 1923, 47쪽 이하 참조.

서 오직 군주의 권위에 기초하여 신민의 확신과 신조로부터 독립된 국가를 기획한다. 신민들은 국가기구로 객관화된 공공성으로부터 배제되어 있으므로, 그들 신조의 분쟁은 정치적으로 결정을 내릴 수 없다. 즉, 이 분쟁은 정치영역으로부터 완전히 추방된다. 내전은 종교적으로 중립적인 정부당국의 독재로 종결된다. 종교는 사적인 일이며 사적 신조이므로, 국가에게 중요한 것이 아니다. 국가에 있어 어떤 종교든 다른 종교와 똑같은 가치를 지니며, 양심은 의견이 된다.[6] 이에 따라 홉스는 신념으로부터 판단에 이르는 '의견의 연쇄'를 정의한다. 그는 '의견'의 영역에서 믿기, 판단하기, 생각하기의 모든 행위를 동일한 수준에 놓는다. '양심' 역시 '어떤 사람의 고정된 판단과 의견일 따름'이다.[7] 그러나 홉스가 아무리 양심과 의견을 동일시함으로써 그가 양심으로부터 박탈한 것, 즉 진리주장의 성격을 의견에 주려 하지 않는다 하여도, 그는 다음의 발전에 대한 정신사적 평을 하고 있는 것이다. 그 발전이란, 종교와 소유가 사적인 것으로 되고 부르주아 사적 개인들이 교회와 신분국가적 중간권력의 반(半) 공공적 속박으로부터 해방됨으로써 이제 비로소 사적 의견이 효력을 발휘하게끔 한 발전이다. 종교적 신조에 대한 홉스의 평가절하가 실제로는 사적 확신 일반의 평가절상을 가져온다.[8]

---

6) Hobbes, *Elements of Law* I, 6, 8쪽: "그러므로 사람들이 그들의 양심에 관한 것을 말할 때, 사람들은 그들이 말하는 것의 진리를 확실히 알고 있다고 가정된다. 그러므로 나는 양심을 명증한 의견이라고 정의한다."

7) *Elements of Law*, Ⅱ, 6, 12쪽.

8) C. Schimitt, *Der Leviathan*, Hamburg 1938, 94쪽. "내부와 외부의 구분이 인정되는 순간, 외적인 것에 대한 내면적인 것의 우위, 따라서 공적인 것에 대한 사적인 것의 우위는 그 핵심에 있어 이미 결정된 일이다." 나는 다른 맥락에서 루터로부터 칼뱅을 거쳐 홉스에 이르는 과정에서 종교개혁의 정신의 왕국(*regnum spirituale*)과 정치의 왕국(*regnum politicum*)의 구분이 어떻게 그 의미

따라서 찰스 1세의 참수 3년 후이자 《리바이어던》 출간 1년 후에 옥스퍼드의 예수교회 대학(College Christ Church)에 입학하는 로크는 이미 신법 및 국가법과 나란히 '의견의 법'을 동등한 수준의 법으로 묘사하고 있다. 그리고 그는 《인간 오성론》(*Essay Concerning Human Understanding*)의 후속판에서 이를 끈질기게 변호한다. 의견의 법이 덕과 악을 판결한다. 덕은 바로 공적 존중에 따라 측정된다.[9] '의견과 평판의 법' (*Law of Opinion and Reputation*)이라는 완전한 정식화가 드러내 보이듯이, 로크의 경우 다른 사람에게서 얻은 것이라는 원천적 의미가 재현된다. 다른 한편으로 이러한 의견은 단순한 의견, 외면적이고 심지어 기만적 가상이라는 비신뢰성이 제거되어 명백히 정화된다. 의견의 법은 '덕과 악의 척도'로서 철학적 법이라 불리기도 한다. '의견'은 풍속의 비공식적 망을 의미하는데, 그것의 간접적인 사회적 통제가 교회나 국가의 제재위협 아래 진행되는 공식적 검열보다 더 효과적이다. 그렇기 때문에 이 법은 사적 검열의 법이라 불리기도 한다. 집단적 관습과 관례의 자생성에 반하여, 이 법은 '의견'이 이제 개인화된 신조, 세속화된 도덕에서 출현한 것이라는 의식의 계기를 가지고 있기는 하다. 그렇지만 여기에 아직 공적 의견, 즉 여론(*public opinion*)이라는 말이 없는 데에는 이유가 있다. 의견의 법은 결코 여론의 법으로 이해되지 않는다. 왜냐하면 '의견'이 공적 토론에서 발생하는 것도 아니요 — 오히려 의견은 '비밀스러운 무언의 일치'에 의해 구속력을 얻게 된다 —, 또한 의견이 결코 국가의 법에 적용되지도 않기

가 전이되었으며, 마침내 정치적 정부당국에 대한 사적으로 된 사회의 내면세계적 대립, 즉 사회와 정부의 대립의 의미를 어떻게 규정하는가를 보여주고 싶다.

9) Locke, *An Essay Concerning Human Understanding*, II, §11; Kosellsck, 위의 책, 41쪽 이하 참조.

때문이다. 그 이유는 의견이 '법을 만들 수 있을 만큼 충분한 권위를 가지고 있지 못한' '사적인 사람들의 일치'에 근거하기 때문이라는 것이다.[10] 마지막으로 의견은 여론과 같이 교양(과 재산)이라는 전제조건에 구속되지 않는다. 의견에 참여하기 위해서 가령 논의에 참여하는 것이 요구되는 것이 아니라, 순전히 '습관'의 표명이 요구될 뿐이다. 그리고 이 습관은 선입견으로서 후에 여론에 반해 비판적으로 대립되는 것이다.

그렇지만 로크에서 의견은 '양심'과 동일시됨으로써, 순전한 선입견과 결부되어 논쟁적으로 경시되던 것으로부터 벗어나 어떤 위상을 갖는다. 이에 반해 프랑스어 의견은 순전한 선입견이라는 의미에 고착되어 있다. 로크와 동시대 사람인 벨(Bayle)에게 '철학적' 법은 의견의 법 대신에 '비판의 법'(Régime de la Critique)이다.[11] 벨은 비판을 그것의 어원적, 역사적 기원으로부터 분리시켜, 비판을 비판 그 자체, 즉 모든 것에 적용할 수 있고 모든 형태의 의견을 파괴시키는 이성에 의한 찬반의 숙고로 만든다. 물론 그는 비판하는 일을 엄격히 사적인 일로 간주한다. 상호 비판의 공적 토론을 통해 진리가 알려질 수도 있지만, 이성의 영역은 국가의 공공영역과 대립하는 내면적 영역으로 머물러 있다. 홉스의 '양심'과 마찬가지로 벨의 '비판'은 사적인 일이며, 공권력에 대해 아무런 결과도 미치지 못하는 것이다. 또한 이런 방식으로 그는 한편으로 비판과 다른 한편으로 풍자, 중상문(中傷文, *libelles diffarmatores*)을 구분한다. 정치적 경계를 넘나드는 죄를 범한 비판이 팸플릿으로 타락한다. 역으로 동시대 영국에서는 팸플릿으로부터 정치적으로 논의하는 신문이 발전한다. 백과전서파들은—이들

---

10) Locke, *Essay*, 위의 책, §12.

11) Koselleck, 위의 책, 89쪽 이하 참조.

이 벨을 단지 그의 백과전서적 시도 때문에 자신들의 선구자로 삼는 것은 아니다[12]— 불확실하고 공허한 정신상태라는 논쟁적 의미에서의 의견을 계승한다.[13] 이성을 다룰 줄 아는 사람, 비판능력을 갖춘 사람은 공리공론, 의견, 권위의 멍에, 간단히 말해 선입견과 야만의 멍에(le joug de la scolatique, de l'opinion, de l'autorité, en un mot des préjuges et de la barbarie)를 어떻게 떨쳐버리는가를 아는 사람이다. 독일어 편집자는 이를 약간 성급하게 "공리공론, 여론, 권위의 멍에"로 번역하고 있다.[14] 실제로 1년 전 한 저자가 처음으로 불어로 여론(*publique opinion*)이란 말을 했는데, 그것이 바로 루소가 그의 유명한 예술과 과학에 관한 논문에서 한 말이다. 그는 이 새로운 말의 조합을 아직 의견이라는 과거의 의미에서 사용한다. 'publique'라는 부가어는 기껏해야 논쟁에서 편을 바꾼 것을 드러낼 뿐이다. 이제 비판가는 신앙의 기초를 전복시키고 덕을 절멸시키며, 인간에게 신성한 것을 파괴하고 전복시키는 데 자신의 재능과 철학을 바치는 사람을 뜻하게 된다. 비판가는 여론에 반대하는 사람이다— 그들은 여론의 적이다(c'est de l'opinon publique qu'ils sont ennemis).[15]

영어에서 '의견'으로부터 '여론'으로의 발전은 공공정신(*public spirit*)을 거쳐 진행된다. 이는 1793년까지도 프리드리히 게오르그 포스터(Friedrich Georg Forster)가 불어 'opinion publique'의 영어 동의어를

12) 1695년에 벨의 《역사와 비판 사전》(*Dictionnaire historique et critique*)이 출간되었다.

13) D'Alembert, *Discours Préliminaire*, *Einleitung zur Enzyklopädie von 1751*, ed. Köhler, Hamburg 1955, 148쪽.

14) 같은 책, 149쪽.

15) J. J. Rousseau, *Schriften zur Kulturkritik*, ed. Weigand, Hamburg 1955, 34쪽.

아직도 'public opinion' 대신에 이보다 오래된 말인 공공정신이라—그 당시 이미 두 말이 동의어로 유통되고 있음에도 불구하고—부르고 있는 데서 알 수 있다. 이미 스틸은 공공정신을 개별 주체의 고귀하고 헌신적인 신조로부터 시대정신, 즉 이 의견의 도구인 신문과 거의 분리될 수 없는 일반의견(*general opinion*)이라는 객관적 실재로 전이시키고 있다.[16] 볼링브룩은 정치적 야당과 '국민감정'(*sense of the people*)이 서로 관련되어 있음을 근거짓기 위해 이 말을 끌어들이고 있다. 그는 1730년의 《크래프츠맨》에 실린 일련의 기고문에서 야당에 의해 계몽되고 지도된 국민의 공공정신을 권력자의 부패에 반대하는 자유의 정신(*Spirit of Liberty*)이라 부른다. 그에 따르면, '수백만의 지식'은 우스운 것도 아니며 업신여길 것도 아니다. 왜냐하면 다수의 주민에 올바른 감정이 살아 있기 때문이다.

> 모든 사람이 이성적으로 논하지 않는다 하여도, 모든 사람이 느낄 수는 있다.[17]

이런 의미에서의 상식(*common sense*)을 가진 국민은 어떤 의미에서 그릇됨이 없는 것이다. 그렇지만 이 공공정신은 앞으로 곧 여론이라 불릴 것으로부터 이미 계몽의 특징을 지니게 된다. 볼링브룩 자신이 함께 창조한 정치적 저널리즘이 없었더라면, 국민감정이 야당에게 효과적 공공정신으로 형성되지 않았을 것이다. 논의하는 반정부 인사의 역할과 이로써 근대 의회적 전술의 의미에서 야당인사의 역할을 어쩔 수 없이 해야 했던 이 보수주의자의 의식에서 기이하게도 일부 선취

---

16) *Spectator*, Nr. 204, 1712.

17) 1734년 7월 27일자 *Craftsman*.

된 루소주의(*Rousseauismus*)와 공적 비판의 원칙이 결합된다. 한편으로 올바른 것과 정당한 것에 대한 직접적이고 소박한 감각과 다른 한편으로 논증의 공적 실행을 통해 의견을 판단으로 명료하게 표현하는 것, 이 양자가 공공정신에서는 아직 함께 존재한다.

프랑스 혁명의 발발 전에 에드먼드 버크(Edmund Burke)에 의해 — 프랑스 혁명과 같은 정신적 혈통에 속하는 그는 후에 혁명 비판자가 된다 — 이미 예정되었던 구분이 행해진다.[18] 그러나 그가 가상적 대표(*virtual representation*)라는 자유주의적 이론을 전개했던, 그의 유명한 〈브리스톨의 유권자를 향한 연설〉(*Speech to the Electors of Bristol*)에서는 아직 이 구분이 없다. 그는 3년 후 동일한 유권자들에게 〈미국 상황에 대하여〉(*On the Affairs of America*)라는 편지를 쓴다. 그 사이 북미의 식민지가 식민지 모국으로부터 탈퇴하는 일이 일어났으며, 권리선언이 공표되었다.

> 내가 실례를 무릅쓰고 관찰할 수밖에 없는 점은, 저항해야 할 것이 불쾌한 징세분야만이 아니라, 통치되는 사람들의 일반의견을 고려하지 않고는 기존 다른 어떤 입법권의 부분도 실행될 수 없다는 점이다. 이 일반의견이 입법적 전권(全權)의 수단이자 기관이다.[19]

여론을 입법적 전권(또는 주권)의 수단이자 기관으로 비록 헌법적으로는 그렇게 명확하게 규정하고 있지 않음에도 불구하고, 이러한 규

---

18) D. Hilger, *Edmund Burke und seine Kritik der Französischen Revolution*, Stuttgart 1960, 122쪽 이하 참조. 나는 동시대에 스코틀랜드의 도덕철학자들이 부르주아 사회에 대한 그들의 진화론적 이론을 보완했던 정치적 공론장에 대한 흥미로운 이론 부분을 무시한다. 이에 대해서는 나의 저서, *Theorie und Praxis*, 위의 책, 47쪽 이하에 있는 나의 지적을 참조.

19) *Burke's Politics*, ed. Hoffmann and Levack, New York 1949, 106쪽.

정은 '일반 의견' 개념을 명확히 하고 있다. 논의하는 공중의 의견은 더 이상 단순히 의견이 아니다. 그것은 단순한 성향에 상응하는 것이 아니라, 공적 상황에 대한 사적 숙고와 그것의 공적 토론에 상응하는 것이다. 그는 몇 달 후 다음과 같이 쓰고 있다.

> 자유로운 나라들에서 모든 사람은 자신이 공적 일에 대해 관심을 가지고 있다고 생각한다. 즉, 그가 공적 일에 대해 의견을 형성하고 전달할 권리를 가지고 있다고 생각한다. 그들은 이 일을 엄밀히 조사하고, 검토하고 토론한다. 그들은 호기심이 강하고, 주의 깊게 경청하며, 질투심이 많다. 이런 일을 그들 사유와 발견의 일상적 주제로 만듦으로써, 막대한 수의 사람들이 이것들에 대해 어느 정도 지식을 획득하며, 몇몇 사람은 상당히 많은 지식을 획득한다.… 반면에 다른 나라들에서는 그 직책상 공적 일에 대해 더 관심을 가지거나 생각하게끔 요구되고 감히 그들 의견의 힘을 다른 일에 혹사하지 않도록 요구되는 사람들을 제외하고는, 이런 종류의 능력은 삶의 어떤 단계에서든 매우 드물다. 군주의 내각에 들어서기 전까지 아무도 감히 의견을 가지려 하지 않는 나라들의 내각에서 발견되는 것보다 더 많은 실제적 지식과 현명함이 자유로운 나라들에서는 가계와 매뉴팩처에서 발견된다. 그러므로 너의 모든 중요성은 네 자신의 이성을 지속적이고 신중하게 사용하는 데 달려 있다.[20]

곧이어 버크의 일반의견은 공공정신과 나란히 여론이라는 이름을 갖게 된다. 옥스퍼드 사전은 1781년 판에 그에 대한 최초의 전거를 제공하고 있다.

프랑스에서는 이에 대응되는 말이 이미 18세기 중반 경에 등장한다. 그러나 그 의미는 그 당시 의견에 견주어 거의 변화하지 않았다.

---

20) Burke, 위의 책, 119쪽.

여론(*opinion publique*)은, 루소처럼 문화비판적으로 그것의 자연성에 의거하든, 백과전서파들처럼 이데올로기 비판적으로 그것을 해체하려 하든 간에, 전통과 양식(良識, *bon sens*)에 의해 떠받쳐지는 민의로 여겨졌다. 중농주의자들이 그것을 계몽된 공중(*public éclairé*)에 속하는 것으로 생각할 때 비로소, 여론은 공론장에서의 비판적 토론을 통해 참된 의견으로 정화된 의견이라는 엄밀한 의미를 갖게 된다. 이 여론에서 의견과 비판의 대립은 해소된다. 이제 정치적으로 논의하는 공중의 대변자인 중농주의자들은 잘 알려져 있듯이 국가의 조치에 대항한 부르주아 사회의 고유한 법칙성을 최초로 주장한 사람들이다. 그러나 그들은 절대주의적 통치에 관해서는 변호하는 태도를 보인다. 맑스의 말에 따르면, 그들의 이론은 봉건체제의 부르주아적 재생과 같다.[21] 중상주의가 자유주의로 이행하는 시기에 그들은 봉건적 지배의 토대인 농업을 유일한 생산적 노동으로 고집한다. 그러나 이 노동은 이미 자본주의적 생산의 관점에서 파악되고 있다. 군주에게 자연질서의 보호자라는 임무가 위임된다. 군주는 계몽된 공중을 통해 자연질서의 법칙들을 통찰하게 된다는 것이다. 이런 점에서 엄밀한 여론개념을 최초로 파악하고 그것의 사회적 역할을 숙고한 것으로 보이는[22] 루이 세바스티엥 메르시에(Louis Sebatien Mercier)는 통치자와 학자를 지나치게 면밀하게 구분한다.[23] 학자는 여론을 결정하고, 통치자는 전문적 지식에 의해 인도된 공중의 논의로부터 귀결된 것을

---

21) 이에 대해서는 Jürgen Kuczynski, "Zur Theorie der Physiokraten," in: *Grundpositionen der farnzösischen Aufklärung*, Berlin 1955, 27쪽 이하 참조.

22) R. Mischke, 위의 책, 170쪽 이하. 칼 슈미트는 이미 이 점에 주목하고 있다. C. Schmitt, *Die Diktatur*, 위의 책, 109쪽 이하.

23) L. S. Mercier, *Notions claires sur les gouvernments*, Amsterdam 1787, VI쪽 이하.

실천으로 전환시킨다는 것이다.

> 훌륭한 책들은 국민 모든 계층의 계몽된 사람들에 달려 있다. 그것들이 진리를 장식하며, 이미 유럽을 통치하는 것이다. 이 훌륭한 책들은 정부에게 정부의 의무, 오류, 참된 이해, 정부가 경청하고 따라야만 하는 여론을 깨우쳐 준다. 그리고 이 책들은 국가의 행정가들이 잠에서 깨어나 그들의 열정이 가라앉는 순간을 기다리는 인내의 대가(大家)이다.[24]

여론은 사회적 질서의 기초에 대한 공동의 공적 반성의 계몽된 결과이다. 그것은 이 질서의 자연적 법칙을 개괄한다. 여론은 지배하지 않는다. 그러나 계몽된 지배자는 여론의 통찰을 따라야만 한다.

여론과 군주, 이성(*ratio*)과 의지(*voluntas*)라는 이중적 권위에 대한 이론을 통해 중농주의자들은 정치적으로 논의하는 공중의 지위를 여전히 기존 체제의 한계 내에서 해석하고 있다. 영국의 동시대인들이 입법가로 하여금 자신을 정당화하도록 강제하는 심급으로 여론을 이해했던 반면에, 프랑스에서는 사회의 국가로부터의 격리가 아직 진행되고 있다. 이것은 이들 지식인의 머릿속에서 여론의 비판적 기능과 입법적 기능이 엄격히 분리되는 점에서 잘 나타난다. 그럼에도 불구하고 여론에 대한 이러한 초기 개념에도 정치적으로 기능하는 공론장의 특유한 이념이 들어가 있다. 르 아르프(Le Harpe)는 튀르고에 대해 언젠가 이렇게 말할 수 있었다.

> 그는 우리들 중 주권적 권위의 행위를 논의와 설득의 작업으로 변화시킨 최초의 사람이다.[25]

---

24) 같은 책, Ⅶ쪽.

25) L. Say, *Turgot*, 1891, 108쪽에서 재인용. 코젤렉은 이 특징적인 곳에 주의를

이는 이미 지배의 합리화를 의미한다. 그러나 튀르고는 다른 중농주의자들과 마찬가지로 이 이념을 민주적 보장, 즉 여론 형태로 이미 예정된 통찰을 생산하는 사적 개인들이 이 통찰에 입법적 구속성도 부여할 수 있다는 보장과 결부시키지 않는다. 권위가 법을 만든다(*autoritas facit legem*)는 절대주의의 준칙은 효력을 잃었다. 그렇다고 그것의 역전이 아직 완수된 것도 아니다. 결국 여론의 이성에는 아직도 그것의 구성적 기능이 유보되고 있는 것이다. 다른 한편 기대할 수 있는 모든 명확성을 가지고 공중의 민주적 자결을 근거지었던 루소는 무반성적 의견, 즉 공개된 의견과 일치하는 여론을 일반의지(*volonté generale*)와 결부시키고 있다.

또한 루소는 '사회상태'에서 자연질서를 회복하고 싶었다. 그러나 이 자연질서는 그에게 가령 부르주아 사회의 법칙들에 내재하는 것이 아니라 이제까지의 사회를 절대적으로 초월하는 것처럼 보였다. 인간이 자신의 인간적 본성 이외에 다른 어떤 것도 실현시키지 않았던 자연상태의 타락으로부터 불평등과 부자유가 나오는 반면, 자연과 사회의 분열은 모든 개인을 인간(*homme*)과 공민(*citoyen*)으로 분열시킨다. 자기소외의 원천적 발생은 문명의 진보에 그 책임이 있다. 사회계약이라는 천재적 비결이 이 분열을 치료한다는 것이다. 모든 사람이 인격과 재산을 모든 권리와 함께 공동체에 위임함으로써, 일반의지(*Gemeinwille*)의 매개를 통해 이후 모든 사람의 권리와 의무에 참여하게 된다.26) 사회계약은 무조건적 합치를 요구하며, 인간은 공민으로

환기하고 있다. Koselleck, 위의 책, 123쪽.

26) "우리를 사회체와 결합시키는 의무들은, 그것들이 상호적이라는 이유에서만 구속력을 갖는다. 이 의무들은, 사람들이 그것들을 충족시킬 때 자기 자신을 위해서 일하지 않고 다른 사람을 위해 일할 수 없다는 본성을 가지고 있다." Rousseau, *Contract Social*, II, 4, Weigand, München 1959, 30쪽의 독어 번

해소된다. 루소는 극도의 정치적 사회라는 비부르주아적 이념을 구상하는데, 여기서 자율적인 사적 영역, 즉 국가로부터 해방된 부르주아 사회는 어떤 자리도 차지하지 못한다. 부르주아 사회의 토대도 여기서 예외가 아니다. 모든 공민이 단지 일반의지의 참여자로서만 자신을 신민으로 삼듯이, 소유는 사적인 동시에 공적이다.[27] 그러므로 일반의지는 사적 이해관계의 경쟁으로부터 나오는 것이 아니다. 그와 같은 전체의지(*volonté de tous*)는 사적 자율성의 전제하에 있는 자유주의적 모델에 따르는 것일 텐데, 사회계약 모델은 바로 이 사적 자율성을 지양하고 있다. 오히려 사회상태의 조건에서 자연상태의 복구를 보장하는 일반의지는 일종의 인류의 본능으로서 자연상태로부터 사회상태로 튀어나온 것이다. 이렇게 해서 루소는 몽테스키외에 반대하여, 헌법정신을 대리석이나 청동에 새겨넣지 않고, 공민의 마음에, 즉 의견에 고정시킨다—"내가 (공민의 마음으로—역자) 말하는 것은 관습, 예절, 그리고 특히 인민의 의견이다."[28]

로크의 의견 법칙은 루소의 사회계약을 통해 주권으로 된다. 비공공적 의견이 공적 의견(여론, *opinion publique*)이라는 다른 표제어에서 유일한 입법자로 고양된다. 그러나 이는 논의하는 공중의 공론장을 배제한 상태에서 진행되는 것이다. 루소가 예측하는 입법 절차가 이에 대해 어떤 의심도 갖지 않게 하고 있다.[29] 공공복지를 인지하기 위해서는 건전한 인간오성(양식, *bon sense*)만이 필요할 뿐이다. 단순하고 천진난만한 사람들은 공적 토론의 정치적 술책으로 혼동될 뿐이다.

역문에서 인용.

27) III, 15에 대한 Weigand의 주, 위의 책, 164쪽 참조.

28) *Contract Social*, II, 12, 위의 책, 49쪽.

29) 이하의 논의에 대해서는 *Contract Social*, IV, I, II, 위의 책, 91쪽 이하 참조.

오랫동안의 토론은 특수 이익을 자극할 것이다. 루소는 집회의 단결을 아첨꾼의 위험한 이의제기와 대비시킨다. 일반의지는 논증보다는 오히려 심정의 합의이다.[30] 법(*lois*)이 뿌리 깊은 관습(*opinions*)과 일치하는 사회가 가장 잘 통치된다. 관습의 소박함은 가시 돋친 토론(*discussions épineuses*)을 방지한다.[31] 역으로 사치는 건강한 순진함을 타락시키며, 한 집단을 다른 집단에 예속시키고 특히 모든 집단을 여론(*et tous a l'opinion*)에 귀속시킨다.[32] 여기서 경쟁적 언어사용이 다시 나타난다. 즉, 여기서 'l′opinion'은 신문과 살롱의 담론에 의해 매개된 계몽된 공중(*public éclairé*)의 의견이기 때문이다. 루소는 이 여론의 타락시키는 영향력에 대항하여, 완전히 1750년 수상작품의 스타일로, 소박한 관습과 건전한 영혼의 의견을 강력히 부각시키고 있다. 이 의견은 그것의 자생성에도 불구하고 그 이중적 기능을 조종할 장치를 필요로 한다. 한편으로 그것은 관습으로서 직접 사회적 통제의 과제를 갖는다. 검열관, 즉 민의의 재판관이라기보다는 그것의 대변자가 이 의견을 감시한다. "여론은 그 검열관이 장관인 그러한 종류의 법이다."[33] 여기가 《사회계약론》에서 '여론'(*opinion publique*)에 대해 말하는 유일한 장(章)이다. 그리고 이에 대한 주석은 실제로 로크의 '의견의 법'과 거의 문자 그대로 일치함을 명확히 보여주고 있다.

> 풍습을 판정하는 사람은 명예를 판정한다. 명예를 판정하는 사람은 그의 법을 의견으로부터 도출한다.[34]

---

30) 같은 책, III, I, 위의 책, 53쪽.
31) 같은 책, III, e, 위의 책, 60쪽.
32) 같은 곳.
33) 같은 책, IV, 7, 위의 책, 110쪽 이하.
34) 같은 책, II, 8.

그런데 의견은 로크에서와는 달리 또한 입법의 과제도 갖는다. 여기서 의견은 마찬가지로 지도장치를 필요로 한다. 사회적 통제기능을 하는 의견이 검열관(*censeur*)에 의해 표현되듯이, 입법기능을 하는 의견은 입법가(*legislateur*)에 의해 표현되어야 한다. 주권적이기는 하지만 편협할 위험도 있는 의견에 대해 입법가는 난처한 상황에 처해 있다. 입법가는 강제력을 사용할 수도, 공적 토론을 이용할 수도 없으므로(ni la force ni la résolution), 간접적 영향력의 권위에 호소할 수밖에 없기 때문이다. 이러한 영향력은 "폭력없이 이끌 수 있으며, 입증함이 없이 설득할 수 있다".[35)]

결국 루소의 비공공적 의견의 민주주의는 조작적 권력행사를 요청한다. 《사회계약론》의 악명 높은 곳에서 그는 일반의지가 언제나 올바르지만, 그것을 인도하는 판단이 언제나 밝게 빛나는 것은 아니라고 말한다. 따라서 사람들에게 사물이 있는 그대로, 많은 경우 사물이 어떻게 보여져야만 하는가를 눈앞에 보여줘야 한다는 것이다.[36)] 그런데 루소는 왜 주권적 민의를 단순히 의견이라 부르지 않는가? 그는 왜 이것을 여론과 동일시하지 않는가? 이에 대한 설명은 간단하다. 직접민주주의는 주권자의 실질적 현전을 요구한다. 신비체(*corpus mysticum*)로서의 일반의지는 만장일치로 결집한 인민이라는 물리체(*corpus physicum*)에 묶여 있다.[37)] 루소에게 지속적 국민투표의 이념

---

35) 같은 곳.

36) 헨니스는 루소가 여론을 비공공적 의견과 동일시하고 있음을 보지 못하고 있다(W. Hennis, "Der Begriff der öffentlichen Meinung bei Rousseau," in: *Archiv für Rechts-und Sozialphilosophie*, Bd. XLIII, 1957, 111쪽 이하). 동시대 중농주의자들이 가졌던 엄밀한 의미에서의 "여론"의 성취에 대한 문화비판적 불신으로 인해, 《사회계약론》의 민주적 이념은 일정 독재의 결과를 가져올 수밖에 없다. 이에 대해서는 I. Fetscher, *Rousseaus politische Philosophie*, Neuwied 1960, 참조. 이 책에 소개되고 있는 다른 문헌도 참조.

은 그리스 폴리스의 상(像)으로 나타난다. 거기에서 인민은 말하자면 끊임없이 광장(*place publique*)에 모였었다. 그러므로 루소의 시각으로는 광장이 헌법의 토대가 된다. 따라서 계몽된 공중의 공적 논의가 아니라 광장으로부터, 즉 구두 동의를 보내기 위해 모인 공민으로부터 여론은 그것의 공공적 속성을 얻는 것이다.

중농주의자들은 비판적 효력을 갖는 공론장에 의해 보완된 절대주의를 지지하는 반면, 루소는 공적 토론 없는 민주주의를 원한다. 그리고 양측은 동일한 표제어인 '여론'을 필요로 하는 것이다. 이런 이유로 해서 혁명 이전의 프랑스에서는 여론의 의미가 독특하게 양극화된다. 그러나 분열되었던 여론의 두 기능, 즉 비판기능과 입법기능은 혁명 자체에 의해 결합된다.[38] 1791년의 헌법은 정치적으로 기능하는 공론장을 헌법적으로 보장하는 의회 법치국가의 원칙과 인민주권의 원칙을 결합시킨다. 프랑스의 여론 개념은 영국의 그것에 비해 급진화된다. 여론의 헌법적 의미에 대한 국민의회의 토론에서 베르가세(Bergasse) 의원은 프랑스의 여론 개념을 다음과 같이 장엄하게 정식화한다.

> 여러분들이 선행을 행할 능력을 발휘할 유일한 길이 여론을 통해서라는 것을 여러분들은 알고 있습니다. 오랫동안 가망 없으리라 생각

---

37) *Contract Social*, III, 위의 책, 81쪽. "주권은 대리적으로 행사될 수 없다. … 주권은 본질적으로 일반의지에 있으며, 의지는 대리될 수 없다. 의지는 의지 자체이거나 아니면 다른 어떤 것이다. … 인민이 인격으로 비준하지 않은 모든 법은 무효이다."

38) 이를 특징적으로 보여주는 것이 1788년에 나온 수도원장 쉬에(Sieyé)의 진단이다. 독일어판, *Was ist der Dritte Stand*? ed. Brandt, Berlin 1924. 나의 논문 "Naturrecht und Revolution," in: *Theorie und Praxis*, 위의 책, 52쪽 이하, 특히 57쪽 이하 참조.

> 되었던 인민의 주장이 지배하게 되는 것은 오직 언론을 통해서만이라는 것을 여러분들은 알고 있습니다. 여론 앞에서 모든 권위가 침묵하고, 모든 편견이 사라지며, 모든 특수이익이 소멸된다는 것을 여러분은 알고 있습니다.[39]

같은 시기에 벤담은 영국에서 제헌의회 의원들의 요구에 따라 글을 쓰는데,[40] 이 글은 여론이 공공성의 원리와 맺는 연관을 최초로 단행본의 형식으로 해명하고 있다.

한편으로 공권력의 행사는 '수많은 유혹에 노출되고 있으므로', 여론에 의한 지속적 통제가 필요하다. 그 비판능력이 확실하다고 여겨지는 '공중의 총감독'은 의회 심의의 공공성에 의해 보장된다.

> 그것의 총체(*the public, le corps publique*)가 모든 법정을 합한 것보다 더 가치있는 법정을 형성한다. 사람들은 그것의 요구들에 저항하는 듯한 태도를 취할 수 있고, 그것들이 결국 서로 지양되어 파괴되는, 흔들리고 서로 갈라지는 의견들로 치부할 수도 있다. 그러나 누구나 느끼고 있는 점은, 이 법정이 비록 오류가능성에 노출되어 있기는

---

39) R. Redslob, *Staatstheorien der französischen Nationalversammlung*, Leipzig 1912, 65쪽, 주 1에서 인용.

40) 그러나 벤담의 이 제안은 프랑스 헌법제정자들에게 어떤 영향도 미칠 수 없었다. 원문은 프랑스어로 씌어져, 1816년 제네바에서 출판되었다. 우리는 같은 해에 나온 독어 번역본을 인용한다(*Taktik oder Theorie des Geschäftsganges in deliberierenden Volksständeversammlungen*, Erlangen 1817, 특히 *Kapitel* III, "Von der Publizität," 10쪽 이하). 우리는 아울러 특유한 용어들은 영어와 불어로도 명기한다(영어본 : *An Essay on Political Tactics*, *The Works of Jeremy Bentham*, ed. Bowring, Bd. II, Edinburgh 1843, 299쪽 이하, 불어본 : *Tactic des Assemblées Legislatives*, ed. Dumont, 2. Auflage, Paris 1822). 왜냐하면 언어사용에서 아직 특징적인 차이점들이 나타나고 있기 때문이다. 독일어 텍스트에서는 '여론'과 '공론장'이라는 용어가 다른 말로 바뀌 씌어져 있다.

> 하지만 매수되지 않는다는 것, 스스로 깨우치려 지속적으로 노력한다는 것, 국민 전체의 지혜와 정의를 품고 있다는 것, 정치인들(*public men*, *hommes publique*)의 운명을 언제나 결정한다는 것, 그것이 부과하는 벌은 피할 수 없다는 것이다.[41]

나아가 의회는 공중의 통찰을 이용할 수 있다. "공론장의 인도 아래서는(under the guidance of publicity, sous le régime de la publique) 그보다 더 쉬운 것이 없다."[42] 다른 한편으로 여론은 물론 정보를 얻기 위해 심의의 공론장을 필요로 한다.

> 오랫동안 공적 의회를 가졌던 국민에게서 일반정신(*general feeling*, *esprit général*)은 보다 높은 음조로 울릴 것이다. 건강한 이념들은 더욱 일반적으로 되며, 유해한 선입견들은 웅변가에 의해서가 아니라 정치인에 의해 공적으로 극복되어 그 힘을 상실할 것이다. … 이성과 탐구정신이 사회의 모든 계급에서 관습이 될 것이다.[43]

벤담은 의회의 공적 심의를 단순히 공중 일반의 공적 심의의 일부분으로 파악하고 있다. 의회 내부와 외부의 공론장에 의해 정치적 논의의 연속성과 그것의 기능, 즉 버크가 표현하였듯이, 지배를 의지의 문제로부터 이성의 문제로 전환하는 기능이 보장된다. 의원의 선출이 맹목적 결의에 따르는 것이어서는 안되고, 그것 자체가 어떤 문제에 대해 통찰력 있게 결정하는 것이어야 한다.

---

41) Bentham, 위의 책, 11쪽.

42) 같은 책, 15쪽.

43) 같은 책, 14쪽.

국민에 의해 선출되고 때때로 혁신되는 의회에서 유권자들에게 정통한 지식을 갖고 처리할 가능성을 부여하기 위해, 공론장은 절대적으로 필요하다.[44]

주로 조지 3세 이후에 여론의 살아 있는 힘이 죽은 법령에 대항해 관철되었다. "보다 계몽된 여론이 보다 우세해졌기 때문이다."(depuis l'opinion publique plus éclaierée a pris plus d'ascendent) 독일어 텍스트에서는 여기서 여전히 '민의'(*Volks-Meinung*)라는 말이 사용되고 있다.[45] 영국에서 최상의 것은 법을 지속적으로 위반함으로써 이루어졌다. 따라서 벤담은 "공공성의 통치체제(*regime of publicity*)가 여전히 매우 불완전하고 최근에 허용된 것"이라 말한다(le régime de publicité, tres imparfait, encore et nouvellement toléré).

1820년 이래 부르주아 법치국가의 원천과 역사에 관한 강의를 했던, 한 세대 후의 기조(Guizot)는 이미 '여론의 지배'에 대한 고전적 정식화를 하고 있다.

게다가 전체 공민들로 하여금 끊임없이 모든 기회마다 현실적 권력을 규제할 진리, 이성, 정의를 추구하도록 강제하는 것이, 절대권력의 정당성을 어디에서도 인정하지 않는 이 체제의 특성이다. 대의체제가 이를 행하는 것은, 첫째 기존의 권력들로 하여금 공동으로 진리를 추구하도록 강제하는 토론에 의해, 둘째 이러한 추구에 종사하는 이들 권력을 공민의 감시의 눈앞에 두는 공개성에 의해, 셋째 공민으로 하여금 스스로 진리를 추구하고 이를 권력에게 말하도록 자

44) 같은 책, 16쪽 이하.

45) 같은 책, 33쪽 이하. 다른 곳에서는 '인민의 보호에 있어' 구원이라는 말이 쓰이고 있다. 프랑스어판에는 대신에 다음과 같이 써어 있다. 위의 책, 28쪽. "Il n'y a de suave garde que dans la protection de l'opinion publique."

극하는 언론의 자유를 통해서이다.[46)]

1790년대 초 프랑스어 여론을 독일어 '여론'으로 독일 서부지역에 통용시킨 최초의 사람은 포스터인 것처럼 보인다. 여하튼 1793년 말 그의 아내에게 보낸 편지들인 〈파리의 개관〉(*Parisische Umrisse*)은 독일문학에서 처음으로 이 새로운 실재를 증언하고 있다.[47)] 특히 여론과 일반정신에 대한 포스터의 중요한 구분은, 정치적으로 기능하는 공론장이라는 개념이 독일에 수입되기 이전에 영국과 프랑스에서 완전히 성숙하였음을 보여주고 있다.

> 우리는 이미 7천 명에 이르는 문필가를 가지고 있다. 그럼에도 불구하고 독일의 일반정신이 존재하지 않는 것과 마찬가지로 독일의 여론도 존재하지 않는다. 이 말들조차 우리에게는 너무도 새롭고 낯선 것이어서, 누구나 그에 대한 설명과 정의를 요구할 정도이다. 반면 어떤 영국인도 다른 사람이 공공정신에 대해 말한다고 해서 그를 오해하지 않는다. 어떤 프랑스인도 다른 사람이 여론에 대해 말한다고

---

46) Guizot, *Historie des origines du gouvernment representatif en Europe*, Bruxelles 1851, II, 10쪽 이하. 슈미트도 또한 이곳의 중요성을 주목하고 있다. C. Schmitt, *Die Geistesgeschichtliche Lage des Parlamentarismus*, München/Leipzig 1923, 22쪽, 주 참조.

47) 포스터는 프랑스에서 여론의 기원에 대해 그의 〈파리의 개관〉에서 다음과 같이 서술하고 있다. "나는 이 말의 최초의 변형이 입헌군주제의 마지막 시기에 일어난 것으로 생각한다. 거대한 수도, 이 수도에 집중되어 있는 거대한 양의 지식, 취미, 농담, 상상력, 향락적으로 욕망을 불러일으키는 가르침에 대한 더욱 더 독해지는 욕구, 상류신분, 그리고 중류신분에서도 어느 정도 나타나는 선입견으로부터의 해방, 항상 궁정에 대항하는 의회, 미국이 해방되고 여기에 프랑스가 참여함으로써 유통되게 된 정부, 헌법, 공화주의의 이념, … 이 모든 것이 사상의 자유와 의지의 자유에 길을 터놓게 하였다. 그 결과 혁명이 발발하기 오래 전에 이미 결정적인 여론이 파리 전체와 이 중심으로부터 프랑스 전체를 거의 무제한적으로 지배하였다." Bauer, 위의 책, 238쪽에서 인용.

해서 그를 오해하지 않는다.[48]

포스터가 이 차용한 단어에 대한 주석을 얼마나 고려하고 있었는가는,[49] 그 당시 광범위한 공중에게 고전가 편집자 후보라기보다는 오히려 저널리스트로 알려졌던 빌란트(Wieland)가 확인해 주고 있다. 그는 포스터가 이런 언급을 한 지 5년 후 그의 《내밀한 대화들》(*Gespräche unter vier Augen*) 중 한 곳에서 바로 '여론'에 대해 대화한다.[50] 빌란트의 규정은 어떤 새로운 것을 가져다주지는 않는다. '우리의 직접적 안녕이나 고통에 관한 망상개념과 선입견이 마침내 진리의 우세에 자리를 내주는 곳에서' 여론은 출현한다.[51] 여론은 그 결과에 있어 '찬성과 반대의 모든 이유를 가장 정확히 고려한 후, 사태에 대한 가장 세심한 연구'와 일치한다. 그리고 여론은 독일에서도 곧 '법의 힘을 가져야' 한다.[52] 여론은 교육받은 사람들로부터 시작하여, '다수로 활동하는 경우 우위를 점하는 계급들에 주로' 유포된다.[53] 물론 '최하층의 인민계급', 즉 과격공화파(*Sansculotte*)는 여기 속하지 않는다. 왜냐하면 이들은 궁핍과 노동에 짓눌려 '일차적으로 그들의 육체적 욕구에 관계되지 않는 일에 관심을 가질' 한가함이나 기회도 갖지 못하기 때문이다.[54]

---

48) *Georg Forsters sämtliche Schriften*, ed. Gervinus, V. 2, Leipzig 1843, "Über öffentliche Meinung," 249쪽.

49) 1795년 〈프랑스 외교 혹은 프랑스에 있어 여론의 역사〉라는 논문으로 그 첫 호를 시작한 포셀트(Posselt)의 《유럽연감》(*Europäische Annalen*)도 아직 언어사용의 불안함을 드러내고 있다.

50) C. M. Wieland, Sämtl. Werke, Leipzig 1857, Bd. 32, 191쪽 이하.

51) 같은 책, 200쪽.

52) 같은 책, 218쪽.

53) 같은 책, 192쪽.

54) 같은 책, 198쪽.

확실히 이런 빌란트의 반성에는 루소적 요소가 들어 있다. 이러한 요소가 후에(1813~15년의 나폴레옹에 대항한—역자) 해방전쟁 동안 정치적 낭만주의에 계승되어, 여론은 말없는 민족정신과 동일시되었다.[55] 그렇지만 다소 현학적인 독일 계몽주의의 전통에서 특히 성직자 사기와 내각의 비밀을 공적 논의의 포럼에 출두시키고자 하는 여론개념이 빌란트에서조차 지배적이다.[56]

---

55) 같은 책, 193쪽. 여론은 "알아채지 못하게 대부분의 머리를 지배하는 것이며, 그것이 아직 감히 목소리를 키우려 하지 않는 경우에도, 곧 우글거릴 벌집과 같이 점차 날카로워지는 둔중한 투덜거리는 소리를 통해 자신을 예고하는 것이다." 비슷한 표현은 위의 책, 212쪽 이하 참조. 다음의 저서는 특히 반나폴레옹적 저널리즘에서 전개된 여론개념과 민족정신이론 간의 연관을 증명하고 있다. R. Flad, *Der Begriff der öffentlichen Meinung bei Stein, Arndt Humboldt*, Berlin-Leipzig, 1929.

56) "도덕이 성직자 계급의 독점적인 관청이고, 정치의 독점적인 관청이 궁정과 내각의 오만한 비밀인 한, 이것들은 기만과 억압의 도구로 오용될 수 있음에 틀림없다. 인민은 파렴치한 말놀이의 희생자가 되며, 권력은 모든 것을 허용하며 처벌받지 않고 모든 것을 허용할 수 있게 된다. 왜냐하면 부당한 것을 정당한 것으로, 정당한 것을 부당한 것으로 낙인찍고, 권력이 가장 두려워하는 것, 즉 진리의 공개를 범죄로 만들고 그러한 것으로서 처벌하는 것이 권력의 자의에 달려 있기 때문이다. 이성이 그것의 영원한, 시효가 소멸하지 않는 권리를 다시 장악하여, 모든 것이 그것의 인식에 달려 있는 모든 진리를 다시 세상에 밝히고, 모든 시가(詩歌)의 도움을 빌려, 그리고 생각해 낼 수 있는 모든 형태와 비유적 표현으로 이들 진리에 가능한 대중성을 부여하게 된다면, 위와 같지는 않을 것이다. 그렇게 되면 교정된 수많은 개념들과 사실들이 유포되고, 수많은 선입견들이 갑자기 분명해질 것이다. …"(같은 책, 208쪽)

2. 정치와 도덕의 매개원리로서 공개성 (칸트)

여론이라는 관용어가 독일어권에서 통용되기 이전에, 부르주아 공론장의 이념은 칸트가 법철학과 역사철학에서 전개한 공개성의 원리에 의해 이론적으로 성숙한 형태를 갖게 된다.

정치적으로 논의하는 사적 개인들은 절대주의 지배에 대항해 비판을 제기하는 과정에서 자신을 비정치적이라 생각한다. 여론은 도덕의 이름으로 정치를 합리화하려 한다. 18세기 정치철학의 아리스토텔레스적 전통은 특이하게도 도덕철학으로 넘어간다. 이때 — 그 당시 매우 특이하게 강조된 말인 '사회적'(*social*)이라는 말의 의미지평에 이르기까지 — '도덕적인 것'은 그렇지 않아도 '자연' 및 '이성'과 함께 사유되어, 출현중에 있는 '사회적인 것'의 영역까지 포함하였다. 《국부론》의 저자가 도덕철학의 교수직을 갖고 있었던 것은 우연이 아니다. 다음의 문장은 이러한 맥락 속에 있다.

> 진정한 정치는 먼저 도덕에 경의를 표하지 않고는 한 걸음도 나아갈 수 없다. 그리고 정치 그 자체가 어려운 기술이기는 하지만, 정치와 도덕의 통일이 결코 기술은 아니다. 왜냐하면 양자가 충돌하자마자 정치가 해결할 수 없는 문제를 도덕은 단숨에 해결하기 때문이다.[57]

칸트는 영구평화에 대한 초안의 부록에서 이 문장을 쓰고 있다. 여기서 그는 법이론에서 도출한 두 가지 요청을 반복하고 있다. 모든 국가의 부르주아 헌법은 공화주의적이어야 하며, 국가들 상호간의 관계

---

57) *I. Kants Werke*, ed. Ernst Cassirer, Berlin, Bd. VI, 467쪽 이하.

는 세계시민적 연방의 틀에서 평화주의적이어야 한다. 국내적으로는 부르주아적 자유를, 국외적으로는 세계시민적 평화를 보장하는 모든 법적 의무는 완전히 정의로운 질서의 이념으로 결합된다. 인격적 지배의 형태나 혹은 폭력적 자기주장의 형태로 더 이상 강제가 행사될 수 없으며, 강제는 '유일하게 이성만이 강제력을 갖는' 방식으로 행사되어야 한다. 일반법칙에 따라 모든 사람의 자유와 일치하는 상호강제가 가능하리라 생각되는, 독점적 지배로 성장한 법관계는 실천이성으로부터 나온다. 이는 진리가 아니라 권위가 법을 만든다(autoritas non veritas facit legim)는 원칙에 대한 가장 강력한 반격이다.

과거 홉스는 이 정식을 가지고 군주의 절대권력을 승인할 수 있었다. 왜냐하면 공권력이 입헌군주의 수중에 독점되고, 부르주아 사회가 그것의 모든 신교(新敎) 갈등과 함께 사적 영역으로서 중립화되는 대가를 치르고서야 종교 내전을 종식시켜 평화를 정착시킬 수 있었기 때문이다. 전제군주의 인신(人身)에서 이른바 실존적으로 입증되는 현명함의 영감(靈感)에 따른 결단 앞에서, 인륜성의 규칙에 따른 모든 논의는 정치적으로 아무런 성과도 없는 신조로 전락되었다. 그후 2세기가 지난 후 칸트가 실천이성의 법적 형태로 이것을 복권시켰을 때, 정치적 입법까지도 그것의 통제에 도덕적으로 종속되어야 할 때, 그 사이 저 부르주아적 사적 개인들은 공중으로 성장하였으며, 그들의 논의의 영역인 공론장은 국가와 사회를 매개하는 정치적 기능에 투입되었다. 따라서 칸트의 공개성은 정치와 도덕의 일치를 유일하게 보장할 수 있는 원리로 여겨진다.58) 특히 칸트는 '공론장'을 법질서의 원리와 계몽의 방법으로 파악한다. 그의 유명한 논문("계몽이란 무엇인

58) 같은 책, Bd. VI, 468쪽 이하.

가?" —역자)은 다음과 같이 시작하고 있다.[59]

> 미성숙은 다른 사람의 지도 없이 자신의 오성을 사용할 수 없는 무능력이다. 이 미성숙의 원인이 오성의 결핍이 아니라 결단과 용기의 결핍에 있다면, 이 미성숙은 자기에게 책임이 있는 것이다. …

자기에게 책임이 있는 미성숙으로부터의 해방이 계몽을 뜻한다. 개인들과 관련해서 보면, 계몽은 주체적 준칙, 즉 스스로 생각하라는 준칙을 가리킨다. 계몽은 이 두 경우 모두에서 공공성에 의해 매개되어야 한다.

> 모든 개별 인간이 그에게 거의 본성으로 된 미성숙으로부터 빠져 나오는 것은 어려운 일이다. … 공중이 스스로 계몽하는 것은 보다 가능한 일이다. 공중에게 자유만 허용한다면, 그것은 심지어 거의 불가피한 일이다.[60]

따라서 계몽과 관련해서 이성의 사용이 그것의 공적 사용과 일치하는 것과 마찬가지로 스스로 생각하기(*Selbstdenken*)는 소리내어 생각하기(*Lautdenken*)와 일치하는 것처럼 보인다.[61]

> 우리가 말하는 자유나 쓰는 자유는 상위권력에 의해 박탈될 수 있지만, 생각하는 자유는 박탈될 수 없다고 사람들은 말한다. 그러나 우리가 다른 사람들에게 우리의 생각을 전달하고 그들이 우리에게 그

---

59) 같은 책, Bd. IV, 169쪽.

60) 같은 책, 170쪽.

61) *Werke*, 위의 책, Bd. IV, 389쪽.

들의 생각을 전달하는 그런 다른 사람들과 말하자면 공동으로 생각하지 않는다면, 도대체 우리가 얼마나 많은, 그리고 얼마나 올바른 생각을 하겠는가![62]

백과전서파들과 마찬가지로 칸트에게 있어 계몽, 즉 이성의 공적 사용은 우선 학자들의 일, 특히 순수이성의 원칙들과 관계하는 사람들, 즉 철학자들의 일로 나타난다. 스콜라 철학자들의 공개논쟁에서와 같이 개혁론자들의 유명한 논쟁적 대화에서 문제는 이론과 의견들이다.

그것들은 대학의 학부들(學部, *Fakultät*)이 이론가의 이름으로 서로 합의해야 하는 것인데, 인민은 자신이 그에 대해 아무것도 이해하지 못한다는 것에 만족한다.[63]

학부들간의 논쟁은 하위학부와 상위학부 간의 비판적 대결로 진행된다. 상위학부, 즉 신학, 법학, 의학은 이런 저런 방식으로 권위에 근거하고 있다. 이들 학부는 '학식 있는 관리', 즉 성직자, 판사, 의사를 교육하기 때문에 국가가 감독한다. 이들 학부는 학문을 단지 응용할 뿐이다 ― 그것들은 가치 없는 작품, 수완(*savoir faire*)에 정통할 뿐이다. 이와 반대로 하위학부는 순수이성으로부터의 인식에 관계한다. 이 학부의 대표자인 철학자들은 정부의 이해관계에서 독립하여 오직 이성의 이해관계만 따를 수 있다. 그들의 정신은 '진리의 공적 제시에 몰두한다'.[64] 이성은 이러한 학부들간의 논쟁에서 '공적으로 말할 권리를 가져야' 한다. '왜냐하면 (그렇지 않으면) 진리가 드러나지 않을

62) *Werke*, 위의 책, Bd. IV, 363쪽.
63) *Werke*, 위의 책, Bd. VII, 344쪽.
64) 같은 책, 343쪽.

것이기 때문이다.'[65] 게다가 칸트가 덧붙이고 있듯이, 그것은 정부 자신에게도 해가 될 것이다.

그러나 철학자들이 그 안에서 그들의 비판적 전문분야를 수행하는 공론장은 대학이 그것의 중심점임에도 불구하고 결코 단순히 대학의 공론장만은 아니다. 철학자들의 토론이 정부가 정보를 받고 검사하도록 정부의 면전에서 진행되듯이, 그것은 또한 인민을 인도하기 위해 이 '인민'의 공중 앞에서 자신의 이성을 사용해야 한다. 이 공중의 지위는 이중적 의미를 갖는다. 공중은 미성숙하고 아직 계몽을 필요로 하는 한편, 다른 한편으로 공중은 이미 계몽의 능력을 갖춘 사람들의 성숙의 요구를 가진 공중으로 구성되어 있다. 왜냐하면 마지막에 가서는 가령 철학자만이 아니라, 자신의 이성을 공적으로 사용할 줄 아는 모든 사람이 그에 적합하기 때문이다. 학부들간의 논쟁은 그로부터 계몽의 불꽃이 퍼져나가고 언제나 다시 그로부터 불이 댕겨지는, 말하자면 다만 화로와 같은 것이다. 공론장은 학자들의 공화국에서만 실현되는 것이 아니라, 이성의 공적 사용에 몰두하는 모든 사람의 공론장에서도 실현된다. 물론 이들은 자신들이 마치 학자인 것처럼 그들의 사적 영역의 한계로부터 벗어나야 한다.

> 나는 자기 자신의 이성의 공적 사용을 어떤 사람이 학자로서 독서계의 전체 공중 앞에서 이성을 사용하는 것으로 이해한다. 나는 어떤 사람이 그에게 친숙한 특정한 부르주아적 지위나 관직에서 그의 이성을 사용하는 것을 (이성의 — 역자) 사적 사용이라 부른다. … 물론 여기서는 논의가 허용되지 않는다. 오히려 사람들은 복종해야 한다. 그러나 이 기구의 일부 사람들이 자신을 전체 공동체, 나아가 세계시민사회의 일

65) 같은 책, 330쪽.

원으로 간주하고, 그러므로 본래의 이성으로 저술을 통해 공중에로 향하는 학자적 자질을 가지고 있는 한, 그들은 논의할 수 있다. …[66]

이로부터 공론장의 요청이 원리로 귀결된다.

그의 이성의 공적 사용은 언제나 자유로워야 한다. 그리고 이것만이 인간들 사이의 계몽을 가져올 수 있다. 그러나 이성의 사적 사용은 자주 그 폭이 매우 좁게 제한될 수 있다. 그렇다고 해서 이런 이유 때문에 계몽의 진보에 특별히 장애가 되지는 않는다.[67]

'저술을 통해 본래의 공중, 즉 세계에 대해' 말하는 사람은 누구나 '시사평론가'(*Publizist*)의 자격을 갖는다.[68]

하나의 영역으로서의 공론장은 그 안에서 공중이 구성되는 "세계"라 지칭된다. 칸트는 세계지식(*Weltkenntnis*)에 대해 말하고, 세계인(*Man von der Welt*)이란 명칭을 부여한다. 세상물정에 정통함(*Weltläufigkeit*)이라는 이런 의미는 세계시민주의(*Weltbürgertum*)의 개념에서, 결국은 아마도 학문의 '세계 개념'에서 가장 분명하게 드러날 세계 이념에 관한 세계 최고의 개념에서 표현된다. 왜냐하면 세계는 이성적 존재의 의사소통에서 순수하게 형성되기 때문이다. 학문의 전형적 개념이 '임의의 일정한 목적을 위한 능숙한 솜씨'만을 의미하는 반면, 학문의 세계개념은 '누구나 필수적으로 관심을 갖는 것에 관한' 개념이다.[69] 그것은 선험적 오성의 세계가 아니다. 즉, 그것은 모든 현상의 총괄개

66) *Werke*, 위의 책, Bd. IV. 171쪽.

67) 같은 책, 171쪽.

68) 같은 책, 172쪽.

69) *Kritik der reinen Vernunft*[2], *Werke*, III, 561쪽 이하, 주.

념으로서 현상 종합의 총체성, 따라서 '자연'과 일치하는 것이 아니다. 오히려 이 '세계'는 그 통일이 현상으로 나타나는 바대로의 인류를 가리킨다. 즉, 그것은 그 당시 광범위한 부르주아 계층들에서 때마침 발전하는, 논의하는 독서공중의 세계이다. 그것은 문필가들의 세계이자 또한 '혼성 단체들'이 토론하면서 서로 의견을 교환하는 살롱의 세계이다. 여기 부르주아 주택에서 공중이 자리를 잡는다.

> 단지 학자와 궤변가들만이 아니라 사업가나 여자들로도 구성된 혼성 단체들에서 진행되는 대화의 과정을 주목하면, 이야기와 농담뿐만 아니라 담소하기, 즉 논의하기도 거기에 자리하고 있음을 깨닫게 된다.[70]

공중이 '공동체'(*das gemeine Wesen*)의 관심사항들에 대해 의사소통할 때, '인간'의 논의하는 공중은 '시민'의 논의하는 공중으로 확립된다. 정치적으로 논의하는 이 공론장은 '공화적 헌법' 하에서 자유 법치국가의 조직원리가 된다. 이 틀 내에서 부르주아 사회는 사적 자율성의 영역으로 자리잡게 된다.〔모든 사람은 그에게 유익하다고 생각되는 모든 방식으로 그의 지복(至福)을 추구할 수 있어야 한다.〕 부르주아적 자유들은 일반법에 의해 보장된다. 법 앞에서의 시민의 평등(모든 '태생적 권리'의 철폐)이 '인간'의 자유에 상응한다. 입법 자체는 '이성으로부터 유래하는 인민의 의지'로 환원된다. 왜냐하면 법들은 논의하는 공중의 '공공적 합의'에 경험적으로 그 기원을 두기 때문이다. 이런 이유로 해서 칸트는 법률을, 습관과 관습처럼 불명확하게 타당성을 요구하는 사적 법칙(*private Gesetze*)과 구별하여, 공적 법칙(*öffentliche Gesetze*)이

---

70) *Kritik der praktischen Vernunft*, 위의 책, Bd. V, 165쪽.

라 부르기도 한다.[71]

> 그러나 모든 사람에게 무엇이 법적으로 허용되고 허용되지 않는가를 규정해야 하는 공적 법칙은 공적 의지의 행사이다. 이것으로부터 모든 법은 출발하며, 따라서 이것은 누구에게도 부당한 일을 할 수 없는 것이어야 한다. 그런데 이를 위해서는 전체 인민의 의지 이외에 다른 어떤 의지도 가능하지 않다(왜냐하면 모든 사람이 모든 사람에 대해서, 따라서 각자가 자기 자신에 대해서 결정을 내리기 때문이다).[72]

여기서 논증은 전반적으로 루소의 논증을 따르고 있지만, 한 가지 점에서 결정적인 예외가 있다. 그것은 인민주권의 원칙이[73] 오직 이성의 공적 사용의 전제에서만 실현될 수 있다는 것이다.

> 모든 공동체에는 … 자유의 정신이 있어야 한다. 왜냐하면 일반적인 인간의 의무에 관한 것에서 모든 사람은 이성에 의해 다음을 확신할 수 있기를 요구하기 때문이다. 즉, 그것은 그가 자기 자신과 모순에 빠지지 않으려면, 이 강제가 합법적이어야 한다는 것이다.

칸트는 그 당시 뜨겁게 논쟁이 되었던 프리메이슨단을 보고, 공론장의 제한은 '모든 비밀단체를 유발하는 원인'이라 생각한다. "왜냐하면 무엇보다도 인간 일반에 관계되는 것에서 서로 의견을 전달하는 것은

---

71) 이는 가령 공법(*das öffentliche Recht*)과 사법(*das private Recht*)의 구분과 일치하지 않는 구분이다. 부르주아 법 전체는 칸트의 의미에서 보면 공적이다. *Metaphysik der Sitten*, *Werke*, 위의 책, Bd. VII, 참조.

72) *Werke*, 위의 책, Bd. VI, 378쪽.

73) 같은 책, 389쪽. "인민이 스스로에 대해 결정을 내릴 수 없는 것을 입법가가 또한 인민에 대해 결정을 내릴 수는 없다."

인류의 자연적 소명이기 때문이다."[74] '인민의 권리의 유일한 수호신'으로서의 펜의 자유라는 유명한 말은 이러한 맥락에서 한 말이다.

칸트는 이미 《순수이성비판》에서 논의하는 사람들 상호간의 공적 합의에 진리통제의 실제적 기능을 부여하고 있다.

> 따라서 진리로 여기는 것이 확신인지 아니면 단순한 설득인지에 대한 시금석은 외적으로는 이 진리로 여기는 것을 알리고 모든 사람의 이성에 대해 타당하다고 판정할 가능성이다.[75]

선험적 의지의 예지적 통일에는 공론장에서 형성되는 모든 경험적 의식의 통일이 대응된다. '주체들 상호간의 상이성에도 불구하고' 이렇게 공개성을 통해 보장된 '모든 판단의 일치'는(이에 대해 칸트에게는 아직 '여론'이라는 명칭이 없다) 후에 법철학에서 그것의 실용적 가치를 넘어서 본질적인 의미를 갖는다. 정치적 행위, 즉 다른 사람의 권리와 관계된 행위는, 그것의 준칙이 공개능력을 가지고 있는 한에서만, 아니 공개성을 필요로 하는 한에서만, 법 및 도덕과 일치한다는 것이다.[76] 공론장 앞에서 모든 정치적 행위는 법의 기초로 소급될 수 있어야 하는데, 이 법은 다시금 여론 앞에서 일반적이고 이성적인 법으로 입증된 법이다. 전반적으로 규범화된 상태(부르주아적 헌법과 영구평화를 '완전히 정의로운 질서'로 통일시킨 상태)의 틀 내에서는 지배의 자연법칙이 규범 법칙(*Rechtsgesetz*)의 지배로 대체된다. 정치는 근본적으로 도덕으로 이전될 수 있다.

---

74) 같은 책, 389쪽.

75) "Vom Meinen, Wissen und Glauben," *Werke*, Bd. Ⅲ, 550쪽.

76) 칸트는 이것을 "공법의 선험적 개념에 따른 정치와 도덕의 일치"라고 부른다. *Werke*, Bd. Ⅵ, 468쪽 이하.

그러나 이 법적 상태가 아직 존재하지 않는 상황에서 어떻게 정치와 도덕의 일치가 보장될 수 있는가? 법적 상태를 만들기 위해서는 자유원칙에 따른 헌법에 따라 살겠다는 모든 개별 인간의 의지, 즉 모든 사람의 의지의 배분적 통일(*distributive Einheit*)만으로는 충분하지 않다. 이를 위해서는 통일된 의지의 집단적 통일이 필요하다. 즉, 모든 사람이 함께 이 상태를 의지해야 한다. 따라서 칸트도 정치적 강제력을 통하지 않고는 다른 어떤 법적 상태의 시작도 기대할 수 없다고 생각한다. 그러나 공중으로 결집한 사적 개인들의 간접적 권력획득은 스스로를 정치적으로 이해하지 않는다.77) 또한 부르주아 공론장의 도덕적 자기이해는 이 공론장에 정치적 기능을 비로소 가져다줄 노력으로 하여금 정치적 강제력의 방법을 억제하라는 의무를 부과한다. 그런데 바로 이 정치적 강제력이야말로 공개성의 해방을 기약하는 것이다. 칸트는 이러한 딜레마를 역사철학적으로 해결한다. 그에 따르면 내적으로 자유로운 개인들의 관여 없이도 자유로운 관계가 만들어질 것이며, 그러면 이 관계에서 정치는 지속적으로 도덕으로 이행할 수 있다는 것이다. 잘 알려져 있듯이 칸트는 인간 스스로가 자유법칙에 따라 행할 것을 고려하지 않고, 단순한 자연의 강제로부터 인류와 인류 사회제도의 보다 나은 상태로의 진보를 구상하고 있다. 그렇다면 이러한 진보의 본질은 물론 도덕성의 양적 증가가 아니라 오로지 합법성 산물의 증가에 있는 것이다.78)

'법을 일반적으로 관리하는 부르주아 사회'에서 인류의 모든 자연적 소질을 발전시키기 위해 자연이 '사회의 적대성', 즉 국내에서의 투쟁 및 민족들간의 전쟁을 이용하는 것이라면, 이 '완전히 정의로운 부르

77) R. Koselleck, 위의 책, 특히 81쪽 이하 참조.

78) *Werke*, Bd. VII, 404쪽.

주아 제도' 자체는 다만 '도덕적 전체'로 현상할 뿐인, '병리적으로 강요된 조화'일 수밖에 없을 것이다. 칸트가 다음과 같은 형식으로 제기한 문제는 이 조화에서 실천적으로 해결될 것이다.

> 다수의 이성적 존재가 전체적으로는 그들의 보존을 위해 일반법칙을 요구하지만, 그들 각자는 은밀하게 그것의 예외가 되려는 성향을 가지고 있고, 다음과 같이 그들의 체제를 정리하고 조정하려는 성향을 가지고 있다. 즉, 그들이 그들의 사적 신조에서 서로 충돌함에도 불구하고 서로에 대해 마음 써서, 그들의 공적 태도에서는 마치 그들이 이러한 악의의 신조를 가지고 있지 않은 것과 똑같은 효과를 가져오도록 하려는 성향을 가지고 있다.[79]

이것은 맨드빌(Mandeville)의 "사악(私惡)이 공익(公益)이다"(*private vices public benefits*)라는 구호의 변종이다.

그런 다음 칸트는 또한 이 원칙에 따라 정치적으로 기능하는 공론장의 특정한 사회학적 전제조건들을 전개한다. 이들 조건은 모두 자유 경쟁하는 상품소유자들의 사적 자율성에 맡겨진 사회적 관계들에 의존하고 있다.

그들의 자율성이 상품교환의 영역에 뿌리박고 있으며 그렇기 때문에 사적 영역으로 그것을 유지하는 데 이해 관심이 일치하는, 그러한 사적 소유자들만이 정치적으로 논의하는 공중으로 허용된다.

> 자연적 자질(그가 어린이가 아니며 여자가 아니라는 것) 이외에 이를 위해 필요한 자질로 유일한 것은, 그가 자기 자신의 주인이어서 그를 부양할 그 어떤 소유(모든 기술, 기예, 순수 예술, 학문도 여

79) *Werke*, Bd. VI, 452쪽.

기에 속하는 것으로 볼 수 있다)를 가지고 있다는 것이다. 다시 말해 그가 살기 위해서 다른 사람으로부터 돈을 벌어야 하는 경우, 그는 자신의 것을 팔아서 돈을 벌지, 다른 사람에게 그의 힘을 사용하도록 허락함으로써 돈을 벌지 않는다는 것이다. 따라서 그는 말의 근원적 의미에서 공동체 이외의 다른 누구에게도 봉임하지 않는다는 것이다. 이 점에서 기술에 능통한 사람과 대(혹은 소)토지소유자 모두는 서로 똑같다. …[80]

이러한 구분이 불만족스럽다는 것을 깨달은 칸트는 ―"나는 자기 자신의 주인인 동류인간의 신분에 관한 주장을 하기 위한 필수조건을 규정하는 것이 어려운 일임을 인정한다"고 말하고 있음에도 불구하고 ― 후에 자유로운 임노동자로 칭해지는 것을 정확히 분별하는 데까지 나아간다.[81] 임노동자들은 유일한 상품으로 그의 노동력을 교환할 수밖에 없는 반면, 사적 소유자들은 재화의 교환을 통해 서로에 대해 상품소유자로서 교류한다. 이 후자만이 그들 자신의 주인이며, 그들만이 투표권을 가지며, 전형적 의미에서 이성을 공적으로 사용할 권리가 있다고 인정된다.

---

80) *Werke*, Bd. VI, 378쪽.

81) "하인, 점원, 일용 노동자, 심지어 이발사조차 단순히 노동자(*operarii*)이지 기술자(*artifices*)가 아니며 국가 구성원이 아니다. 따라서 그들은 시민의 자격을 갖지 못한다." 그들은 법의 보호를 누리지만 입법의 권리 자체는 누리지 못하는 단지 '원호대상자'(*Schutzgenossen*)일 뿐이다 ―"내가 내 장작을 패도록 하는 사람과 옷을 만들도록 내가 내 옷감을 주는 재단사는 나에 대해 매우 유사한 관계에 있는 것처럼 보이지만, 전자와 후자는 다른 것이다. 그것은 마치 이발사와 (내가 그에게 그에 필요한 머리카락을 제공한다 하여도) 가발 제작자가 다르고, 일용 노동자와 예술가 혹은 그에 대한 대가를 지불받지 않는 이상 자신에게 귀속되는 작품을 만드는 장인이 다른 것과 마찬가지이다. 후자는 사업을 하는 사람으로서 그의 소유를 다른 사람과 교환하는 반면에(*opus*), 전자는 자신의 힘을 다른 사람이 사용하도록 허용하는 것이다(*operam*)." 같은 책, 379쪽, 주.

이러한 제한이 다시금 공론장의 원리와 화해될 수 있는 경우는, 오직 사적 영역 내에서 자유경쟁의 효과적 메커니즘을 통해[82] 소유획득의 평등한 기회가 존재할 때이다. 이렇게 자유로운 상품교환으로 '몇 세대 후에는 한 공동체의(피고용인과 고용인의 공동체, 토지 소유자와 머슴의 공동체 등) 구성원들 사이에서 재산상태의 상당한 불평등이 발생할' 수도 있을 것이다.

> 그러나 이들의 재능, 땀, 행운이 가능하게 하는 경우, 이들이 그와 동일한 수준의 재산상태로 상승할 권리를 가지고 있다는 것을 (그가) 방해할 수는 없다. 왜냐하면 그렇지 않으면, 한 사람이 다른 사람을 강제하는 동시에 그렇다고 그가 다시 다른 사람의 반작용에 의해 강제당하지도 않는 일이 벌어질 것이기 때문이다. … 어떤 사람이 다른 사람들과 동일한 수준으로 올라서지 못한 것이 다른 사람의 거역할 수 없는 의지에 원인이 있는 것이 아니라, 다만 그 자신(그의 재산, 또는 진정한 의지)이나 혹은 그가 다른 어떤 사람에게 책임을 전가할 수 없는 상황에 원인이 있다는 것을 의식한다면, 우리는 그를 (그러한 사람 누구나) 어떤 상태에서도 행복하다고 생각할 수 있다. 이 다른 사람들은 … 법에 관한 한, 그보다 결코 우월하지 않다.[83]

이로써 공론장의 원리를 위반하는 일 없이, 무소유자가 정치적으로 논의하는 사적 개인들의 공중으로부터 배제된다. 그들은 이러한 의미

---

82) 칸트는 다른 맥락에서 그 당시 막 유포되기 시작한 '자유방임'이라는 말을 일화 형식으로 암시하고 있다. "한 프랑스 장관이 존경받는 몇몇 상인들을 불러모아 어떻게 무역을 개선해야 하는지 제안해 보도록 요구했다. … 어떤 사람은 이것을, 다른 사람은 저것을 제안한 이후, 오랫동안 침묵하고 있었던 늙은 상인이 말했다. 좋은 길을 건설하고, 좋은 화폐를 찍어내고, 신속한 환율법을 만들고 등. 그런데 그건 그렇고 '우리가 하도록 내버려두시오'." *Werke*, Bd. VII, 330쪽, 주.

83) *Werke*, Bd. VI, 376쪽 이하.

에서 시민이 아니라 재능, 땀, 행운을 통해 언젠가 시민이 될 수 있는 사람들이다. 별명이 있을 때까지 그들은 법을 스스로 만들 수는 없지만 법의 보호는 누리는 단순한 '원호자'이다.

칸트는 자유주의자들의 확신, 즉 부르주아 사회가 사적 성격을 갖게 됨으로써 정치적으로 기능할 수 있는 공론장 및 법적 상태의 자연적 토대와 같은 그러한 사회적 전제조건들이 저절로 만들어지리라는 확신을 공유한다. 그리고 자연질서로서의 그러한 종류의 사회제도가 이미 매우 명확하게 두드러지는 것처럼 보였으므로, 칸트가 정치를 어떤 도덕의 문제로 삼도록 허용하는 저 법적 상태가 자연적 강제로부터 출현한다고 역사철학적으로 가정하는 것은 어렵지 않았다. 자유로운 상품교환에 내재하는 정의라는 허구에 의해 부르주아(*bourgeois*)와 인간(*homme*), 이해관계를 갖는 사적 소유자와 자율적 개인 자체를 획일적으로 통합시키는 것이 그럴 듯해 보인다. 이기적 부르주아가 비인간적 인간형태로, 경험적 주체가 예지적 주체로 이중화되는 것이 출현하는 원천인 사적 영역과 공론장의 특유한 관계로 인해 공민(*citoyen*), 즉 투표권을 가진 국민을 합법성과 도덕성이라는 이중적 측면에서 고찰하는 것이 가능하게 된다. 공민은 그의 '병리적으로 강요된' 행동에서 동시에 도덕적으로 자유로운 사람으로 나타날 수 있다. 그것은 자연의 의도에 의해서, 다시 말해 자유경쟁하는 사적 개인들의, 지배로부터 해방되어 있고 권력이 중립화된 사회의 기초 위에서 문예적 공론장으로부터 획득한 자기이해와 정치적 공론장의 일치가 보장되는 한에서, 그렇다. 다시 말해 그것은 공중으로 결집한, 이해관계를 갖는 사적 개인들이 그들의 국민이라는 성격에서 마치 그들이 내적으로 자유로운 인간들인 양 외적으로 행동하는 방식이다. 세계시민적 상태와 정치의 도덕에로의 포섭을 경험적으로 생각할 수 있는 것은 사악(私惡, *private vices*)을 공덕(公德, *public virtues*)으로 번역하는 사회적 조건에서이다. 현상적으로 공적인 것(*res publica phänomenon*)으로서의 세계시민적 상태는 본체적으로 공적인 것(*res publica noumenon*)을 구현할 수 있다. 동일한 경험의 기초 위에서 그것은 두 개의 이질적 입법, 즉 감각적 충동을 갖는 상품소유자로서의 사적 개인들의 입법과 정신적으로 자유로운 인간으로서의 입법을 하나가 다른 하나에 손해를 입히지 않는 방식으로 통일할 수 있다. 사회적 부문에서와 마찬가지로 세계 일반에 대해서도 현상적인 것의 본체적인 것에 대한 관계는 순수이성의 세 번째 안티노미의 해결에 따라 다음과 같이 나타난다. 즉, 모든 결과 각각은 그것의 예지적 원인을 볼 때 자유로운 결과로 생각되어야 하지만, 동시에 그것의 경험적 현상과 관련해서 보면 필연적 결과로, 다시 말해 감각세계에서의 모든 사건이 맺는, 전체적으로 인과적 연관의 한 부분으로 생각되어야 한다는 것이다.[84)]

물론 칸트는 체계상 중심적인 이러한 구분을 정치철학에서도 일관되게 관철할 수는 없었다. 그는 실천이성의 법칙을 진정 경험적 조건에 의존하는 것으로 만들 수 없었다. 그러나 법적 상태의 저 자연적 토대 자체가 의심스러운 이상, ─ 이제까지 도덕적 정치에 전제되었던 ─ 법적 상태의 창출 자체가 정치의 내용이자 과제로 될 수밖에 없다. 또한 정치를 도덕의 법칙과 일치시켜야 할 공론장에도 이로써 어떤 새로운 기능이 주어지는데, 그것은 칸트의 체계 내에서는 결국 더 이상 해석될 수 없는 기능이다.

정치적으로 행위하는 자가 누구든 간에, 그가 군주, 정당, 지도자로 선출된 자거나 또는 개별 국민이든 간에, 그들이 기존의 법에 따르

84) *Kritik der reinen Vernunft*², *Werke*, 위의 책, Bd. III, 374쪽.

는 것이 아니라 어떤 법적 상태를 비로소 만들어내야 한다면, 다른 모든 사람들의 의지와 다만 소극적으로 일치하는 것에 유의하는 것으로 충분하지 않다. 오히려 그들은 다른 사람들의 의지에 적극적으로 영향을 미치려고 시도해야 한다. 이는 폭력에 의해서도 일어날 수 있고 규칙에 따라 일어날 수도 있다. 그런데 다른 사람의 의지에 영향력을 미치는 것은, 그것이 도덕적으로 진행될 경우, 공중의 일반 목적을, 즉 부르주아 사회 전체의 안녕의 요구를 지향할 것을 명한다. 따라서 이러한 정치영역에서 어떤 행위의 도덕적 의도는 감각세계에서의 그것의 성공 가능성에 따라 규제되어야 한다. 정치적 덕성은 지복에 대해 무관심해서는 안된다. 이제 모든 정치적 준칙들은 법 및 정치와 통일되어 일치하기 위해서 다음과 같은 이유로 공개성을 필요로 한다. 그 이유는 이 준칙들이 '공중의 일반목적(지복)에 적합해야만' 하기 때문이다. 공중을 '그의 상태에 만족하게끔 하는 것'이 정치의 근원적 과제이기 때문이다.[85] 이에 반하여 같은 논문의 앞부분에서는 다음과 같이 서술되어 있었다.

> 정치적 준칙들은 모든 개별 국가가 그 준칙을 따를 때 그로부터 기대할 수 있는 안녕으로부터 출발해서는 안 된다. 즉, 정치적 준칙들은 모든 개별 국가가 … 국가지혜의 최상의 … 원칙으로 삼는 목적으로부터 … 출발하는 것이 아니라, 그것에서 귀결된 물리적 결과가 무엇이든 간에 법적 의무의 순수개념으로부터 출발해야 한다.[86]

법적 상태의 이미 현존하는 자연적 토대라는 역사철학적 전제에서

85) *Werke*, Bd. VI, 473쪽.

86) 같은 책, 466쪽.

칸트는 국가안전을 시민복지와, 도덕성을 합법성과 분리할 수 있었고, 사실 분리해야만 했다. 그러나 그는 철두철미하게 이 전제에 기댈 수 없었다. 이는 그의 역사철학의 양면성이 보여주는데, 여기에서는 도덕성을 진보로부터 배제하고 진보를 합법성의 산물의 증가에 유보하는, 체계에 부합하는 많은 표현들과 나란히 이들 표현과 모순되는 다음과 같은 고백도 발견되고 있다.

> 인류의 자연 목적으로서 문화를 고려해 볼 때 인류가 지속적으로 진보하고 있으므로, 인류는 그의 기존의 도덕적 목적으로 고려해 볼 때에도 보다 나은 것으로 진보중에 있다.[87]

그리고 동일한 맥락에서 "나아가 인류 전체가 이전의 모든 시대와 비교할 때 우리 시대에서 보다 나은 것으로 상당히 진보했다는 것을 많이 증명할 수 있다"[88] 고 말하고 있다. 법적 상태가 먼저 정치적으로, 그것도 도덕과 일치되는 정치에 의해 창출되어야 한다면, 합법성의 진보는 바로 도덕성의 진보에 달려 있는 것이며, 현상적으로 공적인 것은 본체적으로 공적인 것 자체의 산물이 된다.

> … 이때 모든 재능이 점차로 발전하며, 취미가 형성되고, 계속되는 계몽에 의해 하나의 사유방식의 정초가 시작된다. 이 사유방식에 의해 시간이 지날수록 도덕적 구별의 조야한 자연적 소질이 특정한 실천원칙으로 전화하고, 마침내 어떤 한 사회에서 병리적으로 강요된 조화가 하나의 도덕적 전체로 전화될 수 있다.[89]

87) *Werke*, 위의 책, Bd. VI, 393쪽.
88) 같은 책, 394쪽.
89) *Werke*, 위의 책, Bd. IV, 155쪽.

공적인 것의 현상과 공적인 것의 본체의 관계는 이론적으로 확정되는 본질과 현상의 관계를 더 이상 따르지 않는다. 철학부와 법학부의 논쟁에 관한 글에서는 다음과 같이 서술되어 있다.

> 인간의 자연적 권리들과 일치하는 헌법이념, 즉 법에 복종하는 사람들이 또한 동시에 연합하여 입법해야 한다는 이념은 모든 국가형태의 근본이다. 그리고 이 이념에 따라 순수 이성개념에 의해 생각되어 플라톤적 이상이라 불리는 공동체(*res publica noumenon*)는 공허한 망상이 아니라, 모든 부르주아 헌법 일반을 위한 영원한 규범이며 모든 전쟁을 제거하는 것이다.[90]

이제 칸트가 사용하는 개체화된(*in individuo*) 하나의 이념을 뜻하는 '이상'이란 말, 즉 오직 이념에 의해서만 규정할 수 있으며, 심지어 규정되는 개별 사물을 상기해 보자.[91] 그것은 이념보다도 더 멀리 현실로부터 떨어져 있는 것이다. 이념과 이상은 둘 다 규제적 기능을 가질 수 있다. 이념이 규칙을 제공하듯이, 이상은 어떤 모방을 규정하는, 즉 '우리 행위의 표준척도'를 규정하는 원형으로 이용된다. 그리고 이런 현상은 플라톤이 신적 오성의 이념으로서 그에 본질적 의미를 잘못 집어넣은 이상과는 전혀 다른 것이다. 그러므로 우리가 인용한 텍스트의 부분과 관련해서 본체적으로 공적인 것을 바로 플라톤적 이상이라 부른 것은 더욱 놀라운 일이다. 그것은 단순한 기약이 아니다. 왜냐하면 이어서 다음과 같이 서술하고 있기 때문이다.

> (이 이상에 적합한) 조직화된 부르주아 사회는 경험적 실례를 통해 자

90) *Werke*, 위의 책, Bd. VII, 403쪽.

91) *Kritik der reinen Vernunft*^{2}, 위의 책, Bd. III, 395쪽.

> 유법칙에 따라 부르주아 사회를 나타내는 것이며(*res publica phänomenon*), 다양한 반목과 전쟁 이후에나 어렵사리 획득될 수 있다. 그러나 그것의 헌법은, 그것이 전체적으로 일단 획득된다면, 모든 헌법들 중 최고의 것이라는 자격을 갖추고 있다.

이에 반해 이상일반을 규정할 때에는 다음과 같이 서술하고 있다.

> 그러나 가령 현자를 한 소설에서 실현시키듯이, 이상을 한 사례에서 실현시키려고 하는 것은 실행 불가능하며, 나아가 어떤 불합리한 짓이고 그 자체 거의 유익한 것이 아니다. 이념의 완전성을 지속적으로 허물어 버리는 자연적 한계들이 이러한 시도의 모든 환상을 불가능하게 만들고, 이로써 이념에 들어 있는 좋은 것 자체를 의심스럽게 만들고 단순한 허구와 유사한 것으로 만들기 때문이다.[92)]

칸트의 정치철학에서 우리는 두 가지 버전을 분명히 찾아낼 수 있다. 공식적 버전은 자연적 강제로부터 나오는 세계시민적 질서라는 구성을 이용한다. 이 질서가 전제될 때 법이론은 비로소 정치행위를 도출할 수 있다. 어차피 기존의 법적 상태에서(이것이 사람들에게 실제로 법이 부여되는 외적 조건들이다) 도덕적 정치는 실정법에 따른 의무로부터의 법적 행위 이상을 의미하지 않는다. 법의 지배는 공개성, 다시 말해 법적 상태 일반의 자연적 기초가 있어야 기능할 수 있는 공론장에 의해 보장된다.

다른 버전의 역사철학, 즉 비공식적 버전은 정치가 법적 상태의 출현을 촉구해야 한다는 것으로부터 출발한다. 따라서 이 버전은 자연적 강제와 도덕적 정치 양자로부터 나오는 세계시민적 질서라는 구성

---

92) 같은 책, 396쪽.

을 이용한다. 정치가 오직 도덕적으로만, 즉 기존 실정법에서의 의무에 맞는 행위로만 파악될 수는 없다. 오히려 법적 행위의 본래 목적인 법의 실정화(實定化)는 공중의 일반목적, 즉 그들의 복지에서 집단적으로 통일된 의지에 대한 고려를 필요로 한다. 이는 다시금 공개성에 의해 보장되어야 한다. 그런데 공론장은 정치와 도덕을 특유한 의미에서 매개해야 한다. 공론장에서 모든 이의 경험적 목적의 예지적 통일이 이룩되어야 한다는 것, 즉 합법성(*Legalität*)은 도덕성으로부터 나와야 한다는 것이다.

이런 의도에서 역사철학은 공중을 지도하는 역할을 맡게 될 것이다. 왜냐하면 세계시민적 상태의 예비학인 역사철학에서 이성의 법칙들이 복지의 필요와 일치하기 때문이다. 역사철학 자체가 여론이 되어야 한다. 이로써 역사철학의 기이한 자기함축에 도달하게 된다. 역사철학은 역사이론이 역사 자체의 과정에 미치는 반작용을 평가한다.

> 일반적 세계사를 인류의 완전한 시민적 통일을 목적으로 하는 자연의 계획에 따라 다루려는 철학적 시도는 가능하며 그 자체 이 자연의 의도를 촉진하는 것으로 여겨져야 한다.[93]

계몽이 진전됨에 따라 "계몽된 사람이 그가 완전히 파악한 선(善)에서 취하지 않을 수 없는 일정한 핵심부분이 점차 왕위에 오를 것이다".[94] 이렇게 해서 역사철학 스스로가 자신이 그 과정이라 진단한 계몽의 일부가 되어야 한다는 것인데, 이는 바로 역사철학의 인식이 공중의 논의에 침투해 들어감으로써 이루어진다. 따라서 칸트는 '예언적 인류역

---

93) *Werke*, 위의 책, Bd. IV, 164쪽.

94) 같은 책, 163쪽.

사'의 맥락에서 "세계 최고로 진보하려는 목표의 준칙들이 그것의 공개성과 연관하여 발생하는 어려운 문제들"에 한 단락을 바치고 있다.[95] 인민의 공적 가르침을 위해 자유 법이론가들, 철학자들이 소환되는데, 이들은 바로 계몽가들이라는 이름으로 국가에 대해 위험하다고 비방받았었다. 그렇지만 세계 최고로의 진보를 위해서는 이들의 공공연한 활동이 필요하다. "따라서 공개성의 금지는 인민의 보다 나은 상태로의 진보를 방해한다."[96]

그것의 정치적 의도와 영향을 아직 함축적으로 지닌 역사철학의 체계파괴적 귀결점들은 바로 그것이 요구한 공론장이라는 범주에서 드러난다. 이성은 이성의 실현이라는 역사과정에서 의식일반의 예지적 통일에 상응해 경험적 의식들의 통일을 요구한다. 공론장이 전자와 후자를 매개해야 한다. 공론장의 일반성은 경험적 의식일반의 일반성이며, 헤겔의 법철학은 이 경험적 의식에 이름을 부여할 것인바, 그것이 여론이다.

정치철학에 우선 불가결한 경험적 주체와 예지적 주체의 분리, 현상영역과 본체영역 일반의 분리가 자유주의적 공론장 모델의 사회적 전제조건인 부르주아 - 인간 - 공민의 고전적 관계, 즉 부르주아 사회를 사악(私惡)이 공덕(公德)으로 전환하는 자연질서로 간주할 수 있는 한, 공론장은 칸트체계의 범주들에 무리 없이 맞는다. 부르주아 의식의 자기이해가 여론으로 표명되는 일련의 허구가 칸트 체계에까지 들어와 있기 때문에, 이 체계로부터 다시금 부르주아 공론장의 이념을 바로 법적 상태의 자연적 기초라는 전제와의 연관 속에서 얻을 수 있었다. 이 이념이 이 연관을 더 이상 확신할 수 없게 되자마자 공론장의 개념이 체계 자체의 토대에 저항하는 것은 우연이 아니다. 이미 헤겔

95) *Werke*, 위의 책, Bd. VII, 402쪽 이하.

96) 같은 곳.

은 부르주아 사회가 그러한 자연적 질서로 기능할 수 있다는 것을 확실히 의심하고 있다. 상품교환과 사회적 노동의 사사화(私事化)된 영역이 법적 상태의 자연적 기초임에도 불구하고, 그것은 자신의 내재적 갈등에 의해 붕괴되려고 한다. 그런데 이러한 상황에서 공론장 또한 더 이상 정치와 도덕의 매개원리로 적합하지 않게 된다. 헤겔의 여론 개념에서 부르주아 공론장의 이념은 이미 이데올로기로 비난받는다.

3. 공론장의 변증법 (헤겔과 맑스)

칸트에서 '공공적 합의', 헤겔에서 '여론'이라 불린 것은 논의하는 사적 개인들의 공중에서 발생한다. 여기서 '다수의 견해와 사상의 경험적 일반성'이 표현된다.[97] 처음 보기에 헤겔은 이 다수의 실재를 다만 그 뉘앙스에서만 칸트와 다르게 규정하고 있는 것처럼 보인다.

> 각 개인이 그 자체로 일반사항들에 대한 자신의 독자적 판단, 의견, 조언을 가지며 표현한다는 형식적, 주관적 자유가 여론이라고 불리는 공동성(*Zusammen*)으로 현상한다.[98]

이 단락을 부가적으로 설명하면서 헤겔은 공론장의 기능을 18세기의 모범에 따라 지배의 합리화로 정의한다. "이제 효력을 발휘한다는 것은 더 이상 폭력에 의해서, 습관과 관습(*Sitte*)에 의해서가 아니라 통찰과 근거에 의해서 효력을 발휘한다." 약간 뒤이어 다음과 같이 서술된다. "근대 세계의 원칙은 모든 사람이 인정해야 하는 것이 그에게 정당한 것으로 나타날 것을 요구한다."[99] 칸트가 참으로 여겨지는 것이 모든 사람에 대해 이성적임이 입증될 수 있는 진리의 시금석으로

---

97) Hegel, *Grundlinien einer Philosophie des Rechts*, ed. Hoffmeister, 261쪽, §301. 헤겔은 이 단락에 대해 다음과 같은 설명을 덧붙이고 있다. "다수라는 표현은 관습적이라는 표현보다 더 올바르게 경험적 일반성을 가리킨다. 이 모든 사람이라는 말이 우선 어린이와 여자 등은 의미하지 않는 것이 당연하다고 말한다면, 이로써 매우 특정한 표현인 모든 사람이라는 표현을 사용하지 말아야 하는 것은 그보다 더 당연하기 때문이다."

98) *Rechtsphilosophie*, ed. Hoffmeister, §316, 272쪽.

99) §116, §117, Zusatz, Ausgabe Glockner, Bd. VII, 424, 426쪽.

논의의 공론장을 제시하듯이, 헤겔도 또한 여론에 희망을 걸고 있다.

> 어떤 사람이 집에서 그의 부인이나 친구와 함께 하면서 생각하는 것과 분별력이 다른 것을 집어삼켜 버리는 큰 집회에서 일어나는 것은 전혀 다른 것이다.[100)]

그러나 다른 한편으로 여론에는 단순히 형식적 일반성의 우연적인 것이 수반되는데, 이러한 일반성은 자신의 외부에 있는 다른 어떤 것에 그 실체를 갖는 것이다. 그것이 단순히 현상으로서의 인식이다. 이성의 공적 사용이 학자의 일인 한, 칸트의 학제간 논쟁은 그것의 단순한 현상에 대한 인식을 넘어선다. 따라서 헤겔에 있어 학문은 여론의 영역 밖에 있는 것이다.

> 요컨대 학문이 다른 면에서도 학문이려면, 그것은 사견과 주관적 견해에 그 기초를 두지 않으며, 동시에 그것의 서술이 표현법이나 풍자의 기교에 있는 것이 아니라 의미와 의의를 애매하지 않고 명확하게 공개적으로 말하는 데 있다. 따라서 학문은 여론이 그 본질을 이루는 것의 범주에 속하지 않는다.[101)]

이렇게 여론을 깎아내리는 것은 헤겔의 부르주아 사회에 대한 개념으로부터 불가피하게 뒤따라 나오는 것이다. 그는 스미스, 세이(Say), 리카르도의 정치경제학을 지적하면서 부르주아 사회의 법칙을 합리성이 나타나는 것으로 찬양하기는 한다. 그러나 이 욕구체계의 무정부적인 동시에 적대적인 성격에 대한 그의 통찰은 여론을 순수한

---

100) Gans, 위의 책, 424쪽, §315 Zusatz.

101) *Rechtsphilosophie*, ed. Hoffmeister, 277쪽, §319.

이성으로 이해하게끔 하는 토대인 자유주의적 허구를 결정적으로 분쇄해 버린다. 헤겔은 부르주아 사회의 깊은 분열을 발견한다. 부르주아 사회는 "자연이 만든 … 불평등을 … 지양하지 않을 뿐만 아니라, 이 불평등을 재능, 능력, 지성적이고 도덕적인 교육의 불평등으로 고양시킨다".102)

> (왜냐하면) 욕구를 통한 인간간의 연관이 일반화되고 이 욕구충족을 위한 수단을 준비하고 조달하는 방식이 일반화됨에 따라 부의 축적이 증대되는 한편, 다른 한편으로 특수한 노동의 개별화와 제한성 및 이로써 이 노동에 속박된 계급의 예속과 곤궁이 … 증대되기 때문이다. 여기서 전면에 등장하는 사실은, 부르주아 사회는 부의 과잉이 존재함에도 불구하고 충분히 풍요롭지 못하다는 것이다. 다시 말해 부르주아 사회는 천민의 과잉빈곤과 과잉출현을 조정할, 자신에 고유한 능력을 충분히 가지고 있지 못하다.103)

헤겔에 있어 프롤레타리아는 부르주아 사회의 신분에 따라 단순히 부정적인 것으로, 빈민구제의 범주로 규정되고 있기는 하다. 그러나 그는 개괄적으로 기획된 저소비 이론에 의해 이해갈등을 진단하는데, 이를 통해 정치적으로 논의하는 사적 소유자들의 공동적이고 자칭 일반적 이해관계가 단순히 부분적인 것에 불과하다는 의혹을 제기한다. 공중으로 결집한 사적 개인들의 여론은 더 이상 그것의 통일과 진리를 위한 토대를 갖지 못한다. 여론은 다수의 주관적 사견의 수준으로 다시 전락하게 된다.

여론에 대한 양면적 태도는 '부르주아 사회의 해체'로부터 필연적으

102) 같은 책, 175쪽, §200.

103) 같은 책, 200쪽 이하, §243, 245.

로 귀결된다. 헤겔의 표현에 따르면, 부르주아 사회와 '혼동되는' 국가, 즉 '소유 및 인격적 자유의 보장과 보호에 그 사명이 있는' 국가는 어떤 모습이겠는가?[104] 사적 개인들이 그들의 여론의 기준에 따른 지배를 이성으로 전환시키는 데 도움을 주어야 할 부르주아 법치국가가 사실상 부르주아 사회로 환수(還收)되고, 그것과 '혼동'되는 경향이 있다. 그러나 사적 신분 그 자체가 '입법권에서 공사(公事)에 참여하는 수준으로 고양될' 때,[105] 부르주아 사회의 해체현상은 국가 속으로 침투해 들어올 수밖에 없다. 적대적 욕구체계가 특수이익들로 분열된다면, 사적 개인들의 정치적으로 기능하는 공론장은 '비유기적 사견과 의지, 그리고 유기적 국가에 대항하는 단순한 대중폭력'을 초래할 것이다.[106] 이를 예방하기 위해서는 다가올 해체의 위협에 대한 경찰조치 및 조합적 구속의 통제가 있어야 한다. 상업과 산업의 자유에 대한 이해관계는, "그것이 이기적 목적에 맹목적으로 빠질수록, 일반자로 귀환하여 (무의식적 필연성에 의해 일어나는 부르주아 사회의) 충돌들이 조정되는 위험한 경련과 중간틈새를 단축하고 약화시키기 위해 더욱 더 그러한 구속을" 필요로 한다.[107] 헤겔은 조합적으로 재통합된 사회라는 개념을 통해 자유주의 노선을 결정적으로 넘어선다. 아울러 이렇게 제한된 사적 영역에 속하는 공론장 개념은 더 이상 자유주의적 개념일 수 없다.

여론은 건강한 인간오성의 형식을 가지며, 선입견의 형태로 사람들에게 유포되며, 비록 이러한 색조에서나마 '현실의 진정한 욕구와 올

104) 같은 책, 264쪽, §303.
105) 같은 책, 264쪽, §303.
106) 같은 책, 263쪽, §302.
107) 같은 책, 198쪽, §236

바른 경향'을 반영하고 있다.[108] 여론은 신분의회에서 그 자신의 의식에 도달한다. 여기서 부르주아 사회의 직업신분들은 입법에 참여한다. 따라서 '신분의회의 공론장'[109]은 국가권력을 비판하고 통제하는 공중의 정치적 논의와 의회의 토론이 갖는 연관에 기여하는 바가 없다. 그것은 오히려 위로부터의 공민적 통합의 원칙이다.

> (왜냐하면) 이러한 지식기회의 개방은 다음의 일반적 측면을 갖기 때문이다. 즉, 그것은 여론이 진정한 사상으로, 국가의 상태와 개념 및 국가의 용무에 대한 통찰로, 이로써 그에 대해 이성적으로 판단할 능력에 이르고, 또한 국가관료의 업무, 재능, 덕, 능숙한 솜씨를 배우고 존경할 줄 알게 되는 일반적 측면을 갖기 때문이다. 이러한 공론의 재능이 강력한 발전의 기회와 높은 명예의 무대를 지니고 있듯이, 이 재능은 다시금 개인과 다수의 자만에 대한 치료수단이자 이들을 위한 교육수단이며 그것도 최대의 교육수단이다.[110]

'교육수단'으로 각하된 공론장은 더 이상 계몽의 원리로, 자신을 실현하는 이성의 원리로 간주되지 않는다. 공론장은 단지 주관적 사견을 국가형태로 나타난 정신의 객관성으로 통합하는 데 기여할 뿐이다. 헤겔은 '완전히 정의로운 질서'에서의 이성실현의 이념을 고수한다. 이 질서에서 정의와 지복은 일치한다. 그러나 공중의 정치적 논의, 즉 여론이 이 일치를 보장해 주는 자격을 갖지 못한다. 인륜적 이념의 현실로서의 국가가 그것의 단순한 실존을 통해 이 보증 자체를 맡는다.

---

108) 같은 책, 273쪽, §317.
109) 같은 책, 272쪽, §314.
110) 같은 책, 272쪽, §315.

따라서 여론은 존경받는 동시에 경멸받을 만하다. 경멸받는 것은 여론의 구체적 의식과 표현에 따라 그렇고, 존경받는 것은 다소간 불투명하게 구체적인 것에서 현상할 뿐인 여론의 본질적 기초에 따라 그렇다. 여론은 그 자체 내에 구별의 척도도, 실체적 측면을 특정한 지식으로 고양시킬 능력도 갖지 못하기 때문에, 여론으로부터의 독립이(현실이나 학문에서) 어떤 위대하고 이성적인 것을 위한 제1의 형식적 조건이다.111)

여론은 이로써 의견의 영역으로 되돌려진다. 따라서 현존하는 국가에서 실현된 이성은 인격적 지배라는 불투명한 계기를 유지하는데, 칸트의 입장에서 보면 이것은 공론장을 매개로 관통되어 해체되어야 할 것이었다. 헤겔은 그의 여론분석을 다음과 같이 요약하고 있다.

현존하는 국가제도를 해체하는 것으로서 그 우연성을 주장하려 하며, 동시에 자신을 파괴하는 사견과 논의에서 가장 외면적으로 현상하는 주체성은 자신의 반대물에서, 즉 실체적 의지와 동일한 것으로서 군주권의 개념을 구성하는 주체성에서 자신의 진정한 현실성을 갖는다.112)

국가 내부의 주체적 자유는 마치 말장난처럼 군주의 주체성에서 그 권리를 보장받는다. 군주는 가령 칸트가 보듯이 오직 모든 사람의 목적의 통일을 가능하게 한다는 공중의 권리를 수행하지 않는다. 오히려 군주권은 인륜적 세계의 직접성에 기초하고 있는데, 이 인륜적 세계로부터 주체가 그 주체성의 권리로 상승한다. 군주가 경험하는 것은, "민중이 그의 실체적 기초, 즉 그 정신의 본질과 특정한 성격에 대해

111) 같은 책, 274쪽, §318.
112) 같은 책, 278쪽, §320.

착각하지는 않으나, 이것을 아는 방식에 대해서, 그리고 그의 행위와 사건 등을 평가하는 방식에서 스스로 기만당한다는 것이다".[113] 지배는 오직 실체적 인륜성의 자생적 질서와 일치하는 민족정신에 의해서만 제한된다. 역으로 민족정신이 자신을 여론으로 자각하게 되는 계몽의 왕국은 어떤 구속도 받지 않는다. 헤겔은 정치와 도덕의 일치를 잘못 제기된 문제로 거부한다. 그는 공론장에 의한 지배의 합리화에 반대해 민족정신의 세계사적 실존주의를 내세운다.

> 한동안 도덕과 정치의 대립에 대해, 그리고 정치가 도덕에 따라야 한다는 요구에 대해 많은 말들이 있었다. 여기서는 다음과 같이 평하는 것으로 족하다. 즉, 한 국가의 안녕은 개인의 안녕과는 완전히 다르게 정당화되며, 인륜적 실체인 국가는 어떤 추상적 실존에서가 아니라 구체적 실존에서 그것의 현존을, 즉 그것의 권리를 가지며, 도덕적 명령으로 여겨지는 많은 일반적 사상들의 하나가 아니라 이 구체적 실존이 행위와 처신의 원칙일 수 있다는 것이다. 이런 잘못 생각한 대립에서 언제나 정치가 부당하다는 잘못된 견해는 오히려 도덕, 국가의 본성, 국가와 도덕적 관점의 관계에 대한 생각의 천박함에 기인한다.[114]

헤겔은 부르주아 공론장의 이념이 갖는 폭발력을 제거하고 있다. 왜냐하면 무정부적이고 적대적인 사회는 자율적인 사적 개인들이 교류하는, 지배로부터 해방되고 권력중립적인 영역, 즉 이 영역의 기초 위에서 사적 개인들의 공중이 정치적 권위를 합리적 권위로 이행시켰을 그런 영역이 아니기 때문이다. 또한 부르주아 사회에 지배가 없을

113) 같은 책, 274쪽, §317. *Phänomenologie des Geistes*, ed. Hoffmeister, 위의 책, 392쪽 참조.

114) 같은 책, 287쪽, §337.

수 없다. 아니 그것은 해체의 자연적 경향이 진행될수록 정치권력에 의한 통합을 진정 필요로 한다. 헤겔의 신분국가의 구상은 그가 앵글로색슨 계열이나 프랑스 계열의 부르주아 법치국가의 현실에서 이미 확인하였던 모순에 대한 반응이다. 다만 그는 이 현실을 발전된 부르주아 사회의 현실로 인정하려 하지 않았던 것이다.[115)]

청년 맑스는 이를 꿰뚫어 보고 있었다. 그는 부르주아 사회 이전 사회의 '정치적' 신분들이 부르주아 사회에서 단순한 '사회적' 신분으로 해체되었다는 것을 알고 있었다. 그럼에도 불구하고 이들 신분들에 국가와 사회의 매개라는 정치적 기능을 부과하는 것은 '정치적 영역 자체 내에서 사람들을 그의 사적 영역의 편협함에 몰아넣으려는' 무기력한 복고적 시도와 같다.[116)] 헤겔이 미화하는 프러시아 헌법류의 새로운 신분헌법은 실질적으로 완결된 국가와 사회의 분리를 '회상'에 의해 되돌리려 한다. '사적 영역이 독립적 실존을 획득한 곳'에서 '공화국', 즉 부르주아 법치국가의 형태가 형성될 수밖에 없다는 것을 맑스는 알고 있었다.[117)] 이전까지 사회는 '직접적으로 정치적 성격'을 가지고 있었다.

> 다시 말해 가령 소유, 가족, 노동방식과 같은 시민생활의 요소들은 영주권, 신분, 조합의 형태로 국가생활의 요소로 고양되었다. 이들 요소는 이러한 형태로 각 개인의 국가 전체와의 관계, 다시 말해 그의 정치적 관계, 다시 말해 다른 사회구성부분과의 분리와 배제의 관계를 규정하였다. … 정치적 국가를 일반적 관심사로, 다시 말해 현실

---

115) M. Riedel, "Hegels 'bürgerliche Gesellschaft' und das Problem ihres geschichtlichen Ursprungs," in: *ARSP, XLVIII*, 4, 1962, 539쪽 이하 참조.

116) *Marx/Engels*, *Ges. Werke*, Berlin 1958, Bd. I, 285쪽.

117) 같은 책, 233쪽.

적 국가로 구성하였던 정치혁명은 필연적으로 모든 신분, 조합, 길드, 특권을 파괴하였다. … 이로써 정치혁명은 부르주아 사회의 정치적 성격을 지양하였다. 그것은 부르주아 사회를 그것의 단순한 구성 부분들로 분쇄하였는데, 한편에서는 개인들로, 다른 한편에서는 이들 개인의 인생의 의미, 즉 그들의 시민적 상황을 구성하는 물질적이고 정신적인 요소들로 분쇄하였다. 그것은 봉건사회의 여러 질곡으로 분할되고 해체되고 희미해져 버렸던 정치적 정신을 폭발적으로 불러일으켰다. 그것은 정치적 정신을 이 분산상태로부터 집결하였다. 그것은 정치적 정신을 부르주아적 삶과 혼합된 상태로부터 해방시켜 공동체의 영역으로, 즉 부르주아적 삶의 특수한 요소들로부터 이상적으로 독립된 민중의 일반적 관심사의 영역으로 구성하였다.[118]

마지막 문장이 드러내고 있듯이, 맑스는 정치적으로 기능하는 공론장, 즉 스스로를 자율적 인간 자체로 이해하며 논의하는 사적 소유자들의 여론의 '이상적 독립성'을 아이러니컬하게 다루었다. 그러나 그는 여기서 이데올로기적인 것을 포착하기 위해서, 영국과 프랑스의 정치적으로 발전된 상황의 자기이해에 상응하는 부르주아 공론장의 이념을 진지하게 받아들였다. 맑스는 부르주아 법치국가 체제(*Verfassung*)를 척도로 삼아 헤겔 국가철학의 새로운 신분적 체제를 비판하였는데, 그것은 다만 '공화국'의 본질이 현존하는 모순임을 그 자신의 이념 앞에 폭로하고 부르주아 공론장이라는 확고한 이념에 대해 그것의 전적으로 비부르주아적 실현의 사회적 조건을 마치 거울처럼 지적하기 위한 것이었다.

맑스는 여론을 허위의식으로 비방하고 있다. 여론은 부르주아 계급 이해의 가면이라는 자신의 진정한 성격을 은폐한다는 것이다. 맑스의

---

118) 같은 책, 368쪽.

정치경제학 비판은 사실 정치적으로 기능하는 공론장의 자기이해의 기초가 되는 전제조건을 겨냥하고 있다. 그에 따르면 자본주의 체제는 그것 자체에 전적으로 맡길 경우 '자연적 질서'로서 위기 없이 재생산될 수 없다. 나아가 자본의 자기증식과정은 유일한 상품으로 자신의 노동력만을 가진 상품소유자들의 잉여노동으로부터 나온 잉여가치에 대한 전유에 기초하고 있다. 따라서 소상품 생산자들의 중산층사회 대신에 계급사회가 형성되는데, 여기서 임노동자가 소유권자로 사회적으로 상승할 기회는 점점 더 적어진다. 결국 시장은 자본축적 과정에서 소수독점에 의해 변형되고, 그 결과 독립적 가격형성은 더 이상 생각할 수 없게 된다. 부르주아 사회의 정부규제로부터의 해방은 사적 개인들의 상호교류에서 권력의 중립화를 가져오지 않았다. 대신에 시민적 계약의 자유형태로 새로운 권력관계, 게다가 소유권자와 임노동자 간의 권력관계가 형성된다.

이러한 비판은 부르주아 공론장 이념의 기초가 되는 모든 허구를 분쇄하고 있다. 우선 유능하고 '행운'을 가진 사람이면 누구나 소유권자의 위치에 오를 수 있으며 따라서 공론장 출입이 허용되는 사인의 자질, 즉 재산과 교양을 획득할 수 있다는 기회균등을 위한 사회적 전제조건이 확실히 결여되어 있다. 맑스가 여기서 대결하는 공론장은 일반적 참여가능성(*Zugänglichkeit*)이라는 자신의 원칙과 모순된다. 공중이 민족 전체와, 부르주아 사회가 사회 전체와 더 이상 동일시될 수 없다. 마찬가지로 '소유권자'와 '인간'을 동일시할 수 없다. 상품교환영역과 사적 노동으로서의 사회적 노동을 유지하려는 소유권자의 이해관계는 그것이 임노동자 계급과 대립되기 때문에 특수한 이해관계로 전락하며, 그것은 다만 다른 이해관계에 대한 강제력 행사를 통해서만 관철될 수 있기 때문이다. 이러한 관점에서 사적 소유에 대한 처분권이 아무 제한없이 자율적 인간의 자유로 전화될 수는 없다. 부르주아적 사적 자율은 "모든 인간으로 하여금 다른 인간에서 자기 자신의 자유의 실현이 아니라 오히려 제한을 발견하게" 만든다.[119] 그리고 이러한 '이기주의'를 보장하는 권리들이 추상적 인간이라는 의미에서의 '인권'이다. 이 추상적 인간은 자신의 사적 이해관계를 추구하면서 소유권자, 즉 자본증식과정에서의 행위자의 부자유를 넘어서지 못하고, 부르주아로서 공민(*citoyen*)의 기능을 떠맡고자 하는 '현실적이고 진정한' 인간으로 결코 한 번도 발전하지 못했다. 국가와 사회의 분리에는 '인간의 공적 인간과 사인으로의 분열'이 상응한다.[120] 그러나 부르주아로서의 사인은 진정 국민적 이해관계를 대변하기 위해서 자신의 부르주아적 현실로부터 '벗어나, 그것을 추상하며, 이 조직 전체로부터 그것의 개인성으로 회귀'해야만 하는 그러한 인간 자체가 결코 아니다.[121] 따라서 공중으로 결집한 사적 개인들이 찬반토론에 따라 의견일치를 본 견해가 진리와 정의(正義)로 혼동되어서는 안 된다. 또한 여론과 이성의 중심적 동일시라는 세 번째 동일시도 붕괴된다. 사회생활의 재생산에서 권력관계가 효과적으로 중립화되지 않고 부르주아 사회 자체가 아직 폭력에 기초하는 한, 그것을 토대로 해서는 정치적 권위를 합리적 권위로 대체할 어떤 법적 상태도 수립될 수 없다. 그러므로 논의하는 공중을 통한 봉건적 지배의 해체가 곧 자칭 정치적 지배 일반의 해체였던 것이 아니라 다른 형태로의 지배의 지속이다. 그리고 부르주아 법치국가는 그 조직의 중심원리로서의 공론장과 더불어 단순한 이데올로기일 뿐이다. 바로 사적 부문과 공공영역의

119) 같은 책, 365쪽.

120) 같은 책, 356쪽.

121) 같은 책, 324쪽.

분리로 인해 이 단계의 자본주의에서는 부르주아 공론장 이념이 약속했던 것은 방해받는다.

그 당시 1830년대 초엽 영국과 프랑스에서 평등선거권의 일정한 확장을 가져온 선거법 개정을 둘러싼 싸움에서 부르주아 법치국가의 실현을 위한 투쟁이 객관적으로 모습을 드러내고 있다. 그러나 맑스는 특이하게도 이미 여기에서 부르주아 공론장 체제를 넘어서는 과정을 보고 있다. 그는 동일한 맥락에서 "부르주아 사회가 대량으로 혹은 전적으로 입법권으로 흡수되어 현실의 부르주아 사회가 입법권이라는 가상의 부르주아 사회로 대치되려 한다는 것은, 부르주아 사회가 정치적으로 존속하기 위한 노력 이외에 아무것도 아니다"[122] 라고 쓰고 있다. 1848년 이전 청년 맑스는 선거권의 일반화 경향에 대해 급진 민주주의적 해석을 제시하고 있다. 그는 이미 부르주아 공론장의 기능전환을 예기하고 있는데, 그는 이것을 파리 노동자들의 7월 봉기 이후 더욱 뚜렷하게 진단하게 된다.

> 의회통치는 토론으로 먹고 산다. 어떻게 그것이 토론을 금지할 수 있겠는가? 모든 이해관계, 모든 사회제도가 여기서 일반적 사상으로 전화된다. 사상으로 전화된 어떤 이해관계나 제도가 어떻게 사유 위에 올라서 자신을 관철시키고 신조로 강요될 수 있겠는가? 연단 위에서 연설가의 싸움은 삼류언론의 싸움을 불러일으키며, 의회에서의 토론클럽은 필연적으로 살롱과 선술집에서의 토론클럽에 의해 보완된다. 지속적으로 국민여론에 호소하는 의원들은 국민여론이 그것의 실제 의견을 청원하여 말하는 권리를 부여한다. 의회통치는 모든 것을 다수결에 맡긴다. 의회 밖의 다수가 어떻게 결정하지 않으려 하겠는가? 너희들이 국가의 정상에서 바이올린을 연주하면, 저 밑에

122) 같은 책, 370쪽.

있는 사람들이 춤추는 것 이외에 무엇을 기대할 수 있겠는가?[123)]

맑스는 이미 10년 전에 이러한 발전의 전망을 주목하고 있었다. 비부르주아 계층이 정치적 공론장에 들어와 그것의 제도를 점유하고 언론, 정당, 의회에 참여하게 됨에 따라, 시민들이 다듬은 공개성이라는 무기의 칼끝이 시민 자신에게로 향한다. 맑스는 이러한 과정을 통해 사회 자체가 정치적 형태를 갖게 될 것이라고 생각한다. 선거법 개정은 기존의 공론장 내에서 그것의 해체경향을 암시하는 것처럼 보인다.

> 부르주아 사회가 그것의 정치적 현존을 진정한 모습대로 실제로 만듦으로써, 동시에 그것의 정치적 현존과 구별되는 그것의 부르주아적 현존이 비본질적인 것으로 되며, 이렇게 분리된 것과 함께 그것의 타자, 즉 그것의 반대물도 붕괴된다. 따라서 선거법 개정은 추상적 정치국가 내에서 그것의 해체요구, 바로 부르주아 사회의 해체요구이다.[124)]

부르주아 공론장은 역사적으로 국가로부터 분리된 사회와 함께 출현하였다. '사회적인 것'은 한편으로 삶의 재생산이 사적 형태를 띠게 됨에 따라 독립적 영역으로 구성될 수 있었던 반면, 다른 한편으로 그것은 사적 부문의 총체로서 공적 중요성을 갖게 되었다. 사적 개인들 상호교류의 일반적 규칙은 이제 공적 관심사가 되었다. 사적 개인들이 이 공적 관심사를 둘러싸고 공권력과 벌이는 투쟁 속에서 부르주아 공론장은 정치적 기능에 도달한다. 공중으로 결집한 사적 개인들은 사적 영역으로서의 사회를 정치적으로 허용하는 문제를 공적 주제

123) K. Marx, *Der 18. Brumaire des Louis Bonaparte*, Berlin 1953, 60쪽.
124) *Werke*, 위의 책, 325쪽.

로 만든다. 그러나 19세기 중반에 이미 예견할 수 있었던 것은, 이 공론장이 그 자신의 변증법에 따라 사적 영역으로서의 사회의 유지에 어떤 관심도 가질 수 없는 사람들에 의해 점령되리라는 점이다. 그들이 여기에 관심을 가질 수 없는 이유는 그들이 소유권을 갖지 못함으로 해서 사적 자율성의 토대를 갖지 못한 사람들이기 때문이다. 확장된 공중인 이들이 부르주아 공중 대신에 공론장의 주체로 상승하는 경우, 이 공론장의 구조는 근본적으로 전화될 수밖에 없을 것이다. 무소유자 대중이 사회적 교류의 일반규칙을 자신들의 공적 논의의 주제로 제기하자마자, 사회적 삶의 재생산은 일반적 관심사가 되며 더 이상 단순히 그 사적 점유의 형식을 고집하지 못하게 된다. 따라서 '현실의 부르주아 사회를 입법권이라는 가상의 부르주아 사회로 대치하려는' 민주적으로 변혁된 공론장은 사회의 재생산에 필요한 모든 과정에 대한 지도와 관리를 공적으로 논의하고 결의하는 영역으로 된다. 맑스가 헤겔 국가철학에 대한 비판을 통해 제기하는 '정치적 사회'의 수수께끼는 몇 년 후 생산수단의 사회화라는 구호에서 그 해답을 찾는다.

이런 전제에서라면 공론장은 그것이 언제나 기약했던 것, 즉 인간에 의한 인간에 대한 지배로서의 정치적 지배의 합리화를 진정으로 실현시킬 수 있을 것이다.

> 발전과정에서 계급차이가 사라지고 모든 생산이 연합된 개인의 수중으로 집중된다면, 공권력은 정치적 성격을 상실한다. 고유한 의미에서 정치권력은 한 계급이 다른 계급을 억압하기 위해 조직한 권력이다.[125]

---

125) 같은 곳.

맑스는 이미 프루동의 '철학의 빈곤'에 관한 연구를 "오직 계급과 계급 대립이 없는 사물의 질서에서만 사회적 진화는 정치혁명이기를 그친다"126) 라는 말로 끝맺고 있다. 정치적으로 기능하는 공론장에 관한 자유주의적 이념은 '정치'권력의 '공적' 권력으로의 해소를 통해 그 사회주의적 형식을 갖게 된다. 엥겔스가 이것을 생시몽의 말에 이어 사물의 관리와 생산과정의 지도가 사람에 대한 통치를 대신할 것이라는 방식으로 해석하는 것은 잘 알려져 있다.127) 권위 그 자체가 사라지는 것이 아니라 정치적 권위가 사라질 것이다. 이 권위의 잔존하는 기능들과 부분적으로 새로이 형성되는 기능들이 그것의 정치적 성격을 행정적인 것으로 변화시킬 것이다. 그러나 이것이 가능한 것은 오직 "연합한 생산자들이 … 자연과의 물질대사를 합리적으로 규제하고, 맹목적인 힘으로서의 이 물질대사에 의해 지배받는 것이 아니라 그것을 그들의 공동 통제하에 두는"128) 경우에만 그렇다.

맑스는 부르주아 공론장의 내재적 변증법으로부터 반(反)모델로서 사회주의적 귀결을 끌어내는데, 여기서는 공론장과 사적 영역의 고전적 관계가 특유하게 역전된다. 여기에서는 생산수단에 대한 처분권으로 인해 사적 개인들에게만 허용되는 부르주아 사적 영역의 일부분, 즉 사회적 필요노동의 영역에까지 공론적 비판과 통제가 확대된다. 이 새로운 모델에 따르면 자율은 더 이상 사적 소유에 기초하는 것이 아니다. 그것은 결코 사적 영역에서가 아니라 공론장 자체 내에 뿌리를 두어야 한다. 사적 자율은 사회시민적 공중이 사회주의적으로 확대된 공론장의 기능을 행사하면서 비로소 구성하는 원천적 자율의 파

126) *Werke*, 위의 책, Bd. IV, 182쪽.

127) Engels, *Anti-Düring*, Berlin 1954, 348쪽.

128) Marx, *Das Kapital*, Berlin 1953, Bd. III, 873쪽.

생물이다. 오히려 사적 개인은 사적 개인들의 공중이라는 어떤 한 특정한 공중의 사적 개인이 될 것이다. 부르주아와 인간, 사적 소유자와 인간의 동일성 대신에 공민과 인간의 동일성이 등장한다. 사인(私人)의 자유는 사회시민으로서의 인간의 역할에 의해 규정된다. 국민의 역할은 더 이상 사적 소유자로서의 인간의 자유에 의해 규정되지 않는다. 왜냐하면 공론장이 사적 소유자들의 사회를 국가와 매개하는 것이 아니라, 오히려 사회로 소멸되는 국가를 계획적으로 구성함으로써 자율적 공중이 스스로 사적 개인들로서 개인적 자유, 여가, 레저의 영역을 보장하기 때문이다. 이때 인간 상호간의 비공식적이고, 사사로운 교류가 최초로 실제로 '사적' 교류로 여전히 '필연의 왕국'인 사회적 노동의 강제로부터 해방될 것이다. 사회시민의 공중이라는 일차적 공론장 덕택에 파생된 새로운 형태의 사적 자율성의 예는 경제적 기능으로부터 벗어난 친밀영역에서 찾아볼 수 있다. 엥겔스가 '공산주의의 원리'에서 앞서 설명하듯이, 사적 소유의 철폐와 더불어 가족의 낡은 토대와 이제까지의 구조, 남성에 대한 여성의 종속과 어린이의 부모에 대한 종속이 사라진다. 이로써 "양성의 관계는 관련 쌍방에게만 중요한 순수한 사적 관계로 되며, 사회가 여기에 간섭할 필요가 없게 된다".[129] 맑스도 《라인 신문》에서 이미 비슷하게 말한 적이 있다. "우정이 입법대상이 아닌 것과 마찬가지로 결혼이 가족의 기초라면 그것은 입법대상이 아니다."[130] 맑스와 엥겔스는 어떤 관계가 법적 규범화 일체로부터 벗어났을 경우 '사적인' 것으로 실현된 것으로 보고 있다.

---

129) Engels, *Grundzüge des Kommunismus*, *Werke*, 위의 책, Bd. IV, 361쪽 이하.
130) *Werke*, 위의 책, Bd. IV, 182쪽.

4. 자유주의 이론에 있어 공론장에 관한 상반된 견해
(존 스튜어트 밀과 알렉시스 드 토크빌)

부르주아 공론장의 변증법은 초기 사회주의적 기대가 예견했던 것과 같이 완성되지 않았다. 정치적 평등권의 모든 사회계급으로의 확대는 어디까지나 이 계급사회의 틀 내에서 이루어졌다. 공론장이 '확장되었다'고 해서 사적 소유자들의 공중이 처음에 그 기초 위에서 여론의 지배와 같은 것을 추구하였던 기반이 지양되는 결과가 초래되지는 않았다. 다른 한편 부르주아 공론장 이념에 대한 이데올로기 비판은 분명히 정당성을 지닌 것이어서, '여론'의 변화된 사회적 조건에서 경제적 자유주의가 그 정점에 이른 19세기 중반 그 사회철학적 대변자들은 그들이 전에 그렇게 칭송했던 부르주아 공론장의 원리를 이미 거의 부정할 수밖에 없게 된다. 자유주의 이론의 공론장에 관한 이런 모호한 입장이 그것을 초래한 사회의 구조적 갈등을 자인하지는 않는다. 그러나 한 가지 점에서 자유주의적 변호론이 사회주의적 비판보다 우월한데, 그것은 부르주아 공론장의 고전적 모델이나 변증법적으로 기획된 그것의 반모델 양자에 공통된 근본전제를 문제시하기 때문이다.

18세기의 부르주아 의식은 역사철학의 틀 내에서 정치적 지배의 합리화라는 이념을 기획하였다. 또한 역사철학의 전망으로부터 정치적으로 기능하는 공론장의 사회적 전제조건들도 일종의 '자연질서'로 구상될 수 있었다. 기본적으로 자율적이고 원칙적으로 조화로운 사회적 재생산의 진행을 보장하는 공론장의 자연적 기초가 존재할 수 있어야만 했다. 이 경우 여론은 구조적 대립으로부터 벗어날 것이다. 다른 한편으로 여론은 그것이 사회의 내재적 운동법칙을 인식하고 그것을 고려함에 따라 어떤 규정이 일반이익에 실제적으로 필요한가를 구속력 있는 기준에 따라 결정할 수 있을 것이다. 이러한 상황이 전제된다면, 상세한 성향에 관한 의사결정이 아니라 단지 원칙적인 것에서 진리발견만이 필요할 것이다. 여론과 이성의 일치를 주장하는 정치적으로 기능하는 공론장 모델은 다음이 객관적으로 가능하다고 가정한다. 자연질서를 통해, 또는 같은 의미이지만, 일반이익을 엄밀히 지향하는 사회의 조직화를 통해 이해갈등과 관료적 결정을 최소화하거나, 이것을 완전히 피할 수 없다면, 그것을 공적 평가의 신뢰할 만한 기준에 종속시키는 것이 가능하다는 것이다. 그런데 사회주의자들이 부르주아 공론장 이념에 대해 그것의 기초가 이 전제를 충족시키지 못하며 그것을 충족시키기 위해서는 다른 기초 위에 세워져야 함을 입증하는 반면, 자유주의자들은 동일한 모순현상을 정치적으로 기능하는 공론장 이념일반이 근거하는 자연질서라는 전제 자체를 의문시하는 기회로 삼는다. 결국 이는 물론 상대화된 형태의 부르주아 공론장의 보존에 대한 지지의사를 보다 더 단호하게 표명하기 위해서 제기하는 의문이기는 하지만 말이다. 따라서 공론장에 관한 부르주아적 자기이해는 자유주의를 통해 역사철학의 형태를 상실하고 상식적 사회개량주의(*Common-sense-Meliorimus*)로 된다.[131] 즉 그것은 '현실주의적'으로 된다.

공론장 이념이 그것으로부터 여전히 일정한 확실성을 끌어오는 공론장의 외적 현상이 영국에서는 차티스트 운동과 함께, 대륙에서는 2월 혁명과 함께 근본적으로 변화하였다. 그때까지 공중은 사실상 지방자치 단체 정도의 전체를 조망할 수 있고 위계적으로 등급지어진

131) H. Kesting, *Geschichtsphilosophie und Weltbürgerkrieg*, Heidelberg 1959, 24쪽 이하와 219쪽 이하.

사회계급의 대표에 확고히 편입되어 있었음에도 불구하고 아직 자유로운 개인들의 공중으로 해석될 수 있었다. 귀족으로부터 수용한 동시에 부르주아적으로 변형된 '사교'(*Gesellschaft*)를 매개로 하여 동등한 신분과 솔직함이라는 온전한 규칙과 자기보호와 호의라는 코드에 따라 교제가 이루어졌다. 규정으로 제시된 역할을 서로 받아들이는 동시에 비현실화하려는 자세는, 공중에 공통되는 계급이해의 전제하에서 공중 사이에서는 적과 아군의 관계가 실제로 배제되었다는 정당한 신념에 근거하고 있다. 그리고 공적 토론이라는 합리적 형식 및 비판의 척도와 논쟁의 목표에 관한 의견일치에서 일정한 합리성이 이미 표현되고 있다. 그러나 실제로 전개된 부르주아 공론장을 반성하였던 동시대인들은 어떻게 이 베일이 찢어지는가를 목격할 수밖에 없었다. 공중은 신문과 선전의 확대에 의해 처음에 비공식적으로 확장된다. 공중은 또한 사회적 배타성과 더불어 사교적 교제제도와 상대적으로 높은 교육수준에 의한 연계를 상실한다. 이제까지 사적 영역으로 밀려났던 갈등들이 이제 공론장으로 밀려들어 온다. 자기규제적 시장으로부터 만족을 기대할 수 없는 집단욕구가 국가에 의한 규제를 지지하는 경향을 띤다. 이제 이러한 요구를 중재해야만 하는 공론장은 폭력적 분쟁이라는 거친 형태의 이해관계의 경쟁장이 된다. '거리의 압력'으로 성립된 법들이 공적으로 토론하는 사적 개인들의 합리적 합의로부터 이해되기는 어려웠다. 확실히 이 법들은 경쟁하는 사적 이해관계들의 타협과 대략 일치한다.

이러한 상황에서 밀(J. S. Mill)은 수공업 인구층이, 미국에서는 여자와 유색인들이 어떻게 보통선거권을 보장받는가를 관찰한다. 그는 화폐, 성, 피부색의 귀족주의, 상품소유자들의 소수민주주의, 대부르주아의 금권정치에 저항하는 모든 운동에 분명히 동의한다.132)

토크빌(A. de Tocqueville)도 또한 그가 정확히 예언한 2월 혁명 며칠 전에 국민의회의 야당의원으로서 점차 민중도 선거권자에 포함시키도록 다음과 같이 정부에 간청한다.

> 아마도 어떤 시대 어떤 나라에서도 국민의회를 제외하고 현재 우리보다 더 다양하고 찬란한 재능을 보여줄 수 있었던 의회는 없었다. 그런데도 국민의 대부분은 현재 진행되는 것을 거의 주목하지 않고, 공공무대에서 행해지는 그들의 관심사에 관한 언급을 거의 경청하지 않는다. 그리고 무대 위에 등단하는 행위자들은 보여주는 것보다는 감추는 것에 더 열중하며, 그들의 역할을 거의 진정으로 받아들이지 않는 것처럼 보인다. 실제로 공공생활은 그것이 속하지 않는 곳에서만 나타나며, 법에 따라 그것을 만나리라 기대하는 곳에서는 존재하기를 그만두었다. 그 원인은 무엇인가? 원인은 법률이 모든 정치적 권리의 행사를 단 하나의 계급에 제한했기 … 때문이다.[133]

---

132) 여성해방문제에 관해 그는 심지어 다음과 같이 서술하고 있다. "모든 면에서 전제는 평등을 위한 것이어야 한다. 왜 어떤 것이 어떤 사람에게는 허용되고 다른 사람에게는 금지되는가에 대한 이유가 제시되어야 한다. 금지된 것이 그것이 허용된 사람들이 가장 소중히 여기는 것 거의 전부를 포함하고, 그들이 이것의 박탈을 가장 모욕적인 것으로 느낀다면, 정치적 자유만이 아니라 행위의 개인적 자유도 카스트제도의 특권이라면, 산업활동에서조차 어떤 중요한 영역에서 높은 능력을 요구하고 탁월함, 부, 물질적 독립성을 가져오는 모든 고용이 지배당파의 배타적 영토로 울타리쳐지면서, 어떤 다른 곳에서는 그 문에 들어섰을 모든 사람들이 경멸적으로 모른 체할 그런 문을 제외하고는 종속계급에게는 거의 다른 문이 개방되지 않는다면, 그렇게 엄청난 분배의 편파성에 대한 변명으로 제시된 야비한 편의주의는 비록 그것이 현실이라 하더라도 그것을 극악무도한 부정의(不正義)가 아닌 다른 어떤 것으로 만들기에 충분하지 않을 것이다." Harriet Taylor Mill, "Enfranchisement of Women," in: J. S. Mill, *Collected Works*, ed. J. M. Robson, vol. 21, London 1984, 393~415쪽. 398쪽 참조.

133) Landshut hg., Toqueville, *Das Zeitalter der Gleichheit*, Stuttgart 1954, 248쪽 이하.

경쟁규정은 자칭 사적 소유의 기회균등한 획득과 더불어 정치적 공론장에의 참여도 열어놓는다는 약속을 더 이상 충분히 신뢰할 만하게 따르지 않는다. 대신에 정치적 공론장의 원리는 단순노동계급, 즉 무소유 상태의 교육받지 못한 계급의 허용을 바로 정치적 평등권의 확장을 통해 직접 요구한다. 선거법 개정은 19세기의 주제이다. 즉 18세기처럼 공개성의 원리 자체가 아니라 공중의 확대가 주제이다. 확고하게 규정된 논쟁적 목표가 내각의 비밀관행을 통해 여론으로부터 벗어나고 여론 자체가 어느 정도 불분명해짐에 따라, 여론 자체를 주제로 삼는 일은 더 이상 고려되지 않는다. 여론의 통일성과 명확성은 더 이상 공동의 적에 의해 보장되지 않는다. 밀과 토크빌 같은 자유주의자들은 공론장의 원리를 위해 그들이 찬성했던 과정을 그것의 효과면에서는 동일한 원리를 위해 다시금 평가절하한다. 공중의 확대와 함께 공론장 영역으로 쇄도한 화해되지 않은 이해관계들은 분열된 여론으로 표현되며, 여론을 (여론은 원래 모든 종류의 강제를 확고한 통찰이라는 유일한 강제로 해소해야만 하는 것임에도 불구하고) 현재 지배적 견해라는 형태의 강제권으로 만들기 때문이다. 그래서 밀은 직접 '여론의 멍에', '여론이라는 도덕적 강제수단'을 개탄하고 있다. 《자유론》이라는 그의 대변론(大辯論)이 그때까지 권력 일반에 대한 이성의 보증으로 여겨졌던 공론장 권력에 이미 반대하고 있다. "개인에 대한 사회의 권력을 여론의 힘을 통해 부당하게 확장하려는 점증하는 경향이 전반적으로" 나타나고 있다는 것이다. 여론의 지배는 다음과 같이 다수의 보통사람의 지배로 나타난다.

> 이제 여론이 세계를 지배한다고 말하는 것은 정치에서 거의 사소한 일이다. 아직도 권력이라는 이름을 가질 만한 유일한 권력은 대중의

권력과 스스로 대중의 성향과 본능의 기관이 된 정부의 권력이다. … 그리고 더욱 새로운 것은, 대중이 교회나 국가의 고관으로부터, 표면상의 지도자들이나 책으로부터 자신들의 견해를 취하지 않는다는 것이다. 그들의 사유는 그들의 이름으로 즉석에서 신문을 통해 그들에게 말하는 그들과 같은 사람들에 의해 그들을 위해 행해진다.[134]

토크빌도 또한 여론을 다음과 같이 비판의 힘보다는 오히려 순응에의 강제로 여겼다.

시민들이 서로 동화되고 비슷해져 감에 따라 어떤 특정한 인간이나 어떤 특정한 계급을 맹목적으로 신뢰하려는 경향이 줄어든다. 그러나 대중에 대한 믿음의 경향은 증대되며, 여론은 더욱더 세계를 지배하게 된다. … 따라서 공론은 민주적 민족들에서 특이한 힘을 갖는다. 공론은 자신의 견해를 설득하지 않으며, 그것을 강제하며, 개인에 대한 모든 사람의 거대한 정신적 압박을 통해 그것을 마음에 각인한다. 미국에서는 다수가 각 개인에게 다 만들어진 견해를 제시하는 과제를 맡고 있으며, 이로써 각 개인은 스스로 자신의 견해를 세울 의무로부터 면제된다. 따라서 철학적, 도덕적, 정치적 문제에서 모든 사람이 공론에 대한 신뢰에서 검토 없이 받아들이는 다수의 이론들이 있다.[135]

밀과 마찬가지로 토크빌도 여론을 기껏해야 권력제한을 위해 이용될 수 있지만 무엇보다도 그 자체가 효과적으로 제한되어야만 하는 힘으로 간주할 때가 되었다고 생각한다.

134) J. S. Mill, "On Liberty," *Collected Works*, 18: 213~310; 268~279 참조.
135) Toqueville, 위의 책, 263쪽 이하.

> 미국에서 어떤 사람 또는 어떤 정파가 부당함에 고통받는다면, 그들은 누구에게 호소해야 하는가? 여론에? 그러나 여론은 다수가 형성하는 견해이다. 입법체에? 입법체는 다수를 대변하며 다수에 맹목적으로 복종한다. 행정권에? 행정권은 다수에 의해 임명된 것이다. … 경찰에? 경찰은 무장한 다수 이외에 다름 아니다. 배심단에? 배심단은 다수이다. … [136]

밀에게는 이와 동일한 문제제기로부터 사상과 의견의 자유라는 낡은 문제가 밀턴의 유명한 논문 "아레오파지티카"(*Areopagitica*) 이래 그때까지 공중과 관청의 싸움에서 언제나 그랬던 것과는 다르게 나타난다. 군주권 대신에 공론장이라는 똑같이 자의적인 것처럼 보이는 권력이 등장한 곳에서는 지배적 견해가 된 여론에 대해 비관용이라는 비난이 쏟아진다. 관용에 대한 요구는 과거 여론을 억압했던 검열관을 향한 것이 아니라 여론을 향한 것이 된다. 그리고 자유로운 의사표현의 권리는 경찰의 통제로부터 공중의 비판적 논의를 보호하는 것이 아니라, 순응하지 않는 사람들을 공중에 의한 통제로부터 보호해야 한다는 것이다.

> 오늘날 비순응의 실례(實例) 만으로도 그것은 이미 … 상당한 업적이다. 특이한 것이 비난받을 정도로 여론의 지배가 성장했기 때문에, 이 전제정치를 분쇄하기 위해 사람들이 특이해지는 것이 바람직하다. [137]

밀은 공론장에서 서로 다투는 견해들에 대해 종교분쟁에 비유하여 관용 개념을 전개한다. 이성적으로 따지는 공중은 더 이상 어떤 합리적인

136) 같은 책, 44쪽.

137) Mill, 위의 책, 269쪽.

의견에 도달할 수 없다. 왜냐하면 "주어진 인간오성의 상태에서 의견차이에 의해서만 진리의 모든 측면들에게 공정한 게임의 기회가 보장되기" 때문이다.[138] 공론장에서 경쟁하는 이해관계들이 합리적으로 해결될 수 없다는 체념은 관점주의적 인식론(*perspektivistische Erkenntnistheorie*)으로 포장된다. 특수이익은 일반적인 것으로 결코 측정될 수 없으므로, 이 이익이 이데올로기적으로 전화된 견해는 환원불가능한 핵심적 믿음을 지니고 있다는 것이다. 독단적 잔류물이 억제될 수 있지만 이성의 공통분모로 환원될 수는 없기 때문에, 밀은 비판이 아니라 관용을 요구한다. 이성과 여론의 통일에는 사회적으로 실현된 이익의 일치, 어떤 일반이익의 합리적 입증가능성이라는 객관적 보장이 결여되어 있다.

벤담만 해도 아직 어떤 결정이 일반이익에 따라 내려졌는가에 대한 기준으로 다수성을 말할 수 있었다. 역으로 밀은 차티스트 운동에 대한 경험을 바탕으로 다음과 같은 점을 지적할 수 있게 된다. 즉, 확장된 공중의 다수는 사적 소유자들이 아니라 '모두 같은 사회적 위치를 점하고 대부분 동일한 직업에 속하는' 프롤레타리아로, '다시 말해 비숙련 단순노동자로' 구성된다는 것이다.

> 우리는 이로써 그들을 비방하려는 것이 아니다. 우리가 그들에게 불리하게 말하는 것은 소매상이나 지주의 수적 다수에 대해서도 똑같이 해당된다. 사회적 위치와 직업의 동일성이 있는 곳에서는 또한 편파성, 열정, 선입견의 동일성도 있게 된다. 다른 종류의 편파성, 열정, 선입견에서 오는 균형추 없이 어떤 일군의 편파성, 열정, 선입견에 절대권력을 부여하는 것은 불완전한 것의 교정을 불가능하게 만드는… 길이다.

138) 같은 책, 254쪽.

여론은 다른 권력들 중의 한 권력이 된다. 이런 이유 때문에 밀은 "벤담이 일반투표권을 통해 왕이나 상원 없이 다수를 주권자로 즉위시키는 것에 만족하지 않고 여론의 멍에를 공무원의 목에 더 옥죄기 위한 수단을 고안하기 위해 그의 모든 천재적 자원을 소진했을 때, 그의 대단한 능력을 가장 유용하게 사용한 것"이라고 믿을 수 없었다.

> 확실히 어떤 권력을 가장 강력한 권력으로 만들었다면, 그것은 이 권력을 위해 충분히 한 것이다. 그 이후부터는 이 가장 강력한 권력이 다른 모든 권력을 집어삼키지 않도록 주의해야만 한다.[139]

정치적으로 기능하는 공론장은 더 이상 권력해체라는 이념에 서 있는 것이 아니다. 오히려 이 공론장은 권력분할에 기여해야 한다. 여론은 단순한 권력제한이 된다. 그 이후부터는 여론의 권력이 다른 모든 권력 일체를 집어삼키지 않도록 주의해야만 한다는 밀의 고백은 여론에 대한 이런 해석전환의 기원을 무심코 드러내고 있다. 부르주아 법치국가에 대한 자유주의적 해석은 반동적이다. 그것은 처음에 이 법치국가라는 제도와 함께 수용된 논의하는 공중의 자결이라는 이념의 힘에 대해, 이 공중이 무소유 상태이며 교육받지 못한 대중의 침투로 약화되자마자, 반대하고 있다. 부르주아 법치국가는 처음부터 원래의 자유주의적 요소와 함께 이른바 민주주의적 요소를, 다시 말해 이질적 계기를 통일된 형태로 가지고 있었던 것이 아니라,[140] 자

---

139) J. S. Mill, "Bentham," *Collected Works*, 10: 75~115; 107~8 참조. J. S. Mill, *Dissertations and Discussions*, vol. 1 (Boston, 1868), 355~417; 404, 406 참조.

140) 이에 관해서는 E. Fraenekl, "Die Repräsentative und die plebiszitäre Komponente im demokratischen Verfassungsstaat," *Recht und Staat*, Heft 219/20,

유주의에 의해서 비로소 이러한 이중적 측면에서 해석된다. 밀이 반대하는 공론장 이념은 "다수가 모든 정치적 문제를 그들 자신의 법정에 올려 그들 자신의 판단에 따라 결정하는" 것이 바람직하다고 보는 이념이다. 그 이유는 "이러한 상황에서는 군중을 계몽하고 그들이 사물의 보다 심오한 개념에 대한 평가능력을 배우도록 하기 위해 철학자가 필요하기" 때문이라는 것이다.141)

그러나 오히려 밀이 지지하는 것은 다음과 같은 점이다.

> 지식이 없는 다중의 통찰이나 의지에 직접 혹은 간접으로 호소하여 정치적 문제가 결정되는 것이 아니라, 이 과제를 위해 특별히 교육된 상대적으로 소수의 사람들의 적절한 고려 이후에 형성된 견해에 의해서만 정치적 문제가 결정되어야 한다는 것이다.142)

토크빌은 밀의 '대의정부'에 관해 견해를 같이한다. 대중의 열정에 의해 규정된 여론은 물질적으로 독립적인 시민들의 권위 있는 통찰에 의해 순화될 필요가 있다는 것이다. 신문은 계몽의 중요한 도구이기는 하지만 그것만으로는 충분하지 않다. 물론 정치적 대의는 사회적 계급제도에 의거해야 한다. 토크빌은 중간권력(*pouvoirs intermédiaires*), 즉 부르주아 사회 이전의 신분적으로 조직된 사회의 동업조합권력, 출생·교육·부 그리고 특히 토지소유 및 이와 결부된 특권에 의해 '탁월하고 명령할 숙명을 타고난 것처럼 보이는' 가족과 인물들을 상기하고 있다.143) 그는 부르주아 사회라는 토양으로부터 새로운 귀족주의를 다

Tübingen 1958 참조.

141) Mill, 위의 책, 251쪽.

142) 같은 책, 247쪽.

143) Toqueville, 위의 책, 65쪽. 또한 67, 76, 81쪽 참조.

져 만들 수 없다는 것을 잘 의식하고 있다.

> (그러나) 평범한 시민들이 연합함으로써 매우 부유한, 영향력이 큰, 매우 강한 구성체, 한마디로 귀족적 인물을 만들 수 있는 것처럼 보인다. … 정치적, 산업적, 상업적 연합체, 그리고 과학적이거나 문예적 연합체조차 임의대로 강제할 수도 없고 비밀리에 억압할 수도 없는 교양 있고 힘 있는 시민이다. 144)

태생적 귀족주의가 결핍된 상황에서 교양 있고 힘 있는 시민이 그들의 논의를 통해 여론을 규정하는 엘리트 공중을 이루어야 한다는 것이다.

해방의 도구로부터 억압기관으로 왜곡된 것처럼 보이는 여론에 반대하여 자유주의가 그 자신의 이성에 따라 제시할 수 있는 것은 다만 사견의 공공성일 뿐이다. 그러나 이제 필요한 것은 소수파로 전락한 여론에게 지배적 의견에 대한 영향력을—여론은 이제 그 자체로 더 이상 이런 영향력을 발휘할 수 없다—보장하기 위한 제한적 장치이다. 몽매(夢寐)한 여론의 폭력적 지배에 대항하여 공공성의 원리를 유지하기 위해서는, 대표자들의 비교적(秘教的) 공중이 형성될 수 있도록 과시적 공공성의 계기가 강화되어야 한다. 비교적 공중에 반해 자신들을 대표하게끔 할 뿐인 이러한 공중은, "일반적으로 문제 자체에 의거하여 판단하기보다, 그들이 자신들을 위해 이들 문제를 판정하도록 임명한 사람의 성격과 재능에 의거하여 판단하는 것"에 만족해야 한다. 145) 밀이 이 문장을 쓴 시점은, '여러분은 지금 인물을 위해서가 아니라 사태를 위해서 싸우는 것임을 상기하시오!'라고 휘그당이

144) 같은 책, 105쪽 이하.

145) J. S. Mill, "Appendix," *Dissertations and Discussions*, 1: 648~53, *Collected Works*, 19: 650.

정치적으로 기능하는 공론장의 엄숙한 의도를 유권자들에게 상기시켰던 몇 해 후의 일이다. 다만 논증과 반논증의 찬반이 인격화의 기제에 의해 너무 쉽게 밀려나고, 객관적 상황이 전기적(傳奇的) 옷을 입고 나타나고 있을 뿐이다. 밀은 대중적 공중의 사회심리학과 타협하고, 말 그대로 하락된, 대의적으로 등급화된 공론장을 요구한다.

그 출신상 19세기의 자유주의자라기보다는 18세기의 군주 절대주의에 대한 반대자이며 그렇기 때문에 아직 자유주의에 안성맞춤인 토크빌은 과거의 중간권력의 절멸을 한탄하면서, 여론을 권력분립과 제한에 효과적으로 투입하기 위해 새로운 중간권력의 창출을 요구한다. 이런 이유로 밀은 그에게 '우리 시대의 몽테스키외'라는 이름을 주었다. 더 이상 자유주의적이지 않은 시민계급은 자유주의로 귀의하면서 부르주아 이전 시대의 안전장치, 즉 시민적 인권의 자유와 본질적으로 구별되는 신분적 자유의 저항권을 다시 이용한다.[146]

---

146) 보수적 헌법학자 프리드리히 율리우스 슈탈(Friedrich Julius Stahl)의 다음과 같은 관찰을 참조할 것(*Die gegenwärtige Parteien in Staat und Kirche*, Berlin 1863, 73쪽). "자유주의 정파는 귀족에 반대하여, 모든 신분 자체에 반대하여 평등사상을 주장한다. 왜냐하면 혁명의 기초에 따르면 자유주의 정파는 어떤 유기적 체제도 허용할 수 없기 때문이다. 그러나 평등이 적극적으로 관철되어야 한다면, 무소유 계급도 그들과 동일한 권리를 가져야 한다면, 그들은 사상을 포기하고 재산가에게 유리하도록 정치적 권리의 차별을 만든다. 그들은 대표에 대한 검열, 언론에 대한 보증금을 요구한다. 그들은 살롱에서만 최신유행이 돌아다니게 하고 빈자에게 부자와 같은 명예와 예의를 주지 않는다. 혁명원칙의 이러한 절반의 관철이야말로 자유주의자들의 파당적 태도를 특징짓는 것이다." 물론 이는 고유하게 독일 상황에 해당된다. 3월 혁명 이전의 독일에서도 허약한 입헌적 관행에 대한 보다 대담한 자유주의 이론이 고전적인 공론장 이념의 밑그림을 그리고 있기는 하다. 벨커(Welcker)의 강령적 정의에 따르면, "완전한 공론장의 본질은, 모든 국가적 관심사가 국가 전체와 모든 시민에게 공통되는 관심사로 여겨지고, 가능한 한 최대의 사람이 그것을 보고 듣게 하고 모든 기관의 공개적 설명과 자유를 통해 여론에 접근되도록 하는 데 있다."(*Staatslexikon oder Enzyklopädie der Staatswissenschaften*, 15 Bde., 1834~1848, 15. Auflage,

1855; Artikel: "Öffentlichkeit und öffentliche Meinung") 그리고 니부어(Niebuhr)는 여론과 이성의 일치를 확고히 고수한다. "여론은 권력자를 잘못 인도할 수 있는 개인적 영향으로부터 벗어나 이론의 여지가 없는 자신의 마음자세가 개성이 다양하고 상황이 다름에도 불구하고 일치하는 데서 발생한다. 그리고 여론이 실제로 다른 사람을 추종한 것이 아니라 스스로 표명한 일반적 판단인 경우, 그것은 일반이성과 진리의 표현, 신의 목소리로 간주될 수 있다." 그러나 블룬트쉴리(Bluntschli)는 이에 반해 민족적으로 적응된 자유주의의 구호를 제시하기 위해 이 문장을 인용하고 있을 뿐이다(Bluntschli, *Staatswörterbuch in drei Bänden*, ed. Löhning, Zürich 1871, Artikel: "Öffentliche Meinung"). "여론은 그릇됨이 없으며 바로 법의 지배라는 속성이 부여된다고 말한다면, 이는 급진적 과장이다. 정치생활과 자신의 욕구에 대해 보다 깊은 통찰을 가지고 있는 사람들은 모든 시대에 걸쳐 수적으로 많지 않았으며, 그들이 자신의 의견을 여론으로 확장시키는 데 성공하는지의 여부는 매우 불확실하다. 소수의 지식인과 현자가 언제나 중간계급의 대다수와 일치하는 것은 결코 아니다. 또한 교양계급의 일상적 판단은 거의 언제나 피상적이다. 그들이 모든 사정을 알고 중요한 일에 있어 결정을 좌우하는 모든 근거들을 발견하는 것은 불가능하다. 여론은 다중의 순간적 열정에 의해 흐려질 수 있으며, 심지어 의도적으로 그릇되게 인도될 수 있다. 단 하나의 중요한 개인이 주위의 모든 세계가 잘못 보는 것을 올바로 볼 수 있다."(위의 책, Bd. II, 745쪽 이하) 블룬트쉴리는 여론을 최종적으로 여러 계급 중 한 계급에 속하는 것으로 봄으로써("여론은 특히 대다수 중간계급의 견해이다"), 공론장의 원리, 즉 일반이익을 위해 실제로 필요한 것을 합리적으로 결정하는 영역에 누구나 일반적으로 참여할 수 있어야 한다는 원칙을 깨고 있다. 그는 자연적으로 주어진 계급사회의 틀 내에서 사회학적으로 여론의 소재지를 지정함으로써, 여론을 그 자체로 비판하지 않고 그것을 이데올로기로 등급매기고 있다. 그의 견해에 따르면, 단순노동자 계급은 정치생활로부터 마땅히 거리를 두어야 한다는 것이다. "실제로 두뇌노동과 단순노동의 대립, 정신활동과 육체활동의 대립에 기초하여 국가조직과 국가의 정치생활에도 매우 중요한 차이가 성립한다.… 제 3 신분의 자유주의적 직업을 위해서는 높은 교육이 필수불가결한 요구이다. 따라서 일상적으로 이러한 사람들만이 국가를 위해 정신적으로 일할 수 있는 능력과 여가를 가지고 있다. 역으로 토지의 실질적 경작, 수공업, 소매업, 공장노동에 종사하는 대다수 계급들은 보통 국가의 일에 헌신할 수 있는 필요한 교육과 여가를 결여하고 있다."(위의 책, Bd. III, 879쪽). 그러나 시민계급도 역시 민중에게는 봉쇄된 잔여의 공론장(*Restöffentlichkeit*)이 갖는 정치적 기능을 행사하지 않는다. 오히려 여론은 처음부터 토지소유 귀족의 지지를 받는 군주의 권한에 속하는 관청에 대한 비판과 통제에 한정되어야 했다. "귀족주의는 그 본성상 군주와 권력을 나누는 경향이 있으며,

그렇지만 토크빌의 공론장 분석은 '여론의 권력지배'뿐만 아니라 이와는 상보적인 현상, 즉 점증하는 관료제 국가의 전제주의도 다루고 있다는 점에서, 그는 밀을 넘어서고 있다. 토크빌은 구체제에 대한 신분적 저항의 전망에서 그가 '행정권력의 중앙집권화'라 부르는 경향을 매우 우려하는 눈으로 관찰하고 있다. 중상주의가 헛되이 추구하였던 강력한 국가권력은 자유주의의 19세기에 실제로 출현하였다. 잘 알려져 있듯이 영국에서는 행정사무(*the Civil Service*)와 함께 비로소 근대적 중앙행정이 창출되었다. 토크빌은 미국의 예를 들어 시민이 어떻게 탈성숙화되는가를 설명한다.

> 이러한 부류의 사람들에게 보호자격의 거대한 권력이 군림하게 되는데, 이 권력은 스스로 이들을 만족스럽게 해주고 또 이들의 운명을 감시해 주려고 나선다. 이 권력은 절대적이며 세심하며 절도가 있으며 신중하고 유순하다. 만약 그 목적이 인간으로 하여금 성인으로서의 능력을 준비하게 하는 데 있다면, 그것은 양친의 권위와 유사할 것이다. 그러나 이와는 반대로 권력은 인간을 계속 어린아이의 상태

제3신분은 본성상 비판과 통제를 행사하는 경향을 가지고 있다."(같은 책, 881쪽) 독일에서 정치적으로 점점 더 권위를 갖는 봉건권력과 부르주아 사이의 계급타협을 바탕으로 하여 공론장에의 접근은 특권이 되었을 뿐만 아니라, 공론장 자체가 더 이상 사적 개인들로 이루어진 공중의 논의를 통해 국가와 사회가 매개되는 영역, 관청의 지배적 실체가 해체되는 영역으로 이해되지 않는다. "여론은 지배할 수도 없으며 지배하려 하지도 않기 때문에 여론이 지배한다는 것은 맞지 않는다. 여론은 통치를 위임받은 기관에 통치를 맡긴다. 여론은 창조적 권력이 아니라 무엇보다 통제적 권력이다."(위의 책, Bd. II, 747쪽). 쉬더(Th. Schieder)는 변형된 자유주의 이데올로기가 19세기 프러시아 독일에서 국가와 사회 간의 특유한 관계와 맺는 연관을 분석하고 있다(Th. Schieder, "Das Verhältnis von politischer und gesellschaftlicher Verfassung und die Kritik des bürgerlichen Liberalismus," *Historische Zeitschrift*, Bd. 177, 1954, 49~74).

에 묶어두려고 한다. 만약 시민이 향락만을 생각한다면 권력은 기꺼이 향락을 즐기는 시민을 보려 할 것이다. 권력은 시민의 행복을 위해서 노력하지만, 이 행복의 유일한 대리인이요 중재자가 되려고 한다. 권력은 국민의 안정을 보장해 주고 생활필수품을 공급하고 오락시설을 제공하고 중요 관심사를 처리하고 산업활동을 감독하며, 재산상속을 조정하고 유산을 분배한다. 이런 권력이 스스로 생각하는 수고와 생활상의 근심으로부터 시민을 완전히 벗어나게 해주지 않겠는가?[147]

토크빌에게는 사회주의도 결국 국가경제를 위해 조세국가를 철폐하고 완전히 관리되는 세계의 공포를 만들 이런 경향의 연장으로만 보인다. 그래서 그는 1848년 혁명내각의 장관으로서 헌법에 노동권을 보장하라는 요구에 대해 그럴 경우 국가가 장기적으로 유일한 산업체가 될 수밖에 없을 거라는 논거로 반대한다.

만약 사태가 그렇게까지 진행될 경우, 세금은 정부기구를 돌아가게 하는 수단이 아니라 산업진흥을 위한 주요 수단으로 된다. 이런 방식으로 국가는 개별 시민의 모든 자본을 자신의 수중에 축적함으로써, 결국 모든 것의 유일한 소유자가 될 것이다. 그러나 이것은 공산주의이다.[148]

이와 동시대에 공산당선언의 혁명이론 자체는 아직 자유주의의 제한된 국가권력을 겨냥하고 있었다. 맑스는 몇 년 후 나폴레옹 3세의 쿠데타에 관한 저작에서(1852)[149] 비로소 처음으로 그 이전에 토크빌

147) Tocqueville, 위의 책, 98쪽.

148) 같은 책, 260쪽.

149) Marx, *Der 18. Brumaire*, 위의 책, 116쪽 이하.

과 똑같이 '행정권력의 중앙집권화'라고 부른 현상에 대해 깊이 생각하게 된다. 파리콤뮨의 총회연설에서 그는 이미 국가권력의 무게에 강한 인상을 받아—"어느 곳에나 존재하는 그것의 기관들, 즉 상비군, 경찰, 관료, 성직자, 판사신분, 체계적이고 위계적인 노동분업의 계획에 따라 창출된 기관들을 가진" 국가권력[150]—, 노동자 계급이 '완비된 국가기제를 단순히 점취하지 않을' 때 사회주의, 즉 정치권력의 공공권력으로의 이행이 비로소 가능하다고 생각하게 된다.[151] 오히려 관료적, 군사적 기제는 분쇄되어야 한다는 것이다. 맑스는 1871년 쿠겔만(Kugelmann)에게 쓴 편지에서 이 문장을 쓰고 있는데, 레닌이 짜르의 '분쇄된' 국가기구를 그보다 훨씬 더 강력한 중앙위원회의 국가기구로 대체하는 것이 경제적으로나 기술적으로 필요하다고 생각하기 이전에, 이 문장의 해석에 자신의 가장 중요한 책을 바쳤다는 것은 잘 알려져 있다. 맑스는 고타 강령 비판에서 정치적으로 기능하는 공론장에 관한 사회주의적 이념을 다시 한 번 국가사멸이라는 암시적 비유를 통해 총괄하고 있다. '관료적 국가기제의 분쇄'가 그것의 실현에 선행해야 한다는 것이다. 행정권력의 중앙집권화에 대한 자유주의적 경고는 사회주의자들로 하여금 부르주아 공론장 이념과 그들 자신의 이념이 공유하는 문제성 있는 전제, 즉 사회적 재생산의 '자연질서'를 다시 생각하게 만든다. 인민위원회 체제에 의한 부르주아 의회의 대체를 선취하는 콤뮨 헌법의 기획에는 다음과 같은 확신이 배경을 이루고 있다. 그것은 그 정치적 성격을 탈피한 공공권력, 사물의 관리 및 생산과정의 지도가 이미 해독된 정치경제학의 법칙에 따라 격론의 확장 없이 스스로 규제될 수 있다는 확신이다. 맑스에게 있어 사

150) Marx, *Der Bürgerkrieg in Frankreich*, Berlin 1952, 65쪽.

151) 같은 곳.

회주의적으로 해방된 여론은 과거 중농주의자들에서와 마찬가지로 아직 자연질서에 관한 통찰로 나타나고 있다.

자유주의 전성기에 이어 점차 '조직화되는' 자본주의의 백여 년 동안 공론장과 사적 영역의 근원적 관계는 실질적으로 해체된다. 부르주아 공론장의 윤곽은 붕괴된다. 그러나 자유주의적 모델이든 사회주의적 모델이든 그것은 각 모델로 유형화된 위상 사이에서 고유하게 부유하는 공론장에 대한 진단에 적합하지 않다. 변증법적으로 상호 관계하는 두 경향이 부르주아 공론장의 붕괴를 가리키고 있다. 공론장은 보다 넓은 사회영역에 침투해 들어가는 동시에 그것의 정치적 기능, 즉 공개한 사실을 비판적 공중의 통제하에 종속시키는 기능을 상실한다.

골드슈미트(M. L. Goldschmidt)는 '두개의 교란시키는 경향'을 지적한다. '첫째, 개인의 사생활권에 대한 결과적인 무시, 둘째, 매우 적은 공개성으로의 경향과 그 결과 공공적이라 여겨졌던 영역에서의 비밀의 증가'가 그것이다.[152] 공론장은 그것이 영역으로 확장되고 결국 사적 부문을 공동화(空洞化)하는 만큼 그 원리의 힘, 즉 비판적 공개성을 상실하는 것처럼 보인다.

152) M. L. Goldschmidt, "Publicity, Privacy and Secrecy," in: *The Western Political Quarterly*, Bd. VII, 1954, 401쪽.

제5장

공론장의 사회적 구조변동

1. 공공영역과 사적 부문의 교착(交錯) 경향

부르주아 공론장은 국가와 사회 사이의 긴장영역에서 발전했지만, 그 자체 사적 부문의 일부로 남는 방식으로 발전했다. 공론장의 토대가 되는 이 두 영역의 근본적 분리가 의미하는 것은, 우선 고중세의 전형적 지배형태에서 결합되어 있었던 사회적 재생산과 정치권력의 요소들이 분리된다는 것이다. 시장경제적 관계의 확장과 더불어 신분적 지배의 한계를 깨고 관리행정의 형태를 도입할 수밖에 없게 만든 '사회' 영역이 발생하였다. 생산이 교환관계에 의해 매개됨에 따라 그것은 공적 권위의 관할권으로부터 해방되었으며, 역으로 행정은 생산적 노동의 부담으로부터 자유로워졌다. 민족국가와 영토국가에서 중앙집중화된 공권력이 사회 위에 올라서게 되는데, 사회는 비록 그것의 교류관계가 처음에는 관청의 간섭에 의해 지도되었다 하더라도 사적인 것으로 된다. 그리고 이런 사적 영역은 중상주의적 규제로부터 해방됨에 따라 비로소 사적 자율성의 영역으로 발전한다. 이런 이유 때문에 19세기 마지막 25년간 나타난 이런 경향의 전도, 즉 국가간섭주의의 증가도 그 자체로는 공공영역과 사적 부문의 상호교착을 가져오지는 못했다. 국가와 사회의 분리가 유지되는 상황에서 신중상주의로 특징되는 간섭주의 정책은 사적 개인들 상호교류가 갖는 사적 성격 자체를 훼손하지 않고도 사적 개인들의 자율성을 제한할 수 있었을 것이다. 사회적 권력이 스스로 공적 권위의 관할권을 획득할 때 비로소 사적 영역 일반으로서의 사회는 문제시된다. 그러므로 '신중상주의' 정책은 일종의 사회의 '재봉건화'와 함께 진행된다.

19세기 말 새로운 간섭주의를 추진하는 국가는 (물론 독일에서는 매우 제한된) 정치적으로 기능하는 공론장의 법제화 덕택으로 부르주아 사회의 이해관계와 통합되는 경향을 보인다. 이로써 사적 개인들의 교류에 대한 공권력의 간섭은 사적 개인들의 영역 자체로부터 나오는 요구들을 매개하게 된다. 간섭주의는 더 이상 사적 영역 내에서 결말을 볼 수 없는 그러한 이해갈등을 정치적 갈등으로 번역하는 데 그 기원을 두고 있다. 따라서 사회영역에 대한 국가간섭에 상응하여 공적 관할권이 사적 법인에로 양도된다. 마찬가지로 사회적 권력에 의한 국가권력의 대체 역시 공적 권위의 사적 부문에로의 확장과 결부되어 있다. 국가의 점진적 사회화와 동시에 관철되어 가는 사회의 국가화의 이런 변증법에 의해 점차 국가와 사회의 분리라는 부르주아 공론장의 기초가 붕괴된다. 국가와 사회 사이에, 말하자면 양자로부터 재정치화된 사회영역이 발생하는데, 그것은 '공적인 것'과 '사적인 것'이라는 구별로부터 벗어난 영역이다. 또한 이 영역은 공중으로 결집한 사적 개인들이 그들 상호교류의 일반적인 관심사를 규제하는 사적 부문의 특유한 부분, 즉 자유주의적 형태의 공론장을 해체한다. 그 정치적 기능의 변화에서 입증되는(제 6 장) 공론장의 몰락은 공공영역과 사적 부문 관계의 구조적 변형 일반에 그 원인이 있다(제 5 장).

1873년에 시작된 대불황 이후 자유주의 시대는 확연한 무역정책의 급변과 함께 종말을 고한다. 자본주의적으로 발전한 모든 나라들은 세계시장을 지배하는 영국만이 유일하게 내부분열 없이 고수하던 자유무역의 신성한 원칙들을 점차 버리고 신보호주의 정책을 편다. 마찬가지로 국내시장, 그것도 특히 중심산업에서 소수 독점적 합병의 흐름이 더욱 강화된다. 이에 상응하여 자본시장의 운동도 그러한 방향으로 진행된다. 독일에서 주식회사는 마치 미국에서 신탁회사와 마찬가지로 집중의 효과적 수단임이 입증되었다. 이러한 발전은 미국의 독점금지법과 독일의 기업연합 저지법의 제정을 불러일으켰다. 이 점에서 특이하게도 상대적으로 신생 산업국인 이 두 나라는 자본주의가 더 오랜, 더 지속적인 전통을 가지고 있고 이른바 매뉴팩처 단계에 더 강한 뿌리를 두고 있는 프랑스와 영국을 능가하였다. 프랑스와 영국에 반하여 뒤늦게 통일된 독일에서 산업자본주의는 제국주의 단계의 시작과 함께 비로소 '자발적으로' 발전했고, 곧바로 대외무역과 자본수출을 위해 정치적 특권영역을 보호해야만 했다.[1] 이 단계의 자본주의가 국가기제에 요구하는 기능들의 변화, 무엇보다 그 기능들의 증가 때문에 서유럽과 북미의 의회법치국가의 발전을 따라잡는다는 것이 처음에는 불가능하였다.[2]

---

1) W. Hallgarten, *Vorkriegsimperialismus*, Paris 1935.

2) G. Luckács, "Einige Eigentümlichkeiten der geschichtlichen Entwicklung Deutschland," in: *Die Zerstörung der Vernunft*, Neuwied 1962, 37~83쪽. H. Plessner, *Die verspätete Nation*, Stuttgart 1959; 나의 서평, in: *Frankfurter Hefte*, Nov. 1959; R. Dahrendorf, "Demokratie und Sozialstruktur in Deut-

소수 독점적 지위를 점하는 자본집중과 대기업의 콘체른화에 의해서든 혹은 가격과 생산의 담합을 통한 시장분할이라는 간접적 방식에 의해서든, 재화시장에서의 경쟁제한은 19세기 마지막 30년 동안 국제적 규모로 관철되었다. 상업자본과 금융자본이 발전하는 동안 이미 시장거래의 자유화가 결코 지속적으로 진행되지 못하게 했던 팽창적 경향과 제한적 경향의 작용과 반작용에 의해 산업자본의 운동 역시 결정되었으며, 고전 경제학의 왜곡된 시각과는 반대로 자유주의 시기는 하나의 '에피소드'가 된다. 자본주의 발전의 전체적 전망에서 볼 때 1775년과 1875년 사이의 시기는 단지 '광대한 세기적 붐'으로 나타난다.[3] 세이(Say)가 그의 유명한 법칙으로 자유방임 자본주의의 특징으로 본 것, 즉 생산과 소비의 전체 경제순환에서 자동적으로 나타나는 균형은 사실상 체제 자체가 아니라 구체적인 역사적 조건들에 의해 결정된다.[4] 이 조건들은 이미 19세기 동안 자본주의 생산양식 자체에 뿌리를 두고 있는 적대의 영향을 받으며 변화한다. 그 밖에 세이의 법칙은 위기를 극복한 이후 가용 생산력의 수준에서 최고도에 달한 체제균형이 결코 언제나 자동적으로 다시 나타나지 않는다는 점에서도 잘못되었다.

---

schland," in: *Europäisches Archiv für Soziologie 1960*, I, I, 86쪽 이하 참조.

3) Dobb, 위의 책, 258쪽.

4) Dobb, 위의 책, 257쪽 참조. "노동생산성을 급격히 증대시킨 기술변화의 시대는 투자영역과 소비재시장의 미증유의 확대를 동시에 가져온 일련의 사건들과 함께 프롤레타리아 계급의 비정상적으로 급격한 자연증가 또한 증언하고 있다. 우리는 이전 세기에 자본주의 산업의 성장이 시장의 협소함에 의해 어떻게 직접 제한되었으며, 그것의 팽창이 그 시대의 생산방법이 강제한 낮은 생산성에 의해 어떻게 좌절되었는가를 보았다. 이러한 장애들이 때로는 노동의 희소성에 의해 강화되곤 하였다. 산업혁명 시기에 이러한 장벽들은 일제히 일소된다. 그리고 대신에 자본축적과 투자가 경제영역의 각 지점으로부터 그들을 유인하는 지속적으로 확장되는 지평을 맞게 된다."

이런 발전과정에서 부르주아 사회는 권력중립의 영역이라는 거의 지각하기 힘든 가상을 상실할 수밖에 없게 된다. 사실상 소상품경제 모델인 자유주의 모델은 상품소유자 개인들 사이의 수평적 교환관계만을 상정하였다. 자유경쟁과 자율적 가격의 조건하에서 아무도 타인을 소유할 정도의 많은 힘을 획득할 수 없어야 했다. 그러나 이런 기대와는 반대로 불완전한 경쟁과 종속적 가격 아래서 사회적 힘은 개인의 수중에 집중되었다.[5] 집단적 단위들 사이에서 수직적 관계들의 망이 형성되면서 일부 일방적 종속관계와 일부 상호 압력관계가 형성된다. 집중과정과 위기과정은 사회의 적대적 구조에서 등가물 교환의 베일을 벗겨냈다. 사회가 강제적 관계로 투명하게 보이면 보일수록, 강한 국가에 대한 요구는 더욱 긴급해졌다. '야경국가'[6] 라는 자유주의적 자기해석에 반대하여 정치적, 사회적 상황이 부르주아의 이익을 위해 요구했던 만큼 언제나 국가는 강력했었다는 프란츠 노이만(Franz Neumann)의 반박은 정당하다.[7] 그럼에도 불구하고 국가가 자유주의적인 한, 상품교환과 사회적 노동의 영역이 여전히 사적 자율에 맡겨지는 것이 부르주아에게 이익이 되었다〔만일 그렇지 않다면 아힝어(Achinger) 처럼[8] 일반 교육의무와 국방의무의 실시에서 이미 사적 영역에

5) J. H. Bunzel, "Liberal Theory and the Problem of Power," in: *The Western Political Quarterly*, Bd. XIII, 1960, 374~388쪽.

6) 라살(Lassalle)에서 유래하는 이 말은 항시 빌헬름 폰 훔볼트(Wilhelm v. Humboldt)의 유명한 논문과 연관된다. "Ideen zu einem Versuch, die Grenzen der Wirksamkeit des Staates zu bestimmen," in: *Werke*, ed. Flitner, I, Darmstadt 1960, 56쪽 이하.

7) Fr. Neumann, "Die Funktionswandel des Gesetzes im Recht der bürgerlichen Gesellschaft," in: *Zeitschrift für Sozialforschung*, Bd. VI, 542쪽 이하; ders., "Ökonomie und Politik," in: *Zeitschrift für Politik*, N. F., Bd, II, 1955, 1쪽 이하.

8) H. Achinger, *Sozialpolitik als Gesellschaftspolitik*, Hamburg 1958, 155쪽.

대한 간섭이 시작된 것으로 봐야 할 것이다]. 맑스와 토크빌이 동시에 문제 삼고 있는 '행정권력의 중앙집권화'는 엄밀히 말해 부르주아 법치국가에 본질적인 공공영역과 사적 부문의 관계를 아직 건드리지 않고 있다. 대공업이 특권적 해외시장의 정복과 보호를 위해서 군사기구의 확장에 대해 가졌던 관심조차 처음에는 단지 공권력의 기존 기능들 중 한 기능을 강화할 뿐이었다. 국가의 새로운 기능들이 증가함으로써 비로소 국가와 사회 사이의 '장벽'이 흔들리기 시작한다.

한편으로 상품교환의 사적 영역에서의 권력집중과, 다른 한편으로 국가기관으로 자리를 잡고 일반적 참여를 제도적으로 약속한 공론장은 시장의 지위에 의해 우위에 있는 사람들에 대해 정치적 수단을 동원하여 저항하려는 경제적 약자들의 경향을 강화시킨다. 1867년과 1883년에 영국에서는 일련의 선거법 개정이 있었다. 프랑스에서는 나폴레옹 3세가 보통선거법을 도입했다. 비스마르크가 처음에 북독일연방 헌법에, 그후 새로이 제정된 독일제국 헌법에 보통선거권을 수용했을 때, 그는 나폴레옹 3세의 개혁이 가져온 국민투표적, 보수적 결과들을 염두에 두고 있었다. 정치적 공동결정이라는 형식적으로 용인된 가능성에 의거하여 빈곤계층은 이들에 의해 위협받는 계급과 마찬가지로 경제영역에서 손상된 기회균등을 (그것이 언젠가 존재했다면) 정치적으로 보상할 수 있는 영향력을 확보하려 했다. 이해관계의 사사화가 일어나는 조건들 자체가 조직화된 이해관계의 싸움 속에 휘말리자마자, 공론장을 사적 이해관계로부터 벗어나게 하는 것은 실패하게 된다. 노동조합은 노동시장에서 조직화된 균형추를 형성할 뿐만 아니라 사회주의 정당을 통해 입법 자체에 영향을 미치려 노력한다. 이에 대해 기업가들, 이후 이들의 통칭이 된 '국가유지 세력'은 그들의 사적인 사회적 힘을 직접 정치적 힘으로 상환하는 것으로 대응한다. 비스마르크의 반사회주의법이 전형적인 예다. 그러나 그가 동시에 설립했던 사회보장제도는 사적 영역에 대한 국가의 간섭이 얼마나 밑으로부터의 압력에 굴복해야 하는가를 또한 보여주고 있다. 지난 세기 말부터 사적 영역에 대한 국가의 간섭을 통해 알 수 있는 것은, 이제 공동결정을 하도록 허용된 광범위한 대중이 경제적 적대를 정치적 갈등으로 전화시키는 데 성공하였다는 점이다. 국가의 간섭은 일부 경제적 약자들에 이익이 되기도 하고 일부 그들을 방어하는 데 이용되기도 한다. 국가간섭의 개별사안에서 집합적 사적 이익의 어느 측이 더 옹호되는가를 명확히 결정하는 것은 쉽지 않다. 일반적으로 국가의 간섭이 '지배적' 이해관계에 반하여 강제되는 경우 자유시장의 방식으로는 더 이상 보장할 수 없는 체제의 균형을 유지하려는 의도를 갖는다. 스트레이치(Strachey)는 여기서 다음과 같은 일견 역설적으로 보이는 결론을 이끌어낸다.

> 체제 존속을 가능하게 한 것은 자본주의에 반대한 민주세력의 투쟁이었다. 이 투쟁이 노동자들의 생활조건을 어느 정도 견뎌낼 수 있도록 만들었기 때문만은 아니다. 그것은 동시에 완성품에 대한 판매시장을 열어주었는데, 그렇지 않았다면 자본주의는 국민소득의 점증하는 불평등분배로 점차 자살적 돌진을 하여 붕괴되었을 것이다.[9]

갈브레이스도 길항력(拮抗力, *contervailing power*)의 측면으로 분석한[10] 이러한 메커니즘에 의해 자본집중의 경향[11]이 국가 간섭의 증

9) J. Strachey, *Contemporary Capitalism*, New York 1956, 185쪽.

10) J. K. Gallbraith, *American Capitalism, the Concept of Countervailing Power*, 위의 책. 이에 대한 비평으로는 다음의 뛰어난 논문 참조. A. Schweizer, "A Critique of Countervailing Power," in: *Social Research*, Bd. XXI, 1954, 253쪽 이하.

대와 맺는 연관을 설명한다. 국가예산의 규모가 이미 국가활동의 증대에 대한 근거를 제공한다.[12] 그렇지만 이런 양적 기준으로는 불충분하다. 사적 영역에 대한 공적 간섭을 질적으로 해독함으로써 국가가 낡은 기능들 내에서도 그 활동이 확대되었을 뿐만 아니라 일련의 새로운 기능들을 더 갖게 되었다는 것을 비로소 뚜렷하게 인식할 수 있다. 국내적으로는 경찰, 사법, 조심스럽게 운용되는 조세정책을 통해서, 대외적으로는 군대에 의거한 대외정책을 통해서 국가가 자유주의 시대에 이미 대변하던 전통적 질서유지 기능과 나란히 이제 조형기능(*Gestaltungsfunktion*)이 등장한다.[13] 20세기가 진행되면서 사회복지국가의 과제영역이 분화될수록, 물론 이 조형기능은 더 쉽게 구분된다. 경제적으로 약한 사회집단, 즉 노동자, 사무직 노동자, 세입자, 소비자 등의 보호, 보상 및 보조의 과제는 이미 언급했다 (가령 소

---

11) 미국의 자본집중에 대한 훌륭한 기록으로는 다음 참조. Berle/Means, *The Modern Corporation and Private Property*, New York 1932; *The Structure of the American Economy*, Bd. I, ed. National Resources Planning Board, U. S. Government Printing Office 1939; *The Concentration of Productive Facilities*, U. S. Government Printing Office 1947; *A Survey of Contemporary Economics*, U. S. Government Printing Office 1948. 독일에 대해서는 다음 참조. H. König, "Konzentration und Wachstum, eine empirische Untersuchung der westdeutschen Aktiengesellschaft in der Nachkriegszeit," in: *Zeitschrift f. d. gesamte Staatswirtschaft*, Bd. 115, 229쪽 이하.

12) S. Fabricant, *The Trends of Government Activities in the U. S. A. since 1900*, New York 1952; Urs. Hicks, *British Public Finances, their Structure and Development 1880~1952*, London 1954. 아돌프 바그너는 이미 재정요구의 점증하는 확장 "법칙"에 대해 말하고 있다. A. Wagner, *Lehrbuch der politischen Ökonomie*, Bd. V, 3. Aufl. Leipzig 1883, 76쪽 이하.

13) F. Neumark, *Wirtschafts-und Finanzpolitik des Interventionsstaates*, Tübingen 1961; 법적 측면에서는 다음을 참조. U. Scheuner, *Die staatliche Intervention im Bereich der Wirtschaft*, Veröff. d. Ver. dt. *Staatsrechtslehrer II*, Berlin 1954, 1쪽 이하.

득 재분배를 목적으로 한 조치들이 이 영역에 속한다). 사회구조의 장기적 변화를 예방하거나 최소한 완화시키거나 아니면 계획적으로 지원하거나 인도하는 과제는 다른 것이다 (가령 중산층 정책과 같은 복합적 정책이 여기에 속한다). 사적 투자활동에 대해 중대한 결과를 야기하는 영향력 행사와 공공 투자활동의 규제는 이미 전체 경제순환의 통제와 균형이라는 다른 과제에 속한다. 집중과정은 경기정책만을 등장하게 한 것이 아니다. 그것은 대단위로의 경향과 함께 거대한 규모의 그러한 정책을 가능하게 만드는 일정한 전제조건도 창출한다. 말하자면 제2차 세계대전 직전 영국, 미국, 캐나다에서 도입되었듯이 국민경제 전체에 대한 계량경제학적 방법의 경제접근이 가능하게 되었다.[14]

마침내 국가는 일상적 공무를 넘어서 그때까지 사적 수중에 맡겨졌던 서비스도 넘겨받는다. 국가는 사인들에게 공적 임무를 위임하거나 기본계획을 통해 사적 경제활동을 조정하거나[15] 아니면 스스로가 생산자와 분배자로 활동하기 시작한다. 공공서비스 부문이 불가피하게 확대된다. "왜냐하면 경제가 성장함에 따라 사회적 비용에 대한 사적

14) Strachey, 위의 책, 35쪽.

15) 여기서 단순한 질서유지 기능에서 조형기능으로의 이행은 물 흐르듯이 그러나 뚜렷한 경향으로 나타난다. 이러한 과정은 이전의 경찰법의 확장과 변화에서 법적으로 표현된다. 이에 관해서는 H. Huber, *Recht, Staat und Gesellschaft*, Bern 1954, 32쪽 참조.

"경찰법은 공공질서를 유지하고 공중을 위험으로부터 보호하는 법이다. 그것은 부정적 성격, 즉 방어적 성격을 지니고 있다. 그것은 최근까지 사법에 밀접하게 붙어 있는 공법분야였다. 현재 사회생활의 적극적 형성을 통해 위험방지를 대체하거나 보완하려는 경향이 점차 두드러지게 나타나고 있다. 따라서 가령 건축경찰법은 건강위험, 화재위험, 교통위협으로부터 보호해야 하며, 마을의 풍광과 경치를 망치는 행위로부터 자연보호와 고향보호를 해야 한다. 오늘날 마을, 지역, 주계획은 더 이상 부정적인 것만을 퇴치하려 하지 않고, 어떤 적극적인 것, 말하자면 거주와 생업을 위한 인간에 의한 공간이용을 형성하려 한다."

비용의 관계를 재구성하는 요소들이 효력을 발휘하기 때문이다."[16] 사적 생산의 공공비용과 나란히 폭넓은 대중 구매력의 증가에 비례하여 사적 소비의 공공비용도 발생한다.[17]

'집단적 생존의 대비'라는 말은 사회복지국가가 새로이 추가로 갖게 된 다양한 기능들[18]과 이러한 기능증가의 근저에 놓여 있는 다양하게 상호교착하는 조직화된 사적 이해관계들을 은폐한다. 국가는 법과 행정조치들을 통해 상품교환과 사회적 노동의 영역에 깊숙이 간섭해 들어간다. 사회세력의 경쟁하는 이해관계들이 정치적 역동성으로 전화되며, 국가간섭주의를 통해 매개되어 국가의 영역에 다시 영향을 미치기 때문이다. 이때 전체적으로 보면 경제질서에 대한 '민주적 영향력'을 부정할 수 없다. 자본집중과 소수 독점조직 경향을 저지하는 사적 부문에 대한 공공 간섭을 통해, 무소유자 대중은 국민소득에서 그들이 차지하는 부분이 장기적으로 축소되지 않도록 할 수 있었다. 그렇다고 20세기 중반까지 이 부분이 본질적으로 증대된 것처럼 보이지는 않는다.[19]

---

16) K. Littmann, *Zunehmende Staatstätigkeit und wirtschaftliche Entwicklung*, Köln 1947, 164쪽. 여기서 군수비용은 도외시되어야 한다. 그것은 군사보호가 이미 국가의 고전적 기능에 속하기 때문이다.

17) 자본주의 체제가 공공서비스 부문을 위해 사적 경제생산 부문을 가능한 한 제한하지 않으려는 경향을 보이기 때문에, 최근에 갈브레이스가 분석한 이 두 부문 간의 불균등이 발생한다. Galbraith, *The Affluent Society*, Boston, 1958; A. Downs, "Why Government Budget is too small in a Democracy?," in: *World Politics*, Bd. XII, 1960, 541~563쪽.

18) F. Forsthoff, *Die Verfassungsprobleme des Sozialstaates*, München 1954. 프리드만은 다섯 가지 기능을 구분하고 있다. "이 기능들은 국가의 활동들로부터 나온다. 첫째 보호자로서, 둘째 사회적 서비스의 분배자로서, 셋째 산업 매니저로서, 넷째 경제 조정자로서, 다섯째 중재자로서 국가의 활동이 그것이다." W. Friedmann, *Law and Social Change*, London 1951, 298쪽.

19) Strachey, 위의 책, 130~151쪽.

이제 이런 맥락에서 간섭주의가 나왔으므로, 간섭주의적으로 보호되는 사회분야는 국가가 단순히 규제하는 사적 영역과 엄격히 구분되어야 한다. 사적인 제도 자체가 상당부분 반(半)공공적 성격을 띠게 된다. 심지어 사적 경제단위의 준(準)정치적 성격에 대해 말할 수 있게 되었다.[20] 부르주아 사회의 공적으로 중요한 사적 영역의 한가운데에서 재정치화된 사회영역이 형성되는데, 여기서 국가제도와 사회제도는 공적인 것과 사적인 것이라는 기준으로 더 이상 세분할 수 없는 하나의 단일한 기능복합체로 결합된다. 그때까지 분리되었던 영역들의 이 새로운 상호의존성은 고전적 사법체제의 붕괴에서 법적으로 표현된다.

사회복지국가의 구조를 갖는 산업사회에서 사법제도나 공법제도 어느 하나에 완전히 속한다고 볼 수 없는 상황과 관계들이 증대된다. 오히려 이것들은 이른바 사회법적 규범의 도입을 강제한다.

부르주아 법이 단지 형식적 성격만을 갖는다는 사회주의적 비판에서는, 평등한 경제적 성공기회가 법적으로 평등한 삶의 형성기회의 실현을 허용하는 정도에서만 모든 법적 주체가 평등하게 사법적으로 보장된 자율성을 가질 수 있다는 점이 항상 강조된다.[21] 게다가 생산자의 생산수단으로부터의 분리, 19세기 산업자본주의에 의해 완성된 계급관계는 자본가와 임노동자 사이의 형식적으로 평등한 법적 관계를 사실적 예속관계로 전화시켰다. 이 예속관계의 사법적 표현이 준(準)공권력을 은폐하고 있다. 칼 렌너(Karl Renner)는 사법의 중심제

20) J. M. Clark, "The Interplay of Politics and Economics," in: *Freedom and Control in modern Society*, ed. Berger, e. al. New York 1954, 192쪽 이하; A. Berle, *Power without Property*, London 1960.

21) A. Menger, *Das bürgerliche Recht und die besitzlosen Volksklassen*, Tübingen, 2. Aufl. 1890, 참조.

도인 생산수단에 대한 소유와 그것의 연관 보증물들, 즉 계약, 영업, 상속의 자유를 이러한 관점에서 분석하고, 이것들이 그 실질적 기능에서 볼 때 공법의 구성요소일 수밖에 없음을 밝히고 있다.[22] 사법은 자본가에게 '위임된 공적 명령권'의 행사를 보장한다는 것이다. 그러나 늦어도 1차 세계대전의 종결 이후 법의 발전이 일정 정도 사회발전을 따르게 되어, 처음에 '사법의 공법화'(公法化, *Publizierung*)라는 표제어로 기록되었던 복잡한 유형복합을 낳게 된다.[23] 후에 동일한 과정이 공법의 사법화(私法化, *Privatisierung*)라는 상호관점에서도 고찰될 수 있게 된다.

> 공법의 요소들과 사법의 요소들은 알아볼 수 없고 풀기 어려울 정도로 서로 맞물리게 되었다.[24]

소유권은 이미 언급한 경제정책적 간섭에 의해서 제한될 뿐만 아니라, 전형적 사회상황에서 상대방의 형식적 계약평등도 실질적으로 원상 복구해야 할 법적 보증에 의해서도 제한된다. 전형적으로 노동법에서 나타나듯이 개인계약을 대신하는 집단계약은 약한 상대방을 보호한다. 세입자에게 이로운 유보조항은 임대계약을 임대인에게 있어서는 거의 공공적 공간이용 관계로 만들어 버린다. 그리고 노동자와 세입자와 마찬가지로 소비자도 또한 특별한 보호를 받는다. 유사한 발전이 기업법, 주거법, 가정법에서 나타난다. 공공안전에 대한 고려에 의해 기업, 토지, 건물 등의 소유자들이 제한을 받게 되는데, 이로써

22) K. Renner, *Die Rechtsinstitute des Privatrechts und ihre Funktion*, Tübingen, 2. Aufl. 1929.

23) Hedemann, *Einführung in die Rechtswissenschaft*, 2. Aufl. 1927, 229쪽.

24) H. Huber, 위의 책, 34쪽.

'공공적 상위 소유권'(*publizistisches Obereigentum*)에 관해 말할 정도이다.[25] 자유주의적 헌법학자들은 오늘날 사람들이 소유를 소유자에게 형식적으로 맡기지만 심지어 보상이나 규정된 몰수절차의 법적 보호도 없이 수탈한다고 지적하면서 이런 소유권의 '공동화'(空洞化) 경향을 단호히 거부한다. "그 결과 독단적 맑스주의도 생각하지 못한 반사실적 입법에 의해 새로운 형태의 사회화가 출현한다"는 것이다.[26]

사법의 중심제도인 소유와 더불어 동시에 그것과 연관된 보증물, 특히 계약의 자유도 물론 영향을 받는다. 고전적 계약관계는 계약조건의 결정에 완전한 독립성을 가정한다. 이 독립성은 그 동안 강한 제한을 받게 되었다. 법적 관계가 사회유형적으로 조정됨에 따라 계약 자체도 역시 도식화되는 경향을 보인다. 일반적으로 계약관계의 점증하는 표준화가 경제적으로 약한 상대방의 자유를 제한하는 반면에, 이미 언급한 집단계약이라는 도구는 바로 시장 지위에서의 평등을 만들어내는 것이다. 기업가 단체와 노조 사이의 임금계약은 엄밀한 의미에서 그것의 사법적 성격을 상실한다. 그것은 심지어 공법적 성격을 띠는데, 이는 합의된 일련의 규정이 법적 대용물로 기능하기 때문이다. "전체 노동계약의 체결시 단체의 기능은 사적 자율성의 행사보다는 위임에 의한 입법과 유사하다."[27] 원래의 사적 자율성은 파생된 자율성으로 이미 법적으로도 가치가 하락되어, 계약의 효력을 위해서 더 이상 필요한 것으로 여겨지지 않게 된다. 사실적 계약관계의 법적 효력이 고전적 법관계에 상응하는 것이 된다.[28]

---

25) F. Wieacker, "Das Sozialmodell der klassischen Privatsrechtsgesetzbücher und die Entwicklung der modernen Gesellschaft," in: *Juristische Studiengesellschaft Karlsruhe*, Heft 3, Karlsruhe 1953, 21쪽 이하.

26) Huber, 위의 책, 33쪽.

27) 같은 책, 37쪽 이하.

결국 사법체제는 공권력과 사인 사이의 점증하는 계약들에 의해 무력화된다.[29] 국가는 '네가 주도록 나도 준다'(*do ut des*)는 것에 기초하여 사적 개인들과 계약을 맺는다. 계약 상대방의 불평등, 한 편의 다른 편에의 종속은 여기서도 엄격한 계약관계의 토대를 해체한다. 지금부터 문제되는 것은 고전적 모델에 따라 보면 사이비 계약이다. 오늘날 관료가 그들의 사회복지국가적 임무를 수행하면서 법적 규범화를 전반적으로 계약도구로 대체할 때, 이러한 계약은 그것의 사법적 형식에도 불구하고 준(準)공공적 성격을 갖는다. 왜냐하면 원래 "우리의 법체제는, 사법적 계약이 궁극적으로는 법률 아래에 있는 것이지 법률과 동일한 수준에 있지 않으며, 우리의 공법은 평등한 질서 상황이 존재하는 곳에서만 계약의 자유여지를 인정한다는 사상에" 근거하기 때문이다.[30]

공법으로부터 국가의 '도주', 공공관리 임무의 기업·공공시설·법인체로의 이양, 사법의 반관적(半官的) 대행공사 등을 통해 사법의 공

28) Spiros Simitis, *Die faktischen Vertragsverhältnisse*, Frankfurt 1958.

29) 독일법은 국가에게 사법적 주체의 자격을 부여하고 이로써 사인과 계약관계를 맺을 수 있는 상대방의 자격을 부여하는 국가재산의 소유자로서의 국가(*Fiskus*)라는 가상을 알고 있다. 이는 과거 절대주의 하에서 신민에게 입법에 참여한다는 보장없이도 일정한 정도의 법적 안전을 보장한다는 좋은 의미를 가지고 있었다. 이와 유사하게 프랑스법은 사적 관리(*gestions privées*)라는 사법적 주체로서의 국가를 공적 관리(*gestions publiques*)라는 공법적 주체로서의 국가와 구분하고 있다. 두 기능은 자유주의 시대에 상대적으로 뚜렷했고 따라서 쉽게 분리될 수 있었다. 그러나 국가가 사회의 사적 영역 자체에서 여러 기능들을 맡게 되고 사적 경제주체들과의 관계를 계약에 의해 규제함에 따라 이 구분은 어려워진다. "교통, 전기, 가스의 공급 혹은 건강서비스의 관리와 같이 현저하게 산업적, 상업적, 관리적 활동은 이제 일반적으로 법인으로 조직된 공적 권위에 의해 수행된다. 이 공적 권위는 활동의 일반적 집행에 있어 장관과 의회에 대해 책임을 짐에도 불구하고 사법의 지배를 받는다." Friedmann, 위의 책, 63쪽.

30) Huber, 위의 책, 40쪽.

법화의 이면, 즉 공법의 사법화가 또한 드러난다. 게다가 공공관리 자체가 분배, 공급, 지원서비스에서 사법적 수단을 이용할 때, 공법의 고전적 기준들은 의미가 없어진다.[31] 공법조직이 지역 공급자로 하여금 그 '고객'과 사법적 관계에 들어가지 못하도록 방해하지 않으며, 또한 이러한 법적 관계의 광범위한 규범화가 그것의 사법적 본성을 배제하지도 않기 때문이다. 독점적 지위와 강제계약이 있다 하여도, 법적 관계의 근거가 관리행위에 있다 하여도 이 법적 관계가 공법에 속할 필요는 없다. 자본집중과 간섭주의를 통해 국가의 사회화와 사회의 국가화라는 상호과정으로부터 새로운 영역이 출현할수록, 공공적 이해관계의 공공적 요소는 계약적 정식화의 사법적 요소와 결합된다. 이 새로운 영역은 순수하게 사적 영역으로도, 진정 공공영역으로도 의미 있게 파악될 수 없으며, 명백하게 사법이나 공법의 어느 한 분야에 속할 수도 없는 영역이다.[32]

---

31) 이하의 서술에 대해서는 W. Siebert, "Privatrecht im Bereich der öffentlichen Verwaltung," in: *Festschrift für Hans Niedemeyer*, Göttingen 1953, 특히 223쪽 이하 참조.

32) 이러한 복잡한 사태 전체에 대한 상세한 분석을 제공하는 최근의 연구는 Spiros Simitis, *Der Sozialstaatsgrundsatz in seinen Auswirkungen auf das Recht von Familie und Unternehmen*, Habilitationsschrift d. Jurist. Fakultät Frankfurt, 1963, Manuskript(수고)이다.

2. 사회영역과 친밀영역의 양극화

국가와 사회가 상호 침투함에 따라 핵가족 제도는 사회적 재생산 과정과 맺는 연관으로부터 벗어난다. 과거 사적 영역 일반의 중심이었던 친밀영역은 사적 영역 자체가 사적 성격을 상실하는 한에서 말하자면 사적 영역의 주변부로 밀려난다. 자유주의 시대의 시민들은 직업과 가족에서 전형적으로 그들의 사적 생활을 영위했다. 상품교환과 사회적 노동의 분야는 경제적 기능으로부터 직접 벗어난 '가정'과 마찬가지로 사적 영역이었다. 그 당시 동일한 종류로 구조화되었던 이 두 영역은 이제 각기 반대방향으로 발전한다. "보다 정확히 말하면 가족은 점점 사적으로 되고, 노동세계와 조직세계는 점점 '공적'으로 된다고 말할 수 있다."[33]

'노동세계와 조직세계'라는 용어가 이미 과거 사적 성격 하에 있었던 분야의 — 이 분야는 소유자에게는 그 자신의 소유영역이고, 임노동자에게는 타인의 소유영역이었다 — 어떤 객관화 경향을 무심코 드러내고 있다. 산업적 대기업의 발전은 직접적으로, 관료적 대기업의 발전은 간접적으로 자본집중의 수준에 의해 결정된다. 이 두 대기업에서 사적 직업노동의 유형과 특이하게 구분되는 사회적 노동형식들이 발전한다. 노동사회학적 측면에서 볼 때 기업은 사적 분야에 속하고 관료는 공공분야에 속한다는 형식적 구분은 그 정밀한 판별성을 상실한다. 대기업이 개별 소유자, 대주주, 아니면 경영자의 통제하에 있든 간에, 그것은 사적 성격에 반해 상당히 객관화되었다. 그 결과 '노동세계'는 사무

33) H. Schelsky, *Schule und Erziehung in der industriellen Gesellschaft*, Würzburg 1957, 33쪽.

직 노동자 및 일반 노동자의 의식, 보다 많은 능력을 소유한 사람들의 의식에서도 사적 부문과 공공부문 사이에 있는 자기 자신의 고유한 질서영역으로 자리잡게 된다. 물론 이러한 발전은 생산수단 소유자의 형식적으로 유지되는 자율성이 실질적으로 그것의 사적 성격을 상실하는 것(*Entprivatisierung*)에 기반을 두고 있다. 이것은 소유수단과 관리기능의 분리라는 제하에서 대자본회사의 사례를 통해 여러 번 분석되었다. 왜냐하면 여기서 최고 경영자와 소수의 대주주가 소유권을 직접적으로 행사하는 것에 대한 제한이 특히 뚜렷하게 나타나기 때문이다. 이러한 기업들은 자금을 자체적으로 조달함으로써 자본시장으로부터의 독립성을 획득하며, 그만큼 주주 대중에 대한 자립성을 확대시킨다.[34] 경제적 효과가 무엇이든 간에 사회학적 효과는, 대기업 전반으로부터 — 자유주의 시대에 자영업자의 상점과 공장에서 전형적이었던 것과 같은 — 사적 자율성의 영역이라는 특징을 제거해 버린 발전에서 대표적으로 나타난다. 라테나우(Rathenau)는 이를 일찍 깨닫고, 그것을 대기업이 '공공시설'로 발전한다는 정식으로 표현하였다. 법학적 제도주의는 이러한 제안을 받아들여 고유한 특색의 이론으로 발전시켰다.[35] 미국의 상황을 사례로 삼아 제임스 번햄(James Burnham)과 피터 드러커

34) 주주총회에 대해 관리담당 부서의 입장이 강화됨으로써 경영자의 고유한 이해관계가 가령 기업의 확충시 가능한 이윤증대를 희생하고서도 나타나며 이로써 사적 자본주의 형태의 축적이 이미 내적으로 붕괴되는가는 논하지 않는다.

35) 이 이론은 후에 노조의 개혁주의 이데올로기와 이른바 노동전선의 파시스트적 실천에서 일정한 역할을 하였다. 양자의 경우에서 그것의 정치적 의도가 반대였음에도 불구하고 대기업의 제도적 요소들을 그것의 경제적 기능들로부터 격리시킨 결과, 한 기업이 이윤 극대화의 원칙에 따라 자본주의적으로 활동하는 만큼 사적 이해관계에 따를 수밖에 없다는 사실, 따라서 기업의 목적이 당연히 종업원의 이해관계 또는 사회 전체의 이해관계와 일치할 수 없다는 사실에 대한 환상을 불러일으켰다.

(Peter F. Drucker)가 서술한, 전후 저널리즘적으로 크게 성공한 유사한 이론이 거의 이데올로기적 특징을 지니지 않음에도 불구하고, 그것은 일정한 기술적(記述的) 가치를 가지고 있다. 즉 그것은 사회적 노동의 영역에서 '사적인 것의 소멸'을 정확히 진단하고 있다.

우선 대기업은 관할권을 분할하거나, 사회안전과 서비스의 보장에 의해서든, 일터에서 피고용인의 통합을 위한 노력에 의해서든—이 노력이 개별적으로는 의심스러운 것이라 해도—사무직 노동자와 일반 노동자에게 일정한 신분보장을 제공한다. 그러나 이러한 객관적 변화보다 더 현저한 것은 주관적 변화이다. 통계학적 분류범주인 '근무자'(*der Diensttuende*)라는 이름이 이미 노동에 대한 새로운 태도를 무심코 드러내고 있다. 과거 사적 소유에 의해 주관적으로도 명백하게 그어졌던 차별, 즉 자기 자신의 사적 영역에서 노동하는 사람과 타인의 사적 영역에서 노동하는 사람 사이의 차별은 희미해지고 '근무관계'(*Dienstverhältnis*)가 등장한다. 이것은 관료의 '공무'(公務, *öffentliche Dienst*)에 상당하는 권리와 의무를 갖는 것은 아니지만, 피고용인을 개인보다는 제도에 구속시키는 사물적 노동관계의 특징을 갖는다. 사적 영역과 공론장의 분리에 대해 중립적인 하나의 사회적 형성체가 대기업을 통해 사회적 노동의 지배적 조직유형이 된다.

> 공장은 주택을 건설하거나 노동자에게 집을 소유하도록 지원하고, 공원을 조성하고, 학교, 교회, 도서관을 건설하고, 음악회와 공연을 주최하며, 재교육 과정을 개설하고, 노인, 과부, 고아들을 돌본다. 다른 말로 하자면 법률적 의미에서뿐만 아니라 사회학적 의미에서도 공공제도들이 수행했던 일련의 기능들을 비공공적 활동을 하는 조직들이 떠맡는다. … 한 대기업 가족(*Oikos*)이 도시의 생활 곳곳에 침투하고 산업봉건주의라고 정당하게 묘사되는 현상을 낳는다. … 이는 대

기업으로 변화함에 따라 (사회학적 의미에서) 그것의 공공적 성격을 상실하는 대도시의 거대 행정관료제에도 약간의 수정을 가한다면 동일하게 해당된다.[36]

따라서 미국 저자들은 사적 회사인가 반공공적 법인체 아니면 공적 관리인가를 고려하지 않고 이른바 조직인(*Organization Man*)의 사회심리학을 연구할 수 있었다. 이때 '조직'은 대기업 그 자체를 의미한다.

19세기의 전형적 사기업과 비교할 때 준(準)공적 영역으로서의 직업영역이 가족으로 축소된 사적 영역에 대해 자립화된다. 오늘날 직업노동과 함께 '근무'가 시작되는 반면, 직업으로부터 벗어난 시간이 바로 사적인 것의 보호구역을 가리킨다. 그러나 이러한 과정은 사적 소유자의 역사적 전망에서 볼 때만 직업 영역의 사적 성격의 상실로서 나타난다. 역으로 동일한 과정이 사무직 노동자와 노동자에게는 사사화(私事化) 과정으로 나타난다. 이는 그들이 단지 가부장적 지배에 배타적이고 무규칙적으로 종속되는 것이 아니라, 대신에 가상의 사적 복리후생을 위해 직장환경 보호대책을 취하는 심리학적 장치에 종속됨에 따라 더욱 그렇다.[37]

직업영역이 자립화되는 정도만큼 가족영역은 자기 내로 후퇴한다. 자유주의 시대 가족의 구조변동을 특징짓는 것은, 소비기능을 위한 생산기능의 상실이라기보다 사회적 노동 일반의 기능체계로부터 가족이 계속해서 분리되었다는 점이다. 부르주아적 유형의 가부장적 핵가족도 이미 오래 전부터 생산공동체가 아니다. 그렇지만 그것은 본질

36) H. P. Bahrdt, *Öffentlichkeit und Privatheit als Grundformen städtischer Soziierung*, 위의 책, 43쪽 이하.

37) L. v. Friedeburg, *Soziologie des Betriebsklimas*, Ffm. 1963.

적으로 자본주의적으로 기능하는 가족 소유에 근거하고 있었다. 이것의 보존, 증식, 상속은 상품소유자와 가장을 동시에 겸하는 사인의 임무였다. 즉 부르주아 사회의 교환관계가 부르주아 가족의 인간관계에 깊은 영향을 미쳤다. 그것의 토대의 상실과 개인소득에 의한 가족소유의 대체와 더불어 가족은 이미 생산 내에서의 기능상실을 넘어서 생산을 위한 기능도 상실한다. 나아가 가족소유를 각자가 버는 임금취득자와 봉급취득자의 소득으로 환원시키는 오늘날의 상황에 전형적인 현상으로 인해 가족에게는 또한 위급시 자급과 노년기를 위한 자활의 가능성도 제거된다.

고전적 위험들, 특히 실업, 사고, 질병, 노년, 사망은 오늘날 복지국가적 보장에 의해 대체적으로 방어되고 있다. 이들에는 통상적으로 소득보조의 형태로 기본 급여가 제공된다.[38] 이러한 보조가 가족에 대해 제공되는 것도 아니며, 가족에 대해 언급할 만한 정도의 부가적 보조가 요구되지도 않는다. 부르주아 가족이 이전에 사적 위험으로 감당해야 했던 이른바 기본 욕구들에 대해 오늘날 가족구성원은 개별적으로 공적 보장을 받는다.[39] 실제로 '통상적 위험'의 목록은 고전적 긴급상태를 넘어서 생활보조, 주택공급과 직업소개, 직업과 교육상담, 건강검사 등 모든 종류의 서비스로 확대되는 것에 그치지 않는다. 나아가 사고보상은 더더욱 예비조처에 의해 보완되는데, 이때 "사

38) 독일연방공화국에서 인구의 3/4 이상이 보험연금이나 생활보조연금의 수혜자격자이다. 현재 이미 모든 세대의 절반이 현행 연금을 받고 있다.

39) "개인이 어떻게 그의 생계를 꾸려가는가 라는 문제가 오늘날의 시대에 비로소 부단한 공공적 고려의 대상이 되었다. 이로부터 개별적, 보다 정확히 말해 사적 가계의 생활형식에 대해 발생한 변화를 밝히려 한다면, 보험, 생활보조, 사회복지에 있어 사회적 근거를 갖는 모든 형태의 기부금을 그것이 개별세대에 전달되는 그대로 고찰해야 한다." H. Achinger, 위의 책, 79쪽 이하.

회정책적 예방은 새로운, 이제까지 사적이었던 영역에로의 침입과 바로 동일하다".[40] 상당히 부식되어 버린 가족소유에 대한 사회정책적 보상은 물질적 소득보조를 넘어서 기능적 생활보조에까지 미친다. 즉 가족은 자본형성의 기능과 더불어 점차 양육, 교육, 보호, 양호, 지도의 기능들도 상실한다. 가족은 부르주아 가족에서 가장 사적인 은밀한 곳으로 여겨졌던 분야에서 태도를 결정하는 힘을 상실한다. 이로써 잔여의 사적 영역인 가족은 그 지위가 공적으로 보장됨으로써 어떤 의미에서 사적 성격을 상실한다. 다른 한편 가족은 이제 진정 소득과 여가의 소비자, 공적으로 보장된 보상과 생활보조의 수급자로 발전한다. 사적 자율성은 처분기능에서라기보다는 소비기능에서 유지된다. 사적 자율성의 본질은 오늘날 상품소유자의 처분권에 있다기보다는 급여 수혜자의 향유능력에 있다. 이로써 핵가족적 소비공동체 부문으로 수축된 친밀영역의 강화된 프라이버시라는 가상이 생긴다. 다시금 두 측면이 정당성을 갖는다. 일련의 사적 처분기능들이 국가의 공적 보장에 의해 대체된다. 그러나 이러한 복지국가적 권리와 의무의 좁은 틀 내에서 사적 처분권의 일차적 상실은 이차적으로는 부담의 경감으로 작용한다. 왜냐하면 소득, 생활보조, 여가의 기회가 그만큼 '더 사적으로' 발전할 수 있기 때문이다. 쉘스키가 확인하고 있는 경향, 즉 한편으로 공공적 내용으로 채워지는 대조직과 다른 한편으로 극적으로 사적 집단으로의 양극화 경향, '사생활과 공공생활 간의 분열 증대'[41]의 경향이 복잡한 발전사에서 표현된다.

---

40) 같은 곳.

41) H. Schelsky, *Wandlungen der deutschen Familie in der Gegenwart*, 1953, 20쪽; 특히 253쪽 이하. ders., "Gesellschaftlicher Wandel," in: *Auf der Suche nach Wirklichkeit*, Düsseldorf 1965, 337쪽 이하.

가족은 경제적 임무로부터 벗어나는 것에 비례하여 인격적 내면화의 힘도 상실하였다. 쉘스키가 진단하고 있는 가족 내부관계의 사물화 흐름은, 가족이 사회의 일차적 매체로 점차 덜 요구되는 발전과정에 상응한다. 자주 인용되었던 가장 권위의 해체, 모든 선진산업국가에서 관찰되는 가족 내부 권위구조의 평준화가 동일한 맥락에 속한다.[42] 이제 개별 가족구성원들은 더욱더 가족 외적 기관인 사회에 의해 직접적으로 사회화된다.[43] 여기서는 부르주아 가족이 공식적으로는 학교에, 비공식적으로는 가정 밖의 익명의 세력에 양도해야만 했던 명백한 교육적 기능만을 상기하는 것으로 충분할 것이다.[44] 사회적 재생산의 직접적 맥락으로부터 더욱더 분리되는 가족은 외관상으로만 강화된 프라이버시의 내부공간을 유지한다. 실제로 가족은 그것의 경제적 임무와 더불어 보호기능을 상실한다. 외부로부터 오는 가부장적 핵가족에 대한 경제적 요구에는 내면성의 영역을 양성하는 제도적 힘이 상응된다. 오늘날 이 내면성의 영역은 가족 외부기관들의 개인에 대한 습격에 그 자체로 방치되어 직접 가상적 프라이버시 영역으로 해소되기 시작하였다.

이러한 가족적 친밀영역의 은밀한 공동화(空洞化)는 주택과 도시건

42) R. König, *Materialien zur Soziologie der Familie*, Bern 1946; Burges/Locke, *The Family*, New York 1953; Winch/Ginnis, *Marriage and Family*, New York 1953.

43) Hebert Marcuse, "Trieblehre und Freiheit," in: *Frevel in der Gegenwart*, Frankfurt 1957, 401~424쪽 참조. "가족보다는 가족 외부에 의해 젊은 세대에게 현실원칙이 제공된다. 이 세대는 보호받는 가족의 사적 영역 외부에서 사회적으로 통상적인 행동방식과 반응을 학습한다."(같은 책, 413쪽)

44) 이에 관한 상세한 논의는 나의 논문 "Pädagogischer Optimismus vor Gericht einer pessimistischen Anthropologie," in: *Neue Sammlungen*, Bd. I, 1961, 특히 253쪽 이하 참조. 최근의 논의는 J. Kob, *Erziehung in Elternhaus und Schule*, Stuttgart 1963 참조.

설에서 건축학적으로 표현된다. 밖으로는 앞뜰과 울타리에 의해 뚜렷이 강조되고 안으로는 공간의 개별화와 다양한 분화에 의해 가능한 개인주택의 폐쇄성은 오늘날 깨져버렸다. 마찬가지로 역으로는 살롱, 응접실 등이 사라지면서 공공성의 사교적 교류에 대한 개인주택의 개방성이 위협받게 된다. 과거의 대도시 주거형태의 기능이 기술적·경제적 발전에 의해 암묵적으로 변했거나 아니면 사람들이 이러한 경험에 따라 교외에 새로운 주거형태를 발전시켰든 간에, 공공성으로의 보장된 통로 및 사적 영역의 상실이 오늘날 도시의 주거양식과 생활양식에 특징적이다.

윌리엄 화이트(William H. Whyte)는 이러한 교외세계의 미국적 모델을 제시하고 있다. 여러 집을 위한 공동 정원의 설치에 의해 건축학적으로 이미 그 형식이 주어져 있는 이웃간의 교제에 따른 강제적 순응의 결과, 사회적으로 동질적인 전형적 교외의 환경에서 '민간인판 주둔지 생활'이 발전된다.45) 한편으로 친밀영역이 '집단'의 시선 앞에서 소멸된다.

> 집안 내의 문이 … 사라지는 것과 마찬가지로 이웃에 대한 울타리도 사라진다. 전망창에 나타나는 그림은 전망창 안에서 일어나는 것, 또는 다른 사람의 전망창 안에서 일어나는 것이다.46)

얇은 벽은 필요하다면 타인의 시선을 차단하는, 그러나 결코 방음이 되지 않는 운동의 자유를 보장한다. 또한 이 벽은 사회적 통제와 구별하기 힘든 사회적 의사소통의 기능을 맡는다. 프라이버시는 거주에 의

45) W. H. Whyte, *The Organization Man*, New York, 1956, 280쪽.
46) 같은 책, 352쪽

해 당연히 주어진 매체가 아니라 매번 만들어내야만 하는 매체이다.

> 프라이버시를 획득하기 위해서는 무엇인가 해야만 한다. 가령 단지의 거주자는 그가 방해받고 싶지 않다는 것을 보이기 위해 그의 아파트의 안뜰 쪽이 아니라 전면에 의자를 놓는다.[47]

사적 생활이 공개되는 것에 비례하여 공공성 자체가 친밀성의 형태를 띤다. '이웃관계'에서 새로운 형태의 부르주아 이전의 대가족이 발생한다. 여기서 다시금 사적 영역과 공론장의 요소들은 그것의 정밀한 차별성을 상실한다. 공중의 논의 또한 재봉건화의 희생물이 된다. 사교의 토론형식은 공동성의 물신(物神)에 굴복한다.

> 사람들은 고독하고 이기적인 관조(觀照)에서 자기 자신의 힘을 충분히 발휘하지 않는다(이전에는 사적 독서가 항상 부르주아 공중모임에서 논의하기 위한 전제조건이었다). 오히려 다른 사람과 무엇인가 하면서, 심지어 함께 TV 프로그램을 보는 것이 어떤 사람을 진정한 인간으로 만든다.[48]

그러나 근대적 도시건설이 이러한 발전에 따르는 곳에서뿐만 아니라 기존의 건축이 이러한 발전에 의해 말하자면 압도되는 곳에서도 사적 영역과 공공성 관계의 동일한 파괴경향을 관찰할 수 있다. 바르트(Bahrdt)는 이것을 '블록건설'의 배치에서 보여주었다. 과거 이러한 건설방식을 통해 집의 전면은 거리방향으로 하고 후면으로 분할된 뜰과 정원을 갖추어 주택 내부의 실용적 분할과 동시에 도시 전체의 만족할

47) 같은 곳.

48) 같은 책 353쪽.

만한 질서가 가능하였다. 오늘날 이러한 건설방식은 도로와 광장의 교통기술적 기능변화에 의해 이미 시대에 뒤떨어진 것이 되었다. 그것은 공간적으로 보호된 사적 영역을 보장하지도 못하며, 사적 개인을 공중으로 결집시킬 공적 접촉과 의사소통을 위한 자유공간을 창출하지도 못한다. 바르트는 자신의 관찰을 다음과 같이 요약하고 있다.

> 도시화 과정은 사회생활이 '공공성'이나 '프라이버시'의 측면으로 계속 양극화되는 것으로 묘사될 수 있다. 이때 주목해야 하는 것은, 공공성과 프라이버시 사이에는 항상 상호관계가 존재한다는 점이다. 개인은 보호하고 지지해 주는 사적 영역 없이 공공성의 소용돌이에 빠지는데, 이 공공성 자체는 바로 이 과정에 의해 변질된다. 공공성에 구성적 계기인 거리(距離)의 계기가 빠지면, 공론장의 구성원들이 긴밀한 관계를 갖게 되면 공공성은 대규모로 전화한다. … 근대 대도시의 사회적 문제의 본질은 현재 이 도시에서의 생활이 너무 도시화되었다는 데 있다기보다는, 그것이 도시생활의 본질적 특징을 다시 상실했다는 데 있다. 공공영역과 사적 영역 간의 상호관계가 교란되었다. 그것이 교란된 이유는 대도시 인간이 그 자체로 대중인간이어서 사적 영역의 육성에 대한 어떤 생각도 갖고 있지 않기 때문이 아니라, 복잡해져만 가는 도시 전체의 생활을 공공적 방식으로 개관할 수 없기 때문이다. 도시 전체가 전체를 조망하기 힘든 정글로 변화할수록 대도시 인간은 더욱더 확대되어 가는 자신의 사적 영역으로 후퇴한다. 그러나 결국에는 도시의 공공성이 붕괴되는 것을 감지하게 되는데, 그 이유는 공공적 공간이 난폭한 교통을 위한 무질서의 공간으로 전도되었기 때문이다.[49]

전반적으로 기능이 줄어들고 권위가 약화된 핵가족 내부영역으로

---

49) H. P. Bahrdt, "Von der romantischen Großstadtkritik zum urbanen Städtebau," in: *Schweizer Monatshefte 1958*, 644쪽 이하.

사적 영역이 수축되었다는 것은 — 은밀한 행복 — 겉보기에만 친밀성의 완성이다. 왜냐하면 사적 개인이 사적 소유자로서의 그 구속적 역할로부터 아무런 구속이 없는 여가활동 공간의 순전히 '개인적' 역할로 후퇴하는 만큼, 그는 여기서 제도적으로 보장된 가족 내부공간의 보호없이 반(半)공공적 기관의 직접 영향하에 들어가게 되기 때문이다. 여가행태는 새로운 영역의 허위 프라이버시, 밖으로 선언된 내면성의 탈내면화(*Entinnerlichung*)에 대한 열쇠를 제공한다. 오늘날 자립화된 직업영역으로부터 분리된 여가영역은 저 문예적 공론장의 공간을 차지하는 경향이 있는데, 이 공론장은 전에 부르주아 가족의 친밀영역에서 형성된 주체가 관계한 것이었다.[50]

---

50) Helmuth Plessner, *Das Problem der Öffentlichkeit und die Idee der Entfremdung*, Göttingen 1960, 9쪽 참조. "강화된 대중적 의사소통수단이 모든 선전의 영향에 개방되어 있고, 가정 자체 내에서 신문과 책이 할 수 없었던 정도의 공공성을 창출하므로, 사적 영역의 안전장치 해제는 여하튼 감정적으로는 위기를 향해 흘러간다." 같은 취지의 논의는 M. L. Goldschimdt, *Publicity, Privacy, Secrecy*, 위의 책, 404쪽 이하 참조.

3. 문화를 논하는 공중에서 문화를 소비하는 공중으로

18세기 동안 핵가족적 친밀영역의 경험맥락으로부터 형성된, 공중과 연관된 프라이버시 유형에 관한 사회심리학은 문예적 공론장의 발달에 대해서와 마찬가지로 그것의 붕괴의 일정한 조건들에 대한 정보를 제공한다. 문예적 공론장 대신에 문화소비라는 사이비 공공부문 혹은 가상의 사적 부문이 등장한다. 그 당시 사적 개인들이 부르주아와 인간으로서의 이중적 역할을 의식하는 동시에 사적 소유자와 '인간' 일반의 동일성을 주장했을 때, 이러한 자기의식은 공론장이 사적 영역의 핵심으로부터 발전되었다는 사실에 기인한다. 문예적 공론장은 그것의 기능에서 볼 때 정치적 공론장의 예비형태였음에도 불구하고 그 자체 이미 일종의 '정치적' 성격을 지니고 있었는데, 이 때문에 그것은 사회적 재생산의 영역으로부터 벗어나게 되었다.

부르주아 문화는 단순한 이데올로기가 아니었다. 살롱, 클럽, 독서회에서 사적 개인들의 논의가 생산과 소비의 순환, 생활의 필요의 명령에 직접 종속되지 않았기 때문이다. 그것은 오히려 단순한 문예적 형태(주체의 새로운 경험들에 대한 의사소통의 형태)에서도 생활의 필요로부터의 해방이라는 그리스적 의미에서 '정치적' 성격을 지녔기 때문에, 여기서 이념, 즉 후에 이데올로기로 타락한 이념인 인본성이 형성될 수 있었다. 사적 소유자와 자연적 인격, 즉 인간 자체의 동일시는, 사적 부문 내부에서 한편으로 사적 개인들이 각자 삶의 재생산을 위해 추구하는 사업과 다른 한편으로 사적 개인들을 공중으로 결합시키는 교제 사이의 분리를 전제로 한다. 그런데 문예적 공론장이 소비분야로 성장해가자마자 바로 이 분리의 문턱은 낮아져 버린다. 이른바 여가행태가 이미 비정치적인 이유는, 그것이 생산과 소비의 순환에 편입되어 직접적 생활의 필요로부터 해방된 세계를 구성할 수 없었기 때문이다. 여가가 노동시간의 보완물로 노동시간에 사로잡혀 있다면,[51] 여가에서 사적 사업이 계속 추구될 수 있을 뿐 여가가 사적 개인들 상호간의 공적 의사소통으로 전환될 수 없다. 공공성의 조건하에서 욕구의 개별적 충족이 말하자면 대중적으로 이루어질 수도 있을 것이나, 이로부터 공론장 자체가 출현하지는 않는다. 상품교환과 사회적 노동의 영역을 지배하는 시장법칙이 공중으로서의 사적 개인에게 유보된 영역에도 침입해 들어올 때, 논의는 소비로 전화되는 경향을 보이며, 공공적 의사소통의 연관은 언제나 동일한 형태의 개별적 수용행위로 와해된다.

이로써 공중과 관계된 프라이버시는 바로 뒤집힌다. 과거 사생활의 소재로부터 문학적으로 압인되어 생산된 전형들이 특허권을 받은 문화산업의 공공연한 제조비밀로 유포되고 있다. 이 문화산업의 생산품들은 대중매체에 의해 공적으로 전파되어 소비자 의식 속에 부르주아적 프라이버시라는 가상을 만들어 낸다. 친밀영역과 문예적 공론장의 원천적 관계의 사회심리학적 기능전환은 사회학적으로 가족 그 자체의 구조변화와 관련되어 있다.

한편으로 사적 개인들은 부르주아와 인간이라는 그들의 이중적 역할의 이데올로기적 속박으로부터 자유로워질 수 있다. 그러나 자본주의적으로 기능하는 소유의 토대로부터 친밀영역의 분리는—이 분리는 해방된 사적 개인들의 공론장에서 그 이념의 실현을 가능하게 하는 것처럼 보였다—다른 한편으로 새로운 종속관계를 만들어낸다. 이제

51) 나의 연구 논문, "Zum Verhältnis von Arbeit und Freizeit," in: *Festschrift für Rothacker*, Bonn 1958, 219쪽 이하 참조.

더 이상 사적 소유의 처분권에 기초하지 않는 사적 개인들의 자율성이 프라이버시의 공적 지위 보장으로부터 파생된 자율성으로 실현되는 경우는, '인간'이 과거처럼 부르주아로서가 아니라 공민(*citoyen*)으로서 정치적으로 기능하는 공론장을 매개로 하여 그들의 사적 생존조건들 자체를 장악하는 경우뿐이다. 현재의 주어진 상황에서 이것을 기대할 수는 없다. 그러나 만약 가정단위로 생활하는 시민들이 그들의 사적 소유의 처분권으로부터 그리고 또한 정치적 공론장에 대한 참여로부터도 자율성을 끌어올 수 없다면, 다음 두 가지 조건이 사라진다. 한편으로 '청교도 윤리'의 전형에 따른 인간의 개별화를 위한 제도적 보장이 주어지지 않는다. 다른 한편 고전적 내면화의 길을 '정치윤리'의 교육적 길로 대체함으로써 개별화 과정에 새로운 기초를 제공할 수 있을 사회적 조건들도 예상할 수 없다.[52] 부르주아적 이념형은 공중과 관계된 주체의 기초가 튼튼한 친밀영역으로부터 문예적 공론장이 형성될 것이라 예상한다. 대신에 오늘날 이 공론장은 대중매체의 소비문화적 공론장을 통해 핵가족의 내부 공간으로 밀수입된 사회적 힘의 관문이 되었다. 사적 성격을 상실한 친밀 부문은 대중매체에 의해 공동화(空洞化)되고, 문예적 성격을 상실한 허위 공론장이 일종의 초가족적 친밀지대로 압축된다.

19세기 중반 이후 그때까지 논의하는 공중의 연계를 보장해 왔던 제도는 흔들린다. 가족은 '문예적 선전집단'의 기능을 상실한다. '정자'(亭子, *Gartenlaube*)는 이미 하나의 목가적 변용형태로서, 여기서 중산층 핵가족은 독서에 열중하는 이전 세대 대부르주아 가족의 살아있는 교육전통을 수용하고 다만 모방할 따름이다. 그 전통이 1770년

52) Herbert Marcuse, *Eros und Zivilisation*, Stuttgart 1957 참조.

라이프치히 연감과 괴팅겐 연감에서 시작하여 실러(Schiller), 샤미소(Chamisso), 슈밥(Schwab)에 의해 다음 세기까지 계속된 문학연감과 시인잡지는 1850년경 문예적 가족잡지의 유형에 의해 대체되었다. 이러한 유형의 잡지는 《베스터만 월간지》(*Westermanns Monatshefte*)나 《정자》와 같이 성공적인 출판업체에 의해 이미 거의 이데올로기화된 독서문화를 상업적으로 안정화시켰으나 여전히 문예적 공명판(共鳴板)으로서 가족을 전제로 했다. 이제 이 공명판은 깨져버렸다. 19세기 말 이후 유행에 따라 변화하는 전위의 논쟁무대였던 강령적 문예잡지는 문화적 관심을 가진 시민계층과 결코 연결되지 않았으며 연결점을 찾지도 않았다. 문예적 가족잡지는 부르주아 가족의 구조변동과 함께 그 자체 시대에 뒤떨어진 것이 되었다. 오늘날 정기구독 클럽(*Lesering*)에 의해 널리 유포된 광고 삽화지가 그들의 자리를 차지하고 있다. 이것은 서적의 판매부수 증대라는 그것의 공공연한 목적에도 불구하고 활자의 힘을 더 이상 신뢰하지 않는 문화의 증인이다.

가족이 문예적 연관을 상실했을 때, 18세기의 독서회를 보완하고 부분적으로는 대체하기도 했던 부르주아 '살롱' 또한 유행에 뒤떨어진 것이 되었다.

> 이때 술의 소멸은 17세기 말 유럽에 사교를 형성시켰던 커피의 도입과는 여러 방면에 걸쳐 반대 역할을 했다. 남성 사교모임과 단체는 사멸했고, 술집의 단골손님 모임은 해체되었으며, 클럽은 황폐화되었다. 그렇게 큰 역할을 했던 사회적 의리개념은 공허하게 되었다.[53]

---

53) L. L. Schücking, *Die Soziologie der literarischen Geschmacksbildung*, München 1923, 60쪽.

부르주아적 형태의 사교는 20세기가 진행되면서 대체물들을 발견하는데, 이것들은 지역적, 국가적 다양성에도 불구하고 문예적, 정치적 논의의 금지라는 공통된 경향성을 가진다. 이 모델에서 개인들간의 사교적 토론은 다소 구속력이 없는 집단활동에 길을 내준다. 이 집단활동 역시 비공식적 집회의 고정적 형태를 갖는다. 그러나 이들에게는 공공적 의사소통의 토대로서 사교적 접촉의 연관을 보장했던 특수한 제도적 힘이 없다. '집단활동'을 둘러싸고 공중은 형성되지 않는다. 공동으로 극장에 가거나, 라디오를 듣거나, 텔레비전을 시청할 때에도, 공중과 연관된 프라이버시의 특징적 관계는 해체된다. 문화적으로 논의하는 공중의 의사소통은 집안의 사적 영역의 밀실에서 이루어지는 독서에 의존하는 것으로 남게 된다. 이에 반해 문화를 소비하는 공중의 여가활동 자체는 사회 분위기 안에서 이루어지지만, 그것은 어떤 토론을 통해 지속될 필요가 없다.[54] 사적 형태의 습득과 더불어 습득된 것에 대한 공공적 의사소통 역시 사라진다. 양자 상호간의 변증법적 관계는 집단활동의 사회적 틀 내에서 아무 긴장 없이 조정된다.[55]

다른 한편으로 공공적 논의의 경향도 지속된다. 이른바 대화가 공

---

54) 파인은 텔레비전을 시청하는 가족을 "대화 없는 통일체"라고 정의한다(B. J. Fine, *Television and Family Life, A Survey of two New England Communities*, Boston 1952). 맥코비는 그녀가 조사한 사례들을 통해 10가족 중 9가족에서 어떤 "대화"도 없었다는 결과에 도달하고 있다(E. E. Maccoby, "Television. Its Impact on School Children," *Public Opinion Quarterly*, Bd. XV, Heft 3, 1951, 421쪽 이하). "텔레비전이 가져온 가족접촉의 증가는 다른 사람과 동일한 공간에 있다는 가장 제한된 의미에서 사회적 예외가 아닌 것처럼 보인다. 텔레비전 프로그램에 대한 공유된 경험이 가족 구성원에게 세계를 보는 유사한 지각구조를 제공하여 결국에는 가족 구성원들 사이에 관점의 차이와 갈등의 이유가 적어지는가의 여부는 현재 가지고 있는 자료로 평가할 수 없는 문제다."

55) D. Riesman, "The Oral Tradition, the written Word and the Screen Image," *Antioch College Founders Day Lecture*, Yellow Springs, Ohio 1955.

식적으로 조직되는 동시에 성인교육의 구성요소로 세분된다. 종교 아카데미, 정치 포럼, 문학 조직은 토론할 능력이 있고 비평을 필요로 하는 문화에 대한 평론에 의해 명맥을 유지한다.[56] 방송사, 출판사, 연합회는 공개좌담회로 번창하는 부업을 도맡고 있다. 이로써 토론은 신중한 보호가 보장되고 그것의 확장분야에는 어떤 한계도 없는 것처럼 보인다. 그러나 토론은 은밀한 방법으로 특유하게 변질되었다. 그것은 소비재 형태를 띤다. 과거 문화재의 상업화가 논의를 위한 전제조건이었던 적이 있었다. 그러나 그것은 기본적으로 교환관계로부터 배제되어 있었으며, 사적 소유자들이 오직 '인간'으로서만 서로 만나고자 하는 영역의 중심으로 남아 있었다. 거칠게 표현하자면, 독서, 연극, 연주회, 박물관을 위해 요금을 지불해야 했지만, 읽고 듣고 본 것에 관한 대화, 그리고 대화하는 중에 습득하려는 생각이 든 것에 대한 대화에 대해서도 지불해야 하는 것은 아니었다. 오늘날에는 대화 자체가 관리된다. 연단 위의 전문적 대화, 공개토론, 원탁회의 쇼—사적 개인들의 논의는 라디오와 텔레비전에서 스타 총출연 프로그램이 되고, 입장권 판매의 대상이 되며, 누구나 '참가'할 수 있는 학회에서조차 상품형태를 취하게 된다. 이제 '사업'으로 고려되는 토론은 형식화된다. 찬반의 입장은 사전에 연출된 특정한 게임의 법칙에 묶여 있다. 의제에서의 합의는 교제의 합의에 의해 전반적으로 불필요하게 된다. 문제제기는 의례적 질문으로 정의된다. 과거 공개논쟁에서 결말지어졌던 갈등은 개인적 불화의 차원으로 밀려난다. 이런 식으로 조직된 논의는 확실히 중요한 사회심리학적 기능, 특히 행위를 조용히 대체하는 기능을 수행한다. 그러나 그것은 점차 공공적 기능을 상

56) 현대 예술의 비평 필요성에 대해서는 A. Gehlen, *Zeitbilder*, Bonn 1960 참조.

실한다.[57] 문화재 시장은 확장된 형태의 여가시장에서 새로운 기능을 맡는다. 과거 문학, 예술, 철학, 과학작품에 있어 이례적인 상품형태가 이들 작품에 대해 거의 외면적이지 않았다. 그 결과 이들 작품은 시장을 경유해서 비로소 관행으로부터 유리된 것처럼 보이는 문화의 자율적 형성물로 구성될 수 있었다. 이들에 참가하는 공중은 판단, 취미, 자유 선택, 선호의 대상으로 그들에 대한 태도를 취한다. 단순한 소비로부터 독립적일 수 있는 비판적, 심미적 관계가 발생하는 것은 바로 상업적 매개를 통해서이다. 바로 그렇기 때문에 시장의 기능은 문화재를 부유한 후원자와 귀족적 전문감정가의 독점적 사용으로부터 벗어나게 하여 분배하는 기능에 국한된다. 아직도 교환가치가 재화의 질 자체에 대한 영향력을 획득하지는 못하고 있다. 오늘날까지도 문화재를 취급하는 사업에는 이런 종류의 생산물과 상품형태 사이의 어떤 부적합성이 달라붙어 있다. 그러나 업종 특유의 이러한 의식이 일정한 유보 하에서만 유지되는 것은 우연이 아니다. 왜냐하면 시장법칙이 작품의 실체에 침투해 들어와, 작품의 형성법칙으로 내재하게 되었기 때문이다. 더 이상 작품의 중개와 선택, 포장과 장식이 아니라 작품의 제작 자체가 소비자 문화의 넓은 부문에서 판매전략의 관점에 따르게 되었다. 실제로 대중문화가 의심스러운 이름을 획득하는 것은, 상대적으로 낮은 교육수준의 소비자 집단의 휴식과 오락의 수요에 순응함으로써 판매확대를 달성했지 그 대신 역으로 확장된 공중을 그 실체에 있어 온전한 문화로 향상시킴으로써 판매확대가 이루어진 것이 아니기 때문이다.

57) 신교 아카데미에 있어 회의운영의 사회학적 측면에 관한 연구는 아직 없다. 이에 관한 지적은 H. Schelsky, "Ist die Dauerreflexion institutionalisierbar?," in: *Zeitschrift für evangelische Ethik 1957*, Heft 4, 153쪽 이하 참조.

이런 고풍스러운 방식으로 18세기 말 교양신분의 공중이 자영업을 하는 소부르주아 계층에로 확대되었다. 그 당시 많은 곳에서 가게 주인으로서 부르주아 클럽으로부터 배제된 소매상들이 그들 자신의 단체를 결성했다. 전적으로 독서회 형태를 취하는 상공업조합이 널리 확산되어 있었다.[58] 많은 경우 그것들은 부르주아 독서회의 지부였다. 그들의 방향지도와 독서자료의 선택은 명망가에게 맡겨졌는데, 이들은 계몽주의의 방식 그대로 이른바 하류계층에 교양을 전파하려 했다. 소매상과 수공업자도 점차 백과전서를 소유한 사람이 교양인이라는 기준을 갖게 된다. '민중'이 문화로 교육되었지, 문화 자체가 대중문화로 하락하지 않았다.

이에 상응하여 시장의 기능이 엄밀히 구별되어야 한다. 시장이 공중에게 문화재로의 접근통로를 먼저 창출한 다음 생산물의 가격을 인하하여 더 많은 공중에게 경제적으로 접근을 용이하게 했는지, 아니면 시장이 문화재의 내용을 자신의 필요에 적응시켜 광범위한 계층에게 심리학적으로도 접근을 용이하게 했는지가 구별되어야 한다. 이러한 맥락에서 마이어손(Meyersohn)은 '여가로의 입장요건'(入場要件)의 인하에 관해 말한다.[59] 문화가 그 형식에서만이 아니라 내용에서도 하나의 상품이 되는 만큼, 문화는 그것의 수용을 위해 일정한 훈련이 요구되는 계기를 — 이때 '숙련된' 체득이 능력 자체를 제고시킨다 — 포기한다. 규격화 자체가 아니라 제품의 특수한 정형화(*Präformierung*)로 인해 — 이로써 소비가능성(*Kosumreife*), 즉 엄격한 전제조건 없이

58) 동시대의 자료에 따르면 1800년경 독일에 약 200개의 그러한 조합이 있었다. J. A. Weiß, *Über das Zunftwesen*, Frankfurt 1798, 229쪽.

59) R. Meyersohn, "Commercialism and Complexity in Popular Culture," 55. *Meeting of American Sociological Association*, New York 1960.

도, 현저한 결과 없이도 수용될 수 있다는 보장이 제품에 부여된다—문화재의 상업화는 문화재의 복잡성에 반비례하게 된다. 문화와의 친숙한 관계는 연습되는 것인 반면, 대중문화의 소비는 아무런 흔적을 남기지 않는다. 그러한 소비는 축적되는 것이 아니라[60] 일종의 퇴행적[61] 경험을 전달한다.

문화재 시장의 두 가지 기능, 즉 순수하게 경제적 방식으로 아니면 심리학적 방식으로 접근을 용이하게 하는 두 기능이 필연적으로 병행하는 것은 아니다. 이는 오늘날까지 문예적 논의에서 가장 본질적 영역인 서적시장에서 나타나는데, 이 시장은 두 가지 상보적 현상에 의해 지배된다. 교육받았거나 교육받을 준비가 된 비교적 소수의 독자층(주로 중고등학생과 대학생)은 높은 발행부수로 판매되는 문고시리즈를 통해서[62] 고급문학에 접근할 수 있게 된다. 만약 이것이 보통의 장정판으로 공급되었다면 이들의 구매력으로는 그것을 구입할 수 없었을 것이다. 광고기술적으로 능숙한 포장과 주도면밀하게 계획된 판매조직은 이러한 종류의 서적들에게 다른 종류의 서적들이 따라올 수 없을 정도의 용이한 소비와 급속한 소모를 목표로 하는 상품성격의 외양을 부여함에도 불구하고, 이 경우 시장은 접근을 오직 경제적으로 용이하게 한다는 해방적 기능을 유지하고 있다. 문고본의 내용은 그것의 확산을 가능하게 만드는 대량판매법칙에 의해 일반적으로 영향을 받지 않는

60) Meyersohn, 위의 책, 5쪽. "지금까지 평균적 미국인은 10년간 매주 18시간 텔레비전을 시청했다. 그러나 이러한 엄청난 시간의 축적은 텔레비전 앞에서의 그의 태도에 뚜렷한 영향을 미치지 않았다."

61) 이에 대해서는 Th. W. Adorno, "Über den Fetischcharakter in der Musik und die Regression des Hörens," in: *Dissonanzen*, Göttingen 1956, 9쪽 이하 참조.

62) H. M. Enzensberger, "Bildung als Konsumgut, Analyse der Taschenbuchproduktion," in: *Einzelheiten*, Ffm 1962, 110쪽 이하.

다. 다시 말해 문고본과 더불어 볼프강 카이저(Wolfgang Kayser)가 지적했던 어떤 역설,[63] 일시적 형태의 장정 속에 영속성이 나타난다. 역으로 정기구독 클럽 서적들과 더불어 영속적 형태의 — 반(半)가죽과 금으로 장식된 — 장정 속에 일시적인 것이 나타난다.

1차 세계대전 이후 앵글로색슨 국가들에서 먼저 형성되었고 오늘날 이미 시장의 대부분을 통제하는 독서클럽[64]도 역시 출판사의 위험을 감소시키고 권당 가격을 저렴하게 만들었다. 그러나 편집부가 대중취향의 수요에 직접 접촉을 강화하는 것에 비례하여 서적소매상을 우회하고 소비자의 선택기회를 줄이는 이러한 판매전략과 판매조직으로 인해, 주로 낮은 사회계층 출신의 소비자가 문학에 접근하기가 단순히 경제적으로만 용이하게 된 것은 아니다. 그것은 오히려 '입장요건'을 심리학적으로 인하한 결과, 문학 자체가 적은 전제조건과 약한 효과를 갖는 수용양식의 편리함과 안락함에 맞추어 제작될 수밖에 없게 만든다. 이 밖에도 이러한 사례에서 어떻게 소비자문화의 사회심리학적 기준인 비축적적 경험이 공론장의 파괴라는 사회학적 기준과 병행하는가가 명백해진다. 독서클럽은 대량의 대중문학을 서적 소매상뿐만 아니라 비평으로부터도 벗어나게 만든다. 정기구독 클럽의 삽화잡지의 내부 광고수단은 출판사와 독자 사이의 유일한 연계고리로서 의사소통망을 단순하게 만든다. 독서클럽은 그들 고객층을 문예적 공론장과 격리시켜 출판사 직속으로 관리한다. 이는 역으로, 과거 실러와 슐레겔 정도의 비평가들이 자신들은 이런 종류의 방대한 부수활동

63) W. Kayser, "Das literarische Leben der Gegenwart," in: *Deutsche Literatur in unserer Zeit*, ed. Kayser, Göttingen 1959, 22쪽.

64) 카이저는 독일의 독서클럽 회원을 약 3백만으로 추산하고 있다. 이들 회원이 매년 3천만 권의 책을 구입하는데, 이는 연간 대중출판물 전체의 절반을 훨씬 넘는 양이다. Kayser, 같은 책, 17쪽 이하.

을 하기에는 너무 훌륭하다고 생각했을 당시에 문학적 관심을 가진 사적 개인들의 비전문가적 판단이 제도화되었던 비평 자체의 위상약화와 결부되어 있을 것이다.

물론 문예적 공론장의 붕괴경향을 그것의 전체적 규모에서 개관하게 되는 것은, 독서공중의 거의 모든 주민층으로의 확장과 실제적인 독서보급이 비교될 때이다. 서독에서 모든 잠재적 독자들의 1/3 이상이 책을 전혀 읽지 않으며, 2/5 이상이 책을 구입하지 않는다.[65] 앵글로색슨 국가들과 프랑스에서의 비교수치도 이에 상응한다. 따라서 문화소비자라는 대중적 공중에 의한 문화적으로 논의하는 독서공중의 대체는 도서시장의 세력범위 내부만 본다면 충분하게 반영될 수 없다. 이 과정은 전형적인 부르주아 교양수단인 책과는 다른 변환기를 사용한다.[66]

5만 부 이상 대량 발행되었던 최초의 신문은 특이하게도 차티스트 운동의 기관지이며, 1816년 이래 간행되었던 코벳(Cobbet)의 《폴리티칼 레지스터》(*Political Register*)였다. 경제적 상황이 대중을 정치적 공론장에 참여하도록 압박하는 한편, 다른 한편으로 이 동일한 경제적 상황에 의해 부르주아 신문독자의 방식과 수준에서의 참여를 가능하게 했을 그런 교양수준이 대중에게 거부되었다. 이런 이유로 1830년대 초에 10만 부와 20만 부의 발행부수에 이르렀던 대중 저가지(*Penny Press*)와 19세기 중반경 널리 보급된 주말신문은 그 이후 대중상업지를

---

65) 1955년 독일연방공화국의 모든 세대의 1/3 이상에서 한 권의 책도 없었다. 전세대의 58%가 최소한 자신 소유의 한 책을 가지고 있었다. *Jahrbuch der öffentlichen Meinung*, Allensbach 1957, 102쪽 참조.

66) 도서소비의 사회학에 관해서는 R. Escarpit, *Das Buch und der Leser*, Köln 1961, 120 이하 참조. 마이어돔은 경제적 분석을 제공하고 있다. P. Meyer- Dohm, *Der westdeutsche Büchermarkt*, Stuttgart 1957.

특징짓는 '심리학적 용이함'을 제공한다. 이와 유사한 발전이 7월 혁명 이후 파리의 에밀 지라르댕(Emile Girardin)과 미국의 벤자민 데이(Benjamin Day)의 《뉴욕 선》(*New York Sun*)에서 나타나고 있다. 퓰리처(Pulitzer)가 《뉴욕 월드》(*New York World*)를 인수하고 동시대에 런던의 《로이드 위클리 뉴스페이퍼》(*Lloyd's Weekly Newspaper*)가 곧 백만에 이르는 발행부수로 '황색 저널리즘'의 방법을 통해 실제로 대중에 침투해 들어가기까지 물론 다시 50년이 걸렸다. 황색저널리즘이라는 이름은 1930년대 선정적 신문의 노란색 만화(Yellow Kid의 대표적 인물)에서 유래한다. 물론 풍자만화, 시사만화, 인간적 흥미를 유발하는 실화의 기법은 이미 이전에 뉴스기사와 허구기사를 문학적으로 부담 없을 만큼 시각적으로 효과적으로 제공하였던 주말신문의 르포르타주에서 나왔다.[67] 세기말에는 대륙에서도 '미국적' 형태의 대중지가 관철되었다. 여기서도 마찬가지로 주말지와 삽화잡지가 본래의 대중신문의 선도자였다.

대중지는 주로 대중을 공론장에 접근하도록 해준, 폭넓은 계층의 공론장에 대한 참여를 상업적으로 기능전환한 데 기초하고 있다. '심리학적 용이함'의 수단이 상업적으로 확정된 소비유지라는 자체 목적

67) R. E. Park, "The Natural History of the Newspaper," in: W. Schramm, *Mass Communication*, Urbana 1944, 21쪽. "최초로 7단(段) 판이 인쇄된 것은 《선데이 월드》(*Sunday World*)에서였다. 이후 둔감하고 주저하는 공중이 읽지 않을 수 없게 만드는 우리에게 친숙한 다른 모든 장치와 풍자란(欄)이 뒤따른다. 이러한 방법들이 쓸 만한 것으로 된 이후 그것은 일간지에 도입된다. 황색저널의 최종 승리는 브리스베인(Brisbane)의 마음에서 마음으로의 사설이었다. 그것은 본문을 보강하기 위해 반 페이지에 걸친 도표와 삽화로 채워진, 쉽게 조리된 평범한 의견과 설교방식의 칼럼이었다. 인쇄기술은 주의력의 경제라는 허버트 스펜서의 격언이 그렇게 완전히 실현된 적이 없었다." 19세기 독일의 대중잡지에 대한 보고는 J. Kirchner, "Redaktion und Publikum," in: *Publizistik*, Bd. V, 1960, 463쪽 이하 참조.

이 됨에 따라, 이 확장된 공론장은 그 사이에 그것의 정치적 성격을 상실한다. 그 내용의 탈정치화를 통해 판매를 극대화하기 위해 어떠한 대가를 지불하는가는 초기의 대중저가지에서 이미 관찰할 수 있다. 그 대가는 금주와 도박 같은 도덕적인 주제에 대한 정치기사와 정치적 사설의 삭제였다.[68)]

화보신문의 저널리즘 원칙은 존경할 만한 전통을 가지고 있다. 따라서 장기적으로 보면 신문을 읽는 공중의 확대에 비례하여 정치적으로 논의하는 신문은 영향력을 상실해 왔다. 정치적 공론장에서라기보다는 오히려 문예적 공론장에서 그 유산을 상속받은 문화를 소비하는 공중이 주목할 만한 지배권을 획득한다.[69)]

문화소비는 물론 문학적 중재의 부담을 상당한 정도로 벗어버렸다. 비언어적 전달 혹은, 만약 그것들이 그림과 소리로 번역되지 않았다면, 시각적이고 음향적인 지원에 의해 용이해진 전달이 문학생산의 고전적 형식을 대규모로 밀어냈다. 이러한 경향들은 여전히 고전적 형식들에 가장 근접해 있는 일간지들에서도 확인된다. 매우 다양한 변화를 준 조판과 다양한 삽화가 신문읽기를 지원하는데, 이러한 읽기의 자발성의 여지는 소재의 정형화에 — 양식화(*patterning*), 요약(*predigest*) —

---

68) W. G. Bleyer, *History of the American Journalism*, Boston 1927, 184쪽.

69) 몇 년 전 독일의 한 조사에 따르면, 해당기사를 포함하는 일간지를 구독하는 성인의 86%가 대형사고, 범죄, '인간운명'에 관한 보도를 읽으며 85%가 지역면을 읽는 반면, 40%만이 사설을, 52%가 지면 내부의 정치보도를, 59%가 정치적 주요 논설을 읽는다. 1957년 말 독일연방공화국의 성인 중 70% 이상이 최소한 일간지 하나에 접근한다. 그런데 이 중 17%가 정기적으로 대중지를, 63%가 지방지를, 2.4%가 전국으로 배포되는 대형 일간지를 구독한다. 성인의 과반수 이상이 정기적으로 삽화주간지를 구독하며, 1/4이 다른 오락지, 주말지, 여성지, 라디오와 텔레비전 프로그램 소개지를 읽는다(DIVO, *Der westdeutsche Markt in Zahlen*, Frankfurt 1958, 145쪽 이하).

의해 제한된다. 편집부의 입장표명은 통신사 보도와 특파원 보고의 뒤로 후퇴한다. 비판적 논의는 소재의 선택과 제시에 관한 내적 결정의 장막 뒤로 사라진다. 이로써 정치기사나 정치와 관련된 기사의 비율이 변화한다. 공공사안, 사회문제, 경제문제, 교육, 보건, 즉 미국 저자들의 분류에 따르면,[70] 바로 보상지연 뉴스(*delayed reward news*)는 풍자, 부패, 사고, 재해, 스포츠, 레크리에이션, 사회적 사건, 인간적 흥미와 같은 즉각적 보상뉴스(*immediate reward news*)에 의해 밀려날 뿐만 아니라, 이미 이러한 특징적 지칭에서 드러나듯이 실제로 적고 드물게 읽힌다. 결국 보도는 일반적으로 비유적 표현의 형태를 띠며, 그것의 양식으로부터 세부적 문체에 이르기까지 소설을 닮게 된다(*news stories*). 사실과 허구 간의 엄밀한 구분은 더욱 자주 포기된다.[71] 뉴스와 보고, 그리고 사설조차 오락 문학의 장치를 갖추는 반면, 다른 한편으로 통속적 기고는 상투적 표현으로 묶여진 기존의 것에 대한 엄격한 '사실주의적' 복제를 추구하며 소설과 르포르타주의 경계를 지워버린다.[72]

이러한 방식으로 일간신문에서 맹아적으로 암시되었던 것이 이미 새로운 매체 속에서 진전된다. 과거 분리되었던 저널리즘 부문과 문학 부문의 통합, 즉 한편으로 정보 및 논의와 다른 한편으로 대중문학의 통합은 독특한 현실 전이(轉移), 심지어 다양한 차원들의 현실 교착(交錯)을 낳는다. 이른바 인간적 흥미라는 공통분모 위에서 현실존중을 소비가능성으로 대체하는 경향을 보이며, 이성의 공적 사용으로

70) W. Schramm/D. W. White, "Age, Education and Economic Status as Factors in Newspaper Reading," in: Schramm, 위의 책, 402쪽 이하.

71) G. Seldes, *The Great Audience*, New York 1951.

72) H. M. Hughes, "Human Interest Stories and Democracy," in: Berelson/Janowitz, *Public Opinion and Communication*, Glencoe 1950, 317쪽 이하.

인도하기보다는 휴식을 위한 자극의 비인격적 소비로 유혹하는, 유쾌한 동시에 만족할 만한 오락소재의 혼합물(*mixtum compositum*)이 출현한다. 라디오, 영화, 텔레비전은 독자가 인쇄된 활자에 대해 유지해야 하는 거리를—읽은 것을 논의하며 교환하는 공론장을 가능하게 하는 것과 마찬가지로 전유의 사적 성격이 요구했던 거리를—사라지게 만든다. 새로운 매체들과 함께 의사소통의 형식 자체가 변화한다. 따라서 이들 매체는 신문이 이제까지 했던 것보다 더 (그 말의 엄밀한 의미에서) 침투적으로 작용한다.[73] 공중의 행태는 "말대꾸하지 말라!"라는 압박 하에서 다른 형태를 취한다. 뉴미디어들이 방송하는 프로그램들은 인쇄된 전달방식과는 달리 수신인들의 반응을 독특하게 제거한다. 그것들은 공중을 시청자로서 자신의 궤도로 끌어당기는 동시에 공중으로부터 '성숙'의 거리, 즉 말하고 반론할 수 있는 기회를 박탈한다.[74] 독서 공중의 논의는 소비자들간의 '취미교환과 선호교환'에 굴복하는 경향을 보인다.[75] 심지어 소비할 대상에 대한 대화, '취미지식의 검사'가 소비 자체의 일부가 된다.

---

73) "다른 모든 매체 중에 개인에게 가장 직접적인 의사소통 통로를 가지고 있는 것처럼 보이는 텔레비전과 라디오는 아마도 영향력이 가장 클 것이다. 최선의 상태에 있는 신문은 엄청나게 강력한 영향력을 행사한다. 그러나 그것은 방송(과 영상) 매체에 비해 덜 개인적이며, 확실히 개념상 덜 친밀하다. 반면 신문은 사상의 프라이버시를 허용한다. 왜냐하면 어떤 사람이 신문에서 연설을 읽는 것은 오직 혼자서 가능하지만, 그것의 시청은 여러 사람과 함께 이루어지기 때문이다. … 방송된 연설은 전기적으로 청자인 '당신에게' 향한다. 조간신문에 인쇄된 동일한 연설문은 즉시성과 직접성으로부터 한 발 떨어져 있다." Ch. S. Steinberg, *The Mass Communicators*, New York 1958, 122쪽.

74) 이에 대해서는 G. Anders, *Die Antiquiertheit des Menschen*, München 1957; L. Bogart, *The Age of Television*, New York 1958 참조.

75) D. Riesman, *The Lonely Crowd*, New Haven 1950. 이에 관해서는 다음 논문 모음집의 논문들을 참조. White/Rosenberg, *Mass Culture*, New York 1955; Larabee/Meyersohn, *Mass Leisure*, New York 1959.

대중매체에 의해 만들어진 세계는 표면상으로만 공론장이다. 게다가 대중매체가 그 소비자에게 보증하는 사적 영역의 고결함도 역시 환상이다. 18세기에 부르주아 독서공중은 친밀한 서신왕래 및 여기서 발전된 심리소설과 단편소설 문학에 대한 독서를 통해 문학능력을 갖춘, 공중과 관계된 주체성을 배양할 수 있었다. 이런 형태로 사적 개인들은 공론장과 사적 영역의 자유로운 관계에 기초했던 자신들의 새로운 생활형식을 해석했다. 프라이버시의 경험은 순수하게 인간적인 것의 심리, 자연적 인격의 추상적 개인성에 대한 문학적 실험을 가능하게 하였다. 오늘날 대중매체가 시민들의 이러한 자기이해로부터 그 문학적 외피를 벗겨버리고, 소비자 문화의 공공 서비스를 위한 통상적 형태로 그것을 이용함으로써 본래의 의미는 전도된다. 한편으로 18세기 심리문학의 사회화된 유형들이 — 인간적 흥미와 전기적 비망록[76]에서는 20세기의 사건들도 이러한 전형 하에 해독되고 있다 — 충실한 사적 영역과 온전한 사적 자율성이라는 환상을 이 양자의 기초가 오래 전에 사라져버린 상황에 전용된다. 다른 한편으로 이 유형들은, 공론장 자체가 소비하는 공중의 의식 속에서 사사화(私事化)될 정도로 정치적인 사실에 덮어씌워진다. 이른바 평범한 사람의 우연적 운명이나 계획적으로 관리되는 스타의 운명이 공개성을 획득하였든, 공공적으로 중요한 발전과 결정들이 사적인 옷이 입혀져 사사(私事)롭게 되어 알아볼 수 없을 정도로 왜곡되든 간에, 실로 공론장은 사적 생활사의 폭로영역이 된다. 개인에 대한 감상과 이로부터 사회심리학적으로 불가피하게 따라오는 제도에 대한 냉소주의는 물론 공권력에 대한 비판적 논의능력을 — 비록 객관적으로 가능하다 하여도 — 주체

76) L. Löwenthal, "Die biographische Mode," in: *Sociologica*, Frankfurt 1955, 363쪽 이하; ders, *Literatur und Gesellschaft*, Neuwied 1964.

적으로 제한한다.

이전에 가족적 친밀영역의 보호공간이었던 것이 과거라면 '교양'계층으로 간주될 계층에서조차 개방된 결과, 문예적으로 매개된 공론장에 참여하기 위한 전제조건으로서 소설읽기와 편지교환이라는 사적 활동은 무력화된다. 부르주아 독서공중의 행태와 관련하여, 대중매체의 공중이 확대됨에 따라 독서보급이 급속히 감소되었다는 것은 확정된 사실로 여겨질 수 있다. 서신을 개인적으로 교환하는 습관도 적어도 같은 정도로 사라졌다고 할 수 있다. 이 습관은 신문과 잡지의 편집국, 라디오와 텔레비전 방송국이 그들 독서공동체와 벌이는 서면대담에의 참여에 의해 다양한 방식으로 대체된다. 일반적으로 대중매체는 개인적 필요와 고민의 수신처로서, 생활상담의 권위로서 추천된다. 그것들은 공적 격려와 자문서비스의 준비된 기금으로부터 자기확인을 위한, 즉 일종의 사적 부문의 재생을 위한 풍부한 기회를 제공한다.[77] 문예적 공론장에 대한 친밀영역의 근원적 관계는 전도된다. 공공성과 관계된 내면성은 친밀성과 관계된 사물화에 굴복하는 경향을 보인다. 사적 생활의 문제는 어느 정도 공론장에 의해 흡수되어 저널리즘 기관들의 감독 하에 해결되지는 않는다 하더라도 개진된다. 다른 한편 대중매체에 의해 형성된 영역이 이차적 친밀성의 특징을 띠게 만드는 그러한 공개화에 의해 프라이버시에 대한 의식은 높아진다.[78]

---

77) 노엘레는 경험적 연구에 기초하여 저널리즘의 '생활상담'의 놀라운 효과에 대해 보고하고 있다. Elisabeth Noelle, "Die Wirkung der Massenmedien," in: *Publizistik*, Band V, 1960, 532쪽 이하. "《콘스탄쩨》(*Constanze*) 지의 어떤 호(号)에 어떻게 손상된 셔츠의 깃을 수선하는가에 대한 조언이 나오면, 이 호를 읽는 독자들 중 백만이 이를 시험해 본다. … 이 호의 거의 250만의 독자가 수 일이나 일 주 동안 매시간 5분간 발을 높이 드는 이유는 《콘스탄쩨》지에 그렇게 실려 있기 때문이다." 위의 책, 538쪽 이하.

78) 크네벨은 한편으로 '탈내밀화' 경향과 다른 한편으로 세분화와 개인화 경향의 동일

이러한 사회심리학적 조사결과에 사회학적으로 대응되는 공중은, 널리 유포된 선입견에서처럼, 주변부로부터는 반문맹의 소비자대중으로 넘쳐나고 분열되어 있으며, 그 중심, 특히 신 중산층의 상층부에서는 18세기와 19세기 초 문예적으로 논의했던 사적 개인의 전통과 일정한 연속성을 지니고 있는 그런 공중이 아니다. 만약 그랬더라면, 새로운 소비자문화의 제도와 행동방식이 높은 사회계층보다는 낮은 사회계층에서 더 널리 확산되리라 기대할 수 있었을 것이다. 현재의 상황은 이러한 가정을 뒷받침하지 않는다. 오히려 주말잡지, 삽화지, 대중지의 정기구독, 라디오와 텔레비전의 정기시청과 청취, 또한 정기적 영화관람은 아직도 낮은 지위의 집단과 농촌인구에서보다는 비교적 높은 지위의 집단과 도시인구 사이에서 상대적으로 자주 만날 수 있다. 이런 종류의 문화소비는 직업적 지위, 소득, 학교교육의 기준에 따라 측정된 지위 및 촌락에서 소·중·대도시에 이르는 도시화 정도에 비례하여 거의 중단없이 증가한다.[79] 한편으로 저 '교양신분'이라는 도시 부르주아 독서공중 집단에 새로운 주변계층이 언제나 포섭되는 것인 양, 공중 확대선이 현재의 사회적 구성으로부터 아무런 유보조건 없이 과거로 투사되어서는 안 된다. 다른 한편 사태는 정반대의 견해, '아래' — 즉 노동자층 출신과 '외부' — 즉 농촌 출신의 대중매체 공중이 과거의 공중을 폭파하고 밀어냈다는 견해도 배제한다. 오히려 사회역사적 관찰이 분명하게 보여주는 것은, 미국에서 텔레비

한 상보적 현상을 저소득층을 위한 관광지원책의 예에서 분석하고 있다. H. J. Knebel, *Soziologische Strukturwandlungen im modernen Tourismus*, Stuttgart 1960, 124쪽 이하.

79) DIVO, 위의 책, 145쪽 이하와 *Jahrbuch der öffentlichen Meinung*, 위의 책, 51쪽 이하 참조. 영화관람의 빈도는 물론 무엇보다 연령층에 좌우된다. 전체적으로는 G. Kieslich, *Freizeitgestaltung in einer Industriestadt*, Dortmund 1956 참조.

전의 도입시 경험적으로 발전된 사회조사의 감독 하에 관찰할 수 있었던 공중확대의 경우를 기초로 삼아 문화를 논하는 초기 단계의 공중에서 문화를 소비하는 공중으로의 확대와 동시에 변형을 일정 정도 추론할 수 있다는 것이다. 최초로 텔레비전을 구입하기로 결정한 집단들 중에 그들의 학교교육 수준이 소득 수준과 맞지 않았던 구매자들이 대다수였다는 것이 미국에서 확인되었다.[80] 만약 일반화가 허락된다면, 새로운 형식의 대중문화가 처음으로 침투한 소비자 계층은 기성의 교양계층에도 사회적 하부계층에도 속한 것이 아니라, 그 지위가 아직 문화적 정당화를 필요로 하는, 상승과정 속에 있는 집단들에 상대적으로 자주 속해 있었다.[81] 뉴미디어는 이들 개시집단에 의해 중계되어 처음에는 비교적 높은 사회계층 내로 보급되고 여기서부터 점차 낮은 지위의 집단에게로 확산되었다.

부르주아 교양계층으로부터 '지식인 계층'의 분리도 이러한 맥락에서 설명될 수 있다. 부르주아 교양계층은 이데올로기적으로 보수적인 자기이해에도 불구하고 문화소비자라는 새로운 공중 내에서도 물론 덜 영광스럽기는 하지만 지도적 역할을 유지해 왔다. 리처드슨(Richardson)의 《파멜라》(*Pamela*)에 대해서는 전체 공중, 즉 글을 아는 사람 '모두가' 읽었다고 말할 수 있었다. 공중에 대한 예술가와 문학가의 이러한 친밀한 관계는 대략 자연주의 이후 느슨해진다. 이와 동시에 '뒤에 남겨진' 공중은 생산자에 대한 비판적 힘을 상실한다. 근대 예술은 이후 계속해서 선전의 장막 아래서 살게 된다. 예술가

80) C. E. Swanson, R. D. Jones, "Television Owning and its Correlates," in: *Journal of Applied Psychology*, Oct. 1951, 352쪽 이하.

81) 마이어손도 이러한 해석을 제시하고 있다. R. Meyersohn, "Social Research in Television," in: *Mass Culture*, 위의 책, 347쪽.

와 작품에 대한 저널리즘의 인정은 광범위한 공중의 인정과 다만 우연적으로 관계할 뿐이다. 이제 비로소 '지식인 계층'이 출현하는데, 이들은 처음 부르주아 교양계층의 공중으로부터 고립되는 것을 사회적 지위 일반으로부터의—환상적인—해방이라 이해하고 스스로를 '자유롭게 부유하는 지식인 계층'이라 해석한다. 하우저(Hauser)도 이 계층의 기원을 대략 19세기 중반 경으로 잡고 있다.

> 혁명이 승리하고 차티스트 운동이 패배한 이후에 시민계층은 양심의 갈등과 고통을 더 이상 갖지 않으며 비판의 필요도 생각하지 않을 정도로 비로소 자신들의 권력이 안전하다고 느꼈다. 그러나 이로써 교양계층, 특히 문학적으로 생산적인 부분이 사회에서 완수할 사명을 가지고 있다는 느낌을 잃어버렸다. 그들은 자신들이 이제까지 대변자 역할을 해왔던 사회계급으로부터 절연되는 것을 보고, 그들을 더 이상 필요로 하지 않는 시민계층과 비교양 계층 사이에서 완전히 고립감을 느꼈다. 이러한 느낌과 함께 비로소 이전의 부르주아적 뿌리를 가진 교양계층으로부터 우리가 '지식인 계층'이라고 부르는 사회적 구성물이 출현하였다.[82]

그러나 1세기 후 이 지식인 계층은 사회적으로 완전히 통합된다.[83] 보수가 좋은 문화관료 집단은 룸펜 프롤레타리아적 보헤미안으로부터 관리 및 관료적 지도층의 존경받는 집단으로 상승하였다. 남은 것은 하나의 제도로서의 전위(前衛)이다. 이에 대응하여 한편으로 생산적이

---

82) Hauser, 위의 책, Bd. II, 379쪽.

83) 쾨니히는 사회학을 예로 들어 이것을 보여주고 있다. R. König, "Wandlungen in der Stellung der sozialwissenschaftlichen Intelligenz," in: *Soziologie und moderne Gesellschaft, Verhandlungen des 14. Deutschen Soziologentages*, Stuttgart 1959, 53쪽 이하. 일반적으로는 Th. Geiger, *Aufgaben und Stellung der Intelligenz in der Gesellschaft*, Stuttgart 1949.

고 비판적인 소수의 전문가 및 전문화된 아마추어와—이들은 예술, 문학, 철학에서의 고도의 추상화과정, 근대 주변에서의 특유한 노령화,[84] 그리고 무대교체와 유행적 궤변에 보조를 맞추어간다—다른 한편으로 대중매체의 거대한 공중 사이에 소외가 지속된다.

이러한 현상은 다시 한 번 문예적 공론장의 붕괴로 요약된다. 이성의 공적 사용을 위해 교육된 교양계층이라는 공명판은 깨져버렸다. 공중은 비공공적으로 논의하는 소수 전문가들과 공공적으로 수용하는 소비대중으로 분열된다.[85] 이로써 공중의 특유한 의사소통 형식이 상실되었다.

84) Th. Adorno, "Das Altern der neuen Musik," in: *Dissonanzen*, 위의 책, 102쪽 이하.

85) A. Gehlen, "Bemerkungen zum Thema 'Kulturkonsum und Konsumkultur'," *Tagungsbericht des 'Bundes'*, Wuppertal 1955, 6쪽 이하.

4. 혼탁해진 기본구도: 부르주아 공론장 붕괴의 전개과정

문화를 논의하는 공중으로부터 단순히 그것을 소비하는 공중으로 변화하는 과정에서 과거 정치적 공론장과 구별될 수 있었던 문예적 공론장은 그 특유한 성격을 상실했다. 대중매체에 의해 보급된 '문화'는 말하자면 통합의 문화이다. 그것은 정보, 논의, 저널리즘적 형식을 대중 심리소설의 문학적 형식과 통합하여 '인간적 흥미'를 목적으로 하는 오락과 '생활상담'으로 만드는 것에 그치지 않는다. 동시에 이 문화는 광고적 요소들을 흡수할 만큼 충분히 탄력적이며, 만약 그것이 없었더라면 현상태를 위한 선전활동을 위해 발명이라도 되었을 그런 일종의 슈퍼 강령으로 이용된다.[86] 공론장은 광고기능을 맡는다. 그것이 정치·경제적 영향력 행사의 수단으로 사용되면 될수록, 그것은 전체적으로 더욱더 비정치적으로 되며, 가상적으로 사사로운 것이 된다.[87]

---

86) H. M. Enzensberger, "Bewußtseins-Industrie," in: *Einzelheiten*, 위의 책, 7쪽 이하.

87) W. Thomssen, *Zum Problem der Scheinöffentlichkeit, inhaltsanalytisch dargestellt an der Bildzeitung*, Frankfurt 1960, (원고형태) 참조. 이 연구의 기초자료는 함부르크 연방판의 69개 신문인데, 이 중 23개판은 각기 2/1953, 1/1956, 2/1958 반년도에 분산되어 있다. 이 연구는 위에서 언급한 범위의 경향을 한 극단적 예를 통해 제시하고 있다. 이를 위해 선택한 일간지인 《빌트》(*Bild*)지는 진단하기에 매우 적절한 신문이다. 왜냐하면 이 신문은 고전적 유형의 저널리즘인 일간지가 이미 매일 발행되는 잡지형태를 띠는 발전단계를 가리키기 때문이다. 느슨한 편집으로 전체 지면의 평균 40%만이 텍스트에 할당되는 반면, 약 1/4이 표제와 화보이다. 지면의 나머지는 광고가 차지한다. 텍스트 전체 지면의 약 절반이 뉴스와 보도이고 1/4이 오락으로 채워진다. 12%가 스포츠 보도에, 7%가 편집국

부르주아 공론장 모델은 공공영역과 사적 부문의 엄격한 분리를 전제로 했는데, 이때 국가와 사회적 욕구를 중재하는 공중으로 결집한 사적 개인들의 공론장 자체는 사적 부문에 속했다. 이제 공공영역과 사적 부문이 교착함에 따라 이 모델은 적용할 수 없게 된다. 사회학적으로도 법학적으로도 공과 사의 범주에 포섭할 수 없는, 말하자면 재정치화된 사회영역이 출현한다. 이 중간영역에서 정치적으로 논의하는 사적 개인들의 매개 없이 사회의 국가화된 영역과 국가의 사회화된 영역이 서로 교착한다. 공중은 다른 제도들에 의해 전반적으로 이 매개임무로부터 방면된다. 이 임무는 한편 직접적으로 정치 형태를 추구하는 집단으로 조직화한 사적 이익단체가 맡는다. 다른 한편으로 그것은 공권력 기관들과 유착되어 말하자면 공론장 위에 자리잡은 정당이 맡는다 — 이전에 정당은 공론장의 도구에 불과했다. 정치적으로 중요한 권력행사와 권력균형의 과정은 사적 관리조직, 이익단체, 정당, 공

의 전달사항에 할당된다. 그리고 이 전달사항은 논의를 위한 것이 아니라, 서신조언, 가격고지, 여론조사 등을 통한 독자와의 직접적 접촉에 이용된다. 뉴스와 보도 중 넓은 의미에서 정치적으로 중요하다고 할 수 있는 분야는 1/4을 넘지 않는다. 사설을 포함한 정치가 19%, 계몽적 정보는 8%이다. 나머지 지면은 범죄, 재해, 일상보도(32%), 소송(13%), '사교', 영화, 유행, 미인대회(21%), 생활상담과 강의(7%)에 할당된다. 이때 이들 기사는 반면이 텍스트이고 다른 반면은 삽화로 채워지도록 편집된다. 전체 보도지면의 1/3만이 '객관적' 형식을 지향하는 기사가 차지한다. 2/3는 각색되고 주로 인간적 흥미에 맞춘 기사가 차지한다. 표지면의 사설 중 인간적 흥미거리 기사로 장식된 비율이 72%로 증가한다.

따라서 다음과 같은 연구의 최종결과는 놀라운 것이 아니다. 그에 따르면 '공공적으로 중요한' 것으로 등급지을 수 있는 모든 범주의 뉴스와 보도가 전체 보도지면의 1/4 이상을 차지하지 않는다. 이는 모든 뉴스와 보도 총수의 약 1/3의 비율에 해당한다. 표지면의 사설 중 다시 '공공적으로 중요하지 않은' 것으로 등급짓는 기사의 비율이 73%로 증가한다. 단지 18%만이 인간적 흥미거리 기사로 포장함으로써 독자의 주의를 객관적 내용으로부터 돌리지 않는, '공공적으로 중요한' 것으로 간주할 수 있다. 위의 책, 50쪽.

공행정 사이에서 직접 이루어진다. 공중 그 자체는 간헐적으로, 그리고 차후에 동의의 목적으로만 이 권력의 순환과정에 포함된다. 사적 개인들은 그들이 임금이나 봉급, 급여 수급자인 한, 공공적으로 중요한 그들의 요구를 집단적으로 대변해야 한다. 그러나 소비자와 선거권자로서 그들 개인이 행하는 결정은 그것에 공공적 중요성이 주어짐에 따라 경제·정치적 기관들의 영향하에 들어가게 된다. 사회적 재생산이 소비결정에 좌우되고 정치적 권력행사가 사적 개인들의 선거결정에 여전히 좌우되고 있는 한, 이에 대해 영향력을 행사하려는 이해관계가 존재한다. 전자의 경우 판매를 증대시키기 위해, 후자의 경우 이런 저런 정당의 득표율을 공식적으로 증대시키거나 특정한 조직의 압력에 보다 큰 무게를 비공식적으로 주기 위하여 이런 영향력 행사의 이해관계가 존재한다. 사적 결정의 사회적 폭은 구매력, 집단적 소속감과 같은 객관적 요인, 일반적으로 사회경제적 지위에 의해 선결(先決)되어 있기는 하다. 그러나 친밀영역과 문예적 공론장 간의 원래의 관계가 역전되고 이를 통해 사적 영역의 저널리즘적 공동화가 가능해질수록, 이 사회적 폭 내에서 사적 결정들은 더욱 더 영향을 받는다. 이로써 문화소비는 경제·정치적 광고에 이용된다. 한때 문예적 공론장의 정치적 공론장에 대한 관계가 사적 소유자를 '인간' 일반과 중심적으로 동일시하는 데(그렇다고 양자가 서로에게로 완전히 이행하지는 않는다) 결정적이었던 반면, 오늘날에는 탈정치화된 소비문화적 공론장이 평민화된 '정치적' 공론장을 흡수하는 경향이 있다.

맑스는 부르주아 공론장의 출입조건을 충족시키지 않았음에도 불구하고 이 공론장에 침투해 들어와 경제적 갈등을 유일하게 성공을 기약하는 정치적 갈등의 형태로 전화시키는 대중, 즉 재산과 교양을 갖추지 못한 대중의 전망을 공유하고 있었다. 그의 견해에 따르면 이 대중들은 법치국가에 제도화되어 있는 공론장이라는 플랫폼을 파괴시키기 위해서가 아니라, 그것을 스스로가 그 자유주의적 가상에 따라 약속했던 것으로 만들기 위해 이 공론장을 이용한다는 것이다. 그러나 실제에 있어서 무소유자 대중에 의한 정치적 공론장의 점령은 국가와 사회의 교착을 초래했는데, 이로써 공론장은 새로운 토대를 제공받지 못한 채 그것의 낡은 토대를 빼앗긴다. 공공영역과 사적 부문의 통합에 상응하여 특히 한때 국가와 사회를 매개했던 공론장의 해체가 일어났다. 이 매개기능은 공중으로부터 다음의 제도들, 즉 이익단체처럼 사적 영역으로부터 형성되었거나 정당처럼 공론장으로부터 형성되어 이제 국가기구와 공동으로 권력행사와 권력균형을 내적으로 운영하는 제도들로 이행하였다. 여기서 이들 제도는 자립화된 대중매체를 통해 예속화된 공중에게서 동의나 최소한 묵인을 얻으려 노력한다. 공개성은 특정한 입장에 선의(*good will*)의 아우라를 만들어주기 위해 말하자면 위로부터 전개된다. 원래 공개성은 공공적 논의가 지배의 입법적 기초 및 지배권 행사에 대한 비판적 감시와 맺는 연관을 보장하였던 것이다. 그 사이 공개성은 비공공적 의견의 지배를 통한 지배라는 특유한 상반성의 병존을 가능하게 하였다. 그것은 공중 앞에서의 정당화만큼이나 똑같이 공중의 조작에 이용된다. 비판적 공개성은 조작적 공개성에 의해 밀려난다.

공개성의 원리와 함께 동시에 정치적으로 기능하는 공론장의 이념 및 그것의 실제 기능이 어떻게 전화하는가는, 공적 토론과 법적 규범의 — 아직 자유주의가 자부하고 있는 — 연관이 해체되고 더 이상 요구되지 않는다는 사실에서 나타난다. 행정부와 사법부를 동일한 방식으로는 아닐지라도 동등하게 구속하고 있는 법적 규범의 자유주의적 개념은 일반성과 진리(정의 = 올바름)의 계기를 함축하고 있었다. 그것의 구조는 부르주아 공론장의 구조를 반영한다. 왜냐하면 한편으로 법의 일반성이 엄밀한 의미에서 보장되는 것은, 사적 영역으로서 사회의 온전한 자율성이 입법자료로부터 특수 이익상황을 제거하고 규범화를 이익균등의 일반적 조건에 한정할 수 있게 하는 한에서이기 때문이다. 다른 한편으로 법의 '진리'가 보장되는 것은, 의회에서 국가기관의 지위로 상승한 공론장이 공적 토론을 통해 일반이익을 위해 실제적으로 필요한 것을 발견할 수 있게 하는 한에서이기 때문이다. 이때 저 일반성이라는 형식성으로 인해 부르주아적 계급이익의, 실질적 의미에서 올바름으로서의 '진리'가 보증된다는 것이 곧이어 발견되는 법률개념의 변증법에 속한다. 이 변증법은 부르주아 공론장 자체의 변증법에 근거하고 있다.

국가와 사회의 분리가 극복되고 국가가 예방·분배·관리하면서 사회질서에 간섭하기 때문에, 규범의 일반성이 더 이상 원칙으로 철두철미하게 유지될 수 없다.[88] 규범화를 필요로 하는 사태가 이제 좁은 의미에서 사회적 사태이므로, 구체적일 수밖에 없다. 즉 그것은 특정

88) 규범의 '일반성'은 이미 부르주아 법개념의 엄밀한 의미에서 일반성이라는 형식적 기준에 의해 충족되는 것이 아니다. 이 의미가 충족되는 것은, 일반적 정식화가 면제와 특권화를 배제하고 주어진 사회적 상황에서 사회 내의 어떤 특정한 집단을 지향하지 않는 경우이다. 실질적 기준에 있어 일반법의 법효력이 선별적이어서는 안된다. 그것은 전체 사회질서의 기초와 관계함으로써 가능한 모든 사회구성원을 포함하는 인물집단과 관계하도록 '기본적'이거나 '원칙적'이어야 한다. 사회적 교제 전체의 원칙뿐만 아니라 전체 질서의 틀 내에서 구체적 사태를 규제하는 법문장은 일반법 문장과 구분하여 비록 그것이 일반적으로 정식화되었다 하더라도 '특수적'이라 불린다. 자본주의의 자유주의적 단계에서만 부르주아 사회는 사적 자율성의 영역으로서 국가로부터 '분리'되어, 입법이 경향적으로 일반규범의 체계로 제한되었다. 오직 이 단계에서만 정식의 일반성이 실질적 법효력의 일반성도 함축하고 있었다. F. Neumann, Der *Funktionswandel des Gesetzes im Recht der bürgerlichen Gesellschaft*, 위의 책; 나의 자연법과 혁명에 관한 논문, in: *Theorie und Prxis*, 위의 책, 52쪽 이하 참조.

한 인간집단과 자주 변하는 상황에 구속되어 있다. 법이 명시적으로 조치법(措置法)으로 (즉 비일반적 규범으로)[89] 이해되지 않을 때에도 법은 종종 이미 행정적 세부처리의 성격을 갖는다. 법과 조치의 구별은 선명하지 않게 된다. 일부에서 입법은 행정의 권한에 깊숙이 개입하여 구체화되지 않을 수 없다. 다른 한편 종종 행정의 권한은 그것의 활동이 단순한 법집행으로 여겨지지 않을 정도로 확대된다. 포르스트호프(Forsthoff)는 이 두 권력의 고전적 분립과 동시에 교착이 경향적으로 해체되는 세 가지 전형적 과정을 요약하고 있다. 이것은 입법부가 말하자면 스스로 행동으로 걸음을 옮겨 조치를 취함으로써 일어난다. 입법부가 행정의 권한에 개입한다(조치법의 경우). 또는 입법부가 행정부에 자신의 기능을 위임하는 경우가 있다. 행정부는 행정명령의 방식을 통한 보완적 규범제정의 전권을 위임받는다〔수권법(授權法)의 경우〕. 또한 마지막으로 입법부가 규제가 필요한 사태에 직면하여 규범화 자체를 중지하고 행정부에 맡기는 경우가 있다.[90]

국가와 사회의 상호침투가 사적 영역(이 영역의 독립성이 법의 일반성

---

89) 개념구분에 관해서는 H. Schneider, "Über Einzelfallgesetz," in: *Festschrift für Carl Schmitt*, Berlin 1959, 197쪽 이하 참조.

90) E. Forsthoff, *Lehrbuch des Verwaltungsrechts*, München 1955, Bd. I, 9쪽 이하; Fr. Neumann, *Der Funktionswandel des Rechtsgesetzes*, 위의 책, 577쪽 참조. 노이만은 바이마르 공화국에서 입법에 대한 고전적 법개념의 배타적 타당성을 복원하려는 칼 슈미트(Carl Schmitt)의 노력이 갖는 정치적 기능을 분석한다. 오늘날 헌법적 차원에서 법치국가 개념의 배타적 타당성을 복원하려는 칼 슈미트 학파의 노력은 유사한 기능을 갖는다. E. Forsthoff, "Begriff und Wesen des sozialen Rechtsstaates," in: *Verö. d. Ver. Dt. Staatsrechtslehrer*, Heft 12, Berlin 1954, These XV 참조. "복지국가와 법치국가는 헌법 차원에서 융합될 수 없다. 복지국가의 발전공간은 입법과 행정이다. 사회적 법치국가는 헌법, 입법, 행정을 포괄하는 국가의 유형을 규정하는 표지이다. 그것은 법개념이 아니다."

을 가능하게 한다)을 해체하는 만큼, 논의하는 사적 개인들의 상대적으로 동질적인 공중의 토대도 충격을 받는다. 조직된 사적 이해관계의 경쟁이 공론장에 침투한다. 사적 성격을 가졌기 때문에 계급이익이라는 공통분모로 중립화되었던 개별이해관계가 한때 공적 토론의 일정한 합리성과 아울러 능률성을 가능하게 하였다면, 오늘날에는 그 대신 경쟁하는 이해관계의 시위행사가 토론을 대체한다. 공공적 논의에 의해 발견되었던 합의는 비공공적으로 싸워 획득하거나 단순히 관철시킨 타협에 자리를 내준다. 이러한 과정을 통해 성립한 법이 비록 많은 경우 일반성의 계기를 보유하고 있다 하더라도, 이 법에 더 이상 '진리'의 계기를 입증해 줄 수는 없다. 왜냐하면 이 계기가 입증되었던 장소인 의회적 공론장이 파괴되었기 때문이다.

> 문헌에서 종종 상세히 서술되듯이, 토론은 그것의 창조적 성격을 상실한다. 의회의 연단에서 행해지는 연설은 더 이상 생각이 다른 의원들을 설득하기 위해서 있는 것이 아니다. 그것은 — 여하튼 정치생활을 결정하는 기본적 문제에 있어 — 직접 유권자층에 호소한다. … 과거 의회 회의 내부의 과정에 의해 유지되고 이 회의에 특별한 광채를 부여했던 공론장은 이로써 국민투표적 성격을 갖게 된다.[91]

법규범의 개념 자체가 일반성과 진리의 특성을 실증주의적으로 희생시키는 것 역시 이러한 사실적 변화에 상응한다. 1860년대 이후 독일에서는 이중(二重) 법개념 학설이 관철된다. 그 이후 실질적 의미에서의 법이란 것은, 그것이 일반규칙이건 개별조치이건 상관없이, 구속력을 갖는, 명령된 법문장을 말한다. 역으로 형식적 의미에서는 어

91) G. Leibholz, "Strukturwandel der modernen Demokratie," in: *Strukturprobleme der Demokratie*, Karlsruhe 1958, 94쪽 이하.

떤 내용을 갖든 간에 의회적 절차에 의해 성립된 것은 모두 법이라 불린다.[92] 칸트에게서 뚜렷이 드러나는 본래의 연관, 즉 정치적으로 기능하는 공론장과 법의 지배가 갖는 연관은 이 두 법개념으로는 포착되지 않는다. 공개성의 원리로부터 정치적 지배의 합리화라는 임무를 더 이상 기대할 수 없다는 것은 변화된 법구조에서 볼 수 있다. 예속화된 공중이 거대하게 확대된 공론장 내에서 공적 동의를 위해 비교할 수 없을 정도로 다면적이고 자주 요구되지만, 동시에 이 공중은 권력행사와 권력균형의 과정으로부터 멀리 떨어져 있어, 공공성의 원리에 의한 이 과정의 합리화가 보장되기는커녕 거의 요구되지도 않는다.

92) Böckenförde, 위의 책, Teil III, 210쪽 이하 참조.

제6장

공론장의 정치적 기능변화

1. 문필가적 사적 개인의 저널리즘으로부터 대중매체의 공공서비스로: 공론장 기능으로서의 광고

공공성 원리의 기능전환은 영역으로서의 공론장의 구조전환, 즉 공론장의 가장 탁월한 제도인 신문에서 확실히 나타나는 구조전환에 기초하고 있다. 한편으로 상업화에 따라 상품순환과 공중교류 간의 문턱이 낮아진다. 사적 부문 내에서 공론장과 사적 영역 간의 명확한 경계가 희미해진다. 그러나 다른 한편으로 공론장 제도의 독립성이 더욱더 특정한 정치적 보장에 의해 보증될 수 있음에 따라 공론장 자체는 단지 사적 부문의 일부만은 아니게 된다.[1]

사적 서신교환 체제로부터 유래하여 오랫동안 이것에 억눌려 있었

1) 위의 도식 98쪽 참조.

던 신문사업은 처음에는 수공업적 소경영 형태로 조직되었다. 이 제1단계에서 사업채산은 초기자본주의의 전통적인 한계 내에서 이루어지는 소박한 이윤극대화의 원칙에 따랐다. 발행자의 기업에 대한 관심은 순전히 사업적인 것이었다. 그의 활동은 기본적으로 뉴스교환의 조직과 뉴스 자체의 검토에 한정되었다. 뉴스신문이 정견(政見)신문으로 발전하고 문필가 저널리즘에서 통지문 쓰기 경쟁이 발생하자마자, 그 사이에 이러한 경제적 계기에 새로운 계기, 넓은 의미에서 정치적 계기가 덧붙여진다. 뷔허(Bücher)는 이러한 발전의 큰 특징을 다음과 같이 표현하고 있다.

> 신문은 단순한 뉴스발행 시설로부터 여론의 담지자이자 인도자, 정당정치의 투쟁수단이 되었다. 이는 신문사업의 내부조직에 영향을 미쳐, 뉴스수집과 뉴스발행 사이에 새로운 조직, 즉 편집국이 삽입된다. 그러나 신문 발행자에게 있어 이것은 그가 새로운 뉴스의 판매자로부터 여론 상인이 되었다는 것을 의미한다.[2]

물론 결정적인 급변이 편집의 독립에서 처음 시작된 것은 아니었다. 개별 문필가들이 교육적 의도에서 추진된 논의에 저널리즘적 효과를 부여하기 위해 정기신문이라는 새로운 도구를 이용하자마자, 대륙의 '지식인신문', 영국의 도덕주간지와 정치잡지에서 급변이 시작되었다. 이 두 번째 단계는 '문필가적 저널리즘'의 단계로 특징된다.[3] 이제 이러한 사업의 영리적 목적은 대부분 전적으로 배후로 밀려났

---

2) K. Bücher, "Die Anfänge des Zeitungswesens," in: *Die Entstehung der Volkswirtschaft*, Bd. I, 257, 10. Aufl., Tübingen 1917.

3) D. P. Baumert, *Die Entstehung des deutschen Journalismus*, München/ Leipzig 1921.

다. 실로 그것은 채산성의 모든 규칙에 어긋나는 것이었으며, 처음부터 손실사업이었다. 교육적 추동력과 후에 점증하는 정치적 추동력은 말하자면 파산에 의해 자금이 조달되었다. 영국에서 이러한 종류의 신문과 잡지는 종종 '화폐귀족의 도락(道樂)'이었으며,[4] 유럽 대륙에서 이것들은 자주 개별 지식인과 문필가의 발의에서 시작되었다.

이들이 처음에는 경제적 위험을 홀로 부담하였다. 그들은 각자의 재량에 따라 소재를 수집하고 직원의 보수를 지불하였으며 잡지의 소유자였다. 이 잡지의 매호가 발행인에게는 개별 프로젝트의 연속되는 시리즈를 뜻한다. 점차 편집자는 그의 기업가적 역할을 발행자에게 양도한다. 이러한 발전으로부터 '발행인'과 '필자'를 계속해서 겸하는 편집인의 탁월한 지위가 이해된다. 발행인과 편집인 간의 관계는 19세기로 넘어가는 전환기 당시 고용관계로 되지는 않았다. 편집인은 여전히 다양한 방식으로 수익에 참여하였다. 특히 문학적 논의와 정치적 논의를 멀리하는 구식의 일간지에서 전통적 유형의 신문기업이 19세기에 이르기까지 존속하기는 하였다. 1805년 《쾰른신문》을 인수할 때 마르쿠스 두몬트(Markus Dumont)는 아직 필자, 편집인, 발행인, 인쇄인을 한몸에 겸하고 있었다. 그러나 문필가들이 저널리즘적으로 활동하는 신문잡지의 경쟁은, 이러한 기업들이 경제적으로 공고히 되면서 독립적 전임 편집국의 설치를 가져왔다. 독일에서 코타(J. F. Cotta)는 좋은 선례를 보여주었는데, 그는 포셀트(Posselt)를 《최신 세계지식》(*Neueste Weltkunde*)의 책임 편집인으로 임명하였다. '편집인'과 발행인 사이에 저널리즘적 기능과 경제적 기능이 이제 분리되었다. 19세기 전반 동안 일간신문에서도 사설이 관철되는 것은 이러한 편집의 자율성

4) U. de Volder, *Soziologie der Zeitung*, Stuttgart 1959, 22쪽.

과 연관이 있다. 물론 새로운 형태의 편집 저널리즘과 더불어 기업의 채산성이 아직 저널리즘적 의도에 대해 우위를 점하지 않았다는 것, 사업이 얼마나 정견에 대해 우위를 점하지 않았는지는 다시금 코타의 예가 보여주고 있다. 그의 《알게마이네 짜이퉁》(*Allgemeine Zeitung*)은 그것의 중요한 영향력에도 불구하고 수십 년간 보조금을 받는 기업이었다. 공론장이 정치적으로 기능하는 것으로서 자리를 잡는 단계에서 출판사업으로 공고화된 신문기업은 공중으로서의 사적 개인들의 의사소통에 있어 일반적 특징인 자유를 편집부에 보장하였다.

발행인은 신문에 상업적 기초를 보장하였지만 그것 자체를 상업화하지는 않았다. 공중의 논의로부터 발전되어 나왔고 공중의 토론을 단지 연장했을 뿐인 신문은 전적으로 이 공중 자신의 기관으로 남았다. 그것은 일종의 중개자와 증폭기로서 효과적이었으며, 더 이상 정보전달의 단순한 기관이 아니었으며 소비자문화의 매체도 아니었다. 이러한 유형의 신문은 소규모의 정치연합과 결사의 신문들이 우후죽순처럼 솟아나는 혁명기에 전형적으로 관찰된다. 1789년 파리에서 어느 정도 뛰어난 정치가라면 누구나 자신의 클럽을 만들고 그 중 절반은 자신의 일간지를 만들었다. 그 당시 2월과 5월 사이에 450개의 클럽과 200개가 넘는 신문이 출현하였다.[5] 정치적으로 논의하는 신문의 단순한 생존이 문제시되지는 한, 그것은 지속적으로 자기 자신을 주제로 삼을 수밖에 없게 된다. 정치적으로 기능하는 공론장의 항구적 합법화에 이르기까지 정치신문의 출현과 그것의 유지는 여론의 자유공간, 즉 원리로서의 공론장을 위한 투쟁에 참여하는 것과 동일한 의미를 갖는다. 확실히 구식의 신문들도 엄격히 검열에 종속되어 있

5) Groth, 위의 책, Bd. IV, 8쪽 이하.

었다. 그러나 신문이 오직 뉴스를 전달하는 데 그치는 한, 이런 제한에 대한 저항이 결코 이들 신문의 지면에서 실행되지 않았다. 관료주의 국가의 규제는 신문을 단순한 사업으로 격하시켰고, 다른 모든 영리사업과 똑같이 경찰의 명령과 금지에 내맡겨둔다. 반대로 정견신문은 토론하는 공중의 기관으로서 일차적으로 자신의 정치적 기능을 유지하는 데 열중한다. 따라서 영업자본이 그것에 대해 관심을 갖는다면 그것의 이윤증식을 위한 투자는 부차적일 뿐이다.

부르주아 법치국가의 확립과 정치적으로 기능하는 공론장의 합법화에 이르러 비로소 논의하는 신문은 정견의 압박으로부터 벗어난다. 그것은 이제 그것의 논쟁적 태도를 제거하고 상업적 경영의 이윤획득에 집착한다. 영국, 프랑스, 미국에서 정견신문의 영업신문으로의 이러한 발전은 1830년대 사이에 대략 동시적으로 시작된다. 광고사업은 채산(採算)에 새로운 기초를 제공한다. 가격이 상당히 인하되고 구독자수가 몇 배 증가하는 상황에서 발행인은 그만큼 증가한 신문지면의 일부를 광고로 판매할 수 있다고 생각할 수 있다. 이러한 세 번째 발전단계에 뷔허의 유명한 정의는 정확히 들어맞는다. 그에 따르면 "신문은 편집부가 판매 가능하게 만든 상품으로서 광고면을 생산하는 기업의 성격을 띤다". 근대 영업신문의 이러한 시도는 사경제적 영리사업이라는 명백한 성격을 신문에 되돌려준다. 그것은 물론 신문이 이제 구식 '발행인'의 수공업적 경영에 대해 고도로 자본주의적 대경영의 새로운 단계에서 되찾는 성격이다. 19세기 중반경에 이미 일련의 신문기업이 주식회사로 조직되었다.6)

6) 1848년의 독일에서 중요한 것은 《민족신문》(*Nationalzeitung*), 《십자가신문》(*Kreuzzeitung*), 《신라인신문》(*Neue Rheinische Zeitung*)이었다. 이에 대해서는 Fr. Lenz, *Werden und Wesen der öffentlichen Meinung*, München 1956, 157쪽

일차적으로 정치적 동기를 가진 일간지들 중 몇몇 기업의 전적으로 상업적 토대로의 전환이 처음에는 아직 단지 이득을 주는 투자기회에 불과했다면, 그것은 곧 모든 편집인에게 필수적이게 되었다. 기술적·조직적 장치의 확대와 개선으로 인해 특히 자본기반의 확대, 사업위험의 제고가 요구되고, 기업정책은 불가피하게 경영경제의 관점 아래 예속된다. 이미 1814년 《타임》지는 구텐베르크의 목판인쇄를 4세기 반이 지난 후에 대체한 새로운 고속인쇄기로 인쇄되었다. 한 세대 후에 전신기의 발명은 전체 뉴스망 조직의 혁명을 가져온다.[7] 그러나 자기 사업체의 사경제적 이익만이 중요시되는 것이 아니라, 신문도 역시 그것이 자본주의적 기업으로 발전함에 따라 신문에 영향력

참조.

7) 증권거래의 이해관계가 급속히 증가하는 산업적 주식자본의 영향하에서, 1830년과 1840년 사이에 이전의 통신기업들을 자신의 수중에 장악하여 통일시켰던 찰스 아바스(Charles Havas)가 비둘기통신을 설립하는 기회가 되었다. 그는 무엇보다 런던 거래소의 뉴스들을 은행, 회사, 신문에 보급하였다. 그는 1849년 최초의 전신기선을 이용할 수 있었다. 동시에 베를린의 《민족신문》(*National-zeitung*)의 지배인인 베른하르트 볼프(Bernhard Wolff)는 보도를 정기구독을 통해 계속 판매함으로써 자기 신문에 대한 전보요금을 인하하려고 하였다. 이로써 아바스의 통신사에 이어 볼프의 전신사가 출현하였다. 이 두 회사에 이어 1857년 런던에 유명한 로이터사가 출현한다. 처음에 사경제적으로 조직된 이들 세 기업이 반세기 이상 유럽시장을 지배한다. 처음에 그것은 오직 경제뉴스만을 제공했으나 곧 정치뉴스도 제공한다(E. Dovifat, *Zeitungslehre*, Berlin 1955, Bd. I, 62쪽 이하 참조). 통신사의 큰 자본수요뿐만 아니라 거래소에 관심을 갖는 사람들에게 통신사가 제공하는 자극으로 인해 곧 주요 은행과 전신사무소는 밀접하게 연계된다. 볼프사는 블라이히뢰더(Bleichröder)와 델브뤽(Delbrück), 쉬클러사(Schickler & Co.)와 연합한다. 아바스사는 리용은행(Credit Lyonnais)과, 로이터사는 스코틀랜드의 유니언은행(Union Bank), 런던 및 지방은행과 연합한다. 시간적으로 앞서 중요한 뉴스를 갖게 되거나 스스로 뉴스를 공론장에 퍼뜨리는 내부자들에게 경우에 따라서는 투기적 이익이 보장될 수 있었다. 마찬가지로 통신사와 정부의 비공식적 유착이 중요한 것으로 입증되었다. 통신사는 개개의 경우에 따라 선전을 목적으로 투입될 수 있었다.

을 행사하려는, 사업체 외부의 이해관계 영역에 들어서게 된다. 19세기 후반기 일간지의 역사는 신문이 상업화됨에 따라 스스로 조작될 수 있다는 사실을 입증하고 있다. 편집면의 판매가 광고면의 판매와 상호관계에 들어선 이래, 그때까지 공중으로서의 사적 개인들의 기관이었던 신문은 사적 개인으로서의 특정한 공중참여자의 기관으로, 즉 특권적인 사적 이해관계가 공론장에 침입하는 관문이 된다.

이에 상응하여 발행자와 편집자의 관계는 변화한다. 편집활동은 기술적으로 발전된 뉴스전달의 압박으로 인해 문예적 활동으로부터 저널리즘적 활동으로 전문화된다.[8] 소재의 선택이 사설의 선택보다 더 중요해졌다. 뉴스의 가공과 평가가 효과적인 문예적 표현을 통한 특정 '노선'의 옹호보다 더 긴요해졌다. 특히 1870년대 이후 더 이상 뛰어난 저널리스트가 아니라 재능있는 발행인이 신문에 서열을 부여하는 경향이 나타난다. 신문사는 영리사업의 사적 이익을 위해 일하리라는 기대에서 편집인을 초빙한다.[9]

그 밖에 시장법칙에 굴하지 않고 일차적으로 정치적 목표에 봉임하는—이 점에서 논의하는 잡지의 문필가적 저널리즘과 유사한—그런 종류의 신문에서도 편집의 저널리즘적 자율성은 역시 민감하게 제한

8) Groth, 위의 책, Bd. IV, 14쪽 이하 참조.

9) 이 시대의 베를린 신문시장에 대한 보고 중 발행인에 대한 편집인의 지위약화를 강력히 암시하는 보고가 있다. "지면의 성격을 규정하는 것은 편집인이 더 이상 아니다. 이전에 발행인과 매일 밀접하게 접촉하면서 의견을 교환했던 이른바 편집장도 아니다. 그 대신에 출판국장이나 출판부장이 등장하여 판매에 관해서든 일반적인 선전목적에서든 아니면 심지어 광고사업에 대한 고려에서든 업무집행 상태 전체를 사업의 측면에서 총괄한다. 신문사의 대표는 회의에서 사회를 보며, 이미 발행된 신문을 비판하고 앞으로 발행할 신문에 대해 지시한다." (Karl Mischke, "Der Berliner Zeitungsmarkt," in: *Das Buchgewerbe in der Reichshauptstadt*, Berlin 1914, 129쪽)

된다. 영국과 프랑스에서 의회분파와 정당이 구성된 이후에도 정치신문은 한동안 그들의 개인주의적 스타일을 유지한다. 7월 혁명 이후 독일에서 비르트(Wirth)의 《도이처 트리뷔네》(*Deutscher Tribüne*)로 등장했던 것과 같은 정당신문의 유형이 19세기의 중반경에도 아직 지배한다. 이들 언론인들은 어떤 정당이나 분파에 종속되어 있지 않았으며, 오히려 스스로가 자신의 신문 주위에 의회의 신봉자를 불러모으는 정치가였다. 그럼에도 불구하고 정치조직에 의해 통제를 받는, 정당에 구속된 신문의 출현은 여하튼 영국과 프랑스에서는 19세기의 전반기에까지 거슬러 올라간다. 독일에서 이러한 신문은 1860년대에 처음에는 보수진영에서, 다음에는 사민당 진영에서 발전된다.[10] 편집인은 신문사 사장 대신에 감독위원회 관할 하에 있게 된다. 편집인은 여기서도 전자에서와 마찬가지로 지시에 따라야 하는 직원이 된다.

신문의 구조변동이 갖는 경영사회학적 측면은 물론 여기서도 관철되는 집적과 집중이라는 일반적 경향으로부터 분리되지 않는다. 19세기의 마지막 25년 동안 최초의 대규모 신문콘체른이 형성된다. 미국의 허스트(Hearst), 영국의 노스클리프(Northcliffe), 독일의 울스타인(Ullstein)과 모세(Mosse)가 그것이다. 이 운동은 20세기에도 물론 불규칙적으로 계속되었다.[11] 정보통신수단의 기술적 발전은(전신기와

---

10) Groth, 위의 책, Bd. II, 335쪽 이하.

11) 미국과 영국의 현재상황에 관해서는 신문자유위원회의 조사(A free and responsible Press, Chicago 1947; R. B. Nixon, "Concentration and Absenteeism in Daily Newspaper Ownership," in: Berelson/Janowitz, *Public Opinion and Communication*, Glencoe 1950, 193쪽 이하 참조)와 왕립 신문위원회의 조사(이른바 *Ross-Report*, London 1949)가 보고하고 있다. 프랑스와 독일에 관해서는 비교할 만한 분석이 없다. 그러나 일반적으로 상황은 영·미의 상황에서 기본적으로 벗어나지 않는다(1932년 독일제국 전체에 2,483개의 일간지가, 1956년 독일연방에 1,479개의 신문이 있었다. *Das Handbuch "Die deutsche*

전화 이후 무선전신과 전화, 라디오) 조직적 통일과 경제적 연계를 일부 가속화하고 일부는 이것을 비로소 가능하게 하였다. 독점적으로 조직화된 통신사에 의한 뉴스서비스의 획일화[12]에는 곧이어 인쇄판의 공유와 부속공장으로 인한 작은 신문들의 편집적 획일화가 추가되었다. 처음에는 앵글로색슨 국가들에서 1870년과 1880년 사이에 활자모형이 사용되었다. 세기 전환시에는 활자모형 인쇄가 유럽 대륙에서도 관철된다. 대부분 이러한 기술적 통일은 신문기업연합과 신문체인으로의 조직적 통일과 함께 진행된다. 농촌지역에서의 향토신문은 주로 이러한 과정을 거쳐 종종 이웃의 도시신문에 경제적으로도 종속되고, 지방편집이나 지역편집으로 이 도시신문에 병합된다.[13]

그렇지만 신문업종에서 경제적 집중과 기술적·조직적 통합의 정도는 20세기의 새로운 매체인 라디오, 유성영화, 텔레비전에 비하면 작은 편이다. 몇몇 나라에서는 이러한 매체의 설립이 처음부터 국가의 감독하에, 또는 국가의 통제하에 이루어질 정도로 실로 자본수요가 상당하고 저널리즘적 권력이 매우 위협적이었던 것처럼 보인다. 국가의 감독이나 통제만큼 신문과 새로운 매체의 발전을 뚜렷하게 특징짓는 것도 없다. 이 조치는 사적 개인들 공중의 사적 기관을 공적 시설

Presse 1956," ed. Institut für Publizistik der Freien Universität, Berlin 1956, 30쪽 참조).

12) 아바스, 로이터, 볼프, 연합통신(Associated Press)은 곧 국제 카르텔을 결성하는데, 이것은 세계를 4개의 이권영역으로 분할하였으며, 각국의 국경 내에서는 한 통신사로 하여금 다른 통신사들의 뉴스도 보급하게 하였다.

13) 1956년 독일연방 영토에는 1,479개의 일간신문이 있었다. 이 중 전체 부수의 28%를 차지하는 거의 절반이 62개의 기업연합으로 조직화되어 있었다. 그 당시 전체 부수의 53%가 693개 기간신문의 지방판과 지역판이었다. 이때 10개 이상의 지방판을 가진 중앙신문의 2.3%가 전체 부수의 거의 16%의 비율에 달했다. 1954년에는 225개의 신문들만이 기간신문이나 신문기업연합에 참여하지 않았다. *Das Handbuch: Die deutsche Presse 1956*, 위의 책, 30쪽 이하 참조.

로 만든다. 사회적 권력의 영향하에 들어간 공론장의 권력화에 대한 국가의 대응은 이미 초기 전신사무소의 역사에서 연구할 수 있다. 처음에 정부는 통신사들의 상업적 성격을 제거하는 것이 아니라 활용하여 이들을 간접적으로 종속시켜 그들에게 반(半) 공공적 지위를 부여하였다. 그 사이에 로이터사는 영국 통신사연합의 소유가 되었다. 그러나 정관의 변경에 필요한 최고재판소의 동의는 여기에 일정한 공공적 성격을 부여한다. 제2차 세계대전 이후 아바스 통신사로부터 유래한 프랑스 통신사(Agence France Press)는 그 사장이 정부에 의해 임명되는 국영기업이다. 독일통신사(Deutsche Presseagentur)는 기본 자본의 최고 1%의 비율로 신문발행인들이 참여한 유한책임회사이다. 그러나 공적 통제하에 있는 방송사들이 10% 이상의 비율을 가지고 있다.[14] 신문산업과 영화산업은 본질적으로 사적 처분에 맡겨져 있다.[15] 그러나 집중화하는 경향이 있는 신문의 경험은, 미국에서 실제로 일어났던 것과 같이 라디오와 텔레비전의 '자연적 독점'이 사경제적 기업형태로 발전하는 것을 저지하려는 계기가 되기에 충분했다. 영국, 프랑스, 독일에서 이러한 새로운 매체는 공영 법인체와 반(半) 공영법인체로 조직되었다. 왜냐하면 그렇지 않을 경우 사적 자본주의 기능에 대해 그것의 저널리즘적 기능이 충분히 보호될 수 없었을 것이기 때문이다.[16]

이로써 저널리즘 기관 본래의 토대가 최소한 그것의 가장 발전된 부분에서 바로 전도된다. 공론장의 자유주의적 모델에 따르면 논의하

14) Dovifat, 위의 책, Bd. I, 69쪽 이하.

15) 다양한 자기통제의 조직은 취미문제에 있어 검열을 넘어서 공공이익을 위한 감시의 어떤 중앙권한을 획득하지 못했다.

16) 독일연방공화국에서 이러한 발전은 최근 연방헌법재판소의 이른바 '텔레비전 판결'에 의해 확인되었다.

는 공중의 기구는 그것이 사적 개인의 수중에 있음으로 해서 공권력의 간섭에 대해 보호되었다. 그러나 그것은 상업화와 경제적·기술적·조직적 집중에 따라 최근 백 년 동안 사회적 권력복합체로 흘러가, 바로 그것이 사적 수중에 놓이는 것 자체가 저널리즘의 비판적 기능을 여러모로 위협하게 되었다. 자유주의 시대의 신문에 비교하여 대중매체는 한편으로 매우 큰 세력범위와 영향력을 획득하였다. 이 대중매체에 의해 공론장의 영역 자체가 확장되었다. 다른 한편 그것은 이 영역으로부터 계속해서 벗어나 이전의 상품교환의 사적 영역으로 되돌아왔다. 저널리즘적으로 그것의 효과가 커질수록 그것은 특정한 사적 이해관계, 개인적이든 집단적이든 사적 이해의 압력에 더 민감하게 된다. 과거에 신문이 공중으로 결집한 사적 개인들의 논의를 다만 중계하고 강화시킬 수 있었던 반면, 논의는 이제 역으로 대중매체에 의해 우선 틀지어진다. 문필활동을 하는 사적 개인들의 저널리즘으로부터 대중매체의 공공 서비스로 진행하는 과정에서 공론장의 영역은 사적 이해관계의 유입으로 인해 변화된다. 이들 사적인 이해관계는 결코 자명하게 공중으로서의 사적 개인들의 이해관계를 대변하지 않음에도 불구하고, 공론장에서 특권적으로 제시된다. 공론장과 사적 영역의 분리가 함축했던 것은, 사적 이해관계의 경쟁이 기본적으로 시장의 규제에 맡겨지고 그것이 의견의 공적 각축에 관여하지 않는다는 것이었다. 그러나 공론장이 사업적 광고에 이용됨에 따라 사적 소유자들로서의 사적 개인들이 직접 공중으로서의 사적 개인들에 영향력을 미친다. 이때 확실히 신문의 상업화는 공론장의 광고매체로의 전화와 일치한다. 그러나 역으로 신문의 상업화도 본래 경제적 맥락으로부터 나온 사업광고의 요구에 의해 촉진되었다.

공론장에 광고출판물이 홍수를 이루는 것은, 구식의 사업광고가 이것과 동시에 출현하였음에도 불구하고 시장교환의 자유화로부터 설명되지 않는다. 과학적 방법을 사용하는 마케팅의 비교할 수 없을 정도로 큰 노력은 시장의 소수독점적 제한이 진행됨에 따라 비로소 필요하게 되었다. 게다가 산업적 대경영에서는 기술적 최적도와 재정적 최적도 사이에 갈등이 일어나는데, 이것은 이른바 독점주의적 경쟁경향을 강화시킨다. 기술적 집적물이 대량생산으로 전환되는 것에 비례하여 생산과정의 탄력성이 상실된다. “생산고는 더 이상 변경될 수 없다. … 생산고는 통일된 기계과정의 능력에 의해 결정된다.”[17] 따라서 가능한 한 장기적인 시장과 시장점유율을 보장하는 장기적 판매전략이 필요하다. 가격을 통한 직접 경쟁은 더욱 더 회사 고유의 고객시장을 조성하는 방법을 통한 간접적 경쟁에 자리를 내준다. 일반적으로 광고확대의 동기로 여겨지는 시장투명성의 소멸[18]은 대부분 이것의 결과이다. 가격경쟁을 대체하는 광고를 통한 경쟁에 의해 비로소 전체를 조망할 수 없을 정도로 다양한, 업체 고유의 브랜드상품 시장이 창출된다. 이 브랜드상품들은 그것의 교환가치가 심리적 광고조작에 의해 결정될수록, 경제적 합리성의 기준에 따라 상호 비교하는 것이 더욱 어려워진다. 한편으로 자본주의적 대경영 및 시장의 소수독점적 제한의 경향과 다른 한편으로 대중매체의 통합문화 전체를 관통하고 있는 광고인, 잘 알려진 멜로드라마(*soap operas*) 사이에는 명백한 연관이 존재한다.[19]

---

17) Dobb, 위의 책, 360쪽.

18) 물론 심지어 광고경제조차 광고가 시장의 투명성을 장려한다는 자가(自家) 이데올로기로부터 거리를 취한다는 사실은 최근의 입장표명에서 알 수 있다. Jahresbericht 1962, *Zentralausschuß der Werbewirtschaft*, Godesberg 1963, 13쪽 참조.

19) Gallbraith, 위의 책, *American Capitalism*, 46쪽 이하.

1820년 프랑스에서 처음으로 광고(*réclame*)라고 불렸던 사업광고가[20] 오늘날 우리에게 시장경제의 명백한 요소로 당연하게 여겨진다 하여도, 그것은 고도로 발전한 자본주의의 현상이다. 그것은 19세기 후반기 산업자본주의의 집중과정과 더불어 비로소 언급할 만한 정도로 확산된다.

> 19세기에 접어들어 한참 동안까지도 고상한 상점에서는 단순한 사업광고에 대해서조차 반감이 있었다. 사업광고는 점잖지 못한 것으로 여겨졌다.[21]

18세기에 사업광고는 광고신문과 정보지 지면의 약 1/20을 차지하였다. 게다가 그것은 거의 대부분 통상적인 사업교류 외부에 있는 상품, 즉 진기한 물품에 관한 것이었다. 사업교류는 전반적으로 아직 직접 대면하는 방식으로 이루어졌다. 경쟁은 계속해서 구두선전에 의존하고 있었다.

19세기 중반경 사업광고를 기반으로 하여 광고대행사가 출현한다. 독일에서는 1855년 페르디난트 한젠슈타인(Ferdinand Hansenstein)이 최초의 광고대행사를 창립한다. 거대한 광고대행사가 신문과 밀접한 협력관계를 맺어 광고란을 정기 매점하여 신문의 중요한 부분을 자신의 통제하에 두게 된다. 오늘날 독일연방공화국에서 2,000개 이상의 회사들이 광고사업을 하고 있는데, 그것의 방법은 세계경제위기 이후 그때마다의 경제적, 사회적, 심리적 시장조사의 수준에 따라 과학적

20) H. Wuttke, "Die Reklame," in: *Die deutsche Zeitschrift und die Entstehung der öffentlichen Meinung*[3], Leipzig 1875, 18쪽 이하.

21) W. Sombart, *Der Bourgeois*, 위의 책, 204쪽.

으로 완벽해지고 있다.[22] 이때 이러한 대행사를 통해 지급되는 광고비는 국민경제 내에서 총광고비 지출의 약 1/3만을 차지한다. 나머지 2/3는 기업이 대부분의 경우 대외광고에 직접 투자하는 비용이다. 이러한 목적으로 모든 대기업은 독자적인 광고부를 두고 있다. 독일에서 광고를 위한 국민경제적 지출 전체는 1956년 약 30억 마르크로 추산되는데, 이는 대략 모든 민간지출의 3%에 해당된다.[23] 그것은 전년도에 이미 국민경제 총생산의 1.3%에 이르렀다. 반면 영국과 미국의 이에 비교되는 비율은 이미 1.9%와 2.3%에 달했다.[24] 광고대행사의 활동은 전과 마찬가지로 특히 신문과 화보잡지의 광고업무, 물론 새로운 매체에 의해 확장된 광고업무에 한정된다. 물론 의사소통수단이 확산됨에 따라, 그리고 조직적 구성양식에 비례하여 텔레비전 광고가 지배적 영향력을 획득한다. 1957년 독일에서 최소한 신문 정기구독자의 절반이 경제광고도 읽었으며, 라디오 청취자의 65%가 라디오 광고를 청취했으며, 게다가 이 중 거의 1/3이 매일 청취한다고 확인하였다.[25] 일반적으로 상대적 하류계층보다 상류계층이 대중매체에 더 쉽게 노출되는데, 이 관계는 여기서 역전된다. 신문광고와 방송광고는 상층집단보다 하층집단에 보다 대규모로, 더 자주 도달한다. 과거 상류계층에 한정되었던 재화의 사회화는 하류계층의 사람들에서 더 많은 주의를 끌었는데, 이들은 적어도 소비방식에서 상징적으로 자신을 상승시키고자 했다.

---

22) G. Töpfer, "Mittler der Werbung," in: *Die deutsche Werbewirtschaft*, *Der Volkswirt*, Jahrgang 1952, Heft 55, Beilage, 40쪽 이하.

23) Fr. Greiser, *Die Kosten der Werbung*, ebd. 82쪽 이하.

24) 1880년과 1948년 사이 미국의 일인당 광고비는 7배가 증가하였다. Schramm, 위의 책, 548쪽 참조.

25) DIVO, 위의 책, 156쪽.

광고산업은 기존의 언론기관을 이용하는 것만이 아니다. 그것은 독자적으로 신문, 잡지, 소책자를 창간한다. 1955년 독일 연방공화국 전체 세대의 1/5에는 종종 화보책자로 화려하게 장식된 통상적 회사 카탈로그 중 최소한 한 권이 발견된다.[26] 이것과 나란히 독자적인 언론장르가 출현했다. 같은 시기에 사내지(社內誌)와 고객지(顧客誌)의 수가 서독 시장에서 발간되는 모든 잡지의 거의 절반에 이른다. 이들 잡지는 전체 잡지 발행부수의 1/4 이상에 이르는데, 이러한 확산은 모든 오락잡지를 합한 것보다 배를 넘는 정도이다.[27] 게다가 잡지를 통해 전달되는 오락만이 아니라 이러한 오락 자체가, 즉 대중매체의 프로그램이 그 비상업적 부분에서도 소비행태를 자극하고 특정한 모델에 따라 소비행태를 확정하고 있다는 사실이 추가된다. 데이비드 리스먼(David Riesman)은 이미 유년기에 시작하여 성년에 이르기까지 중단 없이 동반되는 소비자교육에서 바로 대중오락 수단의 본질을 본다.

> 오늘날 모든 어린이의 미래 직업은 숙련된 소비자이다.[28]

대량으로 확산된 통합문화는 공중 자체로 하여금 소비품에 대해 의견교환을 하도록 유도하고, 지속적인 소비훈련이라는 부드러운 강제하에 속박시킨다.

그런데 경제적으로 불가피하게 된, 공론장 영역에로의 광고출판의

---

26) *Jahrbuch der öffentlichen Meinung*, 1957, 위의 책, 53쪽.

27) *Handbuch: Die deutsche Presse* 1956, 위의 책, 47쪽. 이러한 종류의 잡지에 관해서는 크롭의 분석 참조. H. J. F. Kropff, "Synthese von Journalismus, industrieller Publizität und Public Relations," in: *Publizistik*, Bd. V, 1960, 491쪽 이하.

28) Riesman, *The Lonely Crowd*, 81쪽.

침입이 그 자체로 이미 공론장의 변화를 가져와야만 했던 것은 아닐 것이다. 19세기의 2/3분기 이후 대략 일간신문이 편집면과 광고면을 분할하기 시작했듯이, 공중으로서의 사적 개인들의 공적 논의와 개인적이거나 집단적인 사적 이해관계의 공적 제시로 저널리즘 기능이 분리되었던 것도 역시 공론장의 근간을 건드리지 않았을 수 있다. 그러나 정치적 공론장으로부터 분리된 그러한 경제적 공론장의 형성, 즉 독자적 기원의 광고 공론장의 형성에 이르지는 못했다. 오히려 특권적인 사적 이해관계의 저널리즘적 제시는 처음부터 정치적 이해관계와 굳게 결합되어 있었다. 왜냐하면 상품소유자들 상호간의 수평적 이해관계경쟁이 광고를 통해 공론장에 침입해 들어왔던 시기와 동일한 시기에 이미 경쟁자본주의적 토대 그 자체가 정당간의 투쟁에 끌어들어졌으며, 계급들 상호간의 적대적인 수직적 이해관계 경쟁도 공론장의 장벽을 넘어들어 왔기 때문이다. 19세기 중반경 다소간 공공연한 계급적대의 단계에서 공론장 자체는 두 국민의 갈등으로 분열되어 있었다. 따라서 사적 이해관계의 공공적 제시는 당연히 정치적 의미를 지니고 있었다. 대규모의 사업광고는 이러한 공론장에서 거의 언제나 단순한 사업광고 이상의 성격을 갖는다. 왜냐하면 그것 자체가 이미 신문과 잡지, 그리고 상업적 기반 위에서 활약하는 새로운 매체의 경영적 채산에서 가장 중요한 요인이기 때문이다. 그렇지만 경제적 광고는 홍보활동(*public relations*)의 관행에서 비로소 이러한 정치적 특성의 의식에 도달한다.

이러한 관행은 그 용어 자체와 마찬가지로[29] 미국에 기원을 두고 있다. 아이비 리(Ivy Lee)는 최초로 대사업, 특히 그 당시 일부 사회

29) E. L. Bernays, *Crystallising Public Opinion*, New York 1923; St. Kelly, *Professional Public Relations and Political Power*, Baltimore 1956.

개혁가들의 공격을 받았던 스탠더드 석유회사와 펜실베이니아 철도회사를 정당화하기 위해 '정책결정 수준에서의 선전기술'을 개발하였다.[30] 두 차례의 세계대전 사이에 몇몇 대기업이 그들의 전략을 홍보활동의 관점에서도 조정하기 시작하였다. 이것은 미국에서, 특히 1940년 전쟁개입 이후 국민적 합의의 환경에서 그 유용성이 입증되었다. 이 새로운 기술은 유럽에서도 전쟁 후 일반적으로 확산된다. 서구 선진국에서 그것은 지난 10년 사이 공론장을 지배하며 공론장을 진단하기 위한 핵심적 현상이 되었다.[31] '여론관리'(*Meinungspflege*)[32]는 그것이 공론장을 명백히 정치적인 것으로 이용한다는 점에서 광고와 구별된다. 사적 광고는 소비자로 고려되는 한에서 각기 다른 사적 개인을 지향한다. 반면 홍보활동의 수신인은 '여론', 즉 직접 소비자로서의 사적 개인들이 아니라 공중으로서의 사적 개인들이다. 홍보활동의 발신인은 공공복리에 관심이 있는 사람의 역할을 하면서 자신의 사업적 의도를 은폐한다. 소비자에게 영향력을 미치기 위해 사적 개인들의 논의하는 공중이라는 고전적 인물상으로부터 그것의 함축적 의미를 차용하고 그것의 정당화를 이용한다. 공론장의 수용적 기능들은 조직화된 사적 이해관계의 경쟁에 통합된다.

광고는 대체적으로 통지의 수단에 한정되지만, 여론관리는 '판매촉진'(*promotion*)과 '이기적 목적의 이용'(*exploitation*)을 통해 광고를 넘어선다. 그것은 계획적으로 뉴스를 만들어 내거나 주의를 자극하는 계

30) P. S. Steinberg, 위의 책, 16쪽 이하.

31) "산업, 영업, 노동은 공공의 호의를 획득하고 유지하는 어떤 수단이 없이는 그들이 건강한 상태로 생존할 수 없으며 그들의 경쟁적 문제에 대처해 나갈 수 없음을 깨달았다."(Steinberg, 위의 책, 92쪽과 제3장, 115쪽 이하)

32) H. Gross, *Moderne Meinungspflege*, Düsseldorf 1952; C. Hundhausen, *Industrielle Publizität als Public Relations*, Essen 1957.

기를 이용함으로써 '여론'과정에 개입한다. 이때 그것은 대중매체와 결부된 특집기사와 화보기사의 심리학과 기술을 엄격히 따르는데, 그것의 여러 번 검증된 인간적 흥미를 불러일으키는 상투적 주제는 연애, 종교, 돈, 어린이, 건강, 동물이다. 여론관리는 사실의 극적 제시와 계산된 상투적 관념을 통해 '장차 받아들여질 새로운 권위나 상징을 형성함으로써 여론의 방향전환을' 목표로 한다.[33] 홍보활동 매니저가 적절한 자료를 직접 의사소통의 통로에 잠입시키는 데 성공하거나, 아니면 그들은 예측가능한 방식으로 의사소통 장치를 움직일 특별한 기회를 공론장에 마련한다. 어떤 교과서는 이러한 방식의 '뉴스제조 또는 뉴스창조'를 위한 20가지 방법을 추천하고 있다.[34]

홍보회사들이 '기초 자료'라고 심각하게 포장하여 중요한 '배급처'에 전달하는 다양한 정보와 지시를 고려하면, 보도와 광고의 낡은 분리라는 직업 이데올로기를 고집하는 주장은 시대에 뒤떨어진 인상을 준다.[35] 오히려 홍보활동은 보도와 광고를 융합시킨다. 광고는 사적 이해관계의 제시로 더 이상 알려져서는 안 된다. 그것은 논의하는 사적 개인들의 공중이 겉보기에 그에 대해 자유롭게 의견을 형성하는 공적 이해관계의 대상이라는 권위를 그 대상에 부여한다. '합의의 공학'이

33) Steinberg, 위의 책, 92쪽. 또한 제3장, 115쪽 이하 참조.

34) 통상적 행사(보고회, 연설회, 학회, 위원회와 학술대회의 구성 등)로부터 시작하여 (특별한 캠페인과 연상되는 휴가나 축제일과 같은) 어떤 계기가 되는 사건들의 교묘한 이용, 공중에게 큰 영향력을 주는 재단, 현상공모, 헌금, 장학금을 거쳐 뉴스(이사, 전시회, 경륜, 청소년 휴양지, 정원전시경연대회, 이민선발대회 등)의 계획적 배치에까지 이른다. Steinberg, 위의 책, 237쪽 이하 참조.

35) "신문은 (그러나 신문만이 아니다) 두 개의 중요한 정보 출처를 가지고 있다. 하나는 자사의 기자이고 다른 하나는 홍보원이다. 신문은 또한 관련된 두 개의 잠재적 청중을 가지고 있다. 수용청중 중 신문지상의 내용에 기초하여 의견을 형성하는 구독자의 수와 신문에 광고된 제품을 구매하려는 동기를 가진 사람의 수이다." Steinberg, 위의 책, 137쪽.

중심 과제이다.[36] 왜냐하면 이러한 합의의 환경에서 비로소 '인물, 제품, 조직, 관념의 수용을 제안하거나 촉구하면서 공중에게 조장하는 것'에 성공하기 때문이다.[37] 이렇게 환기된 소비자의 동의는 그들이 논의하는 사적 개인들로서 책임감을 갖고 여론에 참여한다는 허위의식에 의해 매개된다.

다른 한편 마치 공공이익을 위해 필요한 것처럼 보이는 태도에 대한 합의는 실제로 어떤 연출된 '여론'의 특성을 갖는다. 비록 홍보활동이 특정한 재화의 판매를 촉진하기 위한 것임에도 불구하고, 그 영향은 항상 이것을 넘어선다. 특정한 제품을 위한 공개성이 가공의 일반이익이라는 우회로를 통해 전개되었기 때문에, 그것은 상표의 명성과 고정 소비자층을 창출하고 확보하는 것에 그치지 않는다. 오히려 그것은 동시에 회사, 업종부문, 체제 전체를 위해 사람들이 공적 권위에게 보여주는 것과 같은 종류의 준(準)정치적 신뢰, 존경을 동원한다.

제조된 합의는 물론 여론, 즉 상호계몽의 지루한 과정을 거친 최종의 만장일치와는 진정 많은 공통점을 지니고 있지 않다. 왜냐하면 그 기초 위에서만 공적으로 경합을 벌이는 의견들간의 합리적 일치에 무리없이 이를 수 있는 '일반이익'은, 특권적인 사적 이해관계의 저널리즘적 제시가 자신을 위해 이 일반이익을 채용하는 정도만큼 바로 사라졌기 때문이다. 이중적 전제조건, 즉 공중을 부르주아 사적 개인들로 제한하는 것과 그들의 논의를 사적 처분권의 영역으로서의 부르주아 사회라는 토대에 제한하는 것과 더불어 의견수렴이라는 이전의 토대도 붕괴되었다. 그리고 공론장에 흘러들어 온 사적 이해관계들이 이 토대의 허구를 고집한다 해서 새로운 토대가 형성되지 않는다. 가공

36) *The Engineering of Consent*, ed. E. L. Bernays, Oklahoma 1955.
37) Steinberg, 위의 책, 74쪽.

의 공익의 영향하에서 정교한 의견조형 서비스에 의해 만들어진 합의에는 합리성의 기준이 전혀 없기 때문이다. 공적으로 토론되는 사안에 대한 합리적 비판은 공적으로 제시되는 인물이나 인격화에 대한 분위기상의 순응에 자리를 내준다. 합의는 공개성이 불러일으키는 호의와 일치하게 된다. 과거 공개성은 정치적 지배를 공공적 논의 앞에 발가벗기는 것을 뜻했다. 이제 공개성은 아무런 구속력이 없는 호의적 반응을 축적한 것이다. 부르주아 공론장은 그것이 홍보활동에 의해 조형됨에 따라 다시금 봉건적 특성을 띠게 된다. '공급담당자'가 동조할 준비가 되어 있는 고객 앞에서 과시적 낭비를 펼쳐 보인다. 공개성은 과거에 과시적 공공성이 부여했던 그런 인격적 명망과 초자연적 권위의 아우라를 모방한다.

공론장의 재봉건화에 대해서는 또 다른, 보다 정확한 의미에서 말해야 한다. 홍보활동의 형태로 이미 '정치적' 성격을 띠게 된 대중오락과 광고의 통합은 국가 자체도 자신의 규범 하에 종속시킨다.[38] 사기업이 그들 고객에게 소비를 결정할 때 국민의식이라는 착각을 불러일으키기 때문에, 국가는 그들 시민에게 마치 소비자처럼 '말을 걸어야' 한다. 이로써 공권력도 역시 공개성을 얻으려고 애쓰게 된다.

38) 1953년의 보고에 따르면 홍보활동을 하는 기관이 독일 연방공화국에 100개 이상인데, 여기서 때로는 국민교육과 광고를 구분하기가 매우 어렵다(H. E. Jahn, *Verantwortung und Mitarbeit*, Oberlahnstein 1953).

2. 기능 변형된 공개성의 원리

1920년대 말 독일 사회학회는 여론을 주제로 다뤘다.[39] 여기서 공론장의 정치적 기능변화의 징후를 나타내는 현상, 즉 관청, 정당, 조직의 '저널리즘적 활성화'가 최초로 전문가에 의해 인지되었다. 브링크만(Brinkmann)은 '자유신문'과 공적·사적 관리기구의 '공식적 발표물' 사이의 뒤틀린 대립이라는 가설을 제시하고 있다.

> 근대신문은 모든 생활영역을 끊임없이 자신의 '공개성'에 끌어들인 결과 만족할 줄 모르는 정보욕의 경쟁자와 지배자를 스스로 육성하였다. 이 경쟁자와 지배자는 바로 공론장에 노출되어 있거나 공론장을 찾는 모든 생활의 중심점이 … 설치하려는 홍보실과 홍보담당관이다.[40]

그러나 이러한 대립설정은 잘못되었다. 왜냐하면 고전적 품격의 출판을 넘어서는 관리기구의 홍보정책이 기존의 대중매체를 이용하고 그것의 지위를 확고하게 해주기 때문이다. 사실확인만으로도 그 근거는 충분하다. 거대 언론기관과 나란히 그것과 연계하여 ("최대의 공공성을 가지나 매우 적은 의견을 제시하는 기관인") 국가와 각종 단체의 새로운 선전요구에 부응하는 다른 기관이 설립된다.

---

39) *Vernadlungen des 7. Deutschen Soziologentages*, *Schriften d. Dt. Ges. f. Soz.*, Bd. VII, Tübingen 1931. 그보다 몇 년 전 퇴니스는 이 주제에 대한 이전의 독일 사회학의 연구를 집대성하였다. F. Tönnies, *Kritik der öffentlichen Meinung*, Berlin 1922.

40) C. Brinkmann, "Presse und öffentliche Meinung," in: *Verhandlungen*, 위의 책, 27쪽 이하.

여기서 우리는… 다른 '여론'을 갖게 된다. 이 '여론'은 다양하고 매우 특정한 '의견'을 형성하나, 본질적으로 전혀 '공공적'인 방식이 아닌 방식으로 사회 내에서 여론을 형성하고 관철시키려 한다.[41]

여기서 암시되는 의도적 여론몰이의 형식은 '자유주의적 공론장의 이상으로부터 의도적으로 벗어나는' 형식이다. 국가의 관료제는 거대한 민간기업과 단체조직이 이미 작동시키고 있는 관행으로부터 이러한 형식을 차용한다. 공공행정은 이들과 협력하여 비로소 그 '선전적 성격'을 획득한다.

복지국가에서 — 입법부에 대해서뿐만 아니라 정부수반 자체에 대해서도[42] — 행정부의 권력증가는, 물론 그것이 자유주의 시대에도 순전히 법집행으로만 기능하지 않았다 하여도 그것의 '자립화' 계기를 뚜렷하게 드러내 보인다.[43] 다른 한 계기, 즉 국가로부터 사회집단에로의 권력이양이라는 반대방향의 과정은 더 눈에 띄지 않는다. 행정부 자신이 생산자, 상인, 분배자가 되는 '건설적 재량권'이라는 새로 확보된 자유공간에서, 집행기관은 관청의 권위를 '공론장'과의 조정으로 보완하고 일부는 이미 대체하는 태도를 취할 수밖에 없다. 이는 일부에서 이익단체의 비공식적 협력을 가져오고, 다른 일부에서는 행정적 과제를 이익단체의 권한으로 정식으로 이양하는 결과를 가져왔다. 베르너 베버(Werner Weber)가 확인하는 바에 따르면, 행정의 광범위한 분

---

41) 같은 책, 30쪽.

42) 행정행위는 점차 일반적인 정치적 강령으로부터 벗어난다. 그것은 변화하는 상황에 전문적 합리성을 가지고 적응해야 한다는 명목 하에 정부를 행정으로 대체한다. 그 결과 보수주의자들은 바로 '지배적 요소의 희박화'(稀薄化)에 대해 불평한다.

43) Forsthoff, *Lehrbuch des Verwaltungsrechts*, Bd. I, 위의 책, 65쪽.

야가 국가로부터 탈취되어 '국가와 나란히 기능하는(*nebenstaatlich*) 직능적 관리체제의 구성요소'가 되었다.[44] 그러나 국가가 그 행정주권을 고수하고 확장하는 곳에서조차 국가는 조직화된 이해관계의 긴장영역에 '적응'해야만 한다. 여기서 협정이 의회 외부에서, 따라서 국가적으로 제도화된 공론장이 배제된 채 추진되고 성립됨에도 불구하고, 양측은 이른바 홍보활동을 통해 이 협정을 소란스럽게 준비하고 눈에 띄게 동반한다. 공론장과 국가기관으로 확립된 공론장인 의회는 국가와 사회가 상호 침투함에 따라 일정한 매개기능을 상실한다. 연속적 통합과정은 다른 방식으로 보장된다. 의회의 지위약화에는 국가로부터 사회로의 변압기의 강화(행정)와, 역으로 사회로부터 국가로의 변압기의 강화(이익단체와 정당)가 상응한다. 그러나 공보노력, 즉 관리적으로 경영되는 홍보활동의 전개가 보여주는 것은, 그 원래의 기능을 전반적으로 박탈당한 공론장이 이제 행정기구, 이익단체, 정당의 후원 하에 다른 방식으로 국가와 사회의 통합과정에 끼어들게 된다는 점이다.

정치적으로 기능하는 공론장 내에서 갈등이 비교적 동질적 이해관계의 토대 위에서, 그리고 비교적 합리적 심의형식으로 결말지어지고, 합리성과 지속성의 요구를 가지고 추상적이고 일반적인 법체계에서 의회적 갈등해결이 가능했던 것은 오직 다음과 같은 이유가 있었기 때문이다. 즉 사적 영역으로 중립화된 교환사회 내부에서 수많은

---

44) W. Weber, *Spannungen und Kräfte im westdeutschen Verfassungssystem*, Stuttgart 1951, 38과 53쪽. 이익단체에 관한 광범위한 문헌에 대해서는 O. Satmmer, "Interessenverbände und Parteien," in: *Köln. Zeitschr. f. Soz. u. Sozialpsych.*, Bd. IX, 1957, 587쪽 이하와 역사적인 접근으로는 G. Schulz, "Über Entstehung und Formen von Interessengruppen in Deutschland seit Beginn der Industrialisierung," in: *Polit. Vierteljahreszeitschrift*, Bd. II, 1961, 124쪽 이하 참조.

실질적 결정들이 시장 메커니즘에 의해 매개되고 원칙적으로 비정치적으로 이루어졌기 때문이다. 정치적 공론장은, 비록 사적 소유자로서의 사적 개인들에게 공통되는 이해관계의 틀에 제약되었지만, 개별적인 사적 이해관계의 경쟁으로부터 상당히 벗어나 있어, 정치적 타협에 유보된 결정들이 정치적 논의라는 절차에 의해 해결될 수 있었다. 이와 반대로 사적 이해관계들이 집단적으로 조직화되어 정치적 형태를 띨 수밖에 없게되자마자, 정치적 타협의 구조를 그 근본에서 변화시키는 갈등들도 역시 공론장 안에서 결말지을 수밖에 없게 된다.[45] 공론장은 고전적 형태의 의회적 합의와 협약으로부터 벗어나는 이해관계 조정이라는 과제의 부담을 지게 된다. 이러한 조정에서 말하자면 그것이 시장영역으로부터 유래한 것임을 알 수 있다. 그것은 말 그대로 '타결'되어야 하며, 청구에 따라 압력과 반압력에 의해 만들어져야 하고, 직접적으로는 국가기관과 이익집단 간의 권력지형의 불안정한 균형에 의해서만 지지될 수밖에 없다. 과거 형태의 권력집행인 계급제도 및 민주주의와 나란히 형성된 어떤 '거래'라는 새로운 형태로 정치적 결정이 이루어진다.[46] 한편으로 공론장의 권한분야가 확대되었다. 그러나 다른 한편으로 이해관계의 조정이 공익으로 자신을 정당화하려는 공론장의 자유주의적 요구에 계속 종속되어 있으면서 이를 충족시키지도 못하고, 그렇다고 이 요구에서 완전히 벗어나지도 못하기 때문에 타협의 타결은 의회 외부영역으로 이전된다. 그것은 공식적으로 국가기관의 관할권을 사회조직에 이양하는 방식으로 이루

45) O. Kirchheimer, "Changes in the Structure of Political Compromise," in: *Studies in Philosophy and Social Science*, Bd. IX, 1941, 456쪽.

46) R. A. Dahl, "Hierarchy, Democracy and Bargaining in Politics and Economics," in: *Research Frontiers in Politic and Government*, Washington 1955, 47쪽 이하.

어지거나, 아니면 비공식적으로 규범으로부터 자유로운 (혹은 반규범적인) 사실적 권한이전의 방식으로 이루어진다.

가령 고도의 자본주의 사회의 중심갈등인 고용주와 피고용자 사이에서와 같이 규범 전이(轉移)를 낳는 타협 대신에 상대적으로 지속적인 이해관계의 조정, 심지어 '평정'을 기대할 수 없는 곳에서는, 국가의 강제조정을 제거함으로써 사회적 투쟁집단 상호간의 유사(類似) 정치적 권력행사자 어떤 자율적 영역으로 인정될 수 있다. 이 경우 한편으로 임금협상 파트너들은 더 이상 사적 자율성을 행사하면서 행위할 수 없다. 그들은 정치적 공론장의 틀 내에서 행동하며, 따라서 공식적으로 민주적 공론장의 요구에 종속된다.[47] 그러나 다른 한편으로 단체협상규칙의 창출은 과거식의 합리적 형태의 공론장을 폭파시켜버리고, 근저에 놓여 있는 이해관계의 적대는 자유주의적 기준에 따른 법 제정의 가능성을 객관적으로 거의 제공하지 않는다. 그 결과 이러한 타협은 의회적 입법절차로부터, 그리고 국가적으로 제도화된 공론장의 권한영역으로부터 벗어나 있게 된다. 이러한 공식적 권한이전에 상응하여 보다 큰 범위에서 입법부로부터 행정기구, 이익단체, 정당의 교류권으로 정치적 타협권한의 실질적 이전이 존재한다. 이미 그 자체 정치적 사회인 사회와 국가의 통합증대는 일시적 집단타협 형태의 결정, 즉 정치적 공론장의 제도화된 절차라는 우회로를 거치지 않고 특수한 특혜와 보상의 직접교환을 요구한다. 따라서 이익단체와 정당은 기본적으로 결사체로 남는다. 다수가 사단법인의 형태로 조직되어 있지 않으면서도 공적 지위의 임용에 참여한다. 말하자면

47) H. Ridder, *Zur verfassungsrechtlichen Stellung der Gewerkschaften im Sozialstaat nach dem Grundgesetz für die Bundesrepublik Deutschland*, Stuttgart 1960.

그것들은 정치적 공론장의 기능을 행사하며, 단순한 권력관계를 넘어서 국가권력에 대해 행사되는 사회적 압력을 정당화하는 공론장의 요구 하에 있다. 이로써 이익단체들은 부르주아 협회관계법률의 한계를 사실상 폭파시켜 버렸다. 그것의 공공연한 목표는 수많은 개인의 사적 이익을 공통의 공적 이익으로 전화시키는 것, 이익단체의 이익을 일반이익으로 신뢰할 만하게 제시하고 선전하는 것이다.[48] 물론 이때 이익단체는 물론 그것의 사적 성격에도 불구하고 광범위한 정치권력을 갖는 것이 아니라, 그것의 사적 성격 때문에 이 권력을 갖는다. 무엇보다 그것은 '여론'에 의해 통제받을 필요 없이 '여론'을 조작한다. 이것은 말하자면 한편으로 사회적 권력행사와 다른 한편으로 사실적으로 붕괴과정에 있는 공론장의 전승된 기준 앞에서의 정당화라는 이중적 강제의 결과이다. 즉, 조직들은 전반적으로는 내부적으로 추진되지만 공적 신뢰를 필요로 하는 타협형성을 위해 예속화된 공중에게서 구속력이 없는 동의를 구하거나 최소한 호의적 수동성을 확보한다는 것이다. 그 결과 이러한 동의를 정치적 압력으로 전환시킬 수도 있고, 아니면 획득한 묵인에 근거하여 정치적 반대압력을 중립화시킬 수도 있다.[49]

---

48) J. H. Kaiser, *Die Repräsentation organisierter Interessen*, Berlin 1956.

49) 비공공적으로 타결된 타협을 지원하거나 안전하게 할 목적으로 '여론'을 부수적으로 동원하는 것은 타협 자체의 구조에도 다시 영향을 미친다. 원칙적으로 지속되는 이해관계 대립의 화해할 수 없는 이해관계 상황 및 방향을 반영하는 확정된 목표를 쌍방이 유보하는 것이 '진정한' 타협에 있어 전형적이다. 이러한 종류의 유보를 포기한다면, 그것은 타협을 이데올로기화할 수밖에 없다. 즉 그것은 타협을 말하자면 원칙적으로 갈등이 없는 질서라는 가공의 틀 내에서의 신분계약으로 격하시킨다. 가령 1958년 10월 31일의 연방노동재판소 판결에서 (I ARZ 623/57) 아벤트로트(Abendroth), 람(Ramm), 리더(Ridder) 등은 이러한 경향을 분석한다. W. Abendroth, "Innergewerkschaftliche Willensbildung, Urabstimmung und 'Kampfmaßnahme'," in: *Arbeit und Recht*, VII, 1959, 261쪽 이하 참조.

홍보활동은 타협의 소재 자체를 공적 토론의 주제로 만들지 않으면서 자신의 위신을 강화하려는 목표를 갖는다. 조직과 관료들은 연출

법학적 비판과 마찬가지로 주목을 요하는 것은 비판되는 판결이 기록하고 있는, 비판에 의해 발견된 사회학적 사실이다. 그것은 이익단체의 관료제가 지속적인 적대적 이해관계 상황에서 서로 배치되는 이해관계의 방향을 단순히 일시적으로 조정한다는 타협의식을 포기하고 실질적으로 고정된 질서의 틀 내에서 통합의무를 갖고 협력한다는 사실이다(이에 상응하는 현상이 키르히하이머가 기록하는 의회 내에서의 '야당소멸'이라는 현상이다. O. Kirchheimer, "The Waning of Opposition in Parliamentary Regimes," in: *Social Research*, Bd. XXIV, 1957, 127~156쪽).

이러한 사실은 우리의 맥락에서 무시했던 복지국가 발전 일반의 정치적 상반성에 대해서만 징후적인 것이 아니라 (이에 관해서는 나의 서론장, in: *Student und Politik*, Neuwied 1961, 34쪽 이하 참조), 공론장의 구조변동에서도 고유한 것이다. 정치적으로 논의하는 공론장, 이 경우 이익단체 내부의 공론장 형식들이 예속화된 공중의 — 이들 공중의 명백한 박수갈채나 암묵적 관용은 '위로부터' 전개된 조작적이거나 전시적 선전에 의해 유도된다 — 탈정치화된 공론장에 의해 구축(驅逐)되는 정도 만큼만, 그 구성원 공중에 대해서 자립화되는 경향이 있는 이익단체의 관료제가 통합의 의무를 갖고 협력하는 방식이 관철된다.

이러한 맥락에서 위에서 우리가 신문의 집중과정에서 분석했던 경향이 중요하다. 먼저 정당관료제에 대한 신문종속의 증대와 더불어 정치신문의 집중이 있고, 후에 정당신문 자체의 지위 약화가 이어지고, 마지막으로 신문 전체의 탈정치화가 일어난다. 아벤트로트는 (헤르만 헬러의 언급에 연이어 Hermann Heller, *Staatslehre*, Leiden 1934, 137쪽) 사회민주주의 성향의 신문들에 대해 다음의 사실을 확인하고 있다. "헬러가 노동자층이 오직 자신들 고유의 신문에 의해서만 정신적으로 저항력을 유지할 수 있다고 지적할 때 잊지 말아야 할 사실은, 독일 연방공화국에서 민주적 정당들에 의해 형성된 정당신문의 특징적 요소가 — 이는 1933년 이전 시기의 독일에서 큰 의미를 가졌다 — 더 이상 존재하지 않으며, 경제적이고 기술적인 이유에서 아마도 과거와 같은 정도로 더 이상 출현할 수 없을 것이라는 점이다."(Sultan/Abendroth, *Bürokratischer Verwaltungsstaat und soziale Demokratie*, Hannover 1955, 92쪽, 주 4)

가령 1933년에 모든 독일 일간신문의 절반이 정치적 노선이 확실했다. 1956년까지 그 비율은 독일 연방공화국에서 대략 1/4로 떨어졌다. 신문의 65%가 초당파임을 선언하고, 10%는 정의를 내리고 있지 않다. 이 두 범주가 전체 발행부수의 82%를 차지한다(*Das Hanbuch: Die Deutsche Presse 1956*, 위의 책, 35쪽 이하 참조).

(*Repräsentation*)을 펼쳐 보인다. "공공단체는 법인으로서가 아니라 집단적 조직으로 등장하고자 원한다. 그 이유는 대표가 단체 내부생활로부터 자립화된 상황에서 이들 단체가 외부에 대한 그것의 형식적 대변에 관심이 있는 것이 아니라 주로 공론장에서 그 구성원의 품위(*Repräsentanz*)에만 관심이 있기 때문이다."[50] 대표는 단체 내부구조의 요소라기보다는 무엇보다도 '그것의 공공성 요구의 표현'이다.[51] 물론 이로써 낡은 유형의 과시적 공공성이 부활되는 것은 아니다. 그러나 그것은 재봉건화된 부르주아 공론장에 일정한 특성을 부여하는데, 쉘스키의 관찰에 따르면, 그것은 국가적이거나 비국가적인 대조직가가 '그들의 입장 선언을 관리하는' 특징을 갖는다.[52] 인격적으로 대변되는 권위의 아우라가 선전활동의 계기로 다시 돌아온다. 이런 점에서 현대의 공개성(*publicity*)은 중세의 공공성(*publicness*)과 유사하다. 홍보활동은 근원적으로 여론(*public opinion*)과 관계하는 것이 아니라 명성으로 이해되는 평판(*opinion*)과 관계한다. 공론장은, 그 속에서 비판이 전개되는 것이 아니라 공중 앞에서 위신이 전개되는 궁정이 된다.

과거 공개성은 군주의 비밀정책에 대항해 관철되어야 했다. 그것은 어떤 인물이나 사안을 공적 논의 하에 두려 함으로써 정치적 결정이 여론의 법정 앞에서 수정될 수 있도록 하였다. 이에 반해 오늘날 공개성은 이해당사자의 비밀정책의 힘을 빌려 관철된다. 그것은 어떤 인물이나 사안의 공적 위신을 획득함으로써 그것을 비공공적 의견의 분

---

50) R. Altmann, "Zur Rechtsstellung der öffentlichen Verbände," in: *Z. f. Politik*, N. F., Bd. II, 1955, 214쪽.

51) 같은 책, 226쪽.

52) Schelsky, *Familie*, 위의 책, 357쪽.

위기 속에서 박수갈채 받는 것으로 만든다. '여론환기작업'(*Öffentlichkeitsarbeit*)이라는 말이 이미, 과거에는 대표자의 지위와 함께 주어졌고 전통으로 충만한 상징에 의해 그 연속성이 보장되었던 공공성이 개개의 경우에 따라 번거롭게 만들어져야 한다는 것을 무심코 드러내고 있다. 오늘날 동일화의 기회는 만들어져야 한다. 공공성은 '존재'하지 않는다. 그것은 '만들어져야' 한다. 알트만은 이를 '공동화'(*Kommunikation*) 행위라고 정확하게 부르고 있다.[53] 직접적 선전효과는 동조를 만들어 내는, 탈상업화된 호의의 아우라를 갖는 광고효과에 그치지 않는다. 이 선전활동은 이제 소비자의 결정에 영향력을 행사하는 것을 넘어서 정치적 압력에도 이용된다. 왜냐하면 그것은 명확히 표현되지 못한 동조의 잠재력을 동원하며, 이 잠재력은 위급한 경우 국민투표로 정의되는 박수갈채로 번역될 수 있기 때문이다. 이 새로운 공론장은 그것의 제도적 정당화 형태가 계속 효력을 발휘하는 한, 부르주아 공론장과 여전히 재관계하고 있다. 또한 전시적 공개성은, 그것이 잠재적 유권자 결정의 자본을 믿을 만하게 만들거나 실제로 현금화하는 정도만큼, 정치적 효력을 발휘한다. 이 '현금화'는 물론 정당의 과제이다.

이러한 기능전화는 정치적으로 기능하는 공론장 전체에 걸쳐 일어난다. 공중, 정당, 의회의 중심적 관계도 역시 이러한 전화 속에 들어간다. 자유주의 시기의 정치적 공론장은 막스 베버가 묘사하듯이 명망가 정당이라는 특징을 가지고 있었다.[54] 교양과 재산을 가진 집

53) R. Altmann, *Das Problem der Öffentlichkeit und seine Bedeutung für die Demokratie*, Diss. Marburg 1954, 72쪽.

54) M. Weber, "Parteiwesen und Parteiorganisation," in: *Staatssoziologie*, Berlin 1956, 50쪽 이하.

단들이 성직자, 교수, 변호사, 의사, 교사, 약사, 공장주, 지주의 지도하에 지역 정치클럽을 창립하였는데, 이것은 임시단체로서 단지 지역구 의원에 의해 서로 결속되었던 유권자 연합체였다. 직업 정치인의 수는 적었으며, 그들의 기능은 처음에는 부차적이었다. 정치는 명예직 형태의 부업이었다. 대도시뿐만 아니라 여러 지역에서 의원의 보고를 목적으로 정기적으로 회합하는 고유한 의미의 결사체가 정해진 형식없이 운영되었는데 여기에는 신문이 유일하게 항구적 제도로 부속되었다. 지방의 토론센터와 의회의 회기 사이에는 일반적 의사소통이 존재하였다.[55] 실제적으로는 오직 의회 내에서만 존립할 수 있는 '분파정당'이 명망가 집단을 통해 지역 유권자들과 조직적으로 느슨하게 결합하게 되는 것은 유일한 공중 내부의 비폭력적 의사소통의 흐름과 상응한다. 교양층의 평등이 권한의 배분에 의해 아직 기본적으로 의문시되지 않고 있었다. 또한 정당들 자체도 부르주아 공론장의 이러한 틀 내에서 '의견의 구성체'로 이해되고 있었다. 루돌프 하임(Rudolf Haym)이 독일 국민회의에 관한 보고에서 표현하듯이, 정당들은 대중적으로 응집된 정치적 의견을 기초로 삼고 있다. 아우구스트 루드비히 폰 로카우(August Ludwig von Rochau)는 단순한 이해관계에 저항한다는 판단의 객관성을 '정당정신'에 요구한다.[56] 그러나 이미

55) 베버는 바로 명망가 선출의 메커니즘으로 인해 제한되는 직접 참여자의 수에 관해 말하면서도 다음과 같이 고백한다. "정치운영에 간접적이지만 무엇보다 실질적으로 관심을 갖는 사람의 수는 매우 많았다. 왜냐하면 어떤 한 행정부의 모든 규정과 특히 인사문제의 모든 해결은 그것이 미치는 선출기회에 대한 영향을 고려하여 이루어졌기 때문이다. 그리고 사람들은… 좋든 싫든 간에 장관이 경청할 수밖에 없는 지역 의원의 중재를 통해 모든 종류의 희망을 관철시키려 하였기 때문이다. 의원개인이 정실인사, 자신의 선거구의 모든 일에 있어 정실인사를 관리하며, 재선되기 위해 지역 명망가들과의 관계를 유지한다." 같은 책, 58쪽.

56) A. v. Rochau, *Grundsätze der Realpolitik*, Stuttgart 1853, 91쪽 이하. 전체에

트라이취케(Treitschke)는 정견정당이라는 테제를 포기한다. "특히 사회계급들의 이해관계는 정당 자신이 인정하는 것보다 훨씬 더 밀접하게 정당교리와 연루되어 있다."57) 마침내 19세기말 부르주아 정당에서도 이해관계로부터의 중립이라는 환상을 포기하게 만드는 증언이 발견된다. 프리드리히 나우만(Friedrich Naumann)과 같은 사람은 자유주의 진영을 위한 계급정당을 노골적으로 요구한다. 왜냐하면 "계급의식적 자유주의만이 오늘날 현존하는 일반적 계급투쟁에서 충분히 책임을 다하는 확고함을 가지고 있기" 때문이다.58)

그 사이 부르주아 공론장의 구조변동이 시작되었다. 논의하는 공중의 연결을 보장하였던 사회적·사교적 교류의 제도들은 그 힘을 상실하였거나 완전히 붕괴되었다. 상업적 대중지의 발달에 상응하여 명망가 정당은 대중적 기반에로 전환된다. 부르주아 평등권의 사회화는 정당들의 구조를 변화시켰다. 느슨한 유권자 연합체는 19세기 중반 이후 점차 고유한 의미의 정당에게 자리를 내준다. 이들 정당은 지방을 초월하여 조직되었고 관료기구를 갖추고 있으며, 이데올로기적 통합과 광범위한 유권자 대중의 정치적 동원을 목표로 하였다. 영국에서 글래드스톤(Gladstone)은 정당지부 간부회의 제도(Caucussystem)를 도입하였다. 다소간 경영적 형태로 조직되고 중앙집중적으로 지도되는 직업정치인 기구의 구축과 더불어 지역위원회는 그 의미를 상실한다. 정당은 이제 새로운 방법을 통해 국민대중을—이들은 이제 더 이상

관해서는 Th. Schieder, "Die Theorie der Partei im älteren deutschen Liberalismus," in: *Festschrift für Ludwig Bergsträßer*, Düsseldorf 1954, 183쪽 이하 참조.

57) H. v. Treitschke, *Parteien und Fraktionen*, 1871, Schieder, 위의 책, 194쪽에서 재인용.

58) In: *Die Hilfe*, 10. Jahrgang 1904, Nr. 2.

근원적 의미의 '부르주아'가 아니다―투표를 목적으로 '통합'하는 과제에 직면하게 되었다. 지역 의원이 보고하는 유권자 집회는 체계적 선전에 자리를 내주어야 했다. 이제 비로소 현재의 선전과 같은 것이 출현하게 되는데, 이것은 처음부터 계몽과 지도, 정보와 광고, 교육과 조작이라는 야누스의 얼굴을 하고 있다.[59]

정치적으로 중요한 사건들의 상호의존이 증대되었다. 공론장은 그것의 지방자치적 기반과 함께 그것의 장소를 상실하였다. 그것은 한편으로 사적 영역에 대해, 다른 한편으로 '세계적 공론장'에 대해 명확한 경계를 상실하였다. 그것은 투명성과 전체적 조망가능성을 상실하였다.[60] 계급정당[61]에 대한 대안으로 대부분의 경우 그것과 충분히 분리되지 않는 '통합정당'의 형태가 출현하였다. 이러한 형태의 정당은 유권자를 일시적으로 '잡아채고', 그들의 정치적 미성숙에 손을 대지 않으면서 그들로 하여금 박수갈채를 보내도록 유도한다.[62] 오늘날

59) 힐거는(D. Hilger, "Die demokratischen Parteien und Parteiendemokratie," in: *Hamburger Jahrbuch für Wirtschafts-und Gesellschaftspolitik*, Bd. I, 1956, 176쪽 이하) 몸젠이 제시한 텍스트에(D. Mommsen, *Deutsche Parteiprogramme vom Vormärz bis zur Gegenwart*, München 1952) 근거하여 정식화의 변화에 주목하고 있다. 소규모의 교양계층을 향한, 때로는 상세한 숙고는 점점 정치적 구호에 자리를 내준다.

60) H. Plessner, *Das Problem der Öffentlichkeit*, 위의 책, 8쪽.

61) 우리는 빌헬름 시대의 사회민주주의가 대표하고 있는 이러한 유형을 여기서 도외시한다. 이 유형은 오늘날의 정당체제에 더 이상 특징적이지 않다. 그 밖에 현대 정당의 유형론에 관해서는 Maurice Duverger, *Les Parties Politiques*, Paris 1951; S. Neumann, "Towards a Comparative Study of Political Parties," in: *Modern Political Parties*, Chicago 1956, 395쪽 이하 참조.

62) "조직에 속하지 않으며 정당이 구애의 손을 뻗치지 않는 단순한 투표자는 어떤 활동성도 결여하고 있다. 이 투표자에게 개인적으로 주의를 기울이는 것은 단지 선거 때이거나 그렇지 않으면 그를 겨냥한 공적 광고에 의해서일 뿐이다." (Weber, *Staatssoziologie*, 위의 책, 68쪽)

그 당시 출현했던 표피적 통합의 대중정당이 지배적 유형이 되었다. 이들 정당에 결정적인 것은 노골적이거나 조작적으로 주민의 선거행태에 영향을 미치기 위한 강제수단과 교육수단을 누가 가지고 있느냐이다. 정당은 의지형성의 도구이다. 그러나 그것은 공중의 수중에 있는 것이 아니라 당기구를 결정하는 사람들의 수중에 있다. 한편으로 공중에 대해 다른 한편으로 의회에 대해 이렇게 변화한 정당의 관계는 의원의 지위변화에서 징후적으로 읽을 수 있다.

모든 종류의 신분적 대표에 전형적이었던 명령적 위임의 거부는 처음부터 의회주의의 이념에 속했다. 이미 1745년 한 하원의원은 "어떤 한 신사가 선출된 이후 그는 우리의 헌법에 의해 영국 국민의 대표, 말하자면 대리인이 되었다"고 선언한다. 한 세대 이후 버크(Burke)와 블랙스톤(Blackstone)은 이 테제를 고전적 자유 위임설로 발전시킨다.[63] 자신의 양심과 국민 전체에 대해서만 책임을 지는 의원은 명령으로부터 독립적이라는 정식의 자유 위임설은 모든 부르주아 헌법에 수용되었다.[64] 자유주의 법치국가에서 이러한 이데올로기에 대응되는 것이 논의하는 공중의 여론형성에 의해 매개되었던 정치적 의사형성 과정이었다. 그 사회학적 의미에서 볼 때 자유위임은 이 단계에서 대표 그 자체의 독립성을 의미하지 않았다. 실제로 그 당시 의원은 그 이후보다 훨씬 더 밀접하게 그의 선거구와 접촉을 유지하고 있었다. 오히려 자유위임은 논의하는 공중 내에서 모든 사적 개인들의 평등한 지위를 보장하는 것이었다. 의회 스스로가 이 공중의 일부로 남고 원내외에서 토론자유가 보장되기 위해서는, 의원의 독립성이라는 유보조항이 가령 여타 공중에 대한 특권적 지위 — 전(前)부르주아 공론장

63) Blackstone, *Commentaries of the Laws of England*, London 1783.

64) GG Art. 38 참조.

이라는 의미에서의 과시(*Repräsentation*)—를 만들지 말아야 했다. 그 조항은 다만 의원이 대표로 파견됨으로써 혜택을 받지 못하는 것을 저지하려는 것일 뿐이었다.[65]

정당이 공공단체 체제의 대표가 되고 말하자면 사적 영역으로부터 공론장으로 성장해 온 다수의 그러한 조직의 이해관계를 매개하고 대표해야 함에 따라, 공중의 이러한 연대는 물론 갈기갈기 찢어져 버린다. 일반적으로 정당은 오늘날 (과거 사회민주주의처럼) 계급정당도 아니고 (난민동맹과 같은 종류의) 그 자체 이익단체도 아니다. 오히려 정당은 조직화된 이해관계를 한데 묶어 정치기구에로 공식적으로 번역함으로써 탁월한 지위를 부여받는다. 이 지위 앞에서 의회는 일종의 원내 교섭단체 위원회로 전락하며, 의원 자신은 '갈등시 그에 복종해야 하는 정당 내부의 하나의 조직적·기술적 중간항'으로 전락한다.[66] 키르히하이머(Kirchheimer)의 관찰에 따르면, 법률가의 의회 영향력의 소멸은 이와 관련이 있다.[67] 변호사 유형은 간부 유형에 자리를 내준다. 지도적 자리를 축적하는 소수의 '장관자격자' 집단과 나란히 비교적 다수인 원래 당간부(관료, 선전전문가 등) 및 마지막으로 다수의 직·간접의 단체대표〔법률고문, 로비스트(*Kontaktleute*), 전문가

65) 면책특권과 재정보상의 포기라는 두 유보조항은 부르주아 공론장에의 참여 자격에 대한 규정을 강화할 뿐이다. 이 공론장은 공권력으로부터 해방되고 사적 권력이 차단된 영역으로 이해되었다. 유보조항은 의원들이 공중에 속하는 사적 개인의 지위를 의회 차원에서도 유지하게 하는 것이지, 가령 권위를 과시하는 소명을 받은 높은 분이라는 추가적 특질을 의원들에게 부여하는 것이 아니다 — 의회적 공론장은 바로 '과시적' 공공성의 정반대이다.

66) Leibholz, 위의 책, 97쪽.

67) O. Kirchheimer, "Majoritäten und Minoritäten in westeuropäischen Regierungen," in: *Die Neue Gesellschaft 1959*, 2556쪽 이하; ders., "Parteistruktur und Massendemokratie in Europa," AÖR, Bd. 79, 1954, 307쪽 이하; ders., *The Party in Mass Society*, New York 1958.

등]가 의회에 들어온다. 의원 각자는 당내 다수결 형성에 참여하도록 소명받았지만 결국은 원내 교섭단체에 따라 결정한다. 원내 교섭단체를 통해 정당은 조직화된 이해관계들간에 항시 새로운 타협을 보아야 하는 강제를 대외적 행동통일을 보장하는 강제로 전화시킨다. 의원은 사실상 자신의 정당으로부터 명령적 위임을 받는다.[68] 이로써 의회는 이미 내려진 결정을 기록하기 위해 지시에 따르는, 정당의 위임을 받은 사람들이 모이는 장소가 되는 경향을 보인다. 이미 칼 슈미트(Carl Schmitt)는 바이마르 공화국에서 유사한 것을 관찰하였다.[69] 의원의 새로운 지위는 더 이상 일반적으로 논의하는 공중에 참여한다는 특징을 갖지 않는다.

이에 따라 의회 자체는 토론단체에서 전시단체로 변화된다. 왜냐하면 밀실에서 교섭된 결의를 의회에서 승인하는 것은 단지 형식적 조건만을 충족시키자는 것이 아니다. 그것은 정당의 의지를 외부로 전시하는 데 이용된다. 의회는 "다수가 내린 결정이 국민복지를 위해 진리이자 올바른 것이라는 가정에서 논증에 의한 공적 토론 속에서 서로를 설득하려는, 특권층에 의해 유명인사로 선출된 현명한 사람들의 집회"로부터 "라디오와 텔레비전을 통해 독특한 방식으로 이 공론장에 참여하는 전국민 앞에서 정부와 여당이 국민에게 정책을 제시하고 변호하는 한편, 야당은 동일한 공론장에서 이 정책을 공격하고 그것의 대안을 전개하는 공적 연단으로" 변화된다.[70] 물론 프리젠한의 이런

68) 의원이 원내 교섭단체로부터 탈퇴하는 경우 정당이 그의 위임을 사직할 것을 요구하는 것도(법적으로는 근거가 없는 요구) 이러한 사정에 근거하고 있다.

69) C. Schmitt, *Die geistesgeschichtliche Lage des Parlamentarismus*, München 1923.

70) E. Friesenhahn, "Parlament und Regierung im modernen Staat," in: *Veröff. d. Ver. dt. Staatsrechtslehrer*, Heft 16, Berlin 1958, 31쪽.

묘사는 이 변화과정의 한 측면, 즉 공개성 자체의 확장만을 포착하지 그 기능의 전화를 포착하고 있지는 않다. 한때 토론의 공공성은 의회 이전의 토론과 의회 토론의 연속성, 공론장과 그 속에서 형성되는 여론의 통일, 한 마디로 말해서 심의하는 의회를 중심에 놓는 동시에 그것을 전체 공중의 일부로 보장해야 했으며, 실제로 한동안 그러한 보장을 했던 적이 있었던 반면, 오늘날 토론의 공론장은 그와 같은 것을 행하지 못하고 있다. 그것이 불가능한 이유는 공론장 자체가 의회 내부와 외부에서 구조적으로 변화되었기 때문이다.

> 연방의회를 중계하는 의미가 수상기를 통해 청취자와 시청자가 그들이 선출한 국민대표들의 활동에 참여할 가능성을 제공하는 데 있다고 본다면, 텔레비전과 라디오가 이 목적에 적합하지 않다는 것, 그것은 오히려 토론의 왜곡과 곡해로 의회작업에 지장이 된다는 결론을 인정해야 할 것이다. 본회의의 원래 심의가 위원회와 교섭단체로 이전되었듯이, 의회에서 심의는 완전히 문서기록의 뒤로 밀려났다.[71]

---

71) 하프텐도른은 의회보고서의 경향을 통해 의회의 토론이 원외(院外)의 사적 개인들의 정치적 논의와 맺는 관계가 얼마나 느슨해졌는가를 입증해 보여주고 있다. H. Haftendorn, *Das Problem von Parlament und Öffentlichkeit, dargestellt am Beispiel der Parlamentsberichterstattung*, Diss. Frankfurt 1960, 146쪽 이하. 잘 알려져 있듯이 의회활동 자체는 교섭단체와 정당위원회 및 의회 상임위원회로 이전되었다. 이것들이 공적으로 논의하는 의회의 대체물로 여겨질 수는 없다. 왜냐하면 그것은 의회의 공론장 상실을 보상하지 못하기 때문이다. 또한 위원회가 의회법에 의해 공적 심의기구로 선언되는 경우에도, 그것은 의회공론장의 대체기구로 자리잡지 못한다. "위원회의 심의에 대한 공론장의 관심이 점증한다는 사실이 바로 은밀한 접촉관계 가능성의 발견이 필요함을" 징후적으로 보여준다. "공론장이 위원회 심의에 침투해 들어가면 결국 그것의 관심대상이 새로운 단계의 비공공성으로 이전되었음을 보게 될 뿐이다." 같은 책, 89쪽. 또한 B. Dechamps, *Macht und Arbeit der Ausschüsse*, Meisenheim/Glan 1954, 역사적으로는 W. Steffani, "Funktion und Kompetenz parlamentarischer Untersuchungsausschüsse," in: *PVS*, I. Jg., 1960, 153쪽 이하 참조.

확장된 공공성 앞에서 심의 자체가 쇼로 정형화된다. 공개성은 비판기능을 상실하고 전시적 기능을 갖는다. 논증도 상징으로 전도되는데, 이에 대해 다시 논증으로 답하는 것이 아니라 그것이 어떤 상징이냐를 확인하는 것으로 답한다.

공론장이 국가질서의 조직원리로서 의심스럽게 되는 것은 의회의 기능전환에서 명백하게 드러난다. 공개성은 (공중이 주체가 되어 실행하는) 비판의 원리로부터 (시위기관, 즉 행정기구, 민간단체, 특히 정당이 주체가 되어) 조종된 통합의 원리로 그 기능이 전환된다. 의회공론장의 국민투표적 왜곡은 재판공론장의 소비문화적 왜곡에 상응한다. 대중매체가 기록하고 유포시킬 정도로 흥미로운 형사소송에 의해 공개성이라는 비판적 원리가 유사한 방식으로 전도된다. 이 원리는 집회에 참여한 국민이 판결을 감독하는 데 기여하기보다는 집결한 소비자들의 대중문화를 위해 심리과정을 포장하는 데 이용된다.

이러한 경향의 강점은 그것이 불러일으킨 수정주의적 노력에서 측정될 수 있다. 공론장은 한때 자유주의적 법치국가의 조직원리로서, 나폴레옹 이후의 독일이 그 최초의 선구자였다. 그 당시 칼 테오도어 벨커(Carl Theodor Welcker)와 안젤름 포이어바하(Anselm Feurbach)는 자유로이 발전하기 시작한, 정치적으로 논의하는 일간신문과 협력하여 의회와 법정에서의 공개성을 위한 변론을 펼쳤다.[72] 반면에 오늘날에는 의회심의와 재판과정이 국민투표적 공론장으로부터 보호되기 시작한다. 의회 운영위원회는 국회의 회의를 더 이상 직접 중계하지

72) C. Th. Welcker, *Die vollkommene und ganze Pressefreiheit, nach ihrer sittlichen, rechtlichen und politischen Notwendigkeit, und ihre Übereinstimmung mit dem deutschen Fürstenwort, und nach ihrer völligen Zeitgemäßheit*, Freiburg 1830; A. Feuerbach, *Betrachtungen über die Öffentlichkeit und Mündlichkeit der Gerechtigkeitspflege*, Siegen 1821.

말도록 권고하고 있다. 법정에서 라디오와 TV중계를 저지하려는 목적으로, 형사사건 변호인과 형법학자들은 모든 법적 조치의 철저한 활용을 더욱 더 절박하게 요구하거나, 아니면 이것으로 충분하지 않으면 재판절차 규정의 개정을 요구하고 있다. 이 두 경우 공개성의 원리는 '직접적 공론장'의 보장에 국한되어야 한다는 것이다. 심리(審理)에 대한 자유로운 방청은 계속 허용되기는 한다. 그러나 내부에서 격론을 벌인 결의에 대한 의회기록이 정당정치적 대규모 시위로 전락하지 말아야 하며, 형사소송이 그 자체로는 관계가 없는 소비자들의 오락을 위한 전시용 공개재판이 되는 것은 방지되어야 한다는 것이다. 이러한 반론은 자유주의 모델로부터 국민투표적 이탈을 겨냥하고 있다. 이를 위한 전형적 구별이 공론장(*Öffentlichkeit*)과 공개(*Publicity*)의 구별이다. 에버하르트 슈미트(Eberhard Schmitt)는 이러한 구별이 '현대사의 중요한 인물'에 관한 형사소송에 대해서조차 타당하다고 본다.

> 신문에서 피고인이나 증인의 사진을 보지 못하게 될 때 무엇을 놓치게 되는가? 현대사의 중요한 인물이 어떤 행위로 혐의를 받고 있으며 이 점에서 심리에서 무엇이 해명되고 어떤 판결이 났는가를 알려는 공론장의 정당한 관심이 있을 수 있겠다. 이것들은 그것을 아는 것이 공공생활에 참여하는 국민들의 여론형성에 중요한 계기들이며, 신뢰할 만한 재판보도를 통해 심리에 참여하지 않는 사람에게도 알려질 필요가 있는 계기들이다. 그러나 피고인과 증인이 공판에서 심문이나 판결 선고시에 어떤 얼굴표정을 보이는가는 어떤 정당한 정보관심에서도 전적으로 중요하지 않다. 오늘날 인본적 사유가 당연히 고려해야만 한다고 느끼는 모든 것을 엄습하는 불길한 공개의 경향에 사로잡힌 사람만이 여기서 공론장의 정당한 정보욕구에 대해 말할 수 있을 것이다.[73]

이러한 반동적 조치가 공론장을 원래의 기능으로 복원하는 데 기여할 수 없다는 것은 명백하다. 국민투표적으로 확대된 공론장 형태를 제한함으로써 자유주의적 공론장을 복구하려는 시도는 공론장의 잔여의 기능을 약화시킬 것이다.

또한 오늘날 의견과 의사형성의 항구적 과정이 최소한 권력과 지배행사에 대한 자유를 보장하는 교정수단으로 작동할 수 있도록, 대중민주주의로서의 복지국가 체제는 공론장을 위한 국가기관의 활동을 의무화하고 있다.

> 자유민주주의에 필수불가결한 이 과정의 공시(公示), 즉 국가활동의 모든 부문에 관한 '여론'의 산출에 그 본질이 있는 공시는 법적으로 승인되지 않은 '권력'에 정당하게도 그 근거를 둘 수 있다. 이때 그것의 전제조건은 이 권력도 역시 전면적으로 '공공적'일 것, 그 행위를 공개할 원칙적 의무를 지니는 국가권력과 공공적으로 대결한다는 것이다.[74]

스스로 공개성의 조건에 가차없이 복종하는 한에서, 즉 엄밀한 의미에서 공론장이 되는 한에서, 사회적 조직에 의해 몰수되고 집단적 사적 이익의 압력 하에서 권력화한 공론장은 정치적 비판과 통제의 기능을 행사할 수 있다. 변화된 상황에서 고전적 공개성 요구의 의도가 복고로 전도되는 것을 방지할 수 있는 것은, 다른 기구의 공론장에 의해 감독받기보다는 이 공론장에 기식(寄食)하던 기구에도 공개성이 (비정통적 공개성 요구에 의해 보완되어) 미치게 되는 경우이다. 그러한

73) E. Schmidt, "Öffentlichkeit oder Publicity," in: *Festschrift für Walter Schmidt*, Berlin 1959, 351쪽 이하.

74) Ridder, *Stellung der Gewerkschaften*, 위의 책, 27쪽.

기구는 무엇보다도 먼저 정당이며, 정치적으로 영향력이 큰 대중매체와 공공단체이다. 이 모든 기구들은 국가와 관계하여 행위하는 사회적 권력의 제도들이며, 정치질서 내에서 공공기능을 행사하는 사회의 사적 조직들이다.

민주적 의견과 의사형성이라는 의미에서 이러한 기능을 충족시키기 위해서 이들 기구는 우선 그 내부구조에서 공론장의 원리에 따라 조직화되어야 하며, 당내부 혹은 단체내부의 민주주의를 제도적으로 가능하게 해야 한다. 즉 어떤 저지도 받지 않는 의사소통과 공적 논의를 허용해야 한다.[75] 그리고 나서 당과 단체의 내부에서 진행되는 일을 공개함으로써 이러한 조직 공론장과 전체 공중의 공론장의 결합이 보장되어야 한다.[76] 마지막으로 조직의 활동 자체, 국가기구에 대한 조직의 압력, 그리고 조직 상호간의 권력행사가 다양한 의존관계와 경제적 연루와 마찬가지로 광범위한 공개성을 필요로 한다. 가령 공론장의 조직이 그 재정수단의 출처와 사용을 열람할 수 있어야 한다는 것이 이에 속한다.[77] 독일에서 헌법은 이러한 공개성 요구를 정당으

75) O. Stammer/H. Schelsky, "Über die 'Organisationswirklichkeit'," eine Diskussion in: *Die Neue Gesellschaft*, II, 2, 1955, Heft 3, 4, 6. 이에 관한 참고문헌은 O. Stammer, "Politische Soziologie-und Demokratie Forschung," in: *Kölner Zeitschr. f. Soz. u. Sozialpsychol.*, Bd. VIII, 1956, 380쪽 이하 참조.

76) Th. Ramm, *Die Freiheit der Willensbildung*, Stuttgart 1960, 108쪽. "사실상 거의 통제할 수 없는 무수한 수의 특수한 질서로 사회가 붕괴될 위험에 대해서, 여론이 단체 내부에서 진행되는 일을 알고 그에 대해 비판하게 함으로써 상대적으로 용이하게 대처할 수 있다."

77) 독일의 당재정 문제에 관해서는 다음의 문헌 참조. Th. Eschenburg, *Probleme der modernen Parteifinanzierung*, Tübingen 1961; U. Kitizinger, *Wahlkampf in Westdeutschland*, Göttingen 1960, 156쪽. U. Dübber, *Parteifinanzierung in Deutschland*, Olpaden 1962. 미국에 관해서는 다음의 문헌 참조. A. Heard, *The Costs of Democracy*, Univ. of North Carolina 1960; W. Grundmann, "Die Finanzierung der politischen Parteien," in: *Ztschr. f. d. Ges. Staatswiss.*, Bd.

로부터 공공단체에게도 확장할 수 있는 구실을 제공하고 있다.[78] 왜냐하면 '정당국가의 제도적, 공적 의견의 자유'라는 헌법적 보호 하에서[79] 공공단체 역시 국민의 정치적 여론과 의사형성에 참여하는 것이 정당화되기 때문이다. 공론장에서 전시적이든 조작적이든 특권적 영향력을 행사하는 다른 제도와 마찬가지로 정치적 저널리즘조차도 민주적 공공성의 요청에 따라야 한다. 법적 측면에서 상태가 어떠하든간에 사회학적 측면에서 이러한 요구는 국가와 관계하여 활동하는 사회적 조직의 민주화에 있어 중요한 차원을 토론주제로 제기한다. 국가기관만이 아니라 정치적 공론장에서 공공적으로 활동하는 모든 기관들은 공개성의 의무를 갖는다. 왜냐하면 사회적 권력을 정치권력으로 전환하는 과정은 사회에 대한 정치권력의 정당한 행사와 마찬가지로 비판과 통제를 필요로 하기 때문이다. 복지국가의 대중민주주의, 바로 다름 아닌 부르주아 법치국가에서 제도화된 공론장의 이념(이 이념은 한때 사적 개인들의 공적 논의라는 매체를 통한 지배의 합리화였다)은 오늘날 국가와의 교류 및 상호간의 교류에서처럼 그 내부구조에서도 공공성의 요청을 갖는 조직들의 사회적·정치적 권력행사의 합리화로서만—이는 조직화된 사적 이해관계의 다원주의 하에서는 물론 한정적일 수밖에 없다—실현될 수 있다.[80]

115, 1959, 113~130쪽.

78) Altmann, *Rechtsstellung der öffentlichen Verbände*, 위의 책, 225쪽.

79) H. Ridder, "Meinungsfreiheit," in: Neumann, Nipperdey, Scheuner, *Die Grundrechte*, Bd. II, Berlin 1954, 257쪽. 또한 M. Löffler, "Der Verfassungsauftrag der Publizistik," in: *Publzistik*, Bd. V, 1960, 517쪽 이하, H. Copic, "Berufsverbot und Pressefreiheit," in: *JZ* 1963, 494쪽 이하 참조.

80) U. Lohmar, *Innerparteiliche Demokratie*, Stuttgart 1963; W. Abendroth, "Innerparteiliche und innerverbandliche Demokratie als Voeaussetzung der politischen Demokratie," in: *PVS*, 5, Jg. 1964, 307쪽 이하.

이러한 합리화가 진전되는 것에 비례해서만 과거 사적 개인들의 부르주아적 공중의 형태로 존재했던 것과 같이 다시금 정치적 공론장이 형성될 수 있다. 이 공론장은 말하자면 "주기적이거나 간헐적인 국가기관의 선거나 투표를 넘어서 … 통일적이고 항구적인 통합과정으로 현실적으로 나타나는 사회"이다.[81] 복지국가적 대중민주주의의 정치적 공론장이 이러한 차원에서 실제로 얼마나 뒤처져 있는지, 혹은 좀 더 정확히 말하면, 그것이 이 점에서 얼마나 발전하지 못했는지에 대해서는 선거의 공적 준비와 선거과정 자체를 통해 분석될 수 있다. 이 목적을 위해 임시로 제조되었으며 잠정적으로만 동원될 뿐인 공론장으로 인해 홍보활동이라는 다른 공개성이 지배하게 된다. 이 공개성은 조직들 자체가 민주적 공론장의 요청으로부터 벗어날수록 비조직화된 공중을 더 성공적으로 제쳐놓고 전개되는 공개성이다. "자체 당원을 갖지 않고 다만 선전활동의 수행이라는 유일한 목적을 위해 존립하는 선전회사의 중앙집중화된 운용능력에 의해 선거기간에만 부상하는 것이 정당에 얼마나 이득이 되는가"는 최근의 선거조사가 보여주고 있다.[82] 정당과 조직을 매체로 하여 전개되는 공공적 의사소통 과정은 광범위한 주민, 우선 정치적으로 무관심한 주민층의 쉽사리 감염되는 찬동적 태도를 겨냥하는 공개성의 전시적이고 조작적인 효력과는 확실히 반비례 관계에 있다.

81) Ridder, *Stellung der Gewerkschaften*, 위의 책, 26쪽 이하.

82) Kitzinger, 위의 책, 67쪽 이하.

3. 제조된 공론장과 비공공적 의견: 주민의 선거행태

수급자의 국가에 대한 관계는 무엇보다 정치적 참여가 아니라 실제로 결정을 관철하려 하지 않고 필요한 것을 공급받기를 기대하는 일반적 요구의 자세이다.[83] 국가와의 접촉은 본질적으로 행정관청의 방과 대기실에서 이루어진다. 이 접촉은 비정치적이며 '요구하는 바가 많은 무관심'의 특징을 갖는다. 우선 관리하고 분배하며 사회보장을 제공하는 복지국가에서 항상 행정행위에 포섭된 국민들의 '정치적' 관심은 일차적으로 전문직업에 국한된 요구로 제한된다. 물론 이 요구의 효과적 대변은 대조직에 위임된다. 이것을 넘어서 각자 의사표시하는 것처럼 보이는 발의는 정당에 의해 투표로 조직된 선거로 연출된다. 공권력에 관한 논의에 지속적으로 참여하는 영역으로서 정치적 공론장이 얼마나 붕괴되었는가는, 공론장과 같은 것을 주기적으로 제조하는 일이 정당의 진정한 공개적 과제가 되는 정도에 따라 측정할 수 있다. 선거전은 더 이상 제도적으로 보장된 공론장의 틀 내에서 지속적으로 진행되는 의견들간의 논쟁의 결과로 나타나지 않는다.

그럼에도 불구하고 의회선거의 민주주의적 절차는 부르주아 공론장의 자유주의적 허구를 여전히 고려하고 있다. 선거인의 국민적 역할을 오늘날에도 여전히 규범적으로 규정하는 행위기대는, 논의하는 사적 개인들의 공중이 과거 비판적이고 입법적 기능을 맡았던 상황을 사회심리적으로 반영하고 있다. 선거인은 일정한 정도의 판단력과 지식을 가지고 공적 토론에 참여하여 합리적 형식과 일반이익에 따라

83) 정치적 참여에 관한 나의 논문 in: Habermas, v. Freideburg et al., *Student und Politik*, 위의 책, 13쪽 이하 참조.

정치적 행위의 당연한 척도로서 올바르고 정의로운 것을 찾는 데 협조하리라고 기대된다. 민주주의론과 여론에 관한 논문에서 버렐슨(Berelson)은 선거인의 '인성구조'의 요소로 공공문제에 대한 관심, 정보와 지식의 소유, 안정적인 정치원리나 도덕기준의 소유, 정확한 관찰능력, 의사소통과 토론에 대한 참여, 합리적 행위, 공동체 이익의 고려를 들고 있다.[84] 정치적으로 기능하는 공론장의 사회학적 구성소(構成素)는 여기서 심리학적 성격으로 흘러간다. 선거권자 주민 대중이 비록 그들의 정치적 관심, 정보력, 정치적 주도권과 적극적 행위, 토론에의 참여의 정도와 같은 외면적 기준에 따라 측정되었다 하여도 많은 경험적 연구가 입증하듯이 민주적 행위의 전형을 전혀 충족시키지 못하고 있다면,[85] 이러한 이탈은 공론장 자체의 구조적·기능적 변화라는 맥락에서 오직 사회학적으로만 이해될 수 있다.

---

84) Berelson, "Democratic Theory and Public Opinion," in: *Public Opinion Quarterly*, XVI, Fall 1952, 329쪽.

85) 다음의 논문집 참조. Burdick, Brodbeck, *American Voting Behaviour*, Glencoe 1959; Eulau, Eldersveld, Janowitz, *Political Behaviour*, Glencoe 1956. 나아가 다음의 연구 참조. Lazarsfeld, Berelson, McPhee, *Voting*, Chicago 1954; Campbell, Gurie, Miller, *The Voters Decide*, Evanston 1954; Lazarsfeld, Berelson, Goudet, *The People's Choice*, N.Y. 1944. 영국, 프랑스, 독일 주민들의 선거행태에 대한 비교연구에 따르면, 이들 지역의 선거행태는 전반적으로 미국과 유사하다. McCallum, Readman, *The British General Election of 1945*, London 1947; H. G. Nicholas, *The British General Election of 1950*, London 1951; D. E. Butler, *The British General Election of 1955*, London 1955; Nicholas, Williams, "The French Election of 1956," in: *Political Studies*, Bd. IV, 1956; Harrison, Kitzinger, "The French Election of 1958," in: *Political Studies*, Bd. VII, 1959, 147쪽 이하; M. Duverger, *La participation de femmes à la vie politique*, Paris 1955; Hirsch-Weber, *Wähler und Gewählte*, Berlin 1957. 이들 자료 중 다수가 다음에 정리되어 있다. S. M. Lipset, *Political Man*, N.Y. 1960, 특히 제2부, "Voting in Western Democracies," 139쪽 이하.

처음 보기에 한편으로 복지국가의 대중민주주의에서 선거인 공중과 다른 한편으로 19세기 부르주아 법치국가에서 사적 개인들의 공중 사이에는 근소한 연관이 존재하는 것처럼 보인다. 투표는 그 이념에 따르면 지속적이고 공개적으로 진행된 찬반토론의 종결행위일 뿐이었다. 공론장에 대한 참여가 허용된 사람은 투표권이 부여되었다. 이들은 사적 개인들이었으며, 특히 재산과 고등교육을 받은 주로 도시부르주아 계층출신의 세대주들이었다. 그 당시 선거권을 가진 공중의 이러한 사회적 구성은 오늘날 보통선거권을 가진 주민 중 선거권을 사용하는 보다 적극적인 부분의 구성에서 여운을 남기고 있다. 즉 일반적으로 남성이 여성보다, 기혼자가 미혼자보다, 상대적으로 고소득과 고등교육을 받은 상층부 집단이 사회하층 구성원보다 비교적 자주 투표에 참여한다. 나아가 여기서 주목할 점은, 사업자, 즉 자영업을 하는 중산층 구성원이 비교적 대규모로 선거에 참여한다는 사실이다. 35세에서 55세 사이의 연령집단의 선거참여가 가장 높다는 사실은, (부르주아 사적 개인들의 후예 계층에서처럼) 직업활동의 종류뿐만 아니라 사회적 노동관계에 밀접하게 직업적으로 연루되었다는 것 역시 큰 영향을 미치고 있음을 추정케 한다. 또한 과거 선거에 참여하기 위한 비공식적 전제조건이었던 공적 논의에의 참여는 오늘날 사적 결사의 구성원들이 조직화되지 않은 시민들보다 더 대규모로 선거권을 행사한다는 사실에서 유사점을 보인다.[86]

주민의 선거행태에 보존된 이러한 자유주의적 공론장의 특징은 카츠(Katz)와 라자스펠드(Lazarsfeld)가 연구한 정치적 의사소통의 흐름에서도 입증될 수 있다. 유행과 소비습관 일반이 각 사회계층에 특유

86) J. Linz, *The Social Basis of German Politics*, Diss. phil. Columbia University 1958, 208쪽, Lipset, 위의 책, 196쪽에서 재인용.

한 형태로 수평적으로 확산되는 것과 달리 정치적 의견의 흐름은 오히려 수직적적으로, 상층집단으로부터 하층집단으로 흐른다. '공공문제의 여론주도층'은 보통 재산과 교육정도가 높으며, 그들이 영향을 주는 집단보다 유리한 사회적 지위를 점하고 있다.[87] 다른 한편 정치적 관심과 정보가 많으며 적극적인 이러한 공중의 핵심층이야말로 가장 자신들의 견해를 진지하게 토론에 부치려 하지 않는 계층이라는 점을 확인할 수 있었다. 바로 이러한 여론주도층이 매개하는 2단계적 의사소통과정의 담당자들에게서 한 번 채택한 의견이 습관적 고집으로 고착되는 일이 자주 일어난다.[88] 공론화될 수 있는 의견도 역시 논의하는 공중의 의사소통의 흐름이 없이는 여론으로 되지는 않는다.

상대적으로 최상의 정보를 제공받고 토론에 가장 자주 참가한 사람들이 그들의 견해를 서로 재확인할 뿐이며 기껏해야 망설이는 사람이나 참여도가 낮은 사람에게나 영향을 주는 경향이 있다는 충분히 입증된 사실은, 그들이 얼마나 여론과정에 기여하지 않는가를 보여준다. 나아가 정치적 토론은 대부분의 경우 그렇지 않아도 동질적 의견풍토를 낳는 내부집단, 즉 가족, 친구, 이웃에 한정되어 있다. 다른 한편으로 한 정당에서 다른 정당으로 유동하는 선거민들은 전적으로 무관심한 태도를 취해 선거를 무시하지는 않지만 관심과 정보가 적고 냉담한 시민들의 광범위한 층에서 주로 충원된다.[89] 따라서 토론을

87) E. Katz/F. F. Lazarsfeld, *Personal Influence*, Glencoe 1955.

88) Berelson, 위의 책, 319쪽. "정치적이든 정보적이든 대부분의 사회운동에서 쟁점에 대해 가장 정보를 많이 가지고 있는 사람이 그들의 견해를 가장 바꾸지 않으려는 사람들이다. 그들의 다수는 태도의 안정성을 나타내고 있으며, 일부는 경직성을 나타내고 있다."

89) M. Janowitz/D. Marvick, *Competition Pressure and Democratic Consent*, Michigan 1956.

통해 형성된 여론으로부터 가장 완고하게 벗어나려는 성향을 갖는 사람들이 일반적으로 자신들의 의견형성시 가장 쉽사리 영향을 받는데, 이때 영향을 주는 것은 바로 선거운동가가 전시적이거나 조작적으로 형성한 여론이다.

선거민 공중이 공중으로서 갖는 연관이 붕괴되었다는 것은 유권자 대부분의 독특한 고정화(*Immobilisierung*)에서 드러난다. 한 정당의 고정 지지층에는 물론 매우 상이한 두 집단이 속한다. 한편으로 일정한 정도로 '적극적'이라 부를 수 있는 소수의 시민들이 있는데, 이들은 당원이거나 다른 사회조직의 구성원이든 아니면 어떤 조직에 속하지 않든 간에 충분한 정보를 가지고 열심히 참여함으로써 역시 대부분 영향력 있는 선거인의 여론주도층이라 할 수 있다. 이들에 반해 다른 한편으로 이미 확고히 결정된 의견을 갖는 다수의 시민들이 있는데, 이들에게는 시사정치적 논쟁의 모래바람이 아무 흔적도 남기지 않고 지나쳐버린다. 이러한 의견의 고착은 일부 정당하지만 판에 박히게 익숙한 형태로 집단이익을 고수하는 데 그 원인이 있으며, 일부 문화적 통념의 층(層), 즉 역사적으로 대부분 오래된, 몇 세대를 거쳐 전달된 경험의 깊게 뿌리박은 태도와 선입견에 원인이 있다.[90] 다양한 연령집단이 각 세대에 특유한 경험에 의해 유도되며, 다양한 신앙과 민속집단이 그에 상응하는 경험에 의해 유도된다. 그 결과 형식적으로 동일한 선거결정에는 내용적으로 전혀 이질적이며 종종 경합하는 의지동인(動因)들이 들어 있다. 이 합의의 토론되지 않은 전제들이 공적 의사소통으로부터 벗어나 있을수록 이러한 이질적 동인들이 쉽사리 가상의 합의로 축적된다. 고정되지 않은 선거인 집단은 고정화된 블

90) 투표행태의 역사적 배경에 관하여 Lipset, 위의 책, 270쪽 이하 참조.

록 사이에 서 있거나 왔다갔다하는데, 이들은 재너위츠(Janowitz)의 분류에 따르면 일부 타협하는 사람, 일부 중립적이거나 동요하거나 무관심한 사람들로 구성되어 있다. 이들 집단은 기준을 얼마나 엄격히 잡느냐에 따라 모든 유권자의 1/4에서 거의 절반에 이르는 규모를 유지하고 있다. 선거에 참여하지 않는 사람과 선거마다 다른 정당에 투표하거나 때로는 전혀 동원할 수 없는 이른바 주변부계층 선거인들, 즉 기권층과 부동층(浮動層)이 이 집단에 속한다. 비교적 정보가 적고 민주적으로 신뢰할 수 없는 집단이라는 기권층의 특징[91]은 부동표에도 해당된다.[92] "무소속 투표자들은 지식과 관심이 가장 적은 사람들인 경향이 있다."[93] 그럼에도 불구하고 여론과정에 참여할 자격을 갖추지 못한 이들 유권자들이 선거매니저들의 목표집단이다. 모든 정당은 다수의 '미결정층'을 가능한 최대한 끌어들이려 시도한다. 그런데 그 수단은 계몽이 아니라 이들 계층에 특히 강하게 유포되어 있는 비정치적인 소비자적 태도에 영합하는 방식이다. "대중매체와 여타 선전장치에 심하게 의존하는 이러한 노력이 한정된 자원의 오용을 나타내지 않는가"라는 재너위츠의 물음은 정당하다.[94] 물론 선거선전운동이 다른 선거인 집단에게도 영향을 미친다. 따라서 정강목표에 대한 지향이 선거참여와 맺는 관계는, 높은 선전효과를 가지고 제공되는 지도적 후보자에 대한 이미지가 선거참여와 갖는 관계보다 훨씬

---

91) S. A. Stouffer, *Communism, Conformity and Civil Liberties*, N.Y. 1955, 83쪽 이하; H. H. Field, "The Non-Voter," in: *Public Opinion Quarterly VIII*, 1944, 175쪽 이하; F. H. Stanford, *Authoritarianism and Liberty*, Philadelphia 1950.

92) Janowitz, in: *Political Behavior*, ed. Eulau, 위의 책, 279쪽.

93) C. Harris, "Election, Polling and Research," in: *P. O. Q.*, Bd. XXI, 1957, 109쪽.

94) Janowitz, 위의 책, 280쪽.

약하다.[95]

선거주기마다 이루어지는 정치적 공론장의 새로운 연출은 부르주아 공론장의 붕괴된 형태를 나타내는 상황과 잘 들어맞는다. 우선 대중매체가 제조하여 유포시킨 통합문화는 그 의미가 비정치적임에도 이미 정치적 이데올로기를 나타낸다. 정치적 강령, 즉 모든 전시적 표현은 이 통합문화와 가령 경쟁해서는 안 되며 오히려 그것과 일치하도록 노력해야 한다. 만하임(Mannheim)이 이미 수십 년 전에 진단한 정치적 이데올로기의 붕괴는 레이몽 아롱(Raymond Aron)이 '이데올로기 시대의 종언'이라고 말했던 과정의 일면만을 표현하는 것처럼 보인다.[96] 다른 한편으로 이데올로기는 이른바 소비문화의 형태로 변형되어 말하자면 보다 심층의 의식단계에서 그것의 오랜 기능, 즉 기존 상황에의 순응을 강제하는 기능을 충족시킨다. 이 허위의식은 19세기의 정치적 이데올로기와 같이 더 이상 여러 관념의 조화로운 연관으로 구성되는 것이 아니라, 행동양식의 조화로운 연관으로 구성된다. 그것은 타인이 조종하는 소비습관의 체제로서 실천적 형태를 띤다. 여기서 의식에 남아 있는 것은 표피에서 이루어진 현존하는 것에 대한 의사(擬似) 사실주의적 모사이다.

> 대중문화의 이데올로기가 본래 어디로 귀착하는가를 한 문장으로 요약한다면, '네가 너인 바가 되어라'라는 문장의 패러디로 제시해야 할 것이다. 즉 그것은 모든 초월과 비판을 무효화한 상태에서 기존 상태에 대한 상승된 이중화와 정당화이다. 사회적으로 활동하는 정

---

95) 같은 곳.

96) R. Aron, "Fin de L'Age Ideologique?" in: *Sociologica*, Frankfurt 1955. 또한 O. Brunner, "Das Zeitalter der Ideologien," in: *Neue Wege der Sozialgeschichte*, Göttingen 1956, 특히 200쪽 이하 참조.

신이 사람들에게 생존조건을 눈앞에 다시 똑똑히 보여주는 것에 스스로를 한정하고 이 생존을 동시에 자신의 규범이라고 선언함으로써, 인간은 순수 생존에 대한 무신앙의 신앙에 고착된다.[97]

대중매체가 지배하는 공론장이 차용한 다른 기능은 선전이다. 따라서 정당과 보조조직은 구매결정에 대한 광고압력과 유사하게 선거결정에 선전적으로 영향을 미칠 수밖에 없게 된다.[98] 이로써 정치 마케팅이라는 영업이 출현한다. 고풍의 당 선전가와 선동가는 정치를 비정치적으로 판매하기 위해 고용된 정당정치상 중립적인 선전전문가에게 자리를 내준다. 이러한 경향은 이미 오래 전에 나타났음에도 시장조사와 여론조사의 경험적 기술이 과학적으로 발전하는 것에 병행하여 제2차 세계대전 이후에 비로소 관철되었다. 이에 대한 저항은 다수의 정당이 여러 번 선거패배를 당한 이후에야 비로소 꺾이게 되는데,[99] 이는 선거감독이 본래 정치적 공론장의 소멸을 알고 있었을 뿐만 아니라 스스로 충분히 의식하고 이를 추진했다는 것을 드러내고 있다. 일시적으로 제조된 정치적 공론장은 저 통합문화가 그것의 법을 규정하는 영역을 단지 다른 목적을 위해 재생한다. 정치부문 역시 사회심리학적으로 소비부문에 통합된다.

---

97) T. W. Adorno, "Ideologie," in: *Exkurse*, Frankfurt 1956, 158쪽. Horkheimer/Adorno, "Kulturindustrie," in: *Dialektik der Aufklärung*, Amsterdam 1947 참조.

98) H. H. Flöter, "Der manipulierte Mensch und seine Freiheit," in: *Die Neue Gesellschaft*, Jahrgang 1958, Heft 4, 272쪽.

99) 1957년 선거패배 이후 독일 사민당 내의 토론이 이를 특징적으로 보여주고 있다. *Die Neue Gesellschaft*, Jahrgang 1958, Heft I의 논쟁 참조. Willi Eichler, "Wählermanipulierung oder sozialistische Politik," 27쪽 이하; Jens Feddersen, "Politik muß verkauft werden," 같은 책, 21쪽 이하.

이러한 공론장의 수신인은 리스먼(Riesman)이 '신 무관심층'이라 부른 정치적 소비자 유형이다.

> 이들은 더 이상 자립적 선거인이 아니다.… 그들은 그들의 정치적 의견과 정치적 기능 간의 어떤 연관도 알지 못한다. 따라서 그들의 의견은 정치적 일상보도의 소비자조합원이라는 역할에서 현금 없이 이루어지는 지불수단으로 이용된다. 다른 사람의 의견에 대한 관용은 성격적 소질에서뿐만 아니라 다음과 같은 사실에서 유래한다. 즉 그들은 다른 사람의 의견을 경우에 따라 즐겁거나 흥미롭기는 하나 어떤 정치적 행위에 대해 부분적으로 혹은 전면적으로 헌신하는 그런 무게를 더 이상 지니지 않는 '단순한' 의견으로 볼 수 있다는 사실이다.[100]

공중으로서 선거인의 해체는 신문과 라디오가 '통상적 방식으로 조종될 경우'[101] 거의 영향력이 없게 되었다는 것에서 분명하게 드러난다. 제조된 공론장의 틀 내에서 대중매체는 선전매체로서만 유용하다. 정당은 직접 '국민'에게, 실제로는 여론조사에 따를 때 그 의식수준이 평균 500단어의 어휘에 이르는 소수에게 호소한다.[102] 신문과 더불어 여론형성의 두 번째 고전적 도구인 정당집회가 그 중요성을

---

100) Riesman, *Die einsame Masse*, 위의 책, 354쪽 이하.

101) G. Schmidtchen, *Die befragte Nation*, Freiburg 1959, 139쪽.

102) 슈미트헨이 경험적 조사결과에 근거한 정부의 태도에 대한 사례로서 다음의 경우를 제시하고 있는 것은 우연이 아니다(위의 책, 173쪽). "정부의 특정한 노력이나 결정에 대한 신문의 반응이 호의적이지 않을 수 있다. 동일한 시기에 여론조사는 주민들이 사태에 대해 본질적으로 보다 긍정적인 생각을 가지고 있다는 것을 보여준다. 이러한 경우 정부가 홍보활동에서 신문의 목소리에 의존한다면, 정보캠페인이 해명보다는 혼란만 초래할 것이다. 왜냐하면 주민들에게 논거의 대부분이 이해할 수 없는 것처럼 보이기 때문이다."

상실한다. 정당집회가 '통상적 방식으로 조종되는 경우' 이미 충실한 지지자의 소집단에게 기껏해야 구호를 교부하는 데 이용될 뿐이라는 것은 그 동안 알려진 사실이다. 또한 집회도 역시 선전행사로만 유용한데, 여기서 참석자들은 고작해야 텔레비전 중계를 위한 무보수 단역배우로 협력할 수 있을 뿐이다.

제조된 공론장에서는 여론 대신에 기꺼이 박수갈채를 보내려는 분위기, 즉 의견풍토가 지배적이다. 무엇보다 제안의 사회심리학적 계산이 조작적이다. 이들 제안은 무의식적 경향을 겨냥하여 예측가능한 반응을 불러일으키면서 다른 한편으로 국민투표적 동의를 확약한 사람들에게 어떤 방식으로든 의무를 부과하지 않는다. 신중하게 찾아낸 '심리학적 매개변수'에 따라 조종되고 실험적으로 검증된 호소는, 그것이 동일시(同一視)의 상징으로 효과적으로 작용하면 할수록 정치적 프로그램 명제나 실질적 논거와의 관련을 더욱 더 상실하게 된다. 이 호소의 의미는 '오늘날 대중사회에서 개인과 정치 간의 직접적 관계를 대체한' 대중적 인기를 불러일으키는 데 국한된다.103) 따라서 지도자나 지도부의 연출이 중심적 역할을 한다. 또한 이 연출은 시장에 맞는 치장과 포장을 필요로 한다. 인기지수는 정부가 주민의 비공공적 의견을 얼마나 장악하고 있는지 혹은 인기로 전환될 수 있는 지명도를 지도부에게 얼마나 더 부가적으로 마련해 주어야 하는지를 나타내는 척도이다. 인기 그 자체가 지명도와 동일하지는 않지만, 지명도 없이는 지속적으로 유지할 수 없다. 지명도가 나타내는 분위기는 일시적으로 제조된 공론장에 의해서만 결정되는 것은 아니지만, 이것의 종속변수이다. 여당이 선거전에서 성공적으로 방어하기 위해 객관적 기회, 즉 주민의

103) Kirchheimer, *Majoritäten und Minoritäten*, 위의 책, 265쪽.

기대에 대한 진정한 양보의 형태로 지명도 증대의 계기를 만들려고 하는 것은 이유가 있다. 가령 그것은 대중기호품에 대한 소비세를 인하하는 것과 같은 지명도에 있어 매우 효과가 높은 조치를 통해서 이루어진다. 아무리 조작적이라 하더라도 과학적으로 분석된 선거민의 동기에 부합하기 위해서는, 목표로 하는 지명도의 결절점으로서 실제로 욕구를 충족시키는 조치도 역시 필요하다. 이런 점에서 상상력이 풍부한 선거감독의 조작조차도 자연적 한계를 갖는다고 할 수 있다. 물론 이로부터 "선거인의 동기가 잘 알려져 있을수록 '정부'가 국민에 의해 '조작'된다"고까지 역추론해서는 안 될 것이다.104)

확실히 기존 동기를 홍보적으로 '충분히 이용'하기 위해서는 이 동기에 부합해야 한다. 이때 경우에 따라서는 선거인의 실제적 욕구를 충족시키는 의무의 형태로 홍보기회를 마련해야 할 필요가 있다. 조작의 '자연적' 한계가 좁으면 좁을수록 과학적으로 분석된 동기를 이용할 뿐만 아니라 충족시켜야 하는 강제가 증대한다. 이에 대해 아직 명확하게 단정을 내릴 수는 없다. 우리가 가령 조작의 한계가 매우 좁은 경우에 주기적으로 제조된 공론장의 틀 내에서 이루어진 박수갈채의 절차에 의해 정부가 비공공적 의견에 기꺼이 따르려는 자세가 광범위하게 보장되는 경우를 가정한다 해도,105) 민주적 의견과 의사형

---

104) Schmidtchen, 위의 책, 166쪽; ders., "Die Bedeutung repräsentativer Bevölkerungsumfragen für die offene Gesellschaft," in: *PVS*, 4. Jg. 1963, 168쪽 이하.

105) 민주주의 내에서 여론조사의 기능에 대해 가해지는 대부분의 비판은 경험적으로 반박된 이러한 가정을 그 근저에 두고 있다. 이 비판에 따르면 그것은 지도하려는 용의(用意)의 소멸을 가져온다는 것이다. J. C. Rumney, "Do the Polls serve Democracy?" in: Berelson/Janowitz, *Public Opinion and Communication*, 위의 책, 132쪽 이하; R. Fröhner, "Trägt die Meinungsforschung zur Entdemokratisierung bei?" in: *Publizistik*, Bd. III, 1958, 323쪽 이하; 최근의 존

성의 조건이 충족되는 것은 아닐 것이다. 광고심리학적 목적을 위해 제시된 제안은 그것이 아무리 객관적이라 할지라도 주체의 의지와 의식이 아니라 무의식에 의해 매개된 것이기 때문이다. 이러한 종류의 의사형성은 사회적이고 민주적인 법치국가라기보다는 오히려 사회복지적 관료국가의 계몽전제주의에 부합하는 것이다. '모든 것을 국민을 위하여, 그러나 어떤 것도 국민에 의하지 않는다'라는 문장이 프로이센의 프리드리히 2세의 말인 것은 우연이 아니다. 엄밀히 말하면 이러한 절차에 의해서는 한 번도 '복지'가 보장되지 않을 것이다. 간접적으로 결정된 비공공적 의견에는 자율성의 특징 이외에도 합리성 그 자체의 특징이 결여되어 있기 때문이다. 광범위한 계층의 정확하게 조사된 동기를 충족시킨다고 해서, 아직 그것이 객관적 이익에 상응함을 보장하지는 않는다. 공론장은 그 이념에 따르면 그 속에서 모든 사람이 원칙적으로 동등한 기회를 가지고 각자의 개인적 성향, 희망, 신조, 즉 의견을 제시할 수 있다는 이유 때문에 바로 민주주의의 원리였다. 이 개인적 의견들이 공중의 논의를 통해 여론(*opinion publique*)으로 형성될 수 있었던 한에서만 공론장은 실현될 수 있었다. 보편적 참여가능성의 보장은 논리의 법칙을 의무적으로 따르는 찬반논변을 위한 진리보장의 전제로 이해되었다.

제조된 공론장과 비공공적 의견의 관계는 1957년 독일연방의회 선거에서 정부여당에게 유리하게 영향을 미쳤던 몇 가지 조치의 예에서 설명될 수 있다 (우리는 이것을 특정한 한 정당이 다른 정당에는 결여된 신뢰할 만한 문서를 가지고 있다는 이유만으로 여론조사의 경험적 결과를 조작

트하이머와 슈미트헨의 논쟁, K. Sontheimer/G. Schmidtchen, "Meinungsforschung und Politik," in: Ztschr. *Der Monat*, 16. Jg., April/Mai 1964 참조.

적으로 이용한 사례로 중시한다).[106] 전체적으로 네 가지 전략적 조치가 선거전에서 승리한 정당의 홍보활동에서 결정적이었다.

1953년의 연방의회선거전에서 성공적으로 입증된 정당지도자의 이미지는 특히 그의 고령 문제에 대처하기 위해 다시 만들어져야 했다. 그는 '그의 팀' 한가운데 있는 사람으로 연출되었다. 그런 다음 한편으로 야당에서 볼셰비즘의 위험을 연상하게 하고, 다른 한편으로 국가권력을 소유하며 가능한 최대한 국가 자체와 동일시되는 정당을 사회 및 군사적 안전의 유일한 보장으로 믿도록 함으로써, 불안감과 안전욕구에 주로 선전의 주안점을 두었다. "어떤 새로운 시험도 위험하다", "가진 것이 없는 것보다 낫다"는 것이 그것의 모토였다. 셋째, 정부는 선거정책상 불리한 물가상승의 두려움을 저지하기 위해 경제계와 이른바 정전협정을 체결하였는데, 그에 따라 기업인들은 물가상승을 선거일 이후로 연기하였다. 이 밖에 일련의 유명상표 회사가 일간지에 광고를 게재함으로써 물가수준의 안정을 보장하였다. 이에 앞서 소매상인협회의 광고전이 선행하였다. 마지막으로 가장 효과가 높았던 조치로 연금개혁법이 통과되었다. 이로써 약 600만 연금생활자들이 1957년 5월부터 보다 많은 연금과 추가 지원금을 받게 되었다. 물

106) 무엇보다도 정당정치적 합병과 관련하여 확실히 의심의 여지가 없는 슈미트헨(Schmidtchen)과 키징어(Kitzinger)의 연구; 프리데부르크의 과학적 수법이 사용된 연방의회선거전의 조작적 내용에 관한 해석, L. v. Friedeburg, "Zum politischen Potential der Umfragforschung," in: *Kölner Zeitschr. f. Soz. u. Sozialpsychol.*, Bd. 13, 1961, 201~216쪽; 개별 선거인 집단에 대한 사회적 분석, Hartenstein, Liepelt, Schubert, "Die Septemberdemokratie," in: *Die Neue Gesellschaft*, 1958, Heft I; E. Faul(Hg.) *Wahlen und Wähler in Westdeutschland*, Hamburg 1961; V. Graf Blücher(Hg.), *Der Prozeß der Meinungsbildung, dargestellt am Beispiel der Bundestagswahl 1961*, Bielefeld 1962.

론 물질적이고 심리적인 효과는 단지 연금에만 한정되지 않았다.

이 네 조치 모두는 사전에 주도면밀하게 검토되고 계산된 광고기술을 동원하여 홍보되거나〔유화(宥和) 풍조〕 이용되었다(만인을 위한 복지). 개별 전략적 조치들은 성과가 아니라 도달될 박수갈채의 정도를 보고 조정되었다. 그들 상호간의 관계에서 중요성을 평가하기는 어렵다. 선전효과보다는 그것의 정치적 내용을 해석하는 것이 더 쉽다. 선거에 앞서 행해진 연금개혁법에 대한 동의가 정부여당이 지켜야 할 유일한 의무였다. 이 법의 통과에는 야당도 일정한 몫을 하였다. 그러나 그것은 (많은 선거인들이 의회를 연방정부와 동일시하기 때문에) 정부여당에 의해 시기적절하게 특정 목표를 위한 홍보기회로 활용되었다.

따라서 한편으로 이러한 정치적 의사형성 방법은 위험한 인기상실을 피하면서 주민의 실제적 욕구를 충족시키도록 하는 정부에 대한 일종의 비공공적 의견의 압력을 보장한다. 다른 한편으로 이 방법은 엄밀한 의미에서 여론의 형성을 방해한다. 조작적 목적을 위해 중요한 정치적 결정이 내려지고(물론 이로 인해 그것의 실질적 효과가 감소되지는 않는다), 전시적으로 제조된 공론장에 높은 광고효과를 갖는 홍보기회로 도입됨으로써, 이러한 결정에는 정치적 결정으로서 정확하게 정의된 대안을 의식하면서 이루어지는 공적 논의 및 국민투표적 불신임의 가능성이 제거된다. 다시 말해 계속해서 위의 예를 든다면 연금개혁법은 그것의 준비단계에서 중앙일간지에서 충분히 다뤄졌음에도 불구하고 체계적으로 여론형성과정의 주제로 되지 못했다(여론조사는 대중이 연동적 연금이라는 말에 대해 정확한 생각을 가지고 있지 못했다는 것을 보여주었다). 또한 그것은 후에 사회정치적 중심문제로서 선거전의 명백한 주제도 아니었다(다만 간접적인 심리적 영향이 생활수준의 향상이라는 조잡한 상투어를 겨냥한 선전의 토대로 이용될 수 있을 뿐이었다). 이 경우에도 역시 보통의 경우 선거 결과를 결정하는 '미결정층'이라는 강력한 소수를 위해 직접 전시적이고 조작적으로 전개된 공론장은, 투입된 상징과 주어진 동기 사이의 의사소통 과정, 사회심리적으로 계산되고 광고기술적으로 조정된 의사소통 과정으로 이용된다. 이것으로부터 귀결되는 투표는 그것이 합산된다 하여도 두 조건이 충족되지 못했기 때문에 여론을 만들지 못한다. 우선 비공식적 의견은 합리적으로, 즉 확인 가능한 사안에 대한 의식적 논쟁을 통해 형성되지 못했다 (오히려 공공적으로 제시된 상징은 각 개인들이 그 메커니즘을 알 수 없는 매우 무의식적인 과정에 부합한다). 또한 그것은 토론을 통해, 즉 공공적으로 이루어지는 찬반(贊反) 대화를 통해 형성되지 않았다 (오히려 반응은 다분히 집단의견에 의해 매개되었음에도 불구하고 논의하는 공중의 틀 내에서 교정되지 않는다는 의미에서 사적이다). 이로써 공중으로서는 해체된 국민공중이 한편으로 정치적 타협을 정당화하기 위해 이용되면서 다른 한편으로 효과적인 결정에 참여하거나 참여할 능력도 갖추지 못할 정도로 홍보수단에 의해 예속화된다.

또한 다른 관점에서도 연금개혁법의 사례는 시사하는 바가 많다. 그것은 전에 사적 자율성에 일임되었던 개인적 위험에 대한 복합적인 복지국가적 보장제도에 속한다. 모순은 명백하다. 한편으로 공권력을 통해 유지되고 보장되기 때문에 정치적으로 자율적인 국민공중의 의사소통과정에서 해명되고 여론의 주제가 되어야만 하는 사적 생존의 사회적 조건이 증대한다. 다른 한편으로 이렇게 객관적으로 그 필요성이 증대하는 이러한 기관이 추상적 투표의 박수갈채를 위하여 일시적으로 제조된 공론장의 틀 내에서 전시적이거나 조작적으로 만들어질수록, 그것은 더욱 더 여론으로 작용할 수 없게 되고, 정치 및 사회권력의 행사를 합리화할 수 없게 된다.

4. 자유주의 법치국가의 사회복지 국가로의 전화과정에서 정치적 공론장

사적 부문에 대한 공공영역의 위상이 변화되는 상황에서 민주적으로 조직된 사회의 객관적 요구에 따라 기대되는 정치적 공론장의 기능과, 다른 한편으로 오늘날 정치적 공론장이 실제로 행사하는 이러한 기능 사이에는 특징적 불균형이 확연히 드러난다. 그 불균형은, 바로 자유주의 법치국가의 이른바 사회복지국가로의 전화가[107] 규범적으로 명확하게 규정되어 있고, 그 지향점이 헌법제도의 자구(字句)와 정신에 의해 예기되어 있는 곳에서 확연히 드러난다.

최초의 근대 헌법에서 세분된 기본권 목록은 부르주아 공론장의 자유주의적 모델을 모사한 것이다. 그것들은 사회를 사적 자율성의 영역으로서 보장한다. 이에 대립해서 몇 가지 기능에 제한된 공권력이 있으며, 이 둘 사이에 공중으로 집결한 사적 개인들의 영역이 존재한다. 이들 사적 개인은 국민으로서 국가와 부르주아 사회의 욕구를 매개하며, 이로써 그 이념에 따르면 논의적 공론장을 매개로 지배 자체를 합리화한다. 정치적 지배를 정당화해야 할 공적 논의는, 시장과 공론장에서 사적 개인들간의 교류가 지배로부터 해방되었을 때, 자유로운 상품교환 사회라는 전제조건하에서 — 시장메커니즘과 등가교환에 내재하는 정의(正義), 다시 말해 재산, 즉 사적 독립성과 정치적 참여권의 취득에 있어 기회균등의 정의라는 조건하에서 — 보장되었던 것처럼 보였다. 소상품 소유자들의 사회 내에서 모든 권력관계는 지

107) 위의 3장 4절 참조.

배로부터 해방된 영역으로서 자동적으로 중립화된다.

이러한 사고에는 자유주의적 기본권의 금지명령적(*negatorisch*) 특성이 상응한다. 기본권은 법관계의 일반규칙에 따를 의무를 진 사적 개인들에게 원칙적으로 유보되어야 할 영역에 대한 국가의 개입과 간섭을 저지한다. 물론 그 당시 헌법제정자들이 염두에 두었던 기본권의 사회적 기능을 고려할 때 기본권은 결코 금지하여 제외하는 것으로만 작용하지는 않았다. 왜냐하면 이러한 정치질서가 구상하는 기초 위에서 기본권은 사회적 부 및 여론 산출과정에 대한 기회균등한 참여를 적극적으로 보장하는 효력을 발휘해야만 했기 때문이다. 시장을 통한 사회적 보상의 분여(分與)와 공론장 내에서 정치적 제도에의 참여에 대한 기회균등한 보장은, 당시 사람들이 전제하였던 교류사회(*Verkehrsgesellschaft*)와 협연하여[108] 국가에 집중된 권력에 대항하여 자유와 안전을 보증함으로써만 간접적으로 이루어졌다. 기본권의 적극적 영향력은 그것의 금지명령적 효력을 통해서만 보장될 수 있었다. 법학자들 사이의 지배적 견해와는 반대로 사회학적 측면에서는 이로부터 다음과 같은 결론이 도출된다. 자유주의 법치국가의 헌법은 처음부터 국가 그 자체와 사회와의 관계 속에 있는 국가뿐만 아니라 사회적 생활연관 전체를 질서지으려 했다는 것이다. 따라서 기본권상 확정되어 있는 공공질서가 사법질서를 자체 내에서 다루고 있다.[109] 이로써 자유주의적 자유보장과 민주주의적 참여보장이라는 일반적 구분 역시 다르게 조명된다. 확실히 소극적 신분(*status negativus*)과 적극적 신분(*status activus*)은 부르주아와 공민, 사인과 국민 일반처럼

---

108) 위의 3장 4절 참조.

109) 이러한 의미에서 람은 “민법 자체가 그 구체적인 형태에서 인권과 시민권의 결과물이었다”고 강조하고 있다. Ramm, 위의 책, 54쪽.

확연히 분리되었다. 그러나 공론장과 사적 영역의 근원적 관계로부터 출발하여 이 두 종류의 기본권을 파악해 보면, 분리불가능한 연관이 드러난다. 사적 개인들의 자율성이 보장되는 한에서만 확장된 의미의 공론장과 시장이 기능한다는 것에 대한 신뢰 하에서, 신분은 사적 영역(부르주아 사회와 가족)에서와 마찬가지로 공론장에서 금지명령적으로 보장된다. 국가기관으로서의 의회에 헌법적으로 제도화된 공론장조차 그것이 공중의 사적으로 자율적인 교류로부터 유래한다는 점을 의식하고 있다. 직접 참여권으로 정식화된 선거권도 역시 금지적 제외를 통해 보장된 공론장에서의 사적 교류의 자동적 결과이다. 자유주의적 인권과 민주주의적 시민권이 기본권적으로 확정된 공공질서 일반과 사법질서와 마찬가지로 부르주아 헌법의 이론과 실천에서 비로소 분리되는 것은, 그것의 기초로 가정한 사회질서의 허구성이 의식되고 단계적으로 실현된 시민계층의 지배가 그들 자신에게조차 상반된 이중성을 드러낼 때이다.

자유주의 법치국가의 사회복지국가로의 전화는 이러한 출발상황으로부터 이해해야 한다. 이 전화는 가령 자유주의 전통과의 단절이 아니라 연속성을 특징으로 한다. "사회조직의 체제도 특정한 기본원리에 따라 확정하려는 법적 구속력의 요구를 제기하는 국가의 헌법체제가 등장한다"는 점에서[110] 사회적 법치국가가 자유주의 법치국가와 구별되는 것이 아니다. 오히려 상황은 그 역이다. 복지국가는 바로 자유주의 국가의 법적 전통의 연속선상에서 사회적 관계를 형성하기 위해 필요하다. 왜냐하면 이 국가도 역시 국가와 사회 전체의 법질서를 보장하려 하기 때문이다. 국가가 점증적으로 사회질서의 담지자로

---

110) Ridder, *Stellung der Gewerkschaften*, 위의 책, 16쪽 이하.

상승하자마자, 그것은 자유주의적 기본권의 금지명령적 규정을 넘어서 어떻게 복지국가적 간섭을 통해 '정의'가 실현될 수 있는가를 적극적으로 지시할 수 있다고 확신하게 된다. 우리가 앞에서 보았듯이, 법치국가적 입법개념은 평등을 보장하는 일반성과 올바름, 즉 정의를 보장하는 진리성이라는 그것의 두 요소에 있어 공동화(空洞化)되어, 결과적으로 그것의 형식적 기준을 충족한다고 해서 더 이상 그것이 새로운 소재에 대한 적절한 규제를 충족시키지는 못하게 되었다.[111] 이해관계의 타협에 대해 배분적 정의(*Justitia Distributiva*) 규칙의 밑그림을 강령적으로 제시해 주는 실질적 보장이 형식적인 보장 대신에 등장해야만 한다. 그 결과 가령 국민총생산 증가의 분배는 점차 정치적 기관의 권한에 속하게 된다. 이때 분배방식을 규정하는 분배기준을 둘러싸고 공공단체들이 입법부 및 행정부와 다투게 된다. 따라서 '사회적 책무'를 갖는 국가는 이해조정이 일반이익의 틀 내에서 이루어지도록 감시하여야 한다. 입센(H. P. Ipsen)은 이러한 의미에서 기본법의 복지국가 조항을 국가목표에 대한 규정으로 파악하였다.[112] 이것은 기존의 몇몇 사회복지권 기구를 헌법으로 승인한 것 이상의 의미를 갖는다. 오히려 "헌법상 복지국가적 요청의 규범적 결과로…

111) Forsthoff, *Begriff und Wesen des sozialen Rechtsstaates*, 위의 책, 27쪽 이하 참조. "국가와 사회의 이원성의 탈락, 행정분야에서 이에 상응하는 현상인 간섭행정과 더불어 입법부와 행정부에는 사회복지를 형성하는 과제가 증대되는데, 이 과제의 해결은 더 이상 단순한 법형식적 기준에 따라 측정될 수 없다. 이러한 사회복지의 형성기능을 위해서는 그것이 헌법과 법률의 한계 내에 머무는 것으로 충분하지 못하다. 그것은 대상적인 의미에서 정당하게 규제되고 실행되어야 한다." Forsthoff, *Verwaltungsrechte*, 위의 책 Bd. I, 57쪽 이하 참조.

112) H. P. Ipsen, *Das Grundgesetz*, Hamburg 1950. 게르버는 헌법토론에 관한 문헌을 보고하고 있다. Gerber, "Die Sozialstaatsklausel des Grundgesetzes," in: *AÖR*, Bd. 81, Tübingen 1956.

모든 국가기관은 입법, 행정, 판결을 통해 이러한 사회복지권 기구가 모든 요건에 적응하도록 배려할 의무를 갖는다".[113]

다른 서구민주주의에서 부분적으로 유사한 프로그램의 단초가 존재하고 있다. 그것이 헌법적으로 확정되지 않는 곳에서는 그것이 그 사이 일종의 정치적 관행으로 인정되고 있다. 몇몇 경우에는 전래의 기본권 목록도 역시 사회복지 프로그램으로 확장되었는데, 바이마르 헌법이 그 원형이다.[114] 오늘날 사회적 기본권은 폐지된 1946년의 프랑스 헌법의 전문(前文) 이외에 1948년 12월 10일 발표된 유엔 인권선언에서 발견된다.[115] 이 기본권들은 사회적 서비스의 분여(分與)와 정치적 제도에의 참여를 보장한다.

> 금지에 의한 배제를 통해 보장된 자유는 스스로 한계를 짓는 국가, 각 개인에게 그의 사회적 상황을 있는 그대로 방임하는 국가와 관계된다. …권리와 청구로서의 참여는, 각 개인에게 그의 사회적 상황을 방임하는 것이 아니라 보장을 통해 각 개인을 지원하는, 서비스를 제공하고 할당하고 분배하고 나누는 국가를 의미한다. 이것이 사회복지국가이다.[116]

---

113) Ridder, 위의 책, 10쪽.

114) 제 10 조(모든 사람의 인간적 품위를 갖는 생존의 보장을 목표로 한 정의의 원칙에 따른 경제생활의 질서), 제 155 조(오용방지 하에서의 토지의 분배와 이용) 제 156 조(사기업의 사회화, 협동조합의 장려) 제 157 조(노동권의 보장) 제 163 조(노동의 의무와 권리) 제 164 조(피고용인의 참여권).

115) 제 22~27 조 : 사회안전권, 노동권, 적절한 여가권, 최저생활 수준권 및 의료보호권, 교육권 및 교양권, 문화재 일반에 대한 참여권. 사회복지 프로그램에 관한 조항은 물론 많은 주헌법에서도 발견된다. 라인란트 팔쯔 주의 헌법 제23 조 이하; 브레멘 주헌법 제 37 조 이하; 노르트라인 베스트팔렌 주헌법 제 5조 이하와 제 24 조 이하 참조.

116) Forsthoff, *Sozialer Rechtsstaat*, 위의 책, 19쪽.

이러한 대조는 물론 그 사회적 기능에 따라 평가할 때 자유주의적 기본권이 사회적 기본권과 관계하고 있는 역사적 맥락을 사상한 것이다. 법치국가의 법개념에 따를 때 확실히 기본권의 보장은 사적 영역과 정치적으로 기능하는 공론장을 공권력의 직접적 개입으로부터 분리하는 데 기초하고 있다. 재산과 가족의 제도적 보장 또한 이에 기여한다. 그러나 이러한 보장은 사회적 기본권에 의해 보완되는데, 그 이유는 금지명령적 효과의 적극적 충족이 '자동적'으로 이루어지는 것이 아니기 때문이다. 단지 사회적 보상이 기회균등에 근접하게 분여되고 정치적 제도에 기회균등에 근접하게 참여한다고 해서, 더 이상 사회에 내재하는 메커니즘의 '순응'으로부터 국가로부터 자유로운 영역의 분리가 인정되는 것은 아니기 때문이다. 이것들은 이제 명백히 국가에 의해 보장된다. 이렇게 해서만 정치적 질서는 오늘날 구조적으로 변동된 공론장의 조건하에서도 과거 부르주아 법치국가의 제도들에 투입되어 있는 정치적으로 기능하는 공론장의 이념에 충실할 수 있는 것이다. 이 변증법은 특히 자유주의적 기본권에서 명백히 나타나는데, 이 기본권은 그것이 비록 원래의 자구를 현행 헌법에 이르기까지 보존하고 있다 하여도, 그것 자신의 의도에 충실하기 위해서는 그것의 규범적 의미가 전이되어야 한다. 복지국가의 형태로 변화된 헌법적 현실 자체가, "원래 국가권력에 대한 분리권으로서 정식화되고 생각되었던 이러한 자유주의적 기본권이 민주적이고 사회적인 법치국가가 문제시되는 현재 얼마나 참여권에로 생각이 전환되어야 하는가"에 대해 숙고하도록 만든다.

> 기본법은 실질적 민주주의 법치국가사상, 무엇보다 평등원칙 및 평등원칙의 참여사상과의 결합을 자결권 사상으로서 경제질서와 사회

질서에로 확장하고 이를 통해 사회복지사상에 실질적인 내용을 부여하려는 목적을 갖는다.[117]

우선 표현과 의견의 자유, 집회 결사의 자유, 언론자유 등과 같이 정치적으로 기능하는 공론장을 보장하는 일군의 기본권들에서 다음과 같은 점이 입증된다. 이들 기본권은, 그것이 구조적으로 변동된 공론장의 실제 형태에 적용되었을 때 그것의 근원적 기능 자체를 유의미하게 충족시킬 수 있으려면, 단지 금지명령적으로 해석되는 것이 아니라 적극적으로 참여의 보장으로 해석되어야 한다는 것이다. 언론매체라는 제도 자체가 공론장에 유입되는 사적 이해관계를 특권화하거나 보이콧하고 단순히 개인적인 모든 의견을 예속시키는 데 적절한 사회적 권력이 된 이후, 모든 사람이 자유로이 자신의 의견을 표현하고 신문을 창립할 수 있다고 해서 엄밀한 의미에서 여론형성이 효과적으로 보장되는 것은 아니다. 공중은 더 이상 형식과 실질에 있어 평등한 권리를 갖는 인격이 아니다. 리더는 사적 의견의 자유가 지닌 사회적 기능을 일관되게 해석하면서[118] 공공적 의사소통과정에 대한 기회균등한 참여를 시민들에게 부여하는 '공공적 의견, 즉 여론의 자유'라는 정식화에 도달하고 있다. 이에 따라 그는 고전적인 사적 개인의 언론자유를 언론기관으로 하여금 민주적이고 사회적인 법치국가의 기본질서를 준수하도록 하는 제도적 의무로 보완한다.

언론자유를 개인적이든 집단적이든 간에 국가간섭으로부터의 금지명

117) W. Abendroth, in: *Veröff. d. Ver. dt. Staatsrechtslehrer*, Heft 12, 위의 책, 87쪽 이하.

118) H. Ridder, "Meinungsfreiheit," in: Neumann, Nipperdey, Scheuner, *Die Grundrechte*, Bd. II, 위의 책, 342쪽 이하 참조.

령적 자유로 부를 수 없다는 것은 명백하다. 정치적 언론의 공공적 임무가 전면에 선 다음에 이에 뒤따라 자유가 보장된다.[119]

언론을 통한 자유로운 의견표현은 더 이상 사적 개인들로서의 개인이 주체가 되는 전래적 의견표현의 일부로 여겨질 수 없다.[120] 왜냐하면 모든 여타의 사적 개인들에게 공론장에 대한 기회균등한 참여가 보장되는 것은 국가의 조형적 간섭의 보장(*Gestaltungsgarantie*)을 통해서 비로소 이루어지기 때문이다. 국가가 침해를 억제할 것이라는 단순한 보장으로는 더 이상 충분하지 않다.[121] 집회와 결사의 자유에서도 유사한 성격의 변화가 나타난다. 관료화한 대조직으로서 정당과 공공단체는 홍보에 있어 효과적이고 정치적으로 중요한 집회와 결사의 형성에서 소수 독점적 지위를 점한다. 따라서 집회와 결사의 자유 역시 여기서 국가의 조형적 간섭의 보장을 필요로 한다. 이 보장에 의해 국민은 특정한 과제와 그에 상응하는 내부구조를 충족시키기 위해 정치조직에 참여할 의무를 부여받는다. 이른바 정당의 특권으로 표현되는 특정한 요구의 보장이 이 의무에 상응한다.[122]

---

119) 같은 책, 258쪽.

120) 같은 책, 259쪽. 리더는 물론 대중매체 제도들과 관련된 '공공적 의견의 자유'와 더불어 사적 개인과 관련된 고전적인 의견표현의 자유도 병존시키고 있다. 그러나 후자가 전자에 의해 좌우되며, 따라서 그 자체 자유주의적 기본권의 성격을 상실한다는 점을 명확하게 확정짓고 있지는 않다.

121) 연방 헌법재판소의 해당 판결들은 같은 의미에서 해석될 수 있다. 특히 "das Lüth/Harlan-Urteil"(1958), "das Nordrhein-Westf. Presseurteil"(1959), "das Schmid/'Spiegel'-Urteil"(1961), "das Frensehurteil"(1961) 참조. 총괄적으로는 A. Arndt, "Begriff und Wesen d. öffentlichen Meinung," in: Löffler(Hg.), *Die öffentliche Meinung*, München 1962, 1쪽 이하, 특히 11쪽 이하; H. Lenz, "Rundfunkorganisation und öffentliche Meinungs- bildungsfreiheit," in: *JZ* 1963, 338쪽 이하 참조.

사유재산을 그 핵으로 하는 제도적 보장과 함께 사적 권리의 기본적 자유를 확인하고 직업, 일자리, 훈련장소 선택의 자유도 역시 보장하는 다른 일군의 기본권들은 더 이상 경쟁자본주의에 기초한 사적 영역의 보장으로 이해될 수 없다. 이 기본권들은 실질적으로 해석된 평등의 원칙과 결합하여 가령 성취에 상응하는 일자리, 능력에 상응하는 훈련장소 등에 대한 사회적 요구의 보장으로 이미 이해되어야 하는 한에서 일부 참여권의 성격을 갖는다. 다른 일부에서 그것들은 다른 복지국가적 보장에 의해 제한되는데, 이로써 원칙적인 간섭금지의 성격을 상실한다. 그 결과 가령 사유재산에 대한 자유처분권은 사회 전체의 이익과 조화되어야 한다는 사회적 유보나 혹은 전체 이익이라는 이름 하에 공동소유로 이전되어야 한다는 사회주의적 유보에서만 그것의 한계를 갖는 것이 아니다. 특히 노동권, 임차권, 주택건설권에 있어 사회보장은 자유주의적 소유권보장에 직접 한계를 긋고 있다. 심지어 가족적 친밀영역의 불가침성과 인격적 자유신분(생명, 자유, 주거)을 보장하는 기본권들은, 그것이 실질적으로 해석된 인격적 자유발전에 대한 권리와[123] 결부되어 이전의 금지명령적 성격을 상실한다—이 기본권들은 과거의 신분적 자유권으로부터 부르주아적 자유권으로의 이행기에서 바로 금지명령적 성격의 원형이었다—. 왜냐하면 복지국가의 체제를 갖춘 산업사회의 조건에서는 이런 법적 보호대상이 방지와 간섭금지에 의해 보호될 수 없기 때문이다. 혹은 오직 이 방지와 간섭금지가 참여권, 즉 보장된 급부청구권에 근거를 두고 있을 경우에

122) 기본법의 규정에 따른 정당의 자유에 관해서는 Heydte, in: *Grundrechte*, 위의 책, Bd. II 547쪽 이하 참조.

123) Nipperdey, "Das Recht auf die freie Entfaltung der Persönlichkeit," in: *Grundrechte*, 위의 책, Bd. III, 1쪽 이하.

만 이를 통해 그것이 보호되기 때문이다. 가족과 여가시간의 인근지역으로 수축된 사적 영역에서 인격적 자유의 발전은 과거 자유주의적 간섭금지에 의해 충분히 보호된 사유재산의 토대 대신에 그 자체 민주적 참여에 의해 공적으로 보장된 지위를 필요로 한다.

물론 이때 사적 자율성은 파생적인 것으로만 가능하다. 사회적으로 혹은 복지국가적으로 기능전화된, 안전, 보상, 자유발전에 대한 권리도 역시 그 자체 부르주아 상품교환의 이해관계에 의해 안정화된 법치국가에 더 이상 그 근거가 있는 것이 아니다. 오히려 이 권리는 복지국가적 규정의 기준에 따라 민주적으로 수행되어야 할, 국가와 관계하여 활동하는 모든 조직의 이해관계의 통합에 근거를 두고 있다. "이러한 관점으로부터만 공정한 판결에 의해 보호된 개인적 권리의 보장과 실질적으로 이해된 법 앞에서의 평등을 서로 화해시키는 것이 가능하다."

아벤트로트는 이런 맥락에서 다음과 같은 생각을 제기한다.[124] 즉 현실적 선택지는 "모든 개인의 사회·경제적 결정의 완전한 자유를 실현시킬 것인가 아니면 사회를 민주적으로 대변하는 국가의 계획적 권력에 모든 개인을 종속시킬 것인가에" 있는 것이 아니다. 현실적 선택지는,

> 사회구성원의 대다수 대중이 사회에서 결정적인 경제적 권력지위를 갖고 있는 사회구성원의 형식적으로 사적인 권력, 따라서 공익이 아니라 특수이익을 지향하는 권력에 종속되는가, 아니면 사회적 생산과 사회적 생활에서 필요하고 불가피한 계획이 소집단의 사적 성향

124) W. Abendroth, "Zum Begriff des demokratischen und sozialen Rechtsstaats im Grundgesetz der Bundesrepublik Deutschland," in: *Sultan und Abendroth, Bürokratischer Verwaltungsstaat und soziale Demokratie*, Hannover, Frankfurt 1955, 97쪽 이하.

의 우연성을 벗어나 그 최고 결정단위가 국가인, 사회적 생산과정에 참여한 모든 사회구성원의 공동통제하에 있는가에 있다. 이 두 경우 사회구성원의 사적 성향의 결과에 대한 법적 결정의 예측가능성은 제한되어 있다. 그러나 민주적이고 사회적인 복지국가의 계획적 조치에서 이 예측가능성이 비록 상세하게는 아닐지라도 일반적 노선에서 유지되며, 정돈된 절차에 의해서, 그리고 경우에 따라서는 배상의 보장에 의해 용인될 수 있는 반면, 과점과 독점이 철두철미하게 침투한 사회조직에서는 이 예측가능성이 … 개인의 관점에서 보면 사적 결정에 근거한, 완전히 우연적인 장면전환에 노출된다. … 따라서 여기서 경제적으로 약한 사회구성원은 그 사회적 지위에 있어 항상 변화에 — 이 변화에 대해서는 어떠한 배상도 없다 — 노출된다. 그러므로 과거 순전히 사법의 영역에 비해서 공적으로 통제되는 영역이 확장될 때, 실제로 법의 영향력은 약화되는 것이 아니라 강화된다.

이제 포르스트호프는, 복지국가가 부르주아 사회의 헌법으로서 원칙적으로 조세국가로 남으며 그것의 국가사회(*Staatsgesellschaft*)로의 전화가 이미 규범적으로 정립되었음을 정당하게 지적한다. 사회복지국가는 자유주의 국가처럼 기본법으로 보장된 재산의 보호로부터 과세권을 구분하는 특유한 토대에 기초하고 있다. “이로써 과세권을 통해 소득과 재산에 간섭하는 것이 가능해진다. 이러한 간섭은 그것이 동일한 강도로 재산에 대해 행해질 경우, 몰수라 규정되어 배상청구를 불러일으킬 성질의 것이다.”125) 물론 복지국가의 발전이 진행되면서 한편으로 소득과 재산에 대한 간섭과 다른 한편으로 재산권에 대한 간섭 간의 질적 구별이 점차 약화되어, 바로 과세가 사유재산에 대한 통제수단이 된다. 그러나 조세국가가 결정적으로 국가사회로 해소

125) Forsthoff, *Sozialer Rechtsstaat*, 위의 책, 32쪽.

되는 것은, 정치적으로 중요한 영향력을 갖는 모든 사회적 권력이 민주적 통제하에 있게 될 때일 것이다. 따라서 부르주아 공론장에 대조하여 아벤트로트가 제시하는 모델은 ─이 모델에 따르면 모든 사회적 재생산과정의 수행과 관리는 국민의 공적 의견 및 의사형성에 종속되어 있다─. 단지 하나의 발전방향의 목표를 지시하고 있을 따름이다. 이때 무엇보다 부르주아 법치국가의 복지국가로의 전화에 있어 특징적인 것은 목표 그 자체가 아니라 이 발전의 차원이다.

국가와 사회를 매개하며 바로 정치적으로 기능하는 공론장과 국가 이전의 사적 영역을 기본법으로 확정짓는 것은, 국가와 사회가 상호 침투하는─그리고 비로소 출현중인 사회법에 의해 질서지어지는, 반민(半民) 반공공(半公共) 관계의 중간영역이 발생하는─정도에 따라 서로 경합하는 기본권들의 규범화에 의해 그 사회학적 의미와 헌법 현실의 기능에 있어 평가가 달라진다. 왜냐하면 간섭금지에 의해 간접적으로 더 이상 보장될 수 없는 것은 이제 적극적으로 보장될 필요가 있기 때문이다. 그러한 보장이 사회적 서비스의 분여와 정치적 공론장 기관에 대한 참여이다. 동시에 이 분여가 효과적으로 되는 것에 비례하여 분여의 권한영역이 확장되어야 한다. 따라서 정치적 공론장에는 정당에 의해 매개되었든 아니면 직접 공공행정과 협력하든 간에 국가와 관련된 사회조직들이 활동한다. 그것은 과거 본래의 사적 자율성에 따라 행위하던 사적 소유자들의 개인적 이익을 이제 집단적으로 조직화한, 일부 좁은 의미의 경제단체이다. 다른 일부분은 사회법으로 보장된 사적 지위를 그들 이익을 공론장에서 집단적으로 대변함으로써, 즉 정치적 자율성을 통해 사적 자율성을 획득하고 고수해야만 하는 대중조직이다. 문화적 세력과 종교적 세력의 정치적으로 유력한 대표자들과 함께 조직화된 사적 이익이 간섭주의적 행정의 '신중상주의'와 벌이는 이러한 경쟁은 사회의 '재봉건화'를 초래한다. 그것은 공공영역과 사적 부문의 교착과 더불어 정치적 기관들이 상품교류와 사회적 노동의 영역에서 일정한 기능을 담당할 뿐만 아니라 역으로 사회적 권력이 정치적 기능을 담당하기도 하기 때문이다. 이런 이유로 해서 이 '재봉건화'는 정치적 공론장에로 확장되기도 한다. 여기서 조직들은 국가를 상대로, 그리고 조직 상호간에 가능한 한 여론을 배제하고 정치적 타협을 맺으려 노력한다. 그렇지만 조직들은 전시적이거나 조작적인 홍보활동을 전개함으로써 예속화된 공중에게서 국민투표적 동의를 확보해야만 한다. 원리로서의 공론장의 무력화라는 이러한 실제적 경향에 대항해 기본권의 복지국가적 기능전환, 즉 자유주의 법치국가의 사회복지 법치국가로의 전화가 맞서고 있다. 즉 공론장의 요청은 국가기관으로부터 국가와 관련하여 활동하는 모든 조직에게로 확장되고 있다. 이 요청이 실현되는 정도에 따라 개인적으로 교류하는 사적 개인들의 더 이상 제 기능을 발휘하지 못하는 공중 대신에 조직화된 사적 개인들의 공중이 등장하게 된다. 오늘날의 상황에서 오직 이 공중만이 정당과 단체 내부의 공론장의 통로를 통해 조직과 국가, 조직과 조직 사이의 교류에 효력을 발휘하는 공개성에 기초하여 공적 의사소통과정에 효과적으로 참여할 수 있을 것이다. 정치적 타협의 형성은 여기서 정당화될 수 있을 것이다.

복지국가의 정치적 공론장은 두 가지 서로 경합하는 경향을 특징으로 한다. 그것은 부르주아 공론장의 붕괴형태로서 예속화된 공중과는 상관없이 전개되는 전시적이고 조작적인 공개성을 가능하게 한다. 다른 한편 복지국가는 그것이 자유주의 법치국가와의 연속성을 보존하고 있는 한, 정치적으로 기능하는 공론장의 요청을 고수하고 있다. 이 요청에 따르면 조직에 의해 예속화된 공중이 이 조직을 뚫고 비판적인 공적 의사소통과정을 진행시켜야 한다. 복지국가의 헌법현실에서 이러한 비판적 형태의 공개성은 단지 조작적 목적을 위해 열렸을 뿐인 공개성과 충돌하고 있다.[126] 전자가 관철되는 정도가 복지국가의 체제를 갖춘 산업사회의 민주화의 정도, 즉 사회적 권력과 정치적 권력 집행의 합리화의 정도를 나타낸다. 사회복지국가는 자유주의 법치국가의 허구, 즉 정치적으로 기능하는 공론장이 국가기관으로 설립되면서 진정으로 실현되었다는 허구를 포기한다. 정치권력 일반에 대항하면서도 스스로를 '권력'으로 세운다는 모순이 처음부터 의회에 수반되었다. 이에 반해 복지국가라는 조건에서 기능하는 공론장은 스스로를 자기생산 과정으로 이해해야만 한다. 그것은 거대하게 확장된 공론장의 영역에서 공공성의 원리를 자신에게 대항하게 하여 그것의 비판적 효력을 축소시키는 다른 경향과 경쟁하면서 단계적으로 스스로 자리잡아 가야 한다.

정치적 공론장에서 활동하는 세력이 민주적 공론장의 요청에 어느 정도 효과적으로 따를 수 있는가 라는 문제, 따라서 사회복지국가에서 요구되는 정치적 지배와 사회적 권력 일반의 합리화가 어느 정도 가능한가 라는 문제는 물론 최종적으로 부르주아 공론장의 이념에 처음

---

126) 비판적 공개성과 조작적 공개성 간의 갈등은 정치적으로 중요한 권력집행과 권력조정의 과정에만 미치는 것이 아니다. 오히려 소비자단체의 조직내 공론장에는 소비재시장을 홍보적으로 통제하려는 시도가 있는데, 이 시장은 독점적 경쟁의 조작적 홍보활동에 의해 그 투명성이 은폐되고 있다(앞의 제 6 장 1절 참조). 공론장과 사적 영역 간의 문턱 제거는 우선 사적 영역 자체 내에서 광고목적을 위한 공론장의 이용을 초래하기만 하는 것이 아니다. 그것은 또한 역으로 기본적으로 비판적 공개성이 시장의 영역에 침투하는 것을 가능하게 만든다. 일반적으로 매우 약한 이러한 노력이 가장 성공한 곳은 소비자연합이 약 백만에 근접하는 회원을 확보하고 있고 매월 훌륭한 정보를 제공하는 소비자보고를 발행하고 있는 미국이다. 자세한 것은 이 조직의 창립 25주년 기념호, *Consumer Reports*, May 1961, 258쪽 이하 참조.

부터 내재하는, 자유주의에 있어 공론장에 관한 상반된 견해에서 드러났던 문제로 귀착된다. 이 이념은 이익간의 구조적 갈등과 관료적 결정을 최소한으로 줄이는 것이 객관적으로 가능하다고 가정하였다.[127] 한 문제는 기술적 문제이며, 다른 문제는 경제적 문제로 환원된다. 정치적으로 기능하는 공론장이 그것의 비판적 지향에 있어 얼마나 실현될 수 있는가는 오늘날 이 두 문제의 해결가능성에 달려 있다. 나는 여기서 두 가지 예비적 언급을 하는 것으로 그치겠다.

국가와 사회에서 행정의 관료화가 증대되면서 고도로 전문화된 전문가의 권한은 논의하는 단체의 감시로부터 사태의 본성상 점점 더 벗어날 수밖에 없는 것처럼 보인다. 잘 알려져 있듯이 베버는 의회와 행정부 간의 언제나 불안정한 관계를 통해 이러한 경향을 분석하였다.[128] 그러나 이에 대해 고려해야 할 점은, 그 사이 행정부 내의 행정에 대해 대등한 상대방이 성장하였다는 사실이다.

> 국가·정치적 관료주의에 대한 통제는 오늘날 정당과 이익단체 내의 사회·정치적 관료주의를 통해서만 가능하다.[129]

---

127) 이 책 259쪽 이하 참조.

128) 특히 "Parlament und Regierung im neugeordneten Deutschland," in: M. Weber, *Politische Schriften*, Tübingen 1958, 294쪽 이하 참조. 오늘날 이 문제는 과학적 방법을 사용하는 경제정책을 볼 때 더욱 복잡해졌다. 그렇다고 해서 결정과 토론, 관료주의와 민주적 통제간의 첨예화된 적대적 대립이 해결 불가능한 것은 아니다. 이에 관해서는 F. Neumark, "Antinomien interventionistischer Wirtschaftspolitik," in: *Ztschr. f. d. Ges. Staatswiss.*, Bd. 108, 1952, 576~593쪽 참조.

129) H. Sultan, "Bürokratie und politiche Machtbildung," in: *Sultan und Abendroth, Bürokratischer Verwaltungsstaat und soziale Demokratie*, 위의 책, 32쪽; 또한 C. J. Friedrich, *Der Verfassungsstaat der Neuzeit*, Berlin 1953, 57쪽 이하 참조.

물론 이들 정당과 이익단체는 스스로 조직 내부의 공론장의 틀 내에서 통제되어야 한다. 공적 의사소통 과정을 통해 관료적 결정과 준(準)의회적 심의 간의 적절한 관계를 형성하는 것이 기술적 측면에서 문제될 뿐이라면, 그것이 동일 조직 내에서 구조적 이유로 불가능해서는 안 된다.[130]

확실히 이런 문제는 오늘날 일차적으로 기술적 문제로 제기되지 않는다. 국가조직이든 사회조직이든 대조직 내부의 공개성의 소멸과 조직들 상호교류에서 공개성의 회피는 경합하는 이익들간의 지양 불가능한 다원성으로부터 귀결된다. 이 다원성은 그로부터 어떤 일반이익이 출현하여 이것이 여론의 기준이 되는 것을 의심스럽게 만든다. 구조적으로 지양불가능한 이익간의 적대로 인해 그것의 비판적 기능에 있어 복지국가 식으로 재조직된 공론장은 그 활동의 여지가 제한된다. 공적 토론을 매개로 한 사회세력의 중립화와 정치적 지배의 합리화는 일반적이고 구속력 있는 기준에 따라 가능한, 경합하는 이익들간의 객관적 조화를 전제로 한다.[131] 그렇지 않을 경우 압력과 대항압력 간의 공적으로 행사되는 권력관계는 기껏해야 일시적인 세력간의 형세에 의해 지지받는, 불안정한 이익간의 균형을 가져올 뿐이다. 이러한 균형은 일반이익이라는 기준에 따른 합리성을 전적으로 결여한 것이다.

---

130) 이전에 슈미트(C. Schmitt)가 전개한 행정국가 모델은 — 이러한 국가의 기술적 작동조건은 민주화 가능성과 대립하고 있다 — 최근 사회학적 분석에서 쉘스키가 수용하고 있다. H. Schelsky, "Der Mensch in d. wissenschaftlichen Zivilisation," in: *Arbeitsgem. f. Forschg. NRW*, H. 96, Köln-Olpaden 1961, 특히 20~32쪽 참조; 이에 대한 비판으로는 H. P. Bahrdt, "Helmut Schelsky technischer Staat," in: *Atomzeitalter*, H. 9, 1961, 195쪽 이하 참조.

131) K. Renner, *Wandlungen der modernen Gesellschaft*, Wien 1953, 특히 223쪽 이하; K. Mannheim, *Freedom, Power and Democratic Planning*, Oxford 1950, 41~76쪽 참조.

그러나 오늘날 이 문제에 대해 다른 방향전환을 제공할 수 있는 두 가지 경향이 뚜렷하게 나타나고 있다. 선진 산업사회는 이미 높은 수준에 있고 계속해서 상승하는 생산력 수준 위에서 사회적 부의 팽창에 도달했는데, 여기에서는 다음과 같은 생각이 비현실적이지 않다. 즉 강화되지 않았다면 여전히 존속하는 이익의 다원성은 경합하는 욕구들의 충족가능성이 가시권에 들어옴에 따라 첨예한 적대적 대립성을 상실할 수 있다는 것이다. 따라서 일반이익은 근소한 자원으로 인해 불가피한 이익들간의 조정 자체를 불필요하게 만드는 '풍요사회'의 조건을 가속화하여 불러오는 데 있다.[132] 다른 한편 욕구충족의 기술적 수단과 더불어 파괴의 기술적 수단도 증대하고 있다. 군사적으로 이용되는 전지구적 규모의 자기파괴의 잠재력은 위험을 불러일으키고 있는데, 이 위험의 총체에 비교해 볼 때 서로 배척하는 이익들은 쉽사리 상대화될 수 있다. 아직 극복하지 못한 민족들 간의 자연상태는, 규정적 부정을 통해 일반이익이 매우 정확하게 발생할 수 있을 정도로 일반적 위협이 되고 있다. 칸트에 따르면 '영구평화'는 이미 '세계시민적 질서'에 바탕을 두고 있다.[133]

---

132) 물론 이 문제는 오늘날 아직 전사회체제에서 산업발전의 경쟁이라는 국제적 틀 내에서 제기되고 있다. F. Perroux, *Feindliche Koexistenz*, Stuttgart 1961.

133) 국제법 상태에 있어 공론장의 기능은 국내법질서에 있어서와 동일할 것이다. 윌슨이 국제연맹의 제재수단으로 국제여론에 원대한 희망을 결부시킨 이래, 각국의 정부는 점차 실제로 최소한 선전적 관점에서라도 세계여론을 고려하지 않을 수 없게 되었다. 어떻게 정의되든간에 '평화'는 오늘날 과거 국가 차원에서 프랑스혁명이라는 구호가 그랬던 것과 동일한 방식으로 국제여론의 중심 논점이 된 것처럼 보인다. 이에 대해서는 Ernst Fraenkel, "Öffentliche Meinung und internationale Politik," in: *Recht und Staat*, H. 255/256, Tübingen 1962 참조. 다른 관점에서 원리로서의 공론장은 국제관계, 즉 효과적인 군비통제의 문제에 있어 중요하게 되었다. 닐스 보어(Niels Bohr)는 수년 전 국제연합에 보낸 서한에서 '열린 세계'의 원칙을 선언하였고, 오스카 모르겐슈타인

여하튼 정치적으로 기능하는 공론장의 두 가지 전제조건, 즉 관료적 결정의 객관적으로 가능한 최소화와 인식 가능한 일반이익의 기준에 따른 이익들간의 구조적 갈등의 상대화라는 조건에서 오늘날 더 이상 어떤 유토피아적 성격을 박탈할 필요가 없다. 사회복지국가 체제를 갖춘 산업사회의 민주화 차원은 사회적 세력과 정치적 지배의 비합리적 관계가 지닌, ─ 이론적으로 통찰 가능한 것이든 경험적으로 입증되는 것이든 간에 ─ 불투명성과 해결 불가능성에 의해 처음부터 제한되지 않는다. 비판적 공개성이 단지 조작적 목적을 위해 제조된 공개성과 벌이는 싸움은 열려 있다. 정치적 권력수행과 권력균형에 있어 복지국가 체제가 불가피하게 만드는 공론장이 박수갈채의 목적으로 단순히 제조된 공론장에 반하여 관철되리라는 것은 결코 확실하지 않다.[134] 그러나 그 자유주의적 발전의 시기에 있어 부르주아 공

(Oskar Morgenstein)은 군사기술 발전의 공개성과 원자력시대의 전략적 요구가 갖는 연관을 지적하고 있다. O. Morgenstein, *Strategie heute*, Frankfurt 1962, 특히 292쪽 이하 참조. 하노 케스팅(Hanno Kesting)은 칸트에서 모르겐슈타인에 이르는 역사철학적 연관을 통찰한 업적이 있다("Der eschatologische Zwang zur Rationalität," in: *Zschr. Merkur*, H. 179, Jan. 1963, 71쪽 이하). 그 당시와 마찬가지로 오늘날에도 평화의 이념은 공론장의 원리와 결부되어 있다. 그 당시는 도덕적으로 책임있는 법제화의 기대에서 그랬다면, 오늘날에는 전략적으로 강제된 국제교류의 긴장완화에 대한 기대에서 그렇지만, 목표는 동일하다. 즉 목표는 더욱 불안정해지는 제민족들간의 자연상태의 해체이다. 이에 관해서는 R. Aron, *Frieden und Krieg, Eine Theorie der Staatenwelt*, Ffm. 1962 참조.

134) 나는 여기서 정치와 과학 간의 새로운 의사소통형식을 도외시한다. 이러한 맥락에서 민주적 공론장에는 기술적 진보에 대한 통제라는 과제가 부여된다. H. Krauch, "Technische Information und öffentliches Bewußtsein," in: Zschr. *Atomzeitalter*, 1963, 235쪽 이하; J. Habermas, "Verwissenschaftliche Politik und öffentliche Meinung," in: R. Reich(Hg.), *Festschrift F. H. Barth*, Zürich 1964, 54쪽 이하; ders., "Wissenschaft und Politik," in: *Zschr. Offene Welt*, Nr. 86, 1964, 413쪽 이하 참조.

론장의 이념이 그랬던 것처럼, 그것을 하나의 이데올로기로 비방할 수는 없다. 그것은 경우에 따라서는 저 이데올로기로 각하된 이념의 변증법을 완결지을 것이기 때문이다.

제 7 장

여론 개념에 관하여

1. 헌법적 허구로서의 여론과 여론 개념의 사회심리학적 해체

'여론'이 정치적 권력과 사회적 권력의 집행에서 공개성을 규범적으로 요구하는 비판적 심급으로 이용되는가, 아니면 인물과 제도, 소비재와 방송 프로그램을 위한 전시적이고 조작적인 공개성과 관계된 수용적 심급으로 이용되는가에 따라 '여론'은 각기 다른 의미를 갖는다. 두 가지 형태의 공개성이 공론장에서 경쟁을 벌이지만, 이 두 형태에 공통되는 수취인은 여론이다. 이러한 실재의 본성은 무엇인가?

마치 동일한 원리의 실제 효력이 요청된 효력에 뒤처져 있을 뿐인 것처럼(그에 따라 공중의 실제 행동이 그들에게 기대되는 행동에 뒤처져 있는 것처럼), 그렇게 공개성과 여론의 두 측면은 규범과 사실의 관계에 있지 않다. 만약 그렇다면 여론의 이상적 실재는 그것의 현실적 형태와 모순되지 않을 것이다. 그러나 사태는 확실히 그렇지 않다. 오히려 공개성의 비판적 기능과 조작적 기능은 뚜렷이 구분된다. 이 두 기능들은 반대방향의 사회적 작용관계 속에 있다. 두 형태와 더불어 공중에게는 각기 다른 행태가 기대된다. 이미 도입한 구분에 따라 말한다면, 하나의 행태는 공적 의견, 즉 여론을 고려한다면, 다른 행태는 비공공적 의견을 고려하고 있다. 또한 비판적 공개성은 그것의 수취인과 더불어 단순히 일개 규범이 아니다. 그것은 헌법에 의해 제도화된 규범으로서, 부르주아 법치국가의 출발상황 이래 그것의 사회적 토대가 구조적으로 어떻게 변화했든 간에, 정치적 권력집행과 권력조정에서 실제로 따라야 할 의무가 있는 절차의 중요한 부분을 규정한다. 이 비판적 공개성은 그것과 함께 기대되는 행태를 충족시키는 수취인과 마찬가지로 실제로 '존재'한다. 물론 공중 전체가 아니라 작동능력을 구비한 대리인으로 존재한다. 경험적으로 결정해야 할 다른 문제는 이 비판적 공개성의 기능들이 어떤 분야에서 효력을 발휘하며, 그에 속하는 공중이 오늘날 어떤 규모로 어떤 조건에서 존속하는가 라는 문제이다. 다른 한편으로 이와 경합하는 조작적 공개성의 형태도 그것의 수취인과 더불어 단순히 일개 사실이 아니다. 이 공개성은 특유한 자기이해를 수반하는데, 그것의 규범적 구속력이 '여론환기작업'의 직접적 이익과 일정 정도 대립할 수 있다. 특히 이러한 자기이해는 그것과 경합하는 공개성의 상대방으로부터 본질적 요소를 차용하고 있다.

사회복지국가의 대중민주주의 헌법현실과 관련한 헌법규범에 대한 헌법학적, 정치학적 분석은 여론을 국민공중의 행태 속에서 현실로 존재하는 실재로 직접 확인하지는 못하면서 여론이라는 제도화된 허구를 고수할 수밖에 없다. 란즈후트(Landshut)는 여기서 발생하는 어려움을 지적하고 있다. 한편으로 그는 다음과 같은 사실을 기록한다.

> 여론 대신에 내적으로 무규정적인 분위기의 경향이 등장한다. 그것은 특정한 조치와 사건에 의해 경우에 따라 매번 다른 방향으로 유도된다. 이러한 분위기의 경향성은 격랑에 휩싸인 선박에 적재된 미끄러지는 화물과 같은 효과를 보인다.[1]

다른 한편 그는 사회복지국가 대중민주주의의 헌법적 제도들이 제 기능을 발휘하는 여론을 상정하고 있다는 점을 상기시키고 있다. 이 여론이야말로 정치적 지배를 정당화하는 유일하게 인정되는 토대이기 때문이다.

> 근대국가는 그것의 고유한 진리의 원칙으로서 국민주권을 전제로 한다. 그리고 국민주권은 다시금 여론이어야 한다. 이러한 속성이 없다면, 전체에 대해 구속력을 갖는 결정에 대한 권위의 원천으로서 여론의 대체물이 없다면, 근대민주주의는 그것의 고유한 진리의 실체를 결여하고 있는 것이다.[2]

헌법규범에 함축되어 있는 정치적으로 기능하는 공론장의 요청[3]

---

1) Landshut, "Volkssouvernänität und öffentliche Meinung," in: *Festschrift für Laun*, Hamburg 1953; 또한 H. Huber, "Öffentliche Meinung und Demokratie," in: *Festgabe für Karl Weber*, Zürich 1950, 34쪽 이하; K. Lohmann, "Parlamentarismus und Publizistik," in: *Tymbos für Ahlmanns*, Berlin 1952, 198쪽 이하 참조.

2) Landshut, 위의 책, 586쪽.

3) 물론 '여론' 자체가 제정된 규범은 아니며, 그런 한에서 법적 개념도 아니다. 그러나 규범체계는 암묵적으로 여론을 특정한 기본권보장과 개별공개성 규정이라는 의미에서 기대에 따라 작동하는 사회적 실재로 상정한다.

을, 지배의 합리화라는 이념을 소박한 방식으로 고수하지 않으면서도[4] 단순히 붕괴과정에 들어 있는 공론장의 사실성에 희생할 수 없다면, 원칙적으로 여론의 개념을 정의하는 두 가지 길이 제시된다.

한 가지 길은 자유주의 입장으로 귀결되는데, 이 입장은 분열된 공론장의 한가운데서 공론화 능력을 갖추고 있고 의견을 형성할 수 있는 대표자들의 내부서클의 의사소통을, 즉 단순히 박수갈채를 보내는 공중의 한가운데서 논의하는 공중을 구제하려 한다.

> 대중매체가 유포시키는 분위기, 불명확한 의견, 통속화된 견해의 쓰레기더미로부터 여론이 형성되기가, 부르주아 사회에서 서로 각축을 벌이는 다양한 거대 의견조류의 합리적 논쟁으로부터 여론이 형성되는 것보다 훨씬 더 어렵다는 것은 자명하다. 그런 점에서 여론이 관철되기가 전보다 더 어렵다는 것이 인정된다.[5]

물론 헨니스(Hennis)가 이러한 사태를 확인하는 것은, 통속적 의견에 대항하여 '비교적 최상의 정보를 갖고 있고 지성적이며 도덕적인 시민이 대변하고 있는 견해'[6]를 여론으로서 경청하고 복종해야 하는 특별한 장치가 긴급함을 알리기 위해서이다. 합리성을 보장하는 공공성의 계기는 일반적 접근가능성을 보장하는 일반성이라는 다른 계기

4) A. Sauvy, "Vom Einfluß der Meinung auf die Macht," in: *Diogenes*, Heft 14/15, 1957, 253쪽. "가장 불쾌하지 않은 강제는 빛의 강제, 즉 전적으로 계몽된 여론을 통한 통제처럼 보인다." 정치적 지배의 합리화라는 이념은 고수된다. 그가 예상하는 완전한 공개성의 체제는 "그것이 권력 자체를 분할하고 분산하기 때문에 고전적인 권력분립을 훨씬 넘어선다." 그러나 이런 합리주의적 구상은 논의하는 공중의 실질적인 전제조건에 비해 소박한 생각이다.

5) W. Hennis, "Meinungsforschung und repräsentative Demokratie," in: *Recht und Staat*, Heft 200/201, Tübingen 1957, 56쪽 이하.

6) 같은 책, 25쪽.

를 희생함으로써 구제된다는 것이다. 여기서 한때 상품교류와 사회적 노동의 영역 내에서 공중에 속할 수 있는 사회적 기준으로서 사적 개인이 획득할 수 있었던 자격은 대표의 위계적 자격으로 자립화된다. 왜냐하면 저 토대를 더 이상 상정할 수 없기 때문이다. 다시 말해 그런 종류의 대표성은 현재의 주어진 상황에서 사회학적으로 충분하게 규정될 수 없기 때문이다.7)

다른 길은 합리성 및 대표성과 같은 실질적 기준을 완전히 도외시하고 제도적 기준에 한정된 여론개념으로 나아간다. 그 결과 가령 프랭켈(Fraenkel)은 의회에서 지배적이며 정부에 대해 구속력을 갖는 견해와 여론을 동일시한다. "여론은 의회토론을 이용하여 자신의 희망을 정부에 알리며, 정부는 여론에게 자신의 정책을 알린다."8) 즉, 여론은 지배하거나 통치하지 않는다. 라이프홀츠(Leibholz)는 여론의 나팔로서 의회와 정부의 이러한 대조가 맞지 않다고 생각한다. 정부 역할을 하는 여당과 야당은 항상 정치적으로 기능하는 적수라는 것이다. 정당의 의지는 적극적 시민층의 의지와 동일하므로, 다수당이 그때그때 여론을 대표한다.

> 국민투표적 민주주의에서 적극적 시민층의 다수의지가 그때그때 국민의 전체의지와 동일시되듯이, 제대로 작동하는 정당정치 국가의 민주주의에서 그때그때 정부와 의회의 다수당의 의지는 일반의지(*volonté générale*)와 동일시된다.9)

---

7) F. G. Wilson, "Public Opinion and the Middle Class," in: *The Review of Politics*, Bd. 17, 1955, 486~510쪽.

8) E. Fraenkel, "Parlament und öffentliche Meinung," in: *Festgabe für Herzfeld*, Berlin 1957, 182쪽.

9) Leibholz, 위의 책, 94쪽.

비공공적 의견은 오직 정당의 가공을 통해 비로소 '공공적' 의견, 즉 여론으로 존재하게 된다는 것이다. 이 두 견해는, 대중민주주의의 의견 및 의사형성 과정에서 국민의 의견이 그것을 동원하고 통합하는 조직과 독립해서는 정치적으로 중요한 기능을 거의 할 수 없다는 사실을 고려하고 있다. 그러나 동시에 여기에 이 이론의 약점이 있다. 이 이론은 여론 주체로서의 공중을 공중에게 정치적 활동력을 부여하는 기관으로 대체한 결과, 이 여론개념은 기묘하게 중립적이게 된다. 이러한 여론에서는 그것이 공적 의사소통 과정을 통해서 아니면 예속화를 통해서 등장했는지 알 수 없다. 이때 다시금 이 예속화가 스스로 표현할 능력이 없는 대중적 경향의 중계로 이해되어야 할지 아니면 계몽의 능력을 갖추고 있으나 강제적으로 통합된 의견이 국민투표적 메아리로 격하된 것으로 이해되어야 할지는 열려 있는 문제이다.

여론이라는 헌법적 허구가 공중의 실제 행동 자체에서 더 이상 확인되지는 않는다. 그러나 공중 행동 일반의 차원을 추상하면 그것이 특정한 정치제도에 속한다고 해서, 그것의 허구적 성격이 제거되는 것은 아니다. 따라서 경험적 사회연구는 실증주의적 열정을 가지고 '여론'을 직접 확인하기 위해 이 차원으로 되돌아온다. 물론 역으로 이 연구는 제도적 측면을 추상하게 되고, 곧 여론 개념 자체를 사회심리학적으로 해체하기에 이른다.

19세기 중반의 자유주의에 있어 이미 문제였던 '여론'은 19세기 3/4분기에 완전히 문제성 있는 사회적 실재로 의식된다. 1879년에 발표된 '여론의 본질과 가치'에 관한 논문에는 후기 자유주의의 체념적 어조로 다음과 같이 서술되고 있다.

현대에는 새로운 사실과 변화에 대한 욕구가 결정적인 것으로 되어,

> 국민의 의견은 역사적 전승물을 확고히 견지하지 않으며 … 원칙을 믿고 이를 위해 모든 것을 희생했던 위대한 인물의 사상적 작업장에서 이루어지는 저 독특하고 정력적인 사전작업도 결여하고 있다. 백 년 전에 동시대인들의 믿음에 따라 사회에서 각 개인에게 의무로 부과된 원칙이었던 것, 즉 여론은 시간이 지남에 따라 안일하고 정신적으로 태만한 대중이 스스로 사상적 작업을 하지 않는 변명의 구실이 되는 구호로 되었다.[10]

쉐플레(Schäffle)는 이미 이보다 5년 전에 여론을 '대중의 무형적 반응'이라 특징짓고, '일반적 공중 혹은 어떤 특수한 공중의 견해, 가치판단 또는 선호의 표현'으로 정의하였다.[11] 이로써 국가이론이 여론 개념에 걸어놓았던 마력은 깨졌다. 즉 여론은 사회심리학적 연구대상이 되었다. 타르드(Tarde)가 최초로 '군중 의견'으로 상세히 분석했던[12] 여론은 정치적 제도의 기능이라는 맥락에서 분리되어, '공적' 의견으로서의 성격을 벗어버린다. 여론은 공적 토론의 원칙에 구속되지도 않으며 정치적 지배와도 관련이 없이 대중 내부에서 일어나는 의사소통 과정의 산물로 여겨진다.

실제로 작동하는 민주정치의 인상을 받은 영국의 다이시(Dicey)나 미국의 브라이스(Bryce) 같은 국가이론가들[13]이 이미 사회심리학적으

---

10) F. von Holtzendorff, *Wesen und Wert der öffentlichen Meinung*, München 1879, 91쪽 이하; E. Hölzen, *Wandel und Begriff der öffentlichen Meinung im 19. Jahrhundert*, Diss. Hamburg 1958, 참조.

11) A. Schäffle, *Bau und Leben des sozialen Körpers*, 2. Aufl., Tübingen 1896, Bd. V, 191쪽.

12) G. Tarde, *L'Opinion et la Foule*, Paris 1901.

13) A. V. Dicey, *Law and Public Opinion in England*, London 1905; J. Bryce, *The American*. Commonwealth, 2 Bde., 1889. 로웰의 유명한 연구는 브라이스의 전통에 서 있다. A. L. Lowell, *Public Opinion and Popular Government*,

로 반성된 여론개념에서도 여전히 이런 정치적 제도의 기능이라는 맥락을 유지하고 있을 때, 이들은 경험적 신뢰성이 결여되어 있다는 비난을 받게 된다. 그것의 전형은 '상이한 인구요소의 측면에서 여론에 대한 양적 분석'이 결여되어 있다는 벤틀리(Bentley)의 초기 비판이다. 즉 "시간, 장소, 환경 모두를 명제의 중심에 놓고, 여론을 빙자하여 각각의 인간집단이 원하는 정확한 사태에 관한 탐구"가 결여되어 있다는 것이다. 따라서 그의 테제는 다음과 같다.

> 여론은 존재하지 않는다. … 한 집단이나 일군의 집단의 행동을 반영하거나 대표하는 행동은 존재하지 않는다.[14]

여론은 집단적 과정에 대한 사회심리학적 분석의 표제가 되었다. 이 분석대상은 다음과 같이 규정된다. 즉 여론은 동일한 사회집단의 구성원에 속하는 사람들이 어떤 한 논쟁점에 대해 취하는 태도와 관계된다는 것이다.[15] 이러한 정의는, 수십 년의 이론적 진보와 특히 경험적 방법의 진보로 인해 역사적 여론개념으로부터 무엇이 실증주의적으로 배제되어야만 했는가를 분명히 보여준다. 우선 여론의 주체로서 공중이 처음에는 대중, 후에는 둘 또는 그 이상의 개인이 행하는 의사소통 및 상호작용 과정의 사회심리학적 기체로서 집단과 동일시

N. Y. 1913. 그 역시 다음과 같은 점을 강조하고 있다. "여론이 이름값을 하기 위해서는, 민주주의에서 고유한 동력이 되기 위해서는 그것이 실제로 공공적이어야만 한다. 그리고 민주정치는 이런 종류의 여론을 가정하는 데 기초하고 있다." 같은 책, 5쪽.

14) P. A. Palmer, "The Concept of Public Opinion in Political Theory," in: Berelson/Janowitz, 위의 책, 11쪽에서 재인용.

15) L. W. Doob, *Public Opinion and Propaganda*, N. Y. 1948, 35쪽; N. J. Powell, *Anatomy of Public Opinion*, N.Y. 1951, 1쪽 이하.

되었다. '집단'은 다량의 사회적이고 역사적인 전제조건을 추상하며, 제도적 수단도 추상하며, 결국 사적 개인들이 정치적으로 논의하는 공중으로 특유하게 결합하는 데 결정적으로 중요했던 사회적 기능의 망도 역시 추상한다. '의견' 자체도 그만큼 추상적으로 파악된다. 의견은 처음에 논쟁적 주제에 대한 표현[16]과 동일시되다가 후에는 태도의 표현,[17] 그리고 나서는 태도 자체[18]와 동일시된다. 결국 의견은 언어로 표현될 능력을 갖출 필요가 없게 된다. 그것은 어떤 관념으로 표현되는 습관, 18세기에 여론이 그에 대해 비판적으로 대립하였던, 종교, 관습, 풍습, 한마디로 '선입견'에 의해 각인된 의견을 포괄할 뿐만 아니라, 행동양식 자체를 포괄한다. 이러한 의견이 여론이라는 속성을 획득하는 것은 단지 그것이 집단적 과정과 연관을 맺음으로써 이루어진다. 여론을 "개인 의견의 집합"으로 규정하려는 시도는[19] 집단관계에 대한 분석에 의해 곧 교정된다. "우리는 근본적이거나 심층적인 동시에 한 집단에 공통되는 것의 개념을 필요로 한다."[20] 어떤 집단의견이 주관적으로 지배의견으로 관철되었다면, 그것은 '공공적'인 것으로 여겨진다. 따라서 개별 집단구성원은 그의 의견과 행동의 중요성에 대해 (아마도 잘못된) 관념, 즉 얼마나 많은 다른 구성원들이 그리고 누가 자신이 가지고 있는 습관이나 견해를 공유하거나 혹은 거부하는지에 관한 관념을 가지고 있다.[21]

---

16) W. Albig, *Public Opinion*, N.Y. 1938, 3쪽.

17) M. B. Ogle, *Public Opinion and Political Dynamics*, Boston 1950, 48쪽.

18) Doob, 위의 책, 35쪽. "이러한 의미에서 사람들이 태도를 취하면 언제나 여론이 존재하는 것처럼 보일 수 있다."

19) H. L. Child, Powell, 위의 책에서 재인용.

20) Hyman, "Towards a Theory of Public Opinion," in: *Public Opinion Quarterly*, 21, no. 1, Spring 1957, 58쪽.

그 동안 라자스펠드(Lazarsfeld)는 사회심리학적 여론개념이 모든 본질적인 사회학·정치학적 계기를 제거하는 너무 비싼 대가를 치르고 얻어진다는 점을 강력하게 지적하였다. 그는 몇몇 사례에서 이 개념을 국가이론적 전통개념과 대조하지만,[22] 결국에는 '고전적인 경험적 종합'을 단순히 요청하는 것에 그친다.[23] 집단역학을 넘어서 여론의 제도들, 즉 대중매체와 여론형성 과정의 관계에로 연구영역을 확장하였다는 것은 여하튼 이런 방향으로의 첫걸음을 의미한다. 의사소통구조에 대한 이러한 연구가 얼마나 제도적 상황보다는 오히려 심리학적 관계를 다루고 있는가는, 의사소통의 2단계 흐름(*two-step-flow*)이라는 흥미로운 공리에서 전형적으로 제시된다.[24] 고전적 여론개념과 그것의 사회심리학적 대체물의 바람직한 종합 과정에서 보다 중요한 일보 전진은 그때까지 억압되어 있던 정치적 지배기관에 대한 관계를 상기함으로써 이루어진다.

> 여론은 지배에 대한 상관개념이다.… 그것은 지배와 국민 간의 특정한 관계에서만 정치적으로 존재하는 어떤 것이다.[25]

그러나 정치적 권력집행의 제도들에 고정되어 있는 여론개념이 비

---

21) P. R. Hofstätter, *Psychologie der öffentlichen Meinung*, Wien 1949, 53쪽 이하.

22) 이에 관해서는 D. H. Minor, "Public Opinion in the Perspective of Political Theory," in: *Western Political Quarterly*, 13, 1960, 31~44쪽 참조.

23) Lazarsfeld, "Public Opinion and Classical Tradition," in: *Public Opinion Quarterly*, 위의 책, 39쪽 이하.

24) 총괄적으로 E. Katz의 동일한 제목의 논문, in: *Public Opinion Quarterly*, 위의 책, 39쪽 이하 참조. 또한 Katz/Larzarsfeld, *Personal Influence*, Glencoe 1955 참조.

25) Schmidtchen, 위의 책, 255쪽.

공식적 의사소통 과정의 차원에까지 이르지 못하는 것처럼, 다른 한편 집단관계에로 사회심리학적으로 해체된 여론개념은, 이 범주가 한때 그것의 전략적 의미를 발전시켰고 오늘날에도 아직 헌법적 허구로서 사회학자들이 진지하게 받아들이지 않는 은거의 방식으로 존재하는 차원을 획득하지 못한다.26) 여론의 — 이때 여론은 구조변동의 개념은 아니지만 그것의 표현이다 — 주체가 공론장과 사적 영역의 구분에 대해 중립적 실재, 즉 집단에로 일단 환원되었다면, 여론 자체가 논의적 의사소통과 비합리적 추종의 구분에 대해 중립적인 집단관계로 해소되었다면, 공권력에 대한 집단의견의 관계도 역시 행정에 대한 보조학문의 틀 내에서만 표현될 수 있다. 슈미트헨(Schmidtchen)의 시도는 다음의 정의에 이르게 된다.

> 따라서 지배의 구조, 관행, 목표를 변형하거나 아니면 보존하는 데 적절한, 임의의 인구집단의 모든 행동양식이 여론이라 불릴 수 있을 것이다.27)

이러한 여론개념은 사회복지국가의 민주적 공론장의 요청이 여전히 관계하고 있는 정치적으로 기능하는 공론장의 지향을 완전히 무시한 결과, 경험적으로 적용된 이 개념을 통해서는 그것의 비존재조차 입증될 수 없다. 말하자면 이 개념은 여론을 정부 및 행정관행에서 있을 수 있는 마찰저항으로 특징짓고 있는데, 이러한 마찰저항은 여론조사의 결과와 권고에 따라 진단될 수 있고 적절한 수단을 동원하여 조작

26) H. Schelsky, "Gedanken zur Rolle der Publizistik in der modernen Gesellschaft," in: *Auf der Suche nach Wirklichkeit*, Düsseldorf 1965, 310쪽 이하 참조.

27) 같은 책, 257쪽.

될 수 있는 것이다. 즉 이러한 결과와 권고의 도움을 빌려 "정부와 그 기관은, 정책에 의해 특별히 영향을 받는 당사자들의 반응에 의해 구성되는 현실에 직면하여 대처할 수 있는 능력을 갖게 된다. 여론조사는 피드백의 의미에서 이 현실의 신뢰할 만한 견본을 전문위원회와 제도에 전달하는 임무를 수행하며, 이 전문위원회와 제도는 … 주민의 행동을 정치적 목표설정과 일치하도록 하는 기능을 부여받는다".[28] 저자는 그의 주장을 입증할 책임이 없다.[29] 여론은 처음부터 조작과 관련하여 정의되는데, 이 조작의 힘을 빌려 정치적 지배자들은 "주민의 성향을 정치적 원칙과 구조, 계속되는 결정과정의 방식 및 결과와 일치시키려고" 시도해야 한다.[30] 여론은 그것이 지배로 하여금 양보하게 하거나 방향전환을 강제하는 경우에도 역시 지배대상으로 머문다. 여론은 공적 토론의 규칙 혹은 어떤 언어적 표현의 형식에도 구속되지 않는다. 여론은 정치적 문제를 다룰 필요도 정치기관을 향할 필요도 없다.[31] 지배와의 관계는 말하자면 여론의 배후에서 저절로 생긴다. 자동차와 냉장고에 대한 '사적' 소망은, 그것이 사회복지국가의 지배 및 행정기능의 행사에 중요하기만 하다면, 임의의 집단의 다른 모든 행동양식과 마찬가지로 '여론'의 범주에 속한다.[32]

---

28) 같은 책, 149쪽.

29) 같은 책, 149쪽 이하.

30) 같은 책, 265쪽.

31) 이런 의미에서 E. Noelle, "Die Träger der öffentlichen Meinung," in: Loeffler(Hg.), *Die öffentliche Meinung*, 위의 책, 25쪽 이하, 특히 29쪽의 사례 참조.

32) 이러한 견해에 대한 비판으로는 F. Zweig, "A Note on Public Opinion Research," in: *Kyklos*, 10, 1957, 147쪽 이하 참조.

2. 사회학적 해명의 시도

여론조사의 자료가 — 임의의 주민집단의 임의의 의견 — 정치적으로 중요한 고려, 결정, 조치의 자료가 된다고 해서 이미 여론의 자격을 갖는 것은 아니다. 정부와 행정과정이든, 전시적이거나 조작적으로 전개된 공개성에 의해 영향을 받은 정치적 의사형성이든 간에 이들과 조사기준에 따라 정의된 집단의견을 피드백한다고 해서, 여론이라는 헌법적 허구와 이 개념의 사회심리학적 해체 사이에 있는 틈이 메워질 수 없다. 역사적으로 유의미하고, 사회복지국가의 헌법적 요구를 규범적으로 충족시키고, 이론적으로 명확하고 경험적으로 입증될 수 있는 여론개념은 오직 공론장 자체의 구조변동으로부터만, 그리고 그것의 발전차원으로부터만 획득될 수 있다. 오늘날 정치적 공론장을 특징짓는 이 두 형태의 공개성의 충돌은 사회복지국가의 헌법체제를 갖춘 산업사회에서 민주화 과정의 척도로 진지하게 받아들여져야만 한다.[33] 비공공적 의견은 다수로 작동하며, 공공적 의견, 즉 여론은 사실 허구이다. 그럼에도 불구하고 비교적 의미에서의 여론개념을 고수해야만 한다. 왜냐하면 사회복지국가의 헌법적 현실은 그 과정에서 정치적으로 기능하는 공론장이 실현되는, 즉 사회적 권력과 정치적 지배의 집행이 민주적 공론장의 요청에 효과적으로 종속되는 과정으로 파악되어야 하기 때문이다. 따라서 이러한 국가 및 사회 발전의 차원으로부터 의견을 그것의 공공성의 정도에 따라 경험적으로 측정할 수 있는 기준이 개발될 수 있다. 비교적 의미에서의 여론에 대한 이러한 경험적 확인은

33) 위의 353쪽 이하 참조.

실제적 헌법상황의 민주적 통합가치에 대해 확실하고 비교가능한 언명에 이를 수 있는 오늘날 가장 신뢰할 수 있는 수단이다.

이 모델에서는 정치적으로 중요한 두 가지 의사소통 분야가 대조를 이루고 있다. 한편으로는 비공식적이고, 개인적이며 비공공적 의견의 체계가 있고 다른 한편으로 공식적이고 제도적으로 인정된 의견체계가 있다. 비공식적 의견은 그 구속성의 정도에 따라 구분된다. 토론되지 않는 문화적 통념, 즉 보통 독자적 반성을 벗어나 있는 축적과정의 매우 저항력이 강한 결과물, 가령 사형, 성도덕 등에 대한 태도가 이 의사소통 분야의 가장 낮은 차원에서 언어로 표현된다. 두 번째 차원에서는 자신의 생활사에서 거의 토론되지 않는 기초경험, 즉 반성으로부터 다시 침잠한 사회화 충격의 유동화되기 어려운 결과물, 가령 전쟁과 평화에 대한 태도, 특정한 안전에 대한 희망 등이 언어로 표현된다. 세 번째 차원에서는 자주 토론되는 문화산업적 통념, 즉 소비자들이 특히 여가시간에 마주치는 지속적 홍보의 살포와 선전조작이 발견된다.[34]

일종의 역사적 침전물로서 사회심리학적 구조에서 거의 변화하지 않는 자생적 '의견', '선입견'의 유형에 속한다고 할 수 있는 문화적 통념에 비교해 볼 때 문화산업적으로 만들어진 통념은 보다 일시적이며 인위적 성격을 갖는다. 이러한 의견은 집단 특유의 '취미 및 성향의 교류'를 통해 형성된다. 가족, 동년배 집단, 직장과 이웃의 친지들이 — 집단의견의 구속성을 보장하는 정보지도와 체면적 의견의 독특한 구조와 더불어[35] — 외부로 향한 의견층의 중심점을 이루고 있다. 문

34) '의견의 특질'에 대한 다른 구분은 K. Riezler, "What is Public Opinion?," in: *Social Research*, 11, 1944 참조.

35) W. Mangold, *Gegenstand und Methode des Gruppendiskussionsverfahrens*,

화적 통념이 이러한 집단의 의견교환에서 표현될 수도 있겠지만, 이러한 통념은 그 자신의 무효성을 예비하고 있으므로 말하자면 철회의 별명이 있을 때까지 한정적으로 유포되는 설득에 근거한 관념과는 다른 종류의 것이다. 문화적 통념 역시 '의견'과 마찬가지로 적응을 요하는 규범체계를 구성한다. 그러나 그것의 구성방식은 오히려 변화하는 규칙으로 인해 단지 일시적으로 동조할 뿐인 '유행'에 의한 사회적 통제방식이다. 문화적 통념이 심층의 전통에 의해 매개되어 문자 이전의 것(*subliterarisch*)이라 부를 수 있는 것처럼, 문화산업적 통념은 어느 정도 탈문자적(*postliterarisch*) 단계에 도달하였다. 공중과 관계하며 문학적 능력을 갖춘 주체가 18세기 동안 온전한 부르주아 친밀영역의 틀 내에서 심리학적으로 개척된 내면심리와 인간관계라는 폭넓은 분야는 문화산업적으로 조종되는 의견내용에 의해 주제화된다. 그 당시 사적 생활영역은 아직 그것이 공론장과 명확하게 관계를 맺음으로써 보호되고 있었다. 왜냐하면 공적 논의가 문학적으로 매개되었기 때문이다. 이에 반해 통합문화는 사적 소비를 위해, 그리고 집단의 의견교환을 통해 이 소비를 평하기 위해 쇠퇴하는 심리문학의 저장식품을 공공 서비스로 제공한다. 이 집단은 전래의 의견이 안정된 전통 속에서 형성되고 '의견의 법'의 효과를 보이며 유포되던 전(前)부르주아 사회구성체에서와 같이 '공중'이 아니다. 집단연구와 여론조사가 동시에 발전한 것은 우연이 아니다. 이러한 집단관계로부터 나오는 의견의 유형은 미리 정식화되어 수용되며, 신축적으로 복제되고, 거의 내면화되지 않으며 의무감이 따르는 것이 아니다. 집단의 구성요소인 이런 '단순한' 의견은 그 자체로 연구대상이 될 정도로 원숙되었다. 집단

Frankfurt 1960.

의 의사소통과정은 직접적으로 아니면 좀더 자주 나타나는 경우로서 여론주도층에 의해 매개되어 대중매체의 영향하에 있게 된다. 여론주도층 중에는 문학적이고 토론적인 논쟁을 거쳐 형성된 반성된 의견을 가지고 있는 사람들이 종종 발견된다. 그러나 이런 의견이 제 기능을 발휘하는 공중의 의사소통 연관 외부에 자리잡고 있는 이상, 그것 역시 비록 다른 세 개의 범주와 확연히 구분된다 하여도 비공공적 의견에 속한다.

비공공적 의견의 의사소통 영역에 대립하는 것이 준(準) 공공적 의견의 유통영역이다. 이 공식적 의견은 특정하게 지정할 수 있는 제도로 소급될 수 있다. 이러한 의견은 공식적이거나 반관적(半官的)으로 공고, 공시, 성명, 연설 등으로 공인된다. 여기서 무엇보다 문제되는 것은, 주민대중을 뛰어넘어 한편으로 거대 정치신문 및 논의적 저널리즘 일반과 다른 한편으로 정치적이거나 정치적으로 중요한 권한을 갖는 심의·자문·결정기관(내각, 정부위원회, 행정전문협의회, 의회위원회, 정당지도부, 단체위원회, 대기업관리부, 노조사무국) 사이에서 상대적으로 협소한 회전 속에서 유포되는 의견이다. 이러한 준공공적 의견의 수취인이 광범위한 공중이 될 수 있음에도, 그것은 자유주의적 모델에 따른 공적 논의의 조건을 충족시키지 못한다. 그것은 제도적으로 공인된 의견으로서 항시 특권적이며, 조직화되지 않은 대다수 '공중'과 상호소통에 이르지 못한다.

물론 이 두 영역 사이에 대중매체를 통한 연결, 보다 정확히 말하면 전시적이거나 조작적으로 전개된 홍보활동을 매개로 한 연결이 존재한다. 권력집행과 권력조정에 참여하는 집단들은 이를 통해 예속화된 공중으로부터 국민투표적 동조를 획득하려고 노력한다. 우리는 이렇게 조종된 공개성을 통한 영향력 행사의 수단 역시 공식적 의견에 속하는 것으로 본다. 그러나 이 수단은 '공공적으로 발표된' 것으로서 '준공공적' 수단과 구분된다.

공식적 의사소통과 비공식적 의사소통 간의 이러한 대규모 접촉 이외에 자신의 의견을 문학적으로 형성하려는 개별 인물들과 논의적 저널리즘 간에 간헐적으로 이루지는 관계가 아직 존속한다. 그러나 이러한 의견은 공공능력을 갖추었지만 실제로는 비공공적 의견에 그친다. 논의하는 사적 개인들의 의사소통적 연관은 끊어져 버렸다. 이 연관의 결과 출현했던 여론은 일부 비공중적 사적 개인들의 비공식적 의견으로 분해되거나, 일부 효과적 홍보활동 제도들의 공식적 의견으로 집중되었다. 비조직화된 사적 개인들의 공중은 공공적 의사소통을 통해서가 아니라 공공적으로 발표된 의견의 의사소통을 통해 전시적이거나 조작적으로 전개된 공개성의 파도에 휩싸인다.

이에 반해 두 의사소통 영역이 다른 의사소통 영역, 즉 비판적 공개성에 의해 매개되는 정도에 따라서만 엄밀한 의미에서의 여론이 형성된다. 이러한 매개는 오늘날 사회적으로 중요한 규모에서 보면 사적 개인들이 조직화된 공론장을 통한 공식적 의사소통 과정에 참여함으로써만 가능하다. 소수의 사적 개인들은 이미 정당과 공공단체에 구성원으로 속하고 있다. 이러한 조직이 간부와 매니저의 차원에서가 아니라 모든 차원에서 내부 공론장을 허용할 때, 사적 개인들의 정치적 의견과 저 준공공적 의견 간의 상호왕래의 가능성이 존재한다. 이러한 사태는 전반적으로 일견 사소한 경향을 지시하는 것일 수 있다. 그것은 이러한 경향이 어떤 규모에서 어떤 실제적 영향을 미치는가에 관한 경험적 조사를 필요로 한다. 즉 그것이 전진적 경향인지 아니면 퇴보적 경향인지에 대한 조사를 필요로 한다. 그렇지만 이 경향은 여론에 관한 사회학적 이론에서는 결정적으로 중요하다. 왜냐하면 그것은 사회복지국가의 대중민주주의의 조건하에서 여론이 형성될 수 있는 차원에 대한 조건을 제공하기 때문이다.

비공식적 의견이 준공공적 의견의 순환 속으로 잠입되어, 이것에 의해 장악되어 변형되는 것에 비례하여 이 순환 자체도 국민의 공중에 의해 확장되어 공공성을 획득한다. 물론 여론이 결코 그 자체로 '존재'하지 않고, 기껏해야 주어진 상황에서 여론형성에 영향을 미치는 경향이 관찰될 수 있기 때문에, 그것은 비교상으로만 정의될 수 있다. 어떤 한 의견의 공공성의 정도는 다음을 통해 특정될 수 있다. 즉 얼마만큼 이 의견이 조직 내부의 구성원 공중의 공론장의 결과 출현한 것인지, 그리고 조직 내부 공론장이 사회조직과 국가제도 사이에서 대중매체를 통한 홍보활동의 교류 속에서 형성되는 외부 공론장과 얼마나 소통되는지가 그 기준이다.

밀스(Mills)는 '공중'과 '대중'을 대립시킴으로써 여론의 정의를 위해 경험적으로 사용할 수 있는 기준을 얻고 있다.

> 우리가 이해하는 바의 공중에서는 ① 의견을 수용하는 만큼이나 많은 사람이 실질적으로 의견을 표현한다. ② 공적으로 표현된 어떠한 의견에 대해서도 즉각적이고 효과적으로 답할 수 있는 기회가 존재하도록 공공적 의사소통이 조직되어 있다. ③ 이러한 토론을 통해 형성된 의견은 — 필요하다면 — 지배적 권위체계에 대해서조차 대항해서 쉽사리 효과적 행동으로 배출된다. ④ 그리고 권위적 제도들이 공중에 침투하지 않음으로써 공중은 다소간 자율적으로 활동한다.[36]

이에 반해 의견이 '대중'[37]의 의사소통 연관에 얽매여 있는 것에 비

36) C. W. Mills, *The Power Elite*, N. Y. 1956, 303쪽 이하.

37) '대중'의 정치심리학에 대해서는 다음의 연구 참조. W. Kornhauser, *The*

례하여 의견은 공공성을 상실한다.

> 대중에서는 ① 의견을 수용하는 사람보다 매우 적은 사람이 의견을 표현한다. 공중의 공동체가 대중매체로부터 영향을 받는 개인의 추상적 집합이 되었기 때문이다. ② 개인이 즉각적이거나 효과적으로 답하는 것이 어렵거나 불가능하도록 지배적 의사소통이 조직된다. ③ 의견이 행동으로 실현되는 것은 이러한 행동의 경로를 조직하고 통제하는 권위에 의해 통제된다. ④ 대중은 제도로부터 자율적이지 못하다. 역으로 공인된 제도의 행위자들이 이 대중에 침투하여, 토론을 통한 의견 형성에서 이 대중이 가질 수도 있는 자율성을 제한한다.[38]

공론장이 붕괴되는 조건하에서 이루어지는 여론형성에 대한 이러한 추상적 규정은 우리의 발전사적 모델의 틀 안에 쉽게 배치될 수 있다.[39] 비공식적 의사소통 영역이 공식적 의사소통 영역과 단지 조작적이거나 전시적 공개성의 통로로만 결합될수록, 대중적 의사소통의 네 가지 기준은 충족된다. 그 후 비공공적 의견은 '문화산업적 통념'을 거쳐 '공공적으로 발표된' 의견에 의해 기존체계에 통합된다. 이때 토론을 통한 의견의 형성에서 이 기존체계에 대항한 어떤 자율성도 확보되지 않는다. 이에 반해 사회복지국가의 대중민주주의 조건하에서는 오직 다음과 같은 방식을 통해서만 공중의 의사소통 연관이 만들어질 수 있다. 그것은 '준공공적' 의견의 형식적으로 단락적(短絡的)인 순환이 조직 내부 공론장에서 전개된 비판적 공개성을 통해 이제까지 비공공적이었던 의견의 비공식적 영역과 매개되는 방식이다.

Politics of Mass-Society, Glencoe 1959.

38) Mills, 위의 책, 304쪽. ders., *The Sociological Imagination*, N.Y. 1959.

39) H. Blumer, "The Mass, the Public and Public Opinion," in: Berelson/Janowitz, 위의 책, 34쪽 이하 참조.

오늘날 정치적 권력집행과 권력균형을 규정하는 합의와 갈등의 형식 역시 같은 정도로 변화한다. 이런 식으로 관철된 공공적 논쟁의 방법은 이제까지 공론장을 벗어나 있던 갈등의 강제형태를 완화시키는 것과 같이 압력에 의해 만들어진 합의의 강제형태를 이완시킬 수 있을 것이다. 갈등과 합의는 지배 자체 및 권력과 마찬가지로 — 전자는 후자의 안정성의 정도를 나타낸다 — 사회의 역사적 발전이 아무 흔적도 남기지 않고 지나가버린 범주가 아니다. 지배와 권력의 집행이 역사의 말하자면 부정적 상수로 완강히 존속하는가 아니면 스스로가 실체적으로 변화될 수 있는 역사적 범주인가의 여부가 어떻게 부르주아 공론장의 기능 수행력의 정도와 방식에 따라 결정되는가는 부르주아 공론장의 구조변동을 통해 연구될 수 있다.

■참고문헌

다음 목록은 원본 텍스트, 원전, 사전, 편람, 통계 등을 제외하고 인용된 이차 문헌 중 중요한 제목에 한정하였다. '여론'의 역사와 개념에 대한 문헌을 예외로 하면 이들 문헌이 거의 대부분 '공론장'이라는 문제에만 특유하게 관계하지 않기 때문에, 주제 면에서 분류하여 제시하였다.

1. 공론장과 사적 영역의 역사

1)사회학적 측면

Ashley, W., *The Economic Organization of England*, London 1923

Barber, E.G., *The Bourgeosie in the 18th Century France*, New York 1959

Brentano, L., *Geschichte der wirtschaftlichen Entwicklung Englands*, Bd. III, Jena 1928

Brunner, O., *Neue Wege zur Sozialgeschichte*, Göttingen 1956

Conze, W. (Hg.), *Staat und Gesellschaft im deutschen Vormärz*, Stuttgart 1963

Cunningham, W., *The Progress of Capitalism in England*, Cambridge 1929

Dahrendorf, R., Demokratie und Sozialstruktur in Deutschland, in: *Arch. Europ. Soc.* Bd. I, 1960, S. 86ff

Dobb, M., *Studies in the Development of Capitalism*, London 1954

Galbraith, J.K., *American Capitalism*, Boston 1952

Hechscher, E.F., *Merkantilismus*, 2 Bde. Jena 1932

Hilferding, R., *Das Finanzkapital*, Berlin 1955

Holkheimer, M., *Autorität und Familie*, Paris 1936

Kuske, B., Der Einfluß des Staates auf die Geschichte der sozialen Gruppen in Deutschland, in: *Köln. Zeitschr. Soz.* Bd. 2, 1949/50, S. 193ff.

Lukács, G., Einige Eigentümlichkeiten der geschichtlichen Entwicklung Deutschlands, in: *Die Zerstörung der Vernunft*, S. 37ff., Neuwied 1962

Meredith, H. O., *Economic History of England*, London 1949

Plessner, H., *Die verspätete Nation*, Stuttgart 1959

Riehl, W. H., *Die Familie*, Stuttgart 1897

Schelsky, H., *Wandlungen der dt. Familie*, Stuttgart 1955

Schmoller, G., *Umrisse und Untersuchungen*, Leipzig 1898

Schramm, P. E., Hamburg, *Deutschland und die Welt*, München 1943

Schumpeter, J., *Die Krise des Steuerstaats*, Leipzig 1918

Seé, H., *Die Ursprünge des mod. Kapitalismus*, Wien 1948

Treue, W., Das Verhältnis von Fürst, Staat und Unternehmer in der Zeit des Merkantilismus, in: *Vj.-Zeitschrift Soz. Wirtsch. gesch.* Bd. 44, 1957, S. 26ff.

v. Walterhausen, A. Sartorius, *Deutsche Wirtschaftsgeschichte 1815 bis 1914*, Jena 1923

Wever, M., *Wirtschaft und Gesellschaft*, Tübingen 1956

______, *Wirtschaftsgeschichte*, Berlin 1958

2) 문화사적 측면

Alewyn, R., *Das große Welttheater, die Epoche der höfischen Feste*, Hamburg 1959

Altick, R. D., *The English Common Reader, a Social History of the Mass Reading Public*, Chicago 1959

Arendt, H., *The Human Condition*, Chicago 1958; *dt. Vita Activa*, Stuttgart 1960

Auerbach, E., *Das französische Publikum des 17. Jahrhunderts*, München 1933

Balet, L., *Die Verbürgerlichung der deutschen Kunst, Literatur und Musik im 18. Jahrhundert*, Leyden 1938

v. Böhm, M., Rokoko, *Frankreich im 18. Jahrhundert*, Berlin 1921

Brunner, O., *Adeliges Landleben*, Salzburg 1949
Dresdner, A., *Die Entstehung der Kunstkritik im Zusammenhang des europä ischen Kunstlebens*, München 1915
Fay, B., *La Franc-Maconnerie et la Revolution intellectuelle de XVIIIc siècle*, Paris 1935
Hauser, A., *Sozialgeschichte der Kunst und Literatur*, 2 Bde., München 1953
Heilborn, L., *Zwischen zwei Revolutionen*, 2 Bde., Berlin 1929
Huizinga, J., *Herbst des Mittelalters*, München 1928
Kayser, W., *Enstehung und Krise des modernen Romans*, Göttingen 1954
Koselek, R., *Kritik und Krise*, Freiburg-München 1959
Leavis, G. D., *Fiction and the Reading Public*, London 1932
Reinhold, H., Zur Sozialgeschichte des Kaffees und des Kaffeehauses, Sammelrezension in: *Köln. Zeitschrift Soz.* Bd. 10, 1958, S. 151ff.
Schmitt, C., *Römischer Katholizismus und politische Form*, München 1925
Schöffler, H., *Protestantismus und Literatur*, Göttingen 1958
Schücking, L. L., *Die Soziologie der literarischen Geschmacksbildung*, München 1923
Stadelmann, R., und Fischer, W., *Die Bildungswelt des deutschen Handwerks um 1800*, Berlin 1955
Steinhausen, G., *Geschichte des deutschen Briefes*, Berlin 1889
Stephen, L., *English Literature and Society in the 18th Century*, London 1903
Trevelyan, G. M., *Kultur- und Sozialgeschichte Englands*, Hamburg 1948
Watt, J., The Reading Public, in: *The Rise of the Novel*, London 1957
Westerfrötlke, H., *Englische Kaffeehäuser als Sammelpunkte der literarischen Welt*, Jena 1924
Williams, R., *Culture and Society 1780-1950*, New York 1960
Wittich, W., Der soziale Gehalt von Goethes Roman »Wilhelm Meister«, in: *Erinnerungsgabe für Max Wever*, Bd. II., München-Leipzig 1923, S. 249ff.

3) 신문사적 측면

Baumert, O. P., *Die Entstehung des deutschen Journalismus*, München-Leipzig 1921

Bleyer, W. G., *History of the American Journalism*, Boston 1927

Bode, H., *Anfänge der wirtschaftlichen Berichterstattung*, München 1936

Braubach, M., Ein publizistischer Plan der Bonner Lesegesellschaft aus dem Jahre 1789, in: *Festschrift für Ludwig Bergsträßer*, Düsseldorf 1954, S. 21ff.

Bücher, K., Die Entstehung des Zeitungswesens, in: *Die Entstehung der Volkswirtschaft*, Bd. I, Tübingen 1917

______, *Gesammelte Aufsätze zur Zeitungskunde*, Tübingen 1926

Dovifat, E., *Zeitungslehre*, 2 Bde., Berlin 1955

Fischer, H., *Die ältesten Zeitungen und ihre Verleger*, Augsburg 1936

Goitsch, H., Entwicklung und Strukturwandlung des Wirtschaftsteils der deutschen Tageszeitungen, Diss. rer. pol., Frankfurt 1939

Groth, O., *Die Zeitung*, 4 Bde., Berlin-Leipzig 1928ff.

Hanson, L., *Government and the Press 1695-1763*, London 1936

Jentsch, I., Zur Geschichte des Zeitungswesen in Deutschland um 1800, Diss. phil., Leipzig 1937

Kempters, K., Die wirtschaftliche Berichterstattung in *den sog. Fugger-zeitungen*, München 1936

Kirchner, J., Redaktion und Publikum, Deutsche Massenzeitschriften im 19. Jh., in: *Publizistik*, Bd. 5, 1960, S. 463

Morrison, St., *The English Newspaper*, Cambridge 1932

Park, R. E., The Natural History of the Newspaper: in: *W. Schramm, Mass Communication, Urbana 1944*, S. 21ff. de Volder, U., Soziologie der Zeitung, Stuttgart 1959

4) 법역사와 정치학적 측면

Böckenförde, E. W., *Gesetz und gesetzgebende Gewalt*, Berlin 1958

Brunner, L., *Land und Herrschaft*, Brünn 1943

Coing, H., *Der Rechtsbegriff der menschlichen Person und die Theorie der Menschenrechte*, Berlin-Tübingen 1950

Conrad, H., individuum und Gemeinschaft in der Privatrechtsordnung, *Jurist. Studienges. Karlsruhe, H.* 18, Karlsruhe 1956

Emden, C. S., *The People and the Constitution*, Oxford 1956

Everth, E., *Die Öffentlichkeit in der Außenpolitik*, Jena 1931

Forsthoff, E., *Lehrbuch des Verwaltungsrechts*, *Allgemeiner Teil*, München 1955, Einleitung

Fraenkel, E., *Das amerik. Regierungssystem*, Köln-Opladen, 1960

Hasbach, W., *Die parlamentarische Kabinettsregierung*, Aachen 1956

Hartung, F., *Die Entwicklung der Menschen- und Bürgerrechte*, Göttingen 1954

Jellinek, G., *Die Erklärung der Menschen- und Bürgerrechte*, Leipzig 1909

Kirchner, Beitäge zur Geschichte des Begriffs »öffentlich« und »öffentliches Recht«, Diss. jur., Göttingen 1949

Kluxen, K., *Das Problem der politischen Opposition*, Freiburg-München 1956

Löwenstein, K., Zur Soziologie der parlamentarischen Repräsentation in England, in: *Erinnerungsgabe für Max Weber*, Bd. II, Mü nchen-Leipzig 1923, S. 85ff.

Naef, W., Frühformen des modernen Staates im Spätmittelalter, in: *Hist. Zeitschrift*, Bd. 171, 1951, S. 225ff.

Redslob, R., *Staatstheorien der französischen Nationalversammlung*, Leipzig 1912

Schieder, Th., Das Verhältnis von politischer und gesellschaftlicher Verfassung und die Krise des bürgerlichen Liberalismus, in: *Hist. Zeitschrift*, Bd. 177, 1954, S. 49ff.

______, Die Theorie der Partei im älteren dt. Liberalismus, in: *Festschrift für Ludwig Bergsträßer*, Düsseldorf 1954, S. 183ff.

Schlenke, M., *England und das Friderizianische Preußen 1740 bis 1763*, Freiburg-München 1963

Schmitt, C., *Die Diktatur*, München-Leipzig 1928

Valjavec, F., *Die Entstehung der politischen Strömungen in Deutschland*

1770-1815, München 1951

Weber, M., *Staatssoziologie*, Berlin 1956

______, *Rechtssoziologie*, Neuwied 1960

Wieacker, F., *Privatrechtsgeschichte der Neuzeit*, Göttingen 1952

______, Das Sozialmodell der klassischen Privatrechtsgesetzbücher und die Entwicklung der modernen Gesellschaft, *Juristische Studienges. Karlsruhe*, H. 3., Karlsruhe 1953

2. 현대 사회의 공론장과 사적 영역

1) 공론장의 고유한 측면

Altmann, R., Das Problem der Öffentlichkeit und seine Bedeutung für die Demokratie, Diss. phil., Marburg 1954

Arndt, H. J., Öffentlichkeit als Staatsersatz, in: *Arch R. Sozphil.*, Bd. 42, 1956, S. 239ff.

Bahrdt, H. P., Öffentlichkeit und Privatheit, in: *Die moderne Großstadt*, Hamburg 1961, S. 36ff.

Goldschmidt, M. L., Publicity, Privacy, Secrecy in: *West. Pol. Quart.*, Bd. 7, 1957, S. 401ff.

Habermas, J., Art. Öffentlichkeit, in: *Staat und Politik, Fischerlexicon* 3. Aufl., S. 200ff.

Haftendorn, H., Das Problem von Parlament und Öffentlichkeit, Diss. rer. pol., Frankfurt/Main 1960

Plessner, H., *Das Problem der Öffentlichkeit und die Idee der Entfremdung*, Göttingen 1960

Schmidt, E., Öffentlichkeit oder Publizität, in: *Festschrift für W. Schmidt*, Berlin 1959, S. 35ff.

Sieburg, F., Haben wir noch ein privates Leben? in: *Universitas*, Bd. 8, 1953, S. 663ff.

Smend, R., Zum Problem des Öffentlichen und der Öffentlichkeit, in: *Festschrift für G. Jellinek*, München 1954, S. 11ff.

Weber, M., Verwaltungsöffentlichkeit und Auslese der Führer, in: *Gesammelte Politische Schriften*, Tübingen 1958, S. 339ff.

2) 산업국가와 사회복지 국가의 측면

Achinger, H., *Sozialpolitik als Gesellschaftspolitik*, Hamburg 1958

Altmann, R., Zur Stellung der öffentlichen Verbände, in: *Zeitschrift Pol. NF*, Bd. 2., 1955, S. 214ff.

Berle u. Means, *The Modern Corporation and Private Property*, New York 1932

Beutler, Stein, Wagner, *Staat und Verbände (mit Referaten von U. Scheuner und W. Weber)*, Heidelberg 1957

Clark, J.M., The Interplay of Politics and Economics, in: *Freedom and Control in Modern Society*, ed. Bergler, New York 1954

Downs, A., Why Government Budget is too small in Democracy? in: *World Politics*, Bd. 12, 1960, S. 541ff.

Eschenburg, Th., *Herrschaft der Verbände*, Stuttgart 1955

Forsthoff, E., *Verfassungsprobleme des Sozialstaats*, Münster 1954

______, Begriff und Wesen des sozialen Rechtsstaats, in *Veröff. Ver. Dt. Strl.*, H. 12, Berlin 1954, S. 36ff.

Friedmann, W., *Law and Social Change*, London 1951

Galbraith, J.K., *Gesellschaft im Überfluß*, Stuttgart 1959

Gerber, H., Die Sozialstaatsklausel des Grundgesetzes, in: *AÖR*, Bd. 81, 1956, S. 1ff.

Huber, H., *Recht, Staat, Gesellschaft*, Bern 1954

Ipsen, H.P., *Die Repräsentation der organisierten Interessen*, Berlin 1956

Kirchheimer, O., Changes in the Structure of Political Compromise, in: *Studies in Philos. and Soc.* Sc., Bd. 9, 1941, S. 456ff.

König, H., Konzentration und Wachstum, in: *Zeitschrift Ges. Stwiss.*, Bd. 115, 1959, S. 229ff.

Kornhauser, W., *The Politics of Mass Society*, Glenc. 1959

Littmann, K., *Zunehmende Staatstätigkeit und wirtschaftliche Entwicklung*, Köln 1947

Maiwald, S., Das Recht als Funktion gesellschaftlicher Prozesse, *Arch. R. Sozphil.*, Bd. 40, 1952/53, S. 155ff.

Mills, C. W., *Power Elite*, New York 1956

Neumann, F., Der Funktionswandel des Gesetzes im Recht der bürgerlichen Gesellschaft, in: *Zeitschrift Sozforsch.*, Bd. 6, 1938, S. 542ff.

______, konomie und Politik, in: *Zeitschrift Pol. NF*, Bd. 2, 1955, S.

Neumark, F., *Wirtschafts- und Finanzpolitik des Interventionsstaats*, Tü bingen 1961

Renner, K., *Die Rechtsinstitute des Privatrechts*, Tübingen 1929

______, *Wandlungen der modernen Gesellschaft*, Wien 1953

Ridder, H., *Zur verfassungsrechtlichen Stellung der Gewerkschaften im Sozialstaat*, Stuttgart 1960

Scheuner, U., Grundfragen des modernen Staates, in: *Recht, Staat und Wirschaft*, Bd. III., ed. H. Wandersleb, Düsseldorf 1951

______, Die staatliche Intervention im Bereich der Wirtschaft, in: *Veröff. Ver. Dt. Strl.*, H. II, Berlin 1954, S. 1ff.

Schneider, H., Einzelfallgesetze, in: *Festschrift für Carl Schmitt*, Berlin 1959, S. 197ff.

Schulz, G., Über Entstehung und Formen von Interessengruppen seit Beginn der Industralisierung, in: *Pol. Vj. Zeitschrift*, Bd. 2, 1961, S. 124ff.

Schumpeter, J., *Kapitalismus, Sozialismus und Demokratie*, Bern 1950

Siebert, W., Privatrecht im Bereich der öffentlichen Verwaltung, in: *Festschrift für H. Niedermeyer*, Göttingen 1953

Strachey, J., *Kapitalismus heute und morgen*, Düsseldorf 1957

Weber, W., *Spannungen und Kräfte im westdeutschen Verfassungssystem*, Stuttgart 1951

______, Das politische Kräftesystem in der wohlfahrtsstaatlichen Massen-demokratie, *Schriften d. Dt. Ind.* - u. Handelstages, Heft 39, Köln 1956

Whyte, W. H., *Herr und Opfer der Organisation*, Düsseldorf 1958

Young, K., Society and the state, in: *Am. Soc. Rev.* Bd. II, 1946, S. 137ff.

3) 대중민주주의의 측면

Abendroth, W., Innerparteiliche und innerverbandiche Demokratie als Voraussetzung der politischen Demokratie, in: *PVS 5. Jg.* 1964, S. 307ff.

Aron, R., Fin de l'Age Ideologique?, in: *Sociologica, Frankfurt, Beiträge zur Soz.*, Bd. I., 1955, S. 219ff.

Bunzel, J. H., Liberal Ideologies and the Problem of Power, in: *West. Pol. Quart.*, Bd. 8, 1960, S. 374ff.

Burdick u. Brodbeck, *American Voting Behaviour*, Glenc. 1956

Butler, D. E., *The British General Election of 1955*, London 1957

Mc Callum u. Readmann, *The British General Election of 1945*, London 1947

Campbell, Gurie, Miller, *The Voter decides*, Evanston 1954

Dahl, R. A., Hierarchy, Democracy and Bargaining, in: *Research Frontiers in Politic and Government*, Washington 1955, S. 47ff.

Dechamps, B., *Macht und Arbeit der Ausschüsse*, Meisenheim 1954

Duverger, M., *Les Partis Politiques*, Paris 1951

Eschenburg, Th., *Probleme der Parteifinanzierung*, Tübingen 1961

Eulau, Eldersfield, Janowitz, *Political Behaviour*, Glenc. 1956

Faul, E., *Wahlen und Wähler in Westdeutschland*, Hamburg 1961

Field, H. H., The Non-Voter, in: *P. O. Quart.*, Bd. 8, 1944, S. 175ff.

Fraenkel, E., *Die repräsentative und die plebiszitäre Komponente im demokratischen Verfassungsstaat, Recht u. Staat*, H. 219/220, Tü bingen 1958

v. Friedeburg, L., Zum politischen Potential der Meinungsforschung, in: *Köln. Zeitschrift Soz.*, Bd. 13, 1961, S. 201ff.

Friesenhahn, E., Parlament und Regierung im modernen Staat, in: *Ver. Dt. Strl.*, H. 16, Berlin 1958, S. 31ff.

Fröhner, R., Trägt die Meinungsforschung zur Entdemokratisierung bei? in: *Publizistik*, Bd. 3, 1958, S. 157ff.

Habermas, Friedeburg, Oehler, Weltz, *Student und Politik*, Neuwied 1961

Hartenstein, Liepelt, Schubert, Die Septemberdemokratie, in: *Die Neue Gesellschaft*, 1958, S. 14ff.

Harris, R., Election Polling and Research, in: *P. O. Quart.*, Bd. 21, 1957, S. 108ff.

Hirsch-Weber, *Wähler und Gewählte*, Berlin 1957

Janowitz u. Marvick, Competition, *Pressure and Democratic Consent*, Michigan 1956

Kirchheimer, O., Parteistruktur und Massendemokratie in Europa, in: *AÖR*, Bd. 79, 1954, S. 307ff.

______, *Politik und Verfassung*, Ffm. 1964

Kitzinger, U. W., *Wahlkampf in Westdeutschland*, Göttingen 1960

Lazarsfeld, Berelson, Goudet, *The Peoples Choice*, New York 1944

Lazarsfeld, Berelson, McPhee, *Voting*, Chicaco 1954

Leibholz, G., *Stukturprobleme der Demokraie*, Karlsruhe 1958

Lipset, S. M., *The Political Man*, New York 1960 (deutsch Neuwied 1962)

Löffler, M., Der Verfassungsauftrag der Publizistik, in: *Publizistik*, Bd. 5, 1960, S. 517ff.

Lohmann, K., Parlamentarismus und Publizistik, in: *Tymbos f. Ahlmann*, Berlin 1952, S. 198ff.

Mannheim, K., *Freedom, Power and Democratic Planning*, New York 1950

Neumann, Nipperdey, Scheuner, *Die Grundrechte*, Bd. II, Berlin 1954; Bd, III, 1 u. 2, Berlin 1958, Bd. IV, Berlin 1960

Neumann, S., *Modern Political Parties*, Chicago 1956

Nicholas, H. G., *The British General Election of 1950*, London 1951

Ramm, Th., *Die Freiheit der Willensbildung*, Stuttgart 1960

Riesmann u. Glazer, Changing Meaning of Politics, in: *Studies in Leadership*, ed. Gouldner, New York 1950, S. 506ff.

Rumney, J. C., Do the Polls serve Democracy? in: *Berelson u. Janowitz, Public Opinion and Communication*, Glencoe 1950

Schmidtchen, G., *Die befragte Nation*, Freiburg 1959

Schmitt, C., *Die geistesgeschichtliche Lage des Parlamentarismus*, Mü nchen-Leipzig 1923

Stammer, O., Politische Soziologie und Demokratieforschung, in: *Köln. Zeitschrift Soz.*, Bd. 8, 1956, S. 380ff.

______, *Interessenverbände und Parteien*, ebd. Bd. 9, 1957, S. 587ff.
Steffani, W., Funktion und Kompetenz parlamentarischer Unterausschüsse, in: *Pol. Vj. Zschrft.*, Bd. I, 1960, S. 151ff.
Sultan, H., und Abendroth, W., *Bürokratischer Verwaltungsstaat und soziale Demokratie*, Hannover-Frankfurt 1955

4) 대중적 의사소통의 측면

Adorno, Th. W., Democratic Leadership and Mass Manipulation, in: *Studies in Leadership*, ed. Gouldner, New York 1950, S. 118ff.
______, ideologie, in: *Exkurse*, Frankfurt 1956, S. 162ff.
______, Über den Fetischcharakter der Musik und die Regression des Hörens, in: *Dissonanzen*, Göttingen 1956
Anders, G., *Die Antiquiertheit des Menschen*, München 1957
Berelson u. Janowitz, *Public Opinion and Communication*, Glenc. 1950
Bernays, E. L., *The Engineering of Consent*, Oklahoma 1955
Bird, G. L., *Press and Society*, New York 1957
Bogart, L., *The Age of Television*, New York 1958
DIVO, *Der westdeutsche Markt in Zahlen*, Franfurt 1958
Ellul, I., *Propagandes*, Paris 1962
Enzensberger, H. M., *Einzelheiten*, Ffm. 1962
Escarpit, R., *Das Buch und der Leser*, Köln-Opladen 1961
Feldman, E., *Theorie der Massenmmedien*, München 1962
Fine, B. J., *Television and Family Life*, Boston 1952
Gehlen, A., *Bemerkungen zum Thema Kulturkonsum und Konsumkultur, Tagungsbericht des »Bundes«*, Wuppertal 1955, S. 6ff. Manuskr.
______, *Zeitbilder*, Bonn 1960
Horkheimer u. Adorno, Kulturindustrie, in: *Dialektik der Aufklärung*, Amsterdam 1947, S. 144ff.
Hundhausen, C., *Industrielle Publizität als Public Relations*, Essen 1957
Institut f. *Demoskopie*, *Jahrbuch der öffentlichen Meinung*, Allensbach, Bd. I, 1953, Bd. II, 1957
Institut f. Publizistik d. Fr. Univ. Berlin, *Handbuch der Deutschen Presse*

1956, Berlin 1956
Kayser, W., Das literarische Leben der Gegenwart, in: *Dt. Literatur in unserer Zeit*, ed. Kayser, Göttingen 1959, S. 22ff.
Kelley, St., *Professional Public Relations and Political Power*, Baltimore 1956
Kieslich, G., *Freizeitgestaltung in einer Industriestadt*, Dortmund 1956
Kirchner, H. M., Der Markt der Illustrierten gestern und heute, in: *Publizistik*, Bd. 3, 1958, S. 323ff.
Knebel, H. J., *Soziologische Strukturen im modernen Tourismus*, Stuttgart 1960
Kropff, H. J. F., synthese von Journalismus, industrieller Publizität und Public Relaitons, in: *Publizistik*, Bd. 5, 1960, S. 491ff.
Larabee u. Meyersohn, *Mass Leisure*, New York 1959
Lazarsfeld u. Katz, *Personal Influence*, Glenc. 1955, dt. München 1962
Löwenthal, L., Die biographische Mode, in: *Sociologica, Frankf. Beitr. zur Soz.*, Bd. I, Frankfurt 1955, S. 363ff.
Mangold, W., *Gegenstand und Methode des Gruppendiskussionsverfahrens*, Frankfurt 1960
Meyersohn, R., *Commercialism and Complexity in Popular Culture, 55・Meeting of Am. Soc. Assoc.*, New York 1960(Manuskr.)
Noelle, E., Die Wirkung der Massenmedien, in: *Publizistik*, Bd. 5, 1960, S. 532ff.
______, *Umfragen in der Massengesellschaft*, Hbg. 1963
Peterson, Th., *Magazines in the 20th Century*, Urbana 1956
Riesman, D., *Die einsame Masse*, Berlin-Darmstadt 1956
______, *The Oral Tradition, the written Word and the Screen Image*, Yellow Springs/Ohio 1955
Sauvy, A., Vom Einfluß der Meinung auf die Macht, in: *Diogenes*, H. 14/15, 1957, S. 224ff.
Schelsky, H., Gedanken zur Rolle der Publizistik in der modernen Gesellschaft, in: *Auf der Suche nach Wirklichkeit*, Düsseldorf 1965, S. 310ff.
Schramm, W., *Mass Communication*, Urbana 1944
Seldes, G., *The Great Audience*, New York 1951

Steinberg, Ch. S., *The Mass Communicators*, New York 1958
Swanson, C. E., Television Owning and its Correlates, in: *Journ. of Appl. Psych.* 1951, S. 352ff.
Thomsen, W., *Zum Problem der Scheinöffentlichkeit, inhaltsanalytischdargestellt and der Bildzeitung*, Inst. f. Sozialf., Frankfurt 1960 (Manuskr.)
Whyte und Rosenberg, *Mass Culture*, New York 1955

3. '여론'의 개념과 역사

Albig, W., *Public Opinion*, New York 1938
Bauer, W., *Die öffentliche Meinung und ihre geschichtlichen Grundlagen*, Tübingen 1914
______, *Die öffentliche Meinung in der Weltgeschichte*, Berlin-Leipzig 1930
Berelson, B., Communication and Public Opinion, in: *Berelson u. Janowitz, Public Opinion and Communication*, Glencoe 1950, S. 448ff.
______, Democratic Theory and Public Opinion, in: *P. O. Quart*, Bd. 16, 1952, S. 313ff.
Blumer, H., The Mass, the Public and Public Opinion, in: *Berelson und Janowitz*, a. a. O., S. 43ff.
Brinckmann, C., Presse und öffentliche Meinung, in: *Verh. des 7. Dt. Soziologentages*, Tübingen 1931, S. 27ff.
______, *Centre de Sciences Politiques de l'Institut d'Etudes Juridiques de Nice*, L'Opinion Publique, Paris 1957 (Sammelband)
Dicey, A. V., *Law and Public Opinion in England*, London 1905
Doob, L. W., *Public Opinion and Propaganda*, New York 1951
Flad, R., *Der Begriff der öffentlichen Meinung bei Stein, Arndt, Humboldt*, Berlin-Leipzig 1929
Fraenkel, E., Parlament und öffentliche Meinung, in: *Festschrift für Herzfeld*, Berlin 1957, S. 163ff.
______, *Öffentliche Meinung und internationale Politik*, *Recht und Staat*, H. 255/256, Tübingen 1962

Glickman, H., Viewing Public Opinion in Politics, in: *P. O. Quart.*, Bd. 23, 1959, S. 495ff.

Habermas, J., Verwissenschaftliche Politik und öffentliche Meinung, in: *R. Reich* (*Hg.*), *Festschrift f.* H. Barth, Zürich 1964, S. 54ff.

Hennis, W., Der Begriff der öffentlichen Meinung bei Rousseau, in: *Arch. R. Sozphil.*, Bd. 43, 1957, S. 111ff.

______, Meinungsforschung und repräsentative Demokratie, *Recht und Staat*, H. 200/210, Tübingen 1957

Henting, H., Gedanken zur öffentlichen Meinung, in: *Zschrft. Merkur*, H. 180, Febr. 1963, S. 113ff.

Hofstätter, P. R., *Psychologie der öffentlichen Meinung*, Wien 1949

Hölzen, E., Wandel und Begriff der öffentlichen Meinung im 19. Jahrhundert, Diss. Hamburg 1958

Holtzendorff, F., *Wesen und Wert der öffentlichen Meinung*, München 1879

Huber, H., Öffentlichen Meinung und Demokratie, in: *Festschrift für K. Weber*, Zürich 1950, S. 34ff.

Hyman, H. H., Toward a Theory of Public Opinion, in *P. O. Quart.*, Bd. 21, 1957, S. 54ff.

Katz, Cartwright, McLung Lee, *Public Opinion and Propaganda*, New York 1954

Landshut, S., Über einige Grundbegriffe der Politik, in: *Arch. Sozwiss. Sozpol.*, Bd. 54, 1925, S. 36ff., bes. Abscn. II, S. 59ff.: Der circulus vitiosus der öffentlichen Meinung als entscheidender Instanz

Landshut, S., Volkssouveränität und öffentliche Meinung, in *Festschrift für Laun*, Hamburg 1953, S. 579ff.

Lasswell, H. D., Democracy by Public Opinion, in: *Berelson u. Janowitz*, a. a. O., S. 469ff.

______, The Impact of Public Opinion Research on our Society, in: *P. O. Quart.*, Bd. 21, 1957, S. 33ff.

Lazarsfeld, Public Opinion and Classical Tradition, in: *P. O. Quart.*, Bd. 21, S. 39ff.

Lee, A. M., Sociological Theory in Public Opinion and Attitude Studies,

in: *Am. Soc. Rev.*, Bd. 12 1947, S. 312ff.
Lenz, F., *Werden und Wesen der öffentlichen Meinung*, München 1956
______, Die politischen Faktoren der Meinungsbildung, in: *Publizistik*, Bd. 5, 1960, S. 505ff.
Lippmann, W., *Pblic Opinion*, N.Y. 1961
Löffler, M. (Hg.), *Die öffentliche Meinung (mit Beiträgen von A. Arndt, E. Noelle-Neumann, W. Haacke u.a.)*, München and Berlin 1962
Lowell, A., *Public Opinion and Popular Government*, New York 1913
Manheim, E., *Die Träger der öffentlichen Meinung*, München 1923
Minor, D.W., Public Opinion in the Perspective of Political Theory, in: *West. Pol. Quart.*, Bd. 13, 1960, S. 31ff.
Mischke, R., Die Entstehng der öffentlichen Meinung im 18. Jahrhundert, Diss. rer. pol., Hamburg 1958
Ogle, M.B., *Public Opinion and Political Dynamics*, Boston 1950
Oncken, H., Politik, Geschichtsschreibung und öffentliche Meinung, in: *Historisch-Politische Aufsätze und Reden*, Bd. I, Berlin-München 1914, S. 203ff.
Palmer, P.A., The Concept of Public Opinion in Political Theory, in: *Berelson u. Janowitz*, a.a.O., S. 11ff.
Powell, N.J., *Anatomy of Public Opinion*, New York 1951
Rietzler, K., What is Public Opinion?, in: *Social Research*, Bd. II, 1944, 397ff.
Schmidtchen, G., Eine Revision des Begriffs der öffentlichen Meinung, in: *Schmidtchen, Befragte Nation*, a.a.O., S. 236ff.
Seidel, H., *Vom Mythos der öffentlichen Meinung*, Aschaffenburg 1961
Speier, H., The Historical Development of Public Opinion, in: *Speier, Social Order and the Risks of the War*, New York 1952, S. 323ff.
Tarde, G., *L'Opinion*, et la Foule, Paris 1901
Tönnies, F., *Kritik der öffentlichen Meinung*, Berlin 1922
Truman, D.B., *The Government Process, Political Interests and Public Opinion*, New York 1951
Weippert, G., Öffentliche Meinung, in: *Handwörterbuch d. Sozialwissen-*

schaften, Göttingen 1961

Wilson, F. G., Public Opinion and the Middle Class, in: *Rev. Pol.*, Bd. 17, 1955, S. 486ff.

Wuttke, H., *Die deutschen Zeitschriften und die Entstehung der öffentlichen Meinung*, Leipzig 1875

Zweig, F., A Note on Public Opinion Reserch, in: *Kyklos*, Bd. 10, 1957, S. 147ff.

찾아보기

(용 어)

ㄱ

ㄴ·ㄷ

ㅁ

ㅂ

ㅅ

ㅇ

ㅈ

찾아보기

(인 명)

ㄱ · ㄴ

ㄷ

ㅅ

ㅇ

ㅈ · ㅊ · ㅋ

ㅌ · ㅍ

ㅎ

의사소통 행위이론 1·2

위르겐 하버마스 지음
장춘익(한림대) 옮김

①권 행위합리성과 사회합리화 ②권 기능주의적 이성 비판을 위하여

우리의 일상적 삶의 터전인 생활세계는
권력과 돈에 의해서 '식민지화'되고 있다

누구도 따라올 수 없는 깊이와 범위로 비판적 사회이론의 토대를 해부한 하버마스의 역작!

'사회학계의 아리스토텔레스'라 불리는 종합의 대가 하버마스가
사회이론으로 수놓는 천의무봉의 바느질 솜씨 ―〈동아일보〉

하버마스의 지적 방대함을 체험하는 것만으로도 글읽기의 행복감을
느낄 수 있는 역작 ―〈조선일보〉

신국판 | 양장본 | 각권 592, 672면 | 각권 35,000원

Tel:031)955-4601 나남
www.nanam.net nanam

Jürgen Habermas

공론장의 구조변동
부르주아 사회의 한 범주에 관한 연구
하버마스 | 한승완 역
여론이 형성되는 공론장의 발생과 그 작동구조에 대한 사회학적이며 역사학적인 연구서. 부르주아의 생존방식으로 성립된 공론장은 과연 현대사회와 국가의 민주주의적 통합을 유지하는 가장 확실한 안전판인가? 신국판 | 460면 | 22,000원

사실성과 타당성
담론적 법이론과 민주적 법치국가 이론
하버마스 | 한상진(서울대) · 박영도 공역
법과 권력의 내재적 관계에서 출발하여 자유주의 전통과 공화주의 전통의 대립을 극복하는 담론적 민주주의 이론을 제시한다. 신국판 | 626면 | 35,000원

인간이라는 자연의 미래
자유주의적 우생학 비판
하버마스 | 장은주(영산대) 역
이 책은 생명윤리의 문제, 그 중에서도 최근의 생명공학 또는 유전공학의 발전이 제기하는 윤리적 · 도덕적 문제들을 다루고 있다.
신국판 | 178면 | 10,000원

진리와 정당화 철학 논문집
하버마스 | 윤형식 역
하버마스가 자신의 철학적 사유의 출발점이라 할 《인식과 관심》(1968) 이후 30여 년 만에 펴낸 순수 이론철학적 저작. 신국판 | 456면 | 20,000원

이질성의 포용 정치이론연구
하버마스 | 황태연(동국대) 역
그의 화두는 '포용'과 '평화'이다. 이는 '포용적 민주주의론'과 인권, 그리고 세계주의 차원에서 매우 중요한 핵심 개념들이다. 모든 민주주의자들에게 이 책은 좋은 이론적 논의거리를 제공한다. 신국판 | 402면 | 14,000원

도덕의식과 소통적 행위
하버마스 | 황태연(동국대) 역
주제는 다르지만 내용적으로 연관된 네 편의 논문을 수록한 논문집으로, 다른 저작에서 찾아볼 수 없는 철학 및 사회과학 본래의 관심과 하버마스 특유의 도덕론적 입장으로 채워져 있다.
신국판 | 264면 | 8,000원

아, 유럽 정치저작집 제11권
하버마스 | 윤형식(전 한국정책방송원 원장) 역
하버마스가 자신의 철학의 연장선상에서 강연이나 언론기고 등을 통해 모색했던 유럽의 정체성과 새로운 국제법적 질서의 원리에 대해 체계적으로 정리했다. 신국판 | 232면 | 13,000원

분열된 서구 열 번째 정치적 소저작 모음
하버마스 | 장은주(영산대) · 하주영(번역가) 역
하버마스는 9·11 테러와 미국의 이라크 침공을 계기로 미국 네오콘의 국제정책을 비판한다. 이 책은 새로운 국제법적 질서의 원리에 대한 대안을 모색하고 촉구했던 하버마스의 정치적 기록이다. 신국판 | 288면 | 14,000원

탈형이상학적 사고 ①②
하버마스 | 홍윤기 · 남성일 공역
하버마스는 헤겔 이후 형이상학의 위기에 대한 해답으로 탈형이상학적 사유를 제시했다. 형이상학적 세계에서 생활세계로의 관점 전환, 종교와 탈형이상학적 사고 사이의 관계를 다뤘다.
신국판 | 근간

또 하나의 철학사
하버마스 | 한승완 · 이신철 공역
오늘날 서양 철학의 지배적 형태가 형성된 과정을 계보를 통해 설명한다. 철학이 어떻게 종교와 공생하고 스스로를 해방시켰는지 추적한다.
신국판 | 근간

나남출판 원고지

나남출판 원고지